渡辺利夫精選著作集
第1巻

私のなかのアジア

渡辺利夫

勁草書房

渡辺利夫精選著作集第1巻　私のなかのアジア――まえがき

『本著作集』第1巻のⅠは『成長のアジア　停滞のアジア』(東洋経済新報社、1985年)である。

大学院に入学を許された1967年頃から、私は慶應義塾大学経済学部の山本登教授の指導を受け、当時、アジア経済研究所で研究部長の任にあった原覺天先生に私淑し、お二人から指示されたアジア研究に関する文献を、慶應義塾大学図書館やアジア経済研究所図書資料室でひたすら精読する生活をつづけた。読書を通じて、アジア各国の経済や政治社会についての知識を豊富に得ることができたものの、この地域諸国のことごとがばらばらに頭の中に入ってくるだけで、アジアの全体像をどう把握したらいいのか、分析的というより全体を俯瞰できる枠組みがどうしても頭に浮かんでこない。今後、アジア研究、開発経済学研究に入っていくにしても、初めから迷路に迷い込んでしまいかねない。

若気の至り、というのであろうか。それでは、よし、今までの読書経験で得た知識を総動員して以前から読み込んでいた古典派経済学やマルクス経済学やガーシェンクロンの発展理論などを用意立て、自分自身のアジア分析の枠組みをつくりあげてみようと臍《ほぞ》を固めた。そこから博士号取得に至るまでの数年間は、この枠組みづくりに精出した。さらに、開発途上段階を脱して先進国への道を必死に切り開こうとしていた新興工業経済群のひとつ韓国経済のありようが、この枠組みづくりのためには欠かすことのできない素材となるのではないかと考え、原覺天先生の指導のもとで韓国経済研究にも熱を入れることになった。

さて、アジアをみる分析枠組みについてである。まずは韓国をはじめとする、当時、新興工業国家群（ＮＩＣＳ）と呼ばれていた国グループがあり、これが欧米諸国の歴史的経験を凌駕する速度の発展をみせていた。先発国の発展に誘発されて生じた注目すべき現象であり、「南北問題」という二分法的世界の構図を突き崩す画期だと私にはみえた。新技術を開発し、これを体化した資本ストックを蓄積し、さらにはそれを運営する企業者群と熟練労働者群を創出する過程が「インダストリアリズム」である。新興工業国家群とは、先発国に発したインダストリアリズムの波が後発国に伝えられ、波の伝播を受けてこれを内部化し急速な発展に乗り出すことに成功した国家群のことである。新興工業国家群において観察されたこの事実をまず明示することから、私の枠組み構築が始まった。新興工業国家群がつづく後発国の発展を誘発する先発国となって、これがインダストリアリズムの新たな発生源となる。後発の「内生的」な工業力が先発に発する「外生的」なインパクトによって顕在化され、そうして後発の急速な経済発展が誘発されるのである。イギリスの工業化が大陸ヨーロッパ諸国とアメリカの工業化を誘い、欧米諸国全体に渦巻くインダストリアリズムの波が次いでロシアと日本の岸に及んだという歴史的経験をみごとに描いたものが、ガーシェンクロンの歴史仮説である。

ここから二つの考え方の枠組みが導かれる。一つは、先発国のインダストリアリズムの波及を受けて開始される後発国の工業成長は、先発国のそれよりも一段と激しいものとなる傾向がある。後発国は先発国の開発した新技術、先発国の蓄積した資本を導入しながら工業化を進めることができるという、ガーシェンクロンのいう「後発性利益」の享受のゆえにそうなるのであり、先発国を追い上げて新しい地位を確保しようという後発国のしばしば熱狂的なナショナリズムのゆえにもそうなる。実際、新興工業国家群の成長過程は「趨勢加速」の様相をみせ、先発国の成長過程を「圧縮」して実現されたと表現し得る。

注釈の二つめとして、次のことが指摘されねばならない。アジアにおける新興工業国家群の対極が、バングラデシュに代表される南アジアの、しばしば「絶対的」と形容されるところの貧困に覆われた地域である。ここでは先発国のインダストリアリズムが総体として伝播するのではなく、その一部のみが伝播し、他の部分は容易に入り込まないという跛行が発生し、この跛行的状態が構造化してしまっているという構図である。

現代のインダストリアリズムの重要な一部である新しい医療技術や防疫手段は、経済成長段階をまだ迎えていない最貧開発途上国にまで及んでおり、彼らの人口増加と平均寿命の大幅な延伸を可能にした。しかし、インダストリアリズムが人間の生命にのみ及び、人間の生存をその基盤において支える産業にまで波及し得ない場合には、ここに一つの悲劇的なドラマが展開される。これが古典派の経済学、その論理的帰結となった一人当たり所得水準の「生存維持水準」での均衡に他ならない。

人口増加が食糧需要の増加をもたらし、この増加した需要に応ずるべく増加した人口は農耕地に投入される。しかし、ここで収穫逓減法則が作用して食糧生産の増加率は人口増加率に追いつかず、一人当たり食糧供給量は生存維持的水準という「定常均衡点」において低迷せざるを得ない。古典派のこの論理的枠組みは先発国の経済発展を説明する力をもたなかったものの、現代アジアの一部の最貧国の経済的低迷を説明する原理として再登場したのであり、この理論の骨太さを感得せざるを得ない。

新興工業国家群と南アジアとの対極について述べてきたが、それぞれの発展シナリオが混在して、その将来を描き出すことが難しい国家群もある。新興工業国家群と南アジアに挟まれた島嶼国家群、東南アジア諸国の経済発展の姿をどのように描いたらいいのか。これら諸国の近年における工業成長率は新興工業国家群のそれに勝るとも劣らない。しかし、その工業化が政府の手厚い産業保護政策と外国資本によって主導されたものであったがために、雇用吸収力は意外なほど弱い。そのために農工間の労働移動はさしたる規模で発生することはなく、したがって工業成長が農村の過剰労働力を吸収し、農業生産性を向上させるインパクトとなることは少ない。

長らくつづいた高い人口増加率のために、東南アジアでも南アジアと同じく農耕地拡大の余地はすでに制約下におかれている。フロンティアの消滅である。農耕地フロンティアが消滅する一方、農村の人口増加率はなお高く、これが土地の細分化を招いて零細農家を増加させ、農村貧困の解決を遠くしている。ここでは繁栄する工業部門と停滞する農業部門との「二重的併存」が構造化しているとみなければならない。

以上のような主張がこの著作『成長のアジア　停滞のアジア』の骨子であり、この骨子を分析的に証明する各章が構成される。

とはいえ、なにしろ１９８５年、今から40年も前の「貧困のアジア」というイメージが一般的であった時代のデッサンである。新興工業国家群の発展が驚きをもって迎えられる一方、南アジアはもとより東南アジア諸国の将来にもまだ暗い影が漂っていた時代の論理的な整理である。その後、とりわけ１９９０年代に入った頃からアジア全域が変貌期に入った。私の分析枠組みは新興工業国家群の展望はともかくとして、全体的に陰鬱な論理構成になっていたことは否めない。この著作集が第1巻から進んで第5巻に入る頃から、私のアジア評価は全体としてより闊達なものへと変化している。

この著作『成長のアジア　停滞のアジア』は、幸いなことに１９８５年の吉野作造賞を受賞することができた。『本著作集』第1巻のⅡは『私のなかのアジア』（中央公論社、２００４年）である。

私は地域研究者が一般にそうであるような一国の専門的研究者ではない。先に記したように、アジアの地域を俯瞰的に観察するという視点が私のものである。本書は私の中にあるさまざまなアジアを拾い上げ、これを自分史に重ね合わせて書いたものである。自分史をどうして書いたのか、研究史それ自体というより、自分の特に青春時代について書いたところをこの「まえがき」では強調しておこうと思う。

私は１９８８年から２０００年まで、東京工業大学に在職した。退職時には長年の習わしとして「最終講義」がある。この講義で何を話そうか、随分思いあぐねたことを思い起こす。経済学者が経済学のことをしゃべってもさして興味をもってくれそうにはない。そう予想して私は「センチメンタルジャーニー―私のなかのアジア」と、ややくだけたタイトルのレクチャーにした。通常はあまり語ることのない自分史を、最後の機会なのだから一回くらいはみんなの前で話すのも悪くはないか、といった気分であった。

この最終講義にＰＨＰ研究所の総合雑誌『Ｖｏｉｃｅ』の編集長が聴講にきてくれていた。レクチャーが終わったところで氏は、〝先生、今日の話、面白かったです。テープにとっておきましたので、それを原稿に起こしますから、朱入れしてうちの雑誌に掲載させてください〟という。ゲラに結構な量の朱入れをしてできあがった論文を掲載してくれた。〝最終講義が雑誌に掲載されるなんて初めてのことだと思いますよ〟と後に氏からいわれた。

この雑誌論文のタイトルが「私のなかのアジア」であった。これが当時の『中央公論』の編集長の平林孝氏のお目にとまり、ある日、パレスホテルの喫茶店に誘いだされ、〝渡辺さん、この論文にさらにいろいろ書き込んで、一冊の自分史として出版しませんか〟といわれた。東京工業大学の定年退職は当時は60歳。退職後は新たに設置される拓殖大学国際開発学部の学部長となることが決まっていて、相当に忙しく駆け回っていた時期でもあった。〝お誘いは大変嬉しいのですが、目下はそんな次第でものすごく多忙です。それにまだ自分史を書くのははやすぎるような気もします〟と答えたのだが、平林氏は、〝渡辺さんは戦争体験もありますしね。安保闘争なんてもういまの若者は知らないんですよ。60歳がまだ若いなんてことはありませんよ。お忙しいことはわかりましたので、二、三年はお待ちします〟といわれ、〝まあ、なんとかやってみます〟ということになった。自分の人生の断片について、アジアのことどもとともにあれやこれや書き連ねたものを『私のなかのアジア』として出版してもらった。平林氏は出版の直前に逝去されてしまった。

私の場合、青春時代の中で最も象徴的なできごとは「安保闘争」であった。私が大学2年の時のことだった。山梨県の片田舎から上京して慶應義塾大学経済学部に入り、最初の2年間を横浜の日吉で過ごしたのだが、その時に安保闘争が燃え盛った。「六〇年安保」といわれたから、もう60数年も前のことである。全国から集った若者たちが私には難しい政治用語を滑らかに使いながら、日本の政治状況や日米関係のことなどを論じる姿に少し酔いにも似たような感覚を覚えて、少しずつその運動の熱気の中にのめり込んでいった。酔っていたのは体の方だけで、頭の方は奇妙なほどに冷めていた。安保闘争の論理の中心が不透明だと感じ始めていたのである。まわりの同学や先輩たちが語っている論理はひょっとしてまちがいではないだろうかという感覚が、初めはぼんやりと、しかし次第にはっきりと私の頭の中に像を結んでいった。

安保闘争が終焉した頃は、逆に日米安保改定は不可欠だと私は考えるにいたった。その後は、日米同盟は日本の防衛の要であり、これを強固なものにしなければ日本の安全は保障されないという考えの持ち主となって今に至っている。私が安保闘争の中で何を考えたのかは、自分史の中での貴重な思考過程であった。自分史では、当時の自分の考えをそのまま再現しつつも、その後に得た知見を加えて現在の自分があるわけだから、自分史の中にその知見が入ってもかまわないし、むしろその方が自分史としては正当であるかのように思う。『私のなかのアジア』ではこう書いた。

「安保闘争が隠しもっていたものはナショナリズムである。太平洋とアジアで敗走を繰り返し、原爆投下により無数の国民を殺傷されたものの、日本は本土決戦に敗北して国力のすべてを失ったわけではない。無条件降伏ではあったが、米軍に対する敵愾心や対抗の構えまでを摩滅されてしまったのではない。戦後復興は予想を超える速度で進み、昭和三〇年代の中頃には、未曾有の高度経済成長期を迎えた。政治的屈辱と経済的自信とがないまぜになって、この頃には戦後鳴りを潜めていた大衆的ナショナリズムが高揚し始めたのである。ならば、ナショナリズムが反安保改訂へと傾斜していったのはなぜか。

ナショナリズムとは、他者に投影して自己を確認し、他者に対抗して自己を主張する民族心理である。自己を投影し対抗する他者が存在しなければ、そもそもナショナリズムは成立しない。日本という自己にとっての他者とは米国であった。他者が強大であり、しかもこれがかつて自己を圧した存在であってみれば、自己の存在を訴える対象としては申し分ない。人間の成長過程を心的深層から捉える発達心理学の示唆する通りなのであろう。戦後日本のナショナリズムは、米国に自国をぶつけて存在を主張する、つまりは反米ナショナリズムたらざるを得なかったのである。」

青春時代の自分史を書く場合、私にはどうしても書いておきたいもう一つのできごとがある。私は大学を出てから日本化薬株式会社という民間企業に就職した。三年間、そこで働き、その後、母校の大学院に入って博士号を取得、母校ではない大学の専任講師として教員生活に入った。

日本化薬時代はわずかだったが、私の人生に大きな影響力を与えてくれた。会社を辞めた理由は、会社の仕事がいやになったからではまったくない。〝研究者としてなんとか自立したい。その道に入るにはこの年齢くらいが限界かな〟と思いを定めたのである。会社での勤務は、私にはむしろ大変、充実した時間であった。

会社に入ったのは１９６３年、翌年が東京オリンピック、「企業の時代」であった。私が勤務したのは、東京赤羽の荒川沿いに立地する医薬品製造工場。資材倉庫課に配属され、工場敷地内の各所への資機材の搬出入の事務を執り、かたわらフォークリフトで化学薬品のドラム缶を主要部所に運び込むといったことも私の仕事であった。フォークリフトの運転免許や危険物取扱主任者のライセンスも当時取得した。私が何より驚かされたのは、企業組織における人間関係であった。上述の自分史の中ではこう書いた。

「赤羽の工場で観察した人間関係は、家族主義的としかいいようのない、暗黙の合意を前提にしたまことに協調的なものであった。工場長はいつも菜っ葉色の作業服を着て、ネクタイなどつけていなかった。彼は会社の取締役として経営者の一人でもあった。三〇〇人ほどの従業員に誰彼となく声をかけ、新入社員の私の名前もすぐに覚えてくれた。武田という苗字のその工場長は従業員からはタケちゃんと呼ばれ、飲み会にでもなれば、真っ赤な顔で畳に膝を擦りつけながら従業員に酌をしてまわった。

終身雇用を疑う者はおらず、少しずつではあれ給料が上昇していくことを楽しみとしていた。労働組合は確かに存在した。組合の集会が月に一回くらい開かれ、私も毎回これに参加した。委員長が経営側との交渉の経過を説明し、次いで当時はやりの左翼用語でやや反体制的なことを演説した。これに組合員が和して拍手するのだが、緊迫感はまるでない。労働組合が〈経営側〉と何かを争うという雰囲気を感じたこともない。労働組合の方に、そもそも経営側などという認識があったかどうか。」

私は『私のなかのアジア』を執筆する過程で文章を書くということの意味を徹底的に考えさせられた。つい先だってのことだが、産経新聞社主催の作文コンテストで審査委員長を務め、文章を書くことの意味について中高大生を前にこう語った。私の文章に寄せる気持ちを、やさしい言葉で語ればこうである。

〝君たちは、私などに比べればはるかに若い世代の人たちですが、それでもそれなりにいろんな経験を積んでこられました。家庭、学校生活、海外研修、地域社会活動、その他のさまざまな場で経験を積んできましたよね。しかし、そうした経験もこれを文章化しませんと、それらはいつの間にやら人生の中のささやかな経験のひとつとしてほとんどは忘れ去られていきます。

経験は、これを文章化することによって、初めて「経験知」となり、これがひとつの確かなブロックとなります。別の経験を文章化してもうひとつの経験知のブロックができあがっていきます。いくつもの経験知のブロックを積みあげていくと、簡単には崩れない経験知の大きな塊になります。このブロックの塊の大きさが、人間が成長したことの証なのではないでしょうか。

さまざまな経験を、本当に自分自身の人生にとってかけがえのないものとするには、文章化がどうしても必要です。経験の文章化を継続すること、これを自分のクセのようにしてしまったらどうでしょう。人間として成長していくには、これがどうしても欠かすことはできない条件だと私は考えます。〟

渡辺利夫精選著作集第1巻　私のなかのアジア

目次

【『渡辺利夫精選著作集』の編集に際して】

一『著作集』に掲載する際に用いた著書の底本は、以下のとおりである。

Ⅰ 成長のアジア 停滞のアジア

講談社学術文庫、２００２年（初版は、東洋経済新報社、１９８５年）

Ⅱ 私のなかのアジア

中央公論新社、２００４年

一 底本において、明らかに誤記・誤植と思われる表現、あるいは不統一の用字・用語等については、編集の際に適宜改めたところがある。

一 本文あるいは注の中で自著に言及している部分は、底本のままとした。ただし、『著作集』に収録した論考には、当該箇所に〔『本著作集』第○巻所収〕という付記を挿入した。

I

成長のアジア　停滞のアジア

序章　情念のアジア　知のアジア

文明の物たるや至大至重、人間万事皆この文明を目的とせざるものなし。制度と云ひ文学と云ひ、商売と云ひ工業と云ひ、戦争と云ひ政法と云ふも、これを概して互に相比較するには何を目的として其利害得失を論ずるや。唯其よく文明を進るものを以て利と為し得と為し、其これを却歩せしむるものを以て害と為し失と為すのみ。文明は恰も一大劇場の如く、制度文学商売以下のものは役者の如し。

（福沢諭吉『文明論之概略』巻之一第三章「文明の本旨を論ず」）

アジア研究を志し、関連文献をひたすら漁《あさ》っていた一時期がある。しかしいくら文献を読み進んでも、この地域は私の頭の中に容易に像を結んでくれない。アジアのどうにもしようのない捉え難さにいらだちがつのっていた。

その頃ミュルダールの大著『アジアのドラマ』（一九六八年）の出版の知らせが耳に入った。著者の権威と何よりもその壮大な主題に胸を高鳴らせ、迷える私にも救いの手がついに差しのべられたかのように予感した。出版をまちかねて貪《むさぼ》り読んだ。しかし読み終えて、なぜこれがアジアの「ドラマ」なのか、実はよくわからなかった。南アジアの貧困の、そのありようを解こうというミュルダールの情念は確かによく伝わってきた。軟性国家論、政治的腐敗、経済計画の意味など個別の記述の中には、いかにもと思わせるミュルダールの明察を見出しもした。しかし、全体を貫く統一的なイデーは何やら曖昧《あいまい》にしかみえない。ドラマという以上、その作品世界を構成している諸要素の意味関連をつねに統合させていくような主題が、やはり観客に実感されねばならないのではないか。どうしてこれがアジアのドラマなのか。己れの粗雑な読解力を嘆くより前に、ミュルダールを恨んだ。アジアをドラマの舞台に仕立てた場合、主題はどのように設定されるか、設定された主題がどのような筋書き（ストーリー）と運び（プロット）と構成（コンストラクション）をもって展開するのか。ミュルダールの作品から摂取したいと願ったのは、そうしたことであった。要するに私が渇望していたのは、ドラマのシナリオそのものだった。出版後、この作品を讃歎する書評があい次いだ。少なからず失望していた私には、そうした評価が何か権威を笠《かさ》にきた饒舌のように感じられて疎《うと》ましかった。

アーノルド・ウェスカーの『調理場』の舞台をみたことがある。雑多な俳優が順序もなく舞台に登場して、自らを勝手に主張し、それらしきシナリオをもたない、そういうドラマのおそらくこれは一つの代表作であろう。猥雑《わいざつ》をきわめた舞台であった。はっきりとした性格をもつ登場人物たちがとり結ぶ、葛藤の人間関係の展開をドラマとみなすようなわれわれの常識からすると、これはどうにもやりきれない舞台のはずであった。しかし妙な表現だが、この舞台の場合、その猥雑がある種の「秩序感覚」によって貫かれていて、一つの舞台を見終えたという確かな実感を与えてくれたのを覚えている。ちょっと目には「反演劇《アンチ・テアトロ》」のこの舞台の中に、逆に「演劇」を強く実感させる何ものかが含まれていた。私には情念の混乱としかみえなかったミュルダールのドラマも、ひょっとするとそのような効果を狙った巧妙な一作であり、要するに至らぬ私にはそこのところがみえなかったということなのか。

とはいうものの、社会科学はあくまで「知の体系」でなければならない。対象世界に寄せる激しいパトス（情念）もこれが知の体系に翻案《ほんあん》されなければ評価の対象とはなりえない。ガーシェンクロンが描いたのは一九世紀西欧世界における先進と後進との確執のドラマであるが、そのモチーフを「後発性利益」というみえやすい分析概念に求めて、ドラマを知の体系とすることに成功した。また、生産力と生産関係の相剋《そうこく》を通じて一社会が弁証法的に発展していくドラマを描写したのはマルクスである。人口増加と収穫逓減《ていげん》法則という二つのモチーフを錯綜させながら、一社会が生存維持的水準という奈落に向かって窮乏化していく様《さま》を、強い危機意識をもって叙述したのはリカードとマルサスであった。これらはいずれも、対象世界の発展をいくつかの社会的諸力の葛藤のドラマとみなし、整合的な分析枠を用いてこれを確かな知の体系たらしめている。あるものは、その経験的妥当性を疑われて、生命を危うくしたことも一再ならずあった。しかし、いずれもが分析可能な概念によって構成されたその体系性のゆえに、危機に瀕してなお蘇生を繰り返してきた。ガーシェンクロンの命題は、久しい沈黙の後に南北問題世界の一画期である新興工業国家群ＮＩＣＳの成長を説明するグランド・セオリーとして再登場した。古典学派の発展モデルは、一世紀半を経たのちに「マルサスの亡霊」となってその姿をみせ、南アジアの貧困を説明する基礎的原理としてたち現われた。そしてマルクス理論は、いわゆる従属理論として再生し、かまびすしい新国際経済秩序論の中に「マルクスの亡霊」ともいうべき投影をみせている。

　南アジアの停滞と窮乏化を、社会制度、慣習、価値観、態度といった観点から縦横に論じ、それらが西欧世界の社会制度、慣習、価値観、態度からいかに遠いかを憂うミュルダールのパトスは、読む者の胸に痛い。しかしパトスはパトス以上ではない。社会制度、慣習、価値観、態度が、アジアの貧困を説明する特定の分析可能な概念によって組み立てられない以上、やはり知の体系とはいい難い。

　なぜアジアは知の体系たりえないのか。全体を貫く統一的なイデーを主題（テーマ）と考えるならば、アジアの場合このテーマを設定すること自体がどうにも難しい。追究すべきテーマがアジアの中に存在するという実感を、われわれは容易にもちえないのである。しかし畢竟《ひっきょう》するところ、このことは、アジアを何らかの秩序感覚をもって認識しようという知的努力において、われわれが大きく欠けていることを示すものなのであろう。実際のところ、欧米諸国や社会主義国に対しては、われわれは時にその内部に鋭い確執があることを知りつつも、しかしキリスト教的、イデオロギー的あるいはその他の何であれ、これがそうした概念枠で捉えられるある秩序をもった固有の世界であるという印象を、多かれ少なかれ抱いてきた。

さすがにもうはやらぬが、日本の社会科学者は、経済学はもちろんのこと社会学にしても政治学にしても、欧米社会を特有の「理念型」とみなす思考癖から長く抜け出すことができなかった。そこに理念的秩序の存在を確信していたのである。別の一群の研究者、ジャーナリストの社会主義的秩序に対する憧憬《しょうけい》は、もう知的オルガスムスとでもいっていいほどのものであり、人前で法悦をはばからぬそのはしたなさに辟易《へきえき》した人も少なくあるまい。欧米諸国や社会主義国は、産業社会化、政治的近代化、社会主義化、要するにある何らかの秩序に沿うて動く社会にほかならず、その秩序にはるか遠い自国の現状を嘆き、対欧米、対社会主義コンプレックスをつのらせるというのが、つい先だってまでの日本の知識人のごく一般的なスタイルであった。そうした装いを粛として身につけることが、日本の知識人のステイタス・シンボルですらあった。ヘーゲルやマルクス、そしてドイツ歴史学派の発展段階説が、発生の地をはるか隔たった極東のこの地において一世を風靡《ふうび》したという事実は、日本の知識人が先進世界を眺めるに際して用いた、ほとんど本能的ともいっていい秩序感覚のありようを端的に物語っている。

日本人の中国観の中にも、そうした秩序感覚の反映をみることができる。日本の知識人にとって長らく中国とは、儒教的倫理を体現した理念型としての中国であり、儒教的秩序そのものであった。パワー・ポリティクスの世界に生きる現実中国は、日本の知識人の認識からは欠落していた。朝鮮の近代化運動の挫折を目の当たりにして生まれた福沢諭吉の脱亜論《だつあろん》という思想の怜悧《れいり》をもってしても、この観念論的中国像はさほど毀れなかったようだ。日本人にとって中国は、今なお倫理的秩序の国である。文化大革命や対中国交回復時において、わが国のジャーナリズムがみせた、誰も制止しえないようなあの熱狂ぶりは、中国がいまだわれわれにとって「徳の国」たるをやめていないことの証左なのであろう。私は近代経済学者のはしくれであるが、観念論的思考からは遠いところにいるはずのこの分野の研究者が、その要請にもかかわらず、現代中国の分析に重い腰をあげようとしないのも、悠久のこの徳の国を近代経済学の「品格の劣る」分析用具で切りきざみたくはないという、意識せざる意識のゆえなのであろう。

ここで私はそうした日本人の心性に咎《とが》めだてをしたり、これを揶揄したりしているのではない。その逆である。対象世界に何らかの秩序を求め、これに知的に対応することが必要でないわけはない。秩序の求め方がいかにも観念論的に過ぎたという弊は反省されなければならないが、こうした反省は、ただもっと誠実で知的な試行錯誤を続けるべきだということを別の形で表現したものである。私の思いは、欧米や社会主義国をみる場合の日本人の習性とは対照的に、アジアに向けるわれわれの眼には、まるで秩序感覚が育っていないという、そのことについての苦々しさなのである。

「北人南物」という言葉がある。人は「文明」を意味し、物とは「資源」のことをいうのであろう。日本が求むべき文明は北にあって南にはなく、南に求むべきは資源のみという、日本人の抜き難い対外認識のダブル・スタンダードがこの用語法の中に、実に無駄なく集約されている。ここで北人南物論の系譜をたどって、これを論評するまでのことはない（この点については矢野暢の『「南進」の系譜』『日本の南洋史観』〈いずれも中公新書〉などを参照されたい)。われわれ自らがアジアに何らかの秩序を感得し、人間社会の理法を少しでもそこに実感しているか否かを、密かに問うてみればよいのである。アジアのことがニュースにならない日はないほど豊かな情報に溢れる今日に至っても、この世界に秩序を実感できないという背理に、少しは胸痛を覚えようではないか。

話が少々まわりくどくなった。われわれのアジア観が混迷を続けているのは、要するにわれわれの秩序感覚がアジアに及んでいないことの反映であると私はみる。とすれば、秩序感覚を鋭くしてこの地域にのぞんでみようという試みにも意味があろう。ともかくも私の狙いは、アジアの発展過程に何らかの秩序を見出したい、というものである。もっとも、混沌のアジアを混沌のままに描き、しかもそこに一場のドラマを感得させるといった、手の込んだウェスカー流の舞台仕立ては、私にはどだい無理である。私の想定するドラマは、そのシナリオの運びと構成が誰の目にも容易にみえるような学芸会風の舞台である。

十分な素材をもたないままに、整合的秩序をもったシナリオをつくることは危険だという意見は傾聴に値しよう。しかし、われわれがいくつものシナリオをつくる努力を続け、そしてまたシナリオ相互の競合を促すことをやめないならば、現実の裏づけをもたないシナリオは、いずれ排除されていくに違いない。求められているのは、何よりも現実の秩序づけであり、そのためのシナリオである。こういったからといって克明な地域研究の必要性を否定するつもりはない。そうではなくて個別の地域研究の成果も、「劇的状況」にこれをのせることによって、その意味がより鮮明になるであろうと考えるのである。

さて、ドラマの構成を簡単に述べて、前口上は終わりにしよう。第1章は、私が想定する「アジアのドラマ」の主題であり、それ以下の諸章がこの主題の筋書きである。第2章では、韓国、台湾などアジアにおけるNICSの発展を特徴づけている旺盛な経済的活力の源泉を探り、その活力がどのようなシナリオをもってNICSの動態をつくり出しているのかを描写する。第3章では、NICSの発展に伴って生じたアジアにおける市場構造再編の過程を辿ることによって、後進が先進を追い、その後進を一層の後進が追跡しながら展開する、確執のドラマを眺める。第4章では、NICSの経済発展において、なお残された課題が何であるかを問うて、ドラマの行く末をうらなう。第5章では、東南アジアの経済発展における核心的な主題を、成長する工業部門と停滞的な農業・農村部門とのデュアリズムとして捉え、これがつくり出す社会的相剋の諸相を概観する。第6章では、南アジア諸国の伝統部門に堆積する絶対的貧困層の生成メカニズムを眺めながら、「退行のドラマ」を演じる一群の国ぐにの姿と課題を明らかにしたい。

1　現代アジアの経済発展をどう見るか
――私のエイシアン・ドラマ

二つの長大なドラマがアジアにおいて展開を始めた。後進が先進を追い、先進は後進をふりほどいて必死に逃げようとするが、しかしついには捉えられて、後進との調和的な共存の道を模索せざるをえない――そういう筋書きをもった「確執」のドラマが一方に生まれている。他方には、後進が後進であるがゆえに抱える錯綜した諸要因に耐えかねて、現状を維持することすらかなわず、絶対的貧困に向かって絶望的な歩みを開始する、「退行」のドラマがある。確執のドラマの主役は、韓国、台湾などの新興工業国家群（ＮＩＣＳ）であり、退行のドラマの主役は、バングラデシュなど南アジアの国ぐにである。もっとも、現実の多くの発展過程においては、この二つのドラマが同じ舞台の上で同時進行して、結末がいかなる方向に進んでいるのか、観客をすっかり困惑させてしまうこともしばしばある。確執と退行の両面性を抱える東南アジア諸国を主役としたドラマを描く作業は、骨の折れるものとなる。

1 確執――北東アジア

近代産業文明は、新技術を開発し、その技術を「体化」した資本ストックを蓄積し、これを運営する企業者群と熟練労働者群を豊富に創出してきた。こうした近代産業技術文明の総体、これをインダストリアリズムと名づけるならば、先進で創成されたインダストリアリズムは後進に伝えられ、後進はその伝播を受けてこれを内部化し、急速な発展過程にのり出すことができた。そして今度は、この後進が先進の重要な一部となって新たなインダストリアリズムの発生源を形成し、さらに後進の国ぐにの発展を誘発する。資本主義世界の動態は、そうしたインダストリアリズムの波及過程を繰り返すことによって展開されてきた。

大陸ヨーロッパとアメリカの工業化は最先進イギリスの工業化によって触発され、欧米世界のインダストリアリズムの波は続いてロシアと日本を巻き込んだ。後進の内生的な工業力が、先進に発する外生的なインパクトによって顕在化し、そうして後進の急速な経済近代化過程が開始された。工業化のための社会的能力に欠ける国は、この外生的インパクトを内部化することがついにできない。つまりは内部化をなしえた国が、二〇世紀初頭までに現在先進国と呼ばれる経済的地位を手中にしたのである。先進に発するインダストリアリズム内部化の過程が、クズネッツのいわゆる「近代経済成長」の過程である。

ところで、先進のインダストリアリズムの波及を受けて開始された後進の工業成長は、実は先進のそれよりも一段と激しいものとなる傾向がある。後進は後進であるがゆえに、工業化の基礎的諸条件において未熟であり、工業化の開始は容易ではない。しかし、ひとたびこれが開始されるならば先進の速度を凌駕《りょうが》するというのが、ガーシェンクロンが見出した経験則である。後進は先進の開発した最新の技術、先進の蓄積した資本を導入しながら工業化を進めることができるという「後発性利益」のゆえにそうなるのであり、さらには、後進が先進に伍する以上の集中的努力をもって工業化を開始しえぬ以上、後進の工業化はそれ自体が不可能だという理由のゆえにそうなるのである。後進の工業化は、いったんこれが開始されるならば先進の速度を上まわるという傾向をもち、その意味で資本主義世界は「不均等発展」を基本的な特徴としてきた。

日本とロシアという後進が欧米先進を追跡してこれを捉えることに成功して以来、確執のドラマは長らくこの世界から消えてしまったかのようであった。「南北問題」という発想法それ自体が、北のインダストリアリズムは南に波及することはなく、先進と後進との地位交替現象はすでに終焉したという前提を隠しもっている。いいかえれば、南北問題とは、北と南の連続性を否定することによって成り立つ二分法概念なのである。しかしＮＩＣＳの経済成長の「趨勢《すうせい》加速」現象は、このインダストリアリズムの世紀的な波及過程が今日なお持続し、ついに開発途上世界にまで及んだことを示す歴史的な画期である。ＮＩＣＳの挑戦は、南北二分法世界観をつき崩す、古くてしかし新しいドラマの開始を告げるものであろう。

アジアのＮＩＣＳはいずれも小国であり、人口基盤、自然資源基盤は薄い。先進の発展波及力は、実はこれら小国に最も伝播しやすいという性格をもっている。小国は小国であるがゆえに、発展を望む以上、海外に大きく門戸を開いて「対外接触度」を拡大していかざるをえないからである。これらの国ぐにが海外から受け入れた技術や資本の規模は、その国民経済規模との比較でいえば、往時の日本やロシアの比ではない。ＮＩＣＳは工業化過程において、単に技術や資本を個別に導入したに留まらない。外国民間企業の直接投資の導入を通じて、技術、資本はもちろんのこと、企業者職能をも含む、要するに経営資源の全体を「パッケージ」として導入しうるという利益に恵まれた。その意味でNICSに与えられた後発性利益は、一九世紀後発国のそれよりは一層強力である。すべての後発国に可能性として与えられた後発性利益を、ひとりNICSのみが享受しえたのは、労働者の技術水準、企業家の経営能力、官僚の行政能力、政策の立案と施行の能力、つまりは後発性利益を内部化するための社会的能力が、ここに豊富に形成されていたからである。

NICSの経済発展は、資本主義世界の最後進に位置して最大の発展速度をみせた日本の経済近代化過程をすら「圧縮」している。国民総生産に占める総投資の比率（資本形成率）において、韓国、台湾のそれは第二次世界大戦後の「日本経済の奇蹟」以上であり、彼らの資本形成率は日本のそれと同水準に達した。こうした資本蓄積過程において、工業成長率、経済成長率も加速化の様相をみせた。高い工業成長率のもとで国内総生産に占める工業部門の比率（工業化率）が急上昇すると同時に、工業部門生産額に占める重化学工業部門生産額の比率（重化学工業化率）も増大した。韓国、台湾は、両比率においても日本の経験を圧縮している。

注目されるのは、NICSにおける工業製品の輸出増加率の高さである。工業製品輸出部門は、これら諸国の経済成長の主導部門であった。実際、NICSが実現してきた工業製品輸出増加率は、過去の先進世界に例をみない高さであった。NICSは、強い工業製品の国際競争力をもって先進市場の懐《ふところ》深く侵入し、その市場を占有していた先進国への追撃を開始した。「追い上げ」問題としてジャーナリズムを賑わせた事実がこれである。激しい輸出拡大が第一次石油危機後の低迷の世界経済の中で実現され、したがってNICSのこうした動きは先進国側の保護主義的規制を誘発し、確執はいよいよ激しい。

しかし、ドラマは確執というモチーフのみで語られるべきではない。NICSの輸出拡大は、その輸入能力をも強化した。NICSの輸入の中心は、工業化を支える素材、中間財、資本財である。低成長と需要減退の世界において、それら諸財の対ＮＩＣＳ輸出の活況は先進国の景気と雇用を支える一つの重要な柱となっている。ＮＩＣＳが世界経済の中で次第に大きな存在となるに伴い、南の開発途上世界が先進世界から一方的な影響を受け、自らは世界経済を動かす支配的な力をもたないという「単線的構造」は変化し始めており、世界経済におけるこの新たな成長核を無視しては、先進世界も己れの成長を極大化しえないという新しい局面を迎えた。先進は後進との確執の果てに、後進を資本主義世界の新しい重要な一環に据えることによって、その経済的地位を「認知」せざるをえなくなった。

確執から認知への道をたどるこのドラマも、しかしまだここで幕を閉じるわけではない。主役の激しい動きに伴って、舞台の構造自体が変化し、ドラマはさらに壮大なものになっていく可能性がある。実際、世界経済の中で最も強い経済的活力をみせたのは、日本とこのＮＩＣＳである。しかも、ＮＩＣＳのほうが日本よりもその動きは速い。日本とこれを取り巻く近隣アジアの一部は、世界経済における「成長地域」というに相応《ふさわ》しい活力によって特徴づけられる。そして強い成長力をみせる国ぐに相互の市場的結合が強化されていくのは自然である。高い工業化率と輸出工業化率のもとで、日本とＮＩＣＳは工業製品相互の水平的分業関係を強め、そうして相互の構造的結合が強化され、工業化の域内波及力が拡大してきた。今の時点で、ヨーロッパ共同体に比すべき水平分業的秩序を近隣アジアに期待することは、無理であろう。しかし、その方向に向けてアジア諸国と日本との経済関係が動き始めたという事実は、画期である。

2　二つの注釈

もっとも、NICSの発展のドラマをこのように述べるについては、二つばかりの注釈が必要であろう。その一つは、次のようなものである。

第四次中東戦争に端を発したOPEC諸国による原油の供給制限と公示価格の大幅引き上げは、条件が整うならば、南の北に対する影響力が巨大なものとなることを示した一つの「事件」であった。OPEC諸国の石油ナショナリズムが、世界の原油生産と販売に力をふるってきた国際石油資本の寡占体制を揺さぶり、国際石油資本への依存度の大きかった工業国に深刻な影響を与えたのである。現代における確執のドラマの主役は何もNICSばかりではなく、OPEC諸国もそのもう一つの重要な主役だと考える人びとも当然いよう。

とはいえ、石油ナショナリズム、ならびにこれを契機として開発途上世界で展開されることになった資源ナショナリズムは、自国の自然資源に対する主権回復の要求であり、したがってこれは本質的には政治的な運動である。この資源の生産量と価格決定権をOPECがメジャーから奪い取るという政治的行動が、このナショナリズムの内実である。石油の生産量と価格の決定に際してのOPEC諸国相互間の合意があってはじめて、その行動が成功しえたという点もまた、石油ナショナリズムが政治的運動の所産であったことを示している。何よりも重要なことは、その政治的パワーの源泉が天与の僥倖《ぎょうこう》によって彼らの地下に埋蔵されていた石油という自然資源であった、という事実である。

したがって石油の価値稀少性と石油をめぐる政治的合意のいずれかが失せれば、彼らのパワーもまた失せていかざるをえないという脆弱性《ぜいじゃくせい》が、その底のところにある。石油はいずれ枯渇する資源である。加えて、北海油田の例にみられるごとく、OPEC諸国以外でもこれを開発していく可能性があり、さらに代替エネルギー開発、省エネルギー努力は間断なく試みられている。長期的な視点にたてば、石油の価値稀少性は疑わしい。ついでながら、石油生産量、価格決定に関するOPEC諸国間の合意が崩れるとともに、石油はかつての神通力を失って、「逆オイル・ショック」が人口に膾炙《かいしゃ》されるにいたった。溢れるオイル・ダラーを掌中にしながら経済の近代化は進まず、逆に政治的不安定性をつのらせ、ついには石油価格の高水準維持という条件を守りきれないという事実は、皮肉にも伝統的な南北問題世界観の正当性を裏づけるという結末となったようである。巨大なインパクトを世界経済に与えた石油ナショナリズムも、わずか一〇年、一場の虚構として将来の史書に数行を留めるだけかもしれない。

要するにOPEC諸国は、長期にわたる発展過程の中で培われた経済力をもって先進国を追撃したのではない。先進経済にインパクトを与えたのは、繰り返すならば天与の資源である石油、ならびに石油をめぐるOPEC諸国間の政治的合意のゆえなのである。いずれの条件も脆い。石油ナショナリズムが持続性をもった確執のドラマたりえなかったのはそのためであり、OPEC諸国の石油攻勢を「事件」であるとさきに記したのも、そのゆえである。対照的にNICSの躍進は、それに先だつ長い国内努力により蓄積されてきた資本、技術、経営能力、行政能力が花開いたことの結果であり、それぞれの国の経済発展における長期的趨勢の帰結にほかならない。

二つめの注釈は、簡単にこうである。NICSの発展がもつ意味を、私のように理解すると、ひどい不快感を露《あらわ》にする人びとがいる。なぜそうした不快感を示すのか、私は当人ではないからわからないが、昔から「後進国」の人間や、ましてやそれが自国のかつての植民地であった国の人間が立派なことをやるはずがない、立派なことをやったなどと評価するならばその評価のほうが誤っている、と考える人間はたくさんいたように思う。そうした素朴な、しかしたわいもない感懐を、「従属論」などという抽象的セオリーでくるみ上げるのは、怠惰である。従属論といえばなるほど聞こえはいいが、冷静な客観分析を装いつつ、激しく動いているドラマの暗の場面にのみ関心を寄せ、ついにはドラマのシナリオそのものを見失っている人びとがいかに多いか。その事実を残念に思う、という臆見を一言留めておきたくて、これを注釈の第二としたまでである。

3　退行――南アジア

インダストリアリズムが総体として一国に伝播するのではなく、それを構成する特定要素のみが伝えられて、他の要素が容易に入り込まないことによって生まれる、跛行的発展の悲劇にもわれわれは敏感である必要がある。

現代医療技術や防疫手段は、経済成長の開始に遠い最貧開発途上国にまで確実に及んでおり、その平均寿命延長に成功した。インダストリアリズムは、供給される食糧のいかんによって人間の生存数と生存期間が決定されるという、生物界を幾万年支配してきた掟から人間社会を解き放った。コレラ、マラリア、天然痘など人間を容易に死にいたらしめた病が排除され、死亡率とくに乳幼児死亡率の減少はめざましい。インダストリアリズムが農業を巻き込んで豊富な食糧を供給することができるようになった開発途上国を想定して、こういっているのではない。救いようのない貧困の支配する多くの開発途上国においてもなお、人口は年率二・五％を前後する高率で増加し、加えていったんこの世に生を受けた人間は、平均して五〇年以上の長きを生き延びていくことができるようになった。しかし、インダストリアリズムが人間の生命にのみ及び、その生存を支える産業の発展にまで波及しない場合、この社会は悲劇的な窮乏化に向かって退行のドラマを開始する。そして退行のドラマの舞台もまた、確執のドラマを生んだのと同じ、このアジアなのである。

安定した気候と豊かな土壌条件のもとで、久しく稲を主要な作物としてきたアジアが人口過密地域となったのは、ある意味では当然であった。米の人口扶養力が他作物に比較して格段に大きいという事情もまた、人口過密の原因であろう。そのように考えれば、アジアにおける過密な人口は、実はその豊かさの反映なのである。荒寥《こうりょう》たる砂漠の民が稲のたわわに実るガンジス河やチャオプラヤー河のデルタを目のあたりにした時の讃歎は、いかばかりであったことか。乾燥地域の人口密度が小さく、モンスーン地域のそれが大きいのは、自然の理法である。人口の増加は食糧需要の増加をもたらし、増加した需要に見合うべく余剰の土地を外方に向けて開拓していくという過程を、アジアの民は豊かな自然環境の中で古くから繰り返してきた。しかしこの過程も無限には続かない。いずれ土地の制約に直面し、フロンティアは消滅せざるをえないからである。実際、多くのアジア諸国において、余剰地の枯渇は瞭然《りょうぜん》たる事実となった。加えて、外延的拡大の過程が終焉したこの二〇年ほどの期間に、アジア諸国の人口は加速度的な増加をみせたのである。

新たに供給される土地が制約される一方、人口が増加することによって生じる悲劇的終末を予想したのは、古典学派の経済学である。古典学派は、一国経済が「生存維特的水準」において均衡する、そのメカニズムを究明しようとした。住民の生活水準が生存維持的水準以上であれば、人口は必ずや増加する。人口増加は食糧需要の拡大をもたらし、この需要拡大に応ずるべく、増加した人口は農地に投入される。しかしここで収穫逓減法則が作用して、食糧生産の増加は人口増加に追いつかない。結局のところ一人当たり食糧供給量はその減少過程を開始して、再び生存維持的水準にまで戻らざるをえない。かくして「自然的進歩」はいきつくところ、ようやくにして生存を維持するに足る「定常的」均衡点にほかならず、経済はこの点に長きにわたって低迷するとされた。

古典学派の理論的枠組みは、その後のヨーロッパ諸国の急速な経済発展を説明する力をもちえなかった。古典学派の予想は、欧米世界の文脈の中でこれを考える限り、確かに杞憂《きゆう》であった。しかしその予想が一五〇年を経て、彼らが思いもかけなかった南アジアにおいて実現の場を見出すことになったのは、皮肉である。しかも南アジアにおける人口増加は、マルサスが想定したよりも一段と加速的である。近代経済成長開始以前の一九世紀ヨーロッパにおける空前の人口爆発期においてすら、移民という社会増加によって特殊な人口動態をみせたアメリカを例外とすれば、その年平均増加率が一〇年以上にわたって一・五％を越えた例は、実はあまりない。今日の南アジア諸国の年平均人口増加率は二・五％を前後する水準にある。住民の過半が飢餓線上をさまよいつつも、しかし人口はかつてのヨーロッパ世界に例をみない高率で増加を続けている。

退行のドラマは、ベンガルを舞台にした場合に、最もみえやすい。この地域にはもうフロンティアはない。あの豊饒《ほうじょう》で広大なガンジス・ブラマプトラ河のデルタも、長い開発の歴史の中で、人間によって利用可能な土地のすべてに手が加えられ、ついに外延的拡大の余地を失った。亜熱帯モンスーンの自然に素直に従いつつ展開されてきた外延的拡大のパターンは幕を閉じた。デルタの外延的拡大過程はデルタに入植する農民の増大過程でもあったが、ここ二〇年ほどの期間、さきに述べた事情によって、人口の自然増加率は加速した。フロンティアの消滅が厳然たる事実となる一方、人口の増加はなお続き、土地の細分化過程が始まった。バングラデシュの農家一戸当たり耕地面積は、一九六〇年の三・五エーカーから一九七七年の二・三エーカーへと二〇年に満たない期間に、実に三四％の減少であった。

「緑の革命」とは、先進国農業において一般的な高収量種子が熱帯・亜熱帯農業に向けて移転し、そこで新たに定着を求めた技術的画期である。インダストリアリズムの北から南への波及は、すでにみたごとくＮＩＣＳの発展に一つの実現を見たのであるが、緑の革命は農業面でのインダストリアリズムの北から南へのもう一つの波及である。しかしモンスーン・アジアにとって最大のインパクトを与えるはずの、あるいは一部の国ぐにに与えつつあるところの緑の革命も、伝統的なアジアの穀倉地帯であるデルタにこれが及ぶには、さらに相当の時日を要するものと思われる。

農業の技術革新とは、肥料などの投入要素に対する感応度の高い新しい品種の創出を意味する。小麦、稲の高収量種子もこれを導入するには、大量の肥料を要する。肥料を施すことによって繁茂する雑草を防除するための除草剤、そもそもが幼弱な新品種を病虫害から守るための薬剤もまた必要であり、さらにはそうした肥料や薬剤を効果あらしめるための水の制禦《せいぎょ》、すなわち灌漑・排水設備の建設が不可欠である。河川の氾濫水を利用したデルタにおいて、これらの条件を満たすことは容易ではない。要するにこうした諸困難のゆえに、デルタ地域に高収量種子を導入することは容易ではない。その一方で人口は増加の趨勢をやめない。現時点で増勢が仮に止まって、さらには減少を開始したところで、これまで三〇年間にわたって続いた人口増加の「潜勢力」は強く、二一世紀の前半に至るまで大きな圧力を加え続けるであろう。

インダストリアリズムは、現代医療技術、防疫手段の導入を通じて人間の生存数と生存期間を増加させるという形でベンガルに波及したが、増加した人口を支える農業技術水準を上昇させるという形ではここに及んでいない。インダストリアリズム波及のこの二つの跛行的現象は、耕地の供給に制約があるという当然の事実を前提とするならば、ドラマの展開を陰鬱なものにせざるをえない。

土地細分化が農業技術の進歩を伴わない以上、このことは農民の所得水準の低下を帰結する。所得水準がある最低の「貧困線」を下まわる時、農民は負債に依存し、さらに負債に耐えることのできない農民は最終的にはわずかな耕地を売却して、糊口を凌ぐより他に方途はない。かくして自作は自小作さらには小作化し、ついには小作権をもつこともかなわぬ「土地なし層」へと下降していくという、農民層の下方分解過程がここに生まれる。

退行のドラマは、この土地なし層の大量堆積と、彼らの絶対的貧困の中に集約されるのである。

バングラデシュの場合、一九七七年において、農地や宅地などの土地をまったく所有しない農家の全農家に占める比率は一一%、宅地をわずかに所有するが農地はもたない農家の比率は二二%、両者で計三三%である。一九六八年においてはこの比率は二〇%以下であった。短期間に土地なし層が一挙に拡大したことがわかる。土地なし層は、農地を保有しえないのはもちろんのこと、自作農から農地を借入してこれを経営する小作権をもたない階層をさす。土地なし層とは、農民層の下方分解過程における「最終生産物」であり、「農村プロレタリアート」である。賃金を求めて、刈取り、脱穀、整地、灌漑、排水といった一連の非管理的な農作業に携わるのはもちろんのこと、物売り、輪タクの運転手、大工、仕立屋、床屋、洗濯屋、その他ありとあらゆる雑業的な非農業部門に就業の場を求める。就業を求めるのは、土地なし層ばかりではない。零細農もまた労働の一部を雇用労働に充てて、生計を補填《ほてん》する。しかし農村における就業機会は限られている。かかる状況下で発生する労働供給圧力は、不完全就業状態を厳しくするとともに、実質賃金と所得水準をついには絶対的に下落させる。

世界銀行は、バングラデシュの一人一日当たり最低食糧必要量を一八〇五カロリーとし、このカロリー量を含んだ食糧を購入することのできる家計所得水準を、この国の絶対的貧困線とした。絶対的貧困線以下の農家の全農家に占める比率は、一九六七年四一%、一九七四年四四%、一九七六年六〇%、一九七七年七四%と変化している。絶対的貧困農家が農家総数の過半であり、しかもその比率はこの一〇年間に顕著な拡大傾向にある。

退行のドラマは、しかし、まだここで幕を閉じない。農村で創出された土地なし層を中心とする絶対的貧困層は、新たな就業機会を求めて都市に向かう。都市に就業の機会があり、その吸収力に応じて離農・離村が生じるのではない。そうではなくて、農村における雇用機会の欠如が、農民を都市に「押し出す」のである。都市の労働市場は、一段と「弛緩《しかん》」せざるをえない。雇用の機会が限られ、一方で労働力の供給が続く限り、都市の低生産性、不完全就業、したがって低賃金はその度合を一層厳しくしていく。一九七一年を一〇〇としたバングラデシュの都市未熟練労働者の実質賃金指数は、一九七七年には五〇程度に下がってしまった。この事実を反映して、絶対的貧困化は農村と同様、都市においても厳しい。同じ世界銀行の調査によれば、一八〇五カロリーを満たしえぬ都市の絶対的貧困家計比率は、一九六七年二三%、一九七四年二九%、一九七六年三三%、一九七七年四二%と推移している。こうした貧困と停滞は、都市におけるスラム、不法占拠区域の広がりに象徴される。ダッカ市民の四人に一人はスラム、不法占拠区域住民である。都市の貧困は、農村と同じ文脈の中で語られねばならない。

4　不明のシナリオ――東南アジア

アジアにおける二つのドラマは、それぞれNICSと南アジアという異なった舞台で演じられているだけではない。二つのドラマが、同じ舞台の上で同時進行するという場合もある。ASEANに属する東南アジア諸国は、このケースに違いない。

ASEAN諸国の経済成長率は、NICSのそれに劣らない。ASEAN諸国のこの高い経済成長率は、工業部門に導かれて実現した。一九六〇年代、一九七〇年代を通じて試みられた高度工業成長の結果、ASEAN諸国の工業化率は三〇%前後に達して、NICSの水準に肉迫した。高度の工業成長は、次第に輸出工業基盤の形成に寄与し、工業製品輸出も注目すべき増勢をみせた。経済のマクロ指標から眺める限り、「アジア的停滞」は明らかに過去のものである。

しかしこのような評価は、経済成長率、工業成長率、輸出増加率といった集計的概念にもとづくものである。集計的指標は、集計量の背後で生起する構造やメカニズムの変化を語らない。実はＡＳＥＡＮ諸国の多くは、高度の工業成長を実現しながら、なお厳しい貧困を伝統部門に堆積させており、この貧困が高度工業成長によっても容易に打破することの難しい「核」として形成されていることに、われわれの関心を向ける必要がある。

ＡＳＥＡＮ諸国における工業成長率は、長期にわたる彼らの経済開発史において、おそらくは空前の高さにある。にもかかわらず、政府の手厚い保護政策と外国資本に主導されたその工業化の雇用吸収力は、意外なほどに弱い。そのために農工間の労働移動はいうに足る規模で生じることはなく、したがって工業成長が農村の過剰就業を解消し、農業生産性を上昇させるインパクトとなることは少ない。ベンガルと同じく、多くのＡＳＥＡＮ諸国においても、耕地拡大の余地はすでに制約されている。耕地フロンティア消滅のうえに人口圧力が加えられ、これが土地の細分化を招いて、最零細農家の比重を一段と増大させるという経緯がここでも一般的である。ある調査によれば、土地なし層の農家総数に占める比率は、ジャワで五四％、絶対的貧困農家の比率は六一％に達している。フィリピンの同比率も、前者六三％、後者四八％の高さにある。絶対的貧困は、高度工業成長下のＡＳＥＡＮ諸国の農村を広範に覆っている。ＡＳＥＡＮ諸国は、工業成長と農村の疲弊《ひへい》という対照的事実を、同一の発展文脈の中に抱えこんでいるのであり、ここに慎重な吟味を要するこの地域の開発課題がある。

ＡＳＥＡＮ諸国の農村において堆積する絶対的貧困は、単に厚生的な意味において問題だというに留まらない。むしろ農村におけるこうした貧困化過程が、アジアの伝統的な農村共同体を崩壊させる危険を孕《はら》んでいることに注目しよう。アジアの農民は、相互扶助原理の地縁・血縁的な共同体の中で久しく生活と労働を営んできた。アジア諸国の社会的、政治的安定性は、農村共同体のこの安定性によって支えられてきたといってもいい。かつてギアツは、他の作物に比較した水田稲作における労働吸収力の大きさと、零細農民同士の相互扶助的な所得分配機構に着目して、ジャワの稲作農業と農民社会の特徴を、「農業インヴォリューション」と「貧困の共有」というキーワードをもって語った。単位面積当たりの労働投入量を極度に高めながら生産を維持し、経済的パイを極限にまで細分化しつつも、しかし階層分化は生じず、貧困は零細農民の間で等しく共有される安定的で調和的な共同体社会というのが、ギアツのジャワ・イメージであった。

しかし今日、こうした「ギアツ的ジャワ」が消滅しつつあることは、まぎれもない。土地細分化とこれに由来する零細農民の大量供給は、ジャワにおけるバウォンやフィリピンのルソン島沿岸部におけるフヌサンといった、零細農民の自由にして最大の労働参加を保障する相互扶助的な共同体慣行を崩壊させようとしている。零細農民が大きな規模で排出される一方、伝統的な共同体のもつ零細農民の包摂力は逆に減少したのである。緑の革命や、これに伴って生じた自作農民の商業主義的な行動様式ならびに農業機械の導入は、そうした傾向を助長した。二〇世紀アジアの「エンクロージャー・ムーヴメント」だといってもいい。

農村共同体から排除され、流民化した絶対的貧困層が、都市に押し出される農民の中心である。かかる都市化は、農村から溢れ出た人間によって拡大する「擬似都市化」であり、これがアジアにおける社会的、政治的不安定性の温床を形成している。静謐《せいひつ》の東南アジア農民社会を驚かせたクアラルンプールの人種抗争、バンコクの流血事件、ジャカルタ暴動は、伝統的秩序の崩壊が生んだある種の社会的・政治的アナーキーなのであろう。父祖伝来の秩序が音たてて崩れつつある一方、しかしそれに代わる新しい社会秩序はまだみえない。この方向感覚の喪失を惧《おそ》れる。

零細農民と絶対的貧困層の拡大、これに伴う農民社会の緊張と不安定性が、東南アジア諸国におけるかつてない高度の工業成長と経済成長の時期に生じているというドラマの皮肉に、われわれは改めて注目したい。

2　圧縮された発展——インダストリアリズムの波及と受容

韓国、台湾などＮＩＣＳの経済発展過程を概観した場合、特筆すべきは、短期間に実現されたその高度経済成長である。第二次世界大戦後における日本の経済成長率は、先発資本主義国のいずれの歴史的経験に比較しても高い。しかし、一九六〇年代の初頭に始まった韓国、台湾の経済成長は、その日本をも凌駕する増加率を示した。両国における工業成長率、投資増加率等のマクロ経済指標は、ひとたびこれが動き始めるや、日本のそれよりも鋭いカーブを描いて上昇した。また重化学工業化に向かう工業構造深化の速度、あるいは輸入期から輸入代替期を経て輸出期へと変化する産業発展段階の移行速度も、ともに日本の経験より速い。両国は他の先発国はもちろんのこと、日本の経験をも「圧縮」して経済発展を実現したのである。成長開始に後《おく》れをとった後発国ほど、開始された経済成長のスピードは先発国のそれよりも一段と速いものになるという、一九世紀先進世界の経済発展史から得られた経験的命題は、現代の資本主義世界の中にも依然として生き永らえている。

こうした経験的命題によりながら、ＮＩＣＳの「圧縮された発展」を眺め、それを可能ならしめた諸要因についての説明原理を求めたいというのが、ここでの課題である。しかし注目さるべきは、NICSばかりではない。タイ、マレーシア、インドネシア、フィリピンなどの東南アジア諸国の、近年における工業成長と工業製品輸出の実績もまた、NICSに劣らない。これら諸国の工業化に好実績をもたらした要因は何であり、それはNICS発展の説明原理とどのような関連をもっているのであろうか。

1　不均等発展

NICSの経済発展が激しい速度をもったのは、これら諸国が日本に代わって新たに資本主義世界の最後進となったことにより、豊富に存在する「後発性利益」を存分に享受しながら成長したからにほかならない。後発国は、先発国が技術開発の長い歴史の中で作り上げてきた工業技術を、発展の始発時点で「既存のもの」として利用できるという有利性をもち、また資本輸入を通じて国内資本の蓄積期間を短縮しうるという利益にも恵まれている。さらに今日の後発国にとっては、技術や資本を導入できるというに留まらず、この技術や資本を有効に組織化する企業経営の主体や能力それ自体をも導入できるという有利性も大きい。先進国民間企業による直接投資の導入がそれである。

後発国の工業化は、先発国のインダストリアリズムの波及を受けて開始されるものである。「第一次大戦前に工業化の過程は、中心部イギリスから欧米を通って日本へと広がった。国際的な商品市場、資本市場、労働市場は、アメリカ、カナダ、オーストラリア、南米の一部へと経済発展を波及させていく重要な機構であった。その普及源にはイギリスばかりでなく、他の出現しつつあった工業国、とくにフランス、ドイツも含まれていた。工業化は、独立した社会的発明ではなく、波及によって広がったものなのである」（カー、ダンロップ、マイヤーズ、ハービソン『インダストリアリズム――工業化における経営者と労働』川田寿訳、東洋経済新報社、一九六三年）。

大陸ヨーロッパ諸国やアメリカの工業化は、先発国イギリスのインダストリアリズムの波及を受けて開始され、さらにロシアと日本の工業化は大陸諸国やアメリカのインパクトによって胎動した。しかも後発国の工業化は、豊富な後発性利益を受けて進捗《しんちょく》したためにその速度は後発国ほど速く、後発国による先発国への「追跡」は急であった。一九世紀ヨーロッパ世界は、かかる「不均等発展」のもとで生まれた先進と後進との確執のダイナミズムによって描かれる。NICSの工業化は、日本をもその一部として含む先進世界のインダストリアリズムによって開始を触発され、しかも開始された工業化の速度は、日本のそれよりも速い。先進から後進に向かうインダストリアリズムの波は、今日なお強く開発途上世界の岸を打ち続けている。NICSの経済発展は、少数の開発途上国によるこの波動への先駆的反応である。NICSの急速な工業化は、インダストリアリズムの波及という発展史観にたつことによって、初めてこれを正当に評価することができる。

このような発展史観は、一九世紀ヨーロッパにおける後発国の発展経緯を活写したガーシェンクロンの史的仮説に由来する（A. Gerschenkron, *Economic Backwardness in Historical Perspective*, The Belknap Press of Harvard University Press, Cambridge, Massachusetts, 1966）。これによれば、ひとたび開始された後発国の工業化が、先発国のそれよりも急速となる理由は次の五つである。

第一は、後発性利益の命題である。先発国は、自らが成長するための技術や資本は、自らの努力によってこれを開発し蓄積していかねばならない。しかし、後発国は先発国からの技術導入と資本輸入によって、その開発と蓄積のためのコストを節約し、開発と蓄積に要する歴史的時間を圧縮するという利益を享受できる。

第二に、後発国に現実に導入される技術は、古い伝統をもつことなく比較的新しい時代に創成された、しかも固定資本設備費の大きい、たとえば鉄鋼業や造船業のような重化学工業部門のそれである。なぜならば、一般機械に代表される機械産業のごとき、先発国が長い技術開発と熟練の蓄積をもって発展させてきた旧来の工業分野においては、後発国がこれに追いつくことは容易ではない。一方、いくつかの重化学工業部門の場合、その生産性は固定資本設備の平均年齢構成（ヴィンテッジ）によって左右され、それゆえ後発国はいったんこの設備の導入を図りさえすれば、高い固定費用ゆえに設備廃棄の困難な先発国に対して優位性を獲得することができる。発展の初期段階においてこうした性格をもつ重化学工業部門のウェイトが大きいのであれば、その成長は「非連続的」なスパートの様相をみせる。

第三に、この事実は、後発国工業化の初期的時点において要求される企業の最低経営規模が相対的に大きいことを意味しており、したがってまた後発国の場合には、先発国に比較して独占的な大企業が早期に形成される傾向が強い。発展の初期から大企業が経営主体となることによって、初めてその急速な工業成長が担われるのである。

第四は、後発国における工業化の主体の問題である。一国が経済的に後進的であるという事実は、工業化の実現に要する資源動員能力ならびに産業組織が自生的には発達していない、という事実を意味する。したがって工業化を開始するには、資源を動員し、工業部門の創成を誘導し組織する主体が、新たに「上から」形成されねばならない。フランスにおける世界最初の投資銀行クレディ・モビリエ、また短期商業金融のみならず長期工業金融をも重要な機能としてもったドイツ型銀行は、イギリスに相対して後発の大陸ヨーロッパ諸国における工業資源の供給者であり、同時に工業化の「組織者」でもあった。金融制度自体の未発達な、より後発のロシアでは、国家それ自体が財政政策を武器に工業化の指導的役割を演じた。明治期日本の工業化主体もまた政府であった。第五に、後発国の工業化は、ある種の宗教的な情熱によって支えられ、この国民的情熱を体現した工業化イデオロギーに「煽動」されながら推進されることが多い。フランスにおけるサンシモン主義、ドイツのフリードリヒ・リストによる国民的統一の思想、そしてロシアにおけるマルクス主義すらもが、こうした役割をもったとされる。

後発国工業化の加速現象を概略するガーシェンクロン仮説は、韓国、台湾など現代におけるNICSの発展過程を説明するのにも有効性をもつと、私は考える。右の五つの仮説は、NICSの発展経緯の中にどのような形で生起しているのだろうか。

2　後発性利益

第一に、韓国、台湾の工業化が先発国に発する後発性利益を享受して開始され、展開してきたことは疑いない。まずは、外国資本の決定的な役割についてである。両国の資本形成（総投資）における外国資本の寄与をみたものが図2－1（三二ページ）である。韓国の場合、一九六〇年代後半までのその高さが目をひく。同期間の韓国の資本形成の八割方がこれによって賄《まかな》われた。この時期の外国資本の内容は、韓国の軍事戦略上の地位を反映して大規模に投入されたアメリカの援助であり、また一九六五年以降は日韓国交正常化に伴う対日請求権資金の供与に始まった日本の借款がある。韓国の外国資本への依存度は、過去の後発国に例をみない高さにあった。台湾の場合には、韓国ほどではないが、一九六〇年代初期まで資本形成に対する外国資本の比率は四〇％前後の水準を維持した。

ロストウの「離陸」条件の第一は、一国の資本形成率が五％未満から一〇％以上の状態へ飛躍的に増大する、というものであった。韓国はこの条件を二〇〜三〇年を要したとされる先発国の歴史的経験よりはるかに速く、朝鮮戦争後の数年間で満たしてしまった。この事実の背後に、図にみられるような外国資本の寄与があり、高度の資本形成率はこれがあって初めて実現されたという点に、再び注目したい。いいかえれば、国内貯蓄がいまだ低水準にありながら、なお離陸に向かいえたところに、韓国の後発性利益が如実に示されている。台湾の場合には、国民党の支配が開始された一九五〇年代の前半期において資本形成率はすでに一〇％ほどであり、このことは台湾の国内貯蓄が韓国に比較して当初から高水準にあったことを示すが、同時にアメリカ援助の投入を通じて実現された投資拡大には顕著なものがある。

こうして韓国、台湾の国内資本形成に対する外国資本の初期的貢献は、他国に比較してきわだって高かった。しかし同図にみられるごとく、その貢献は両国いずれの場合も時間の経過とともに低下傾向にある。実際、近年の台湾は、元利返済や利潤・配当送金などの流出額が資本流入額を上まわるという状態に至っている。台湾の経済発展にとって、外国資本はもはや「限界的」な意味しかもたない。両国は、外国資本による初期的インパクトを「内部化」し、後発性利益をすでに自家薬籠中《じかやくろう》のものとした典型例としてこれをみることができよう。このことは、外国資本の重点が、贈与から公共借款へ、公共借款から民間借款へ、そしてさらに借款から民間直接投資へと変化してきたという点にも現われている。外国資本構成のこうした変化は、両経済の自立化過程の反映である。商業借款や民間直接投資の比重増大は、受入国の高度経済成長と、それに由来する外国資本の高い収益性を表わしたものにほかならない。

図2－1　総投資に対する外国資本の比率

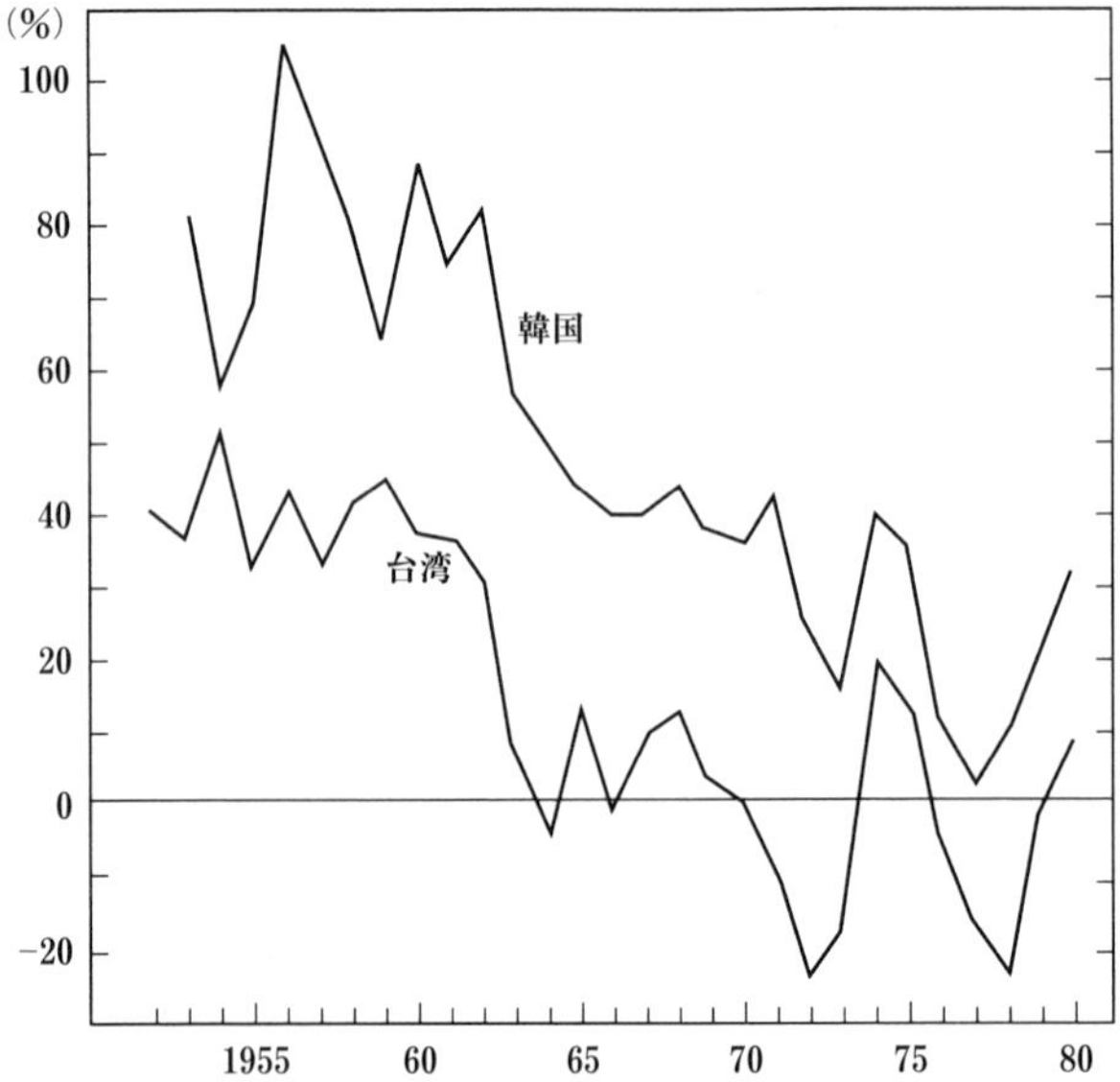

（資料）Bank of Korea, *National Income of Korea*, various issues, Seoul, Korea; Executive Yuan, *National Income of the Republic of China*, various issues, Taipei, Republic of China.

外国民間企業は、直接投資を通じて、技術、資本はもとより、企業者的能力を含む、要するに企業経営資源の全体を「パッケージ」として受入国にもちこむ。かかるパッケージを導入しうるという点で、韓国、台湾など現代のＮＩＣＳが享受している後発性利益は、技術や資本の個別の導入に留まっていた一九世紀的後発国のそれよりも強力であり、これによってその発展過程はさらに圧縮された。

さきに述べた台湾の資本導入に関連して、次のような経緯について指摘しておきたい。台湾に対するアメリカの援助は、台湾経済の自立化を確認したうえで、一九六五年六月に打ち切られ、これに代わって登場した日本の援助も一九七二年九月の日台断交によって中止のやむなきに至った。しかし、台湾に対する外国資本流入の総額は減少しなかった。商業借款や民間直接投資が、一層の活況を呈したからである。一九七二年のニクソン訪中、日台断交という政治状況の激変にもかかわらず、翌一九七三年の日米の対台湾投資額は、前者が六倍、後者が二倍に増加するという「皮肉」であった。欧米系銀行の台湾進出は、むしろその後がラッシュであった。一九七九年には米系銀行が三行、一九八〇年には欧州系銀行が五行、一九八一年には米系銀行が二行と新たに台湾に支店を開設し、一九八一年末の外国銀行数は計二四行に及んだ。さらにアメリカ輸出入銀行の一九八〇年末までの対台湾融資額は二二億三三六〇万ドルに上り、これは韓国二六億二〇〇万ドルに次いで世界二位であった。台湾は経済的には完全に自由世界に「復帰」したのである。ついでながら、一九七九年四月のアメリカによる「台湾関係法」は、武器の提供を含んで台湾の安全を保障することを謳っており、この法律の成立は国際社会における台湾の政治的「再認知」の具体化であった。このような再認知を迫る存在たりえた台湾経済の底力は、刮目《かつもく》すべきものだということができよう。

次に考えねばならないのは、両国が手にした技術上の後発性利益である。韓国、台湾は、「標準化」技術の導入を通じて、しばしば「国際的下請け」として特徴づけられる輸出志向工業化を展開してきた。技術的蓄積が浅いままに出発した両国の輸出志向工業化が、その技術を先進国に依存せざるをえなかったのはいたし方ない。長らく韓国、台湾の輸出志向工業化を担ってきた中心的商品は、合繊を中心とした繊維製品、電気・電子部品ならびに製品であったが、これらの加工貿易のための輸出工業団地に導入されたのは外国民間企業であり、その技術は本国親企業の技術、もしくはその技術体系の一分肢であった。

しかし、初期的導入技術は、すでに両国に定着した。のみならず、韓国家電メーカー「金星社」の対米工場進出、「三星電子」の対ポルトガル進出、さらには台湾の家電メーカー「大同社」「聲宝社」のそれぞれ対英、対パキスタン進出の例にみられるごとく、一部はオフショア生産の段階にまで進んでいる。また鉄鋼や石油化学など最新の技術が設備に体現されているために移植が比較的容易な産業においても、両国は積極的な技術導入に努めてきた。この二部門は韓国、台湾の輸出主力産業となった。さらにまた技術蓄積の相違による製品差別化が困難であり、したがって価格競争力が有効性をもつような産業、たとえば造船などにおいても技術導入は有力であった（森谷正規「技術発展の現状と展望」朴宇熙・渡辺利夫編『韓国の経済発展』文眞堂、一九八三年）。造船において韓国は日本に次ぐ第二の輸出国である。合繊、電子部品・製品、鉄鋼、石油化学、造船など、韓国、台湾の輸出志向工業化を担った産業は、いずれも先進国の標準化技術を導入し、これを有効に吸収、定着していくプロセスを辿り、かくして生まれた強い国際競争力によって経済成長を牽引《けんいん》してきた。

両国における技術上の後発性利益を考えるうえで見落としえないもう一つの点は、彼らの技術体系が、韓国三六年、台湾五一年にわたる日本統治時代に日本のそれと酷似したものにつくり変えられ、両者間の技術の「コミュニケーション構造」が、他の先進国と開発途上国との関係よりも密度の濃いものとして形成されてきたという事情である。日本の技術は、いずれの開発途上国よりも、韓国と台湾に一層容易に導入された。一九六二～八〇年の韓国技術導入件数一七二六のうち八六二件、一九五二～八〇年の台湾技術導入件数一四六一のうち一〇一〇件という圧倒的部分が日本からの導入であったという事実に、このことは端的に示されている。

3　重化学工業化

第二に、韓国、台湾のその急速な成長を担ったのは、ガーシェンクロン命題の示唆するごとく、重化学工業部門であった。両国における重化学工業部門の中心的産業は鉄鋼と石油化学であり、今後もなおこの二つを中心に展開していくであろう。鉄鋼、石油化学などの大規模産業は「ビッグ・プロジェクト主義」の有効な分野である。かかる分野においては、政府もしくは国営企業が、政府資金や外国援助をもとに先発国の最新技術とそれを体化した資本設備を導入することができれば、その優位性は先発国から後発国に一挙に移っていく可能性が大きい。これら産業の固定設備費用は巨大であり、したがって設備の更新は容易ではなく、最新設備を擁することによって生まれる後発国の有利性は大きい。したがって先発国の市場シェアをいち早く奪いうる工業部門もまた、鉄鋼や石油化学などのビッグ・プロジェクト分野である。このような重化学工業部門は、資本と技術が導入されるや、直ちに国内需要を満たすのみならず、同時に輸出余力をもつことができるのであり、国産化期（輸入代替期）と輸出期は、ここではほとんど同時的である。

日本の鉄鋼の輸入代替が急速に進んだのは、一九二〇年代の初めから一九三〇年代の中頃までであった。この間、日本は輸入依存度を低下させ、鉄鋼製品の国産化を成就した。一九六三年からの韓国の輸入依存度の低下は、日本のこの時期の速度に匹敵《ひってき》する。同時に注目すべきは、韓国の場合、この輸入依存度の低下過程が輸出依存度の増大過程でもあったという点であり、ここにも産業発展段階移行過程の「圧縮」が示されている。

韓国の鉄鋼業が加速的な成長を始めたのは、一九七三年七月に粗鋼換算一〇三万トンの規模で第一期工事が完成した「国営浦項《ポハン》総合製鉄所」の操業開始以降のことである。韓国の粗鋼生産全体に占める浦項製鉄所のシェアは一九七三年に三九％を記録し、その後一九七六年の五八％を経て、一九七九年には七三％となった。この製鉄所の規模は、一九七六年五月の第二期工事、一九七八年二月の第三期工事の完成によってそれぞれ二三七万トン、四五八万トンとなり、さらに第四次五ヵ年計画の最終年、一九八一年二月には八三五万トン規模に達した。主要設備は日産二六〇〇トンの第一高炉、同三八八〇トンの第二高炉の二つから成り、その他一〇〇トンの転炉三基をもつ製鋼工場の他、連続鋳造工場、熱延工場、冷延工場など一連の工場を擁する一貫総合製鉄所として稼動している。第四期工事の完成によって、浦項製鉄所は世界でも最大級の製鉄所の一つとなった。さらにこの浦項製鉄所は、一九八三年には九六〇〇万トン体制となり、既存の鉄鋼メーカーの生産能力八二一万トンとの合計で、この年に韓国の粗鋼生産は一七八一万トンに拡大された。一九九一年には、既存生産能力拡充のうえにさらに「光陽《クァンヤン》総合製鉄」の新設が加わって、三五〇〇万トン体制が整った。

浦項製鉄所は、政府の重化学工業化計画のもとで国家の財政資金と外国資本が集中的にここに投下された。その技術は在来のものとは関係なく、外国の最先端の鉄鋼技術を導入して形成された国営の巨大生産主体である。しかもこの製鉄所は、合理的な費用・便益計算のうえに計画されたプロジェクトというよりは、むしろ危険を賭して試みられた国家的ヴェンチャーであった。実際のところ韓国の一貫総合製鉄所計画は、当初、世界銀行によってその経済性を否定された。その後、これは第二次五ヵ年計画の中核的事業とされ、アメリカの機械メーカー、コパーズ社を中心とするアメリカ、イギリス、フランス、イタリア、西ドイツ五ヵ国の鉄鋼メーカー八社から構成された韓国製鉄借款団と建設契約が締結された。しかし、フィージビリティ(実行可能性)になお疑問がもたれて、結局のところ借款団は解散のやむなきに至った。この計画が、韓国の経済力から乖離《かいり》したいかにリスクの大きいものとみなされていたかを物語る。この政府事業を実現したのは、旧八幡製鉄、旧富士製鉄、日本鋼管三社の技術協力と、日韓国交正常化に伴う対日請求権資金であった。

われわれは、かかる冒険的事業を遂行しようという国家意思の中に、工業化の阻止的要因と工業化の期待利益との間の緊張を政府の集中的努力によって解き放つという、ガーシェンクロン的後発国の典型的な姿をみることができる。

4 財閥・公営企業

第三に、韓国の工業成長を担ったのは、新興の財閥を中心とする巨大企業であり、また台湾の場合には公営企業の役割が大きい。韓国における近代的経営をもってする大企業は、一九六〇年代の後半期に始まる第二次経済開発五ヵ年計画期に群生した。「現代《ヒョンデ》」「韓進《ハンジン》」「鮮京《ソンギョン》」などの大企業のほとんどは、この時代に生成した。これら代表的企業は、輸出によって急成長した多くの戦略的企業をつぎつぎと自らの傘下に収めて、有力な企業集団として形成された。この過程で、内部資本、技術開発力、経営資源、マンパワーの蓄積を続け、一九六〇年代の後半以降、これら企業集団は重化学工業分野へと進出した。

台湾においては、多くの企業経営の主体が当初官僚にあり、公営企業部門が工業生産のシェアにおいて大きな比重を占めていた。これは台湾における工業化の基礎が、政府の接収によって取得された日本人所有の工業資産(敵産)にあった、という事情に由来する。接収された資産のうち、ある部門は早い時期に民間に払い下げられたものの、基幹部分はすべて政府の資産となった。実際、一九五二年における製造業生産額の五六%が、接収によってその基礎を与えられた公営部門によって担われた。民間の企業経営能力が、国民党とともにこの地に転じた浙江《せっこう》系財閥企業を除いては、当初不満足にしか形成されていなかったという条件の中で、公営企業が工業化の中心的役割を演じたのである。その後今日に至るまで「民営化」を通じて公営企業の比重は低下してきたとはいえ、政府直営の製造業には、現在でも「台湾機械」「中国造船」「中国石油」「中国鉄鋼」などの一〇に及ぶ巨大企業が含まれ、いずれも台湾経済の中枢に位置している。

5　政府の役割

第四に、韓国の経済成長と重化学工業化の過程で、資本ならびに技術、熟練労働はつねに深刻な不足状態にあったが、これら「欠落要因」の補塡《ほてん》において政府が果たした役割は大きい。韓国の企業集団は財閥であり、家族、同族による経営支配の色彩を濃厚に留めている。所有と経営の分離も先進国の大企業のようには進んでいない。また自己資本比率が低く、導入外資への依存度も高い。幼弱な企業経営基盤に強い保護と支持を与えたのが、経済自立化への意思をもった政府である。貯蓄投資ギャップを埋めるための貯蓄動員において、また戦略的重化学工業部門への財政資金の投下において、政府が払った集中的努力には刮目すべきものがある。政府がその保護と育成に力を注いだもう一つの対象が「総合貿易商社」であり、これは韓国輸出志向工業化の急先鋒であった。

一九六一年に登場した軍事政権と、この政権が育成した官僚機構は、韓国工業化の重要な意思決定者であり、戦略的産業部門の設定とその育成は、つねに政府優位のもとに進められてきた。韓国工業化の組織者は政府であり、その「強制的かつ包括的」性格は、ガーシェンクロン的世界のいずれよりも強かったように思われる。

台湾は一九五二年に第一次経済建設四ヵ年計画を発足させ、アジアの中ではインドと並んで最も早い時期に経済開発計画を実施した。経済力増強への強い志向性は、電力、化学肥料はもとより、重要な開発投資のほとんどを政府が担うという形になって現われ、第一次計画における工業生産の過半は、さきに述べたように公営企業によって占められた。加えて「一〇大建設」「一二項目建設」といった大規模公共事業投資は、開発途上世界の他に例をみない。一九七四年に始まる一〇大建設計画は、鉄道、道路、港湾、電力などの社会資本の増強とともに、製鉄、石油化学、造船などの重化学工業分野を新たに公営企業として設立し、アメリカの一ジャーナリストをして「エイシアン・ニューディール」と呼ばしめたほどの国家的計画であった。一九七八年までの五年間に六〇億ドルの財政投融資が、このために投下された。韓国と同じくここでも優れた官僚群と強力な官僚制度が、その「強い政府」の基礎となった。大陸中国の巨大な圧力のもとで「小国寡民《かみん》」台湾の国家形成を、しかも急速になさねばならないという要請を受けて、官僚の能力と資質が花開いたのであろう。

6 工業化と国民精神

第五に、韓国、台湾の高度経済成長と重化学工業化を支えた指導理念もしくはイデオロギーは明瞭である。独立後の両国をとりまく国際環境は、つねに緊張に満ちたものであった。北朝鮮との軍事対立は、韓国の政府ならびに国民に強国への志向性をもたしめ、したがってまたこれは重化学工業化への意思を固める「求心力」ともなった。一九七〇年代に入って加速するアメリカの朝鮮半島における軍事的コミットメントの希薄化、在韓米軍の段階的縮小は、韓国軍民の間に経済、軍事両面における自立化の緊急性を意識させ、これを支える重化学工業化への強い国民的支持を醸成した。

一九七七年一月のカーター政権登場と同時に発表された在韓米地上軍の撤退計画は、朝鮮戦争後の韓国に与えられた最大の政治的脅威であり、重化学工業化計画がこの時期に急速に進められたのは偶然ではない。生産労働人口のうち軍務に従事する人口は常時四〇万人から五〇万人、加えて軍事費が国家予算の四〇%を占め、こうした負担はこの国の経済発展にとって過重なものであった。しかし、経済成長と重化学工業化を促進した重要な要因は、この過大な負担を支える国民的情熱にあった。「富国強兵」が明治期日本の工業化イデオロギーであったのと同様、「滅共統一」は現代韓国工業化の重要な理念として機能したのである。

国民党政権は大陸中国との対立姿勢をとり続け、「大陸反攻」「光復大陸」を長くその政治的スローガンとしてきた。小国としての台湾が、巨大な大陸中国との対決姿勢を鮮明にする以上、国力の基礎としての経済力を、激しい速度で増強していかざるをえなかったのは当然である。その一方で極東におけるアメリカの政治的コミットメントの後退は、韓国よりも台湾において一層鋭く現われた。

一九六五年にアメリカの台湾援助は打ち切られた。また米中国交回復に続いて、一九七一年に台湾は国連を追放され、翌年には日本とも断交、政治的孤立感を深めた。こうした厳しい国際政治環境が、経済力の増強によって自国の「存在証明」を鮮やかなものにしようという台湾の志向性を強めた。急速な経済近代化のみが、この国際社会において自国を生存させる唯一の方途であり、ひいては大陸中国との政治的交渉力を強化する方途でもあるという「自立自強」の自覚こそが、開発途上世界でも稀に高い成長を実現した、台湾の旺盛な活力の源泉であった。

経済近代化のエトスが国際政治環境の「外圧」によって強化されたというこの事実は、イスラエルやシンガポールの発展経緯などをも考慮するとき、これをもう少し一般的な枠組みの中で考え直す必要があろう。ここはその場ではないが、ただ一つほかならぬ幕末維新当時のわが国の経験を考えて、NICSにおける経済近代化のエトスに共感を示すことはできるように思う。

あの時代の日本をとりまく厳しい帝国主義的な国際政治状況を、日本人に知らしめたのは、アヘン戦争による清国のあっけない敗北であった。儒教的規範の体現者としての中国が、その規範において「夷《い》狄《てき》」であったイギリスとの戦争によって脆《もろ》くも崩れたというこの事実は、日本人エリートのそれまでの観念論を現実主義に変質させていく重要な契機となった。この現実主義は、西欧諸国が帝国主義的野望をもって東洋に進出するという「西力東漸《とうぜん》」(福沢諭吉)のもとで、何よりも日本の現実に対する危機意識となって現われた。

西欧諸国は、ただ観念の中で批判されるべき夷狄ではなく、まさに現実世界における「強国」であり、この強国を強国たらしめている新しい「器械藝術」(技術)を自ら体得しなければ、結局のところ国を亡ぼすことになるという認識が生まれた。そして、夷狄としての西欧というイメージから高度の近代技術の体得者としての西欧というイメージへの転換は、実は儒教的規範の体現者としての中国から「固陋《ころう》」と「旧套《きゅうとう》」を脱しえない後《おく》れた中国というイメージへの転換と同時であった。「脱亜論」の基礎がこの転換によって与えられた。日本が他のアジア諸国に先がけて「文明開化」し、「殖産興業」「富国強兵」を目標にアジアの新興工業国家として形成されていく契機となったのは、帝国主義的「西力東漸」がもたらした「外圧」である。NICSをとりまく国際政治環境が彼らに与えている外圧の内容は、もちろん日本の往時のそれとは異質である。しかしその外圧が、急速な経済近代化のエトスをつくり出したという点では、日本のそれと同類である。

7　ASEAN工業化の胎動

先進に発したインダストリアリズムの波は、こうしてNICSに及び、後者はその波を受けて急速な発展過程を辿った。それではインダストリアリズムは、より後発の東南アジア諸国に波及して、その工業化を促すのだろうか。

一九七〇年代におけるインドネシア、タイ、フィリピン、マレーシアなどＡＳＥＡＮ諸国の経済成長率は、ＮＩＣＳのそれと変わらぬ高水準にある。最低のフィリピンですら六％を越え、他の三国はいずれも八％近い実績をみせた。しかも一九七〇年代の経済成長率は、一九六〇年代に比較して高い。注目すべきはＡＳＥＡＮ諸国の高度経済成長が製造業部門に牽引されて実現したという事実である。製造業の成長には、ある種の「趨勢加速」現象が観察され、一九六〇年代に高成長をみせたＮＩＣＳの製造業成長率が、いずれも一九七〇年代に入って高水準の、しかし横ばい状態にあるのと対照的である。一九七〇年代のインドネシア、タイ、マレーシアにおける製造業の年平均成長率は一〇％を越えた。これを反映して工業部門の比重は高まり、現在工業化率はすでにＮＩＣＳと大差のないところにまできた。

ＡＳＥＡＮ諸国の高度成長を支えたのは、ＮＩＣＳの場合と同じく資本形成（投資）と輸出である。資本形成の対国内総生産比は、一九六〇年から一九八〇年の間にすべてのＡＳＥＡＮ諸国で一〇％以上の増加をみせ、一九八〇年のその値は、インドネシアが若干低いものの、他の国ぐにはＮＩＣＳとこれも差はない。資本形成の拡大は、生産性の向上と国際競争力の強化をもたらし、輸出の拡大を帰結した。ＮＩＣＳの製造業品輸出の高い増加率についてはよく知られているが、ＡＳＥＡＮ諸国の製造業品輸出も顕著に拡大した。輸出の中心は、繊維ならびに繊維製品、電子機械・同部品であり、これに木材関連製品、日用雑貨が加わる。輸出総額に占める製造業品の比率は、一九八〇年においてマレーシア二八％、タイ三九％、フィリピン二四％である。繊維製品を中心とした右商品はいずれも労働集約財であり、かつてのＮＩＣＳの輸出志向工業化を主導した商品が、まさにこれであった。これら商品の輸出国は、いまやＮＩＣＳからＡＳＥＡＮの国ぐにへ次第に移りつつある。これは、アジアにおける国際競争力構造の変化と、これに伴う国際分業体制再編の動きを示す事実であり、ＡＳＥＡＮ諸国はその再編過程から大きな後発性利益を受けているのである。この点に関連して、次の二つの問題を指摘しておこう。

第一は、NICSの近年における実質賃金の急角度の上昇傾向である。これはNICSが小国であることの帰結である。彼らの国内人口規模は小さく、そのために工業化が強い雇用吸収力をもった場合、労働供給は「制限的」たらざるをえない。労働市場の逼迫化は実質賃金の上昇をもたらし、実際一九七〇年代におけるNICSの鉱工業部門労働者賃金の年平均上昇率は、開発途上国中最高であった。かくして労働集約財の国際競争力はNICSを離れ、その優位性はいまだ豊富な労働力を擁して低賃金水準を維持するASEAN諸国に移転した。

第二に、NICSをとりまく国際市場環境は、一九七三年の石油危機以降、それ以前とは異なるものとなった。一九六〇年代における世界経済の拡大は、NICSの工業化を支えた一大条件であったが、この条件は石油危機によって崩れた。先進国の経済成長率が高く、したがって産業構造の転換が順調に推移することができた時期においては、NICSからの輸入がもたらす軋轢《あつれき》は小さい。しかし、石油危機以降の先進各国の低成長と需要停滞の中で、NICSからの輸入に対して周到な監視がなされるようになったのは、当然である。この事実もまた、製造業品輸出比率の依然小さいASEAN諸国を利した。

このような国際競争力の移転は、アジア諸国の場合、外国民間企業の次のような行動様式によって強化された。今日、各国の競争力の変化に機敏に反応して投資を試み、輸出拡大のチャネルを開いていく主体は外国民間企業である。一方、一国の競争力の消滅をいちはやく感知し、投資対象国の転換を図っていくのも外国民間企業である。NICSに潜《ひそ》む労働集約財の競争力に着目して輸出部門への投資を試みたのは、日本を初めとする先進国の民間企業であり、これがNICSの輸出志向工業化に貢献した。ところが、NICSの近年における競争力変化を目のあたりにして、労働集約財部門への投資先を次第にＡＳＥＡＮ諸国に方向転換している主体もまた、先進国の民間企業なのである。ＡＳＥＡＮ諸国の輸出工業製品の主力は、繊維関連製品と電気・電子製品であるが、輸出生産の主体は、とくに後者の場合、ほとんどがこうした外国民間企業である。電気・電子産業の生産は、もっぱら先進国の多国籍型の大企業によって担われ、その経営は世界的視野のもとで行われている。投資条件や生産環境の変化は、これら大企業の国際経営戦略のあり方に敏感に反映され、生産・販売拠点の移動は、自らのイニシアチブによってなされる。電気・電子産業に対する外国民間投資残高の増加率は、ここ数年ＡＳＥＡＮ諸国の方が高い。

一九七〇年代における電気・電子機械の輸出増加率は、日本のそれが一八％であるのに対し、ＮＩＣＳのすべてがこれを越えた。しかしＡＳＥＡＮ諸国の輸出増加率はこのＮＩＣＳのそれをも凌駕し、タイ、マレーシアに至ってはそれぞれ年率五三％、八八％という高率を達成した。こうしてＮＩＣＳが日本を追跡する一方、ＡＳＥＡＮ諸国もまたＮＩＣＳへの追跡を開始したのである。労働集約度の高いラジオ受信機、白黒テレビ受像機といった民生用電気・電子機械、ならびに技術の標準化した電気・電子部品などにおいて、ＡＳＥＡＮ諸国の輸出競争力はＮＩＣＳのそれを上まわった。ちなみに電気・電子部品においては、マレーシアの市場シェアは現在すでに香港のそれを抜いて、台湾と肩を並べようとしている。外国民間企業の、右に述べたような行動様式の帰結である。

8　プロダクト・サイクルと技術移転

外国民間企業の直接投資に発する後発性利益は、現代における産業技術の進歩が急速であり、したがってある一定の技術を体化した商品が生成し、成長し、成熟し、衰退に向かう一連のライフ・サイクルが、旧来の世界に比較して格段に速いという事実に関係している。

高度技術商品は、まずは長い技術開発の歴史をもち、高度の技術開発力を有する最先進国で生成する。その商品は、当初は少数の国内企業によって独占的に生産・販売される。しかし新技術の「生成期」を過ぎると、次第に他の国内企業、続いて比較的高い技術力をもつ他の先進諸国の企業が、この商品生産に携わるようになり、大量生産、大量販売が一般化する「成長期」を迎える。大量生産、大量販売を通じて、生産費と価格は次第に低下する。とはいえ、この段階では技術がまだ十分に「標準化」されないために、マーケティングのための経営能力が強く要請される。新商品が生成し、成長するこの段階では、生産の優位性は技術開発国とそれに続く先進国に留まり、開発途上国は先進国から商品を一方的に輸入するのみである。

しかしこの時期も、それほど長くは続かない。大量生産の過程で技術は徐々に標準化され、商品も世界市場における一般的なものとなる。この「成熟期」に達すると、開発途上国も容易に商品生産を試みることが可能となり、さらに技術の標準化が進むと、今度はむしろ開発途上国の未熟練・半熟練労働者の低賃金が、生産の優位性を決定づける要因となる。完全な標準品となれば、マーケティングの能力もそれほどは必要とされない。この段階になると新商品はもはや新商品ではなくなり、技術集約的商品は労働集約的商品へと変化する。そして技術開発国の民間企業が、生成期、成長期を経て成熟期に達するとともに、海外直接投資を通じて生産拠点をより後発の国ぐにに移転させるという行動様式をとり始め、この行動様式が新商品のライフ・サイクルを短縮させる要因となる。生産と販売の立地点が後発国に移転するに及んで、技術開発国は輸入国へと転じ、自らは一層高度の、

表2－1　アメリカの電子製品・部品輸入に占めるアジア各国のシェア

（単位：%）

品目・年次		シンガポール	マレーシア	日本	韓国	香港	フィリピン	タイ	インドネシア	合計
TVセット	1969	0	0	84.8	0	0.5	0	0	0	85.3
	1971	0	0	77.8	0.5	0.1	0	0	0	78.4
	1973	0	0	50.9	3.1	0	0	0	0	54.0
	1975	0	0	59.7	4.4	0	0	0	0	64.1
	1977	0.3	0	60.8	6.5	0	0	0	0	67.6
	1980	1.0	0	41.5	17.0	0	0	0	0	59.5
ラジオ	1969	0	0.1	68.2	1.2	12.8	0	0	0	82.3
	1971	2.1	0	65.5	0.8	14.3	0	0	0	82.7
	1973	4.2	0	55.6	2.7	15.7	0	0	0	78.2
	1975	5.9	0.6	43.5	4.5	16.8	0	0	0	71.3
	1977	3.7	1.9	47.3	6.7	15.8	0.2	0	0	75.6
	1980	3.0	0.1	38.0	9.5	8.0	1.0	0	0	59.6
電子部品	1969	4.3	0.1	18.9	9.0	16.2	0	0	0	48.5
	1971	16.9	0.1	12.7	12.0	12.5	0	0	0	54.2
	1973	21.7	5.4	9.2	12.2	10.8	0.6	0	0	59.9
	1975	17.6	17.8	8.7	11.5	7.8	2.9	0.1	0.1	66.5
	1977	18.5	19.1	9.8	15.0	5.7	4.7	1.6	1.0	75.4
	1980	15.0	27.0	8.0	14.0	3.5	7.2	3.8	2.1	80.6

（資料） United Nations, *World Trade Annual*, various issues, New York.

あるいはさらに別の技術集約的商品を開発し、生産、販売するという道を探る。ヴァーノン流のプロダクト・サイクル論は、こうした技術のライフ・サイクルと貿易サイクルとの関連を解明した画期的成果である（R.Vernon, "International Investment and International Trade in the Product Cycle", *Quarterly Journal of Economics*, May 1966)。

表2－1は、アジア各国のテレビ受像機、ラジオ受信機、電子部品などの対米輸出をアメリカの輸入統計からみたものである。テレビの場合には、アメリカの輸入に占める日本のウェイトが当初は高かったが、しかしこれは急速に下がり、代わって韓国の比重増大が顕著である。ラジオについても同様であるが、この商品においては電子製品に技術的伝統をもつ香港の地位が高く、これを韓国、マレーシアが急追している。注目すべきは、技術標

準化のスピードが最も速いといわれている電子部品である。ここでは日本、香港の地位後退が明らかである。しばらくこの二国に代わって韓国、シンガポールの比重増大が続いたが、これにも減速現象が現われ、目下より後発のマレーシアのシェアが相当の速度で増大している。そしてマレーシアをフィリピンが、それをさらにタイ、インドネシアが追うという「重層的追跡過程」が観察される。こうした過程は、既述のプロダクト・サイクルならびにそれに伴う米系企業の生産・輸出拠点の移動と密接な関係がある。現代の開発途上国における後発性利益のありようを示す好個の事例であろう。

ところで、民間企業の生産拠点は、技術最先進国、後続先進国、開発途上国という順序で連続的に進むとは限らない。技術最先進国に生成した新商品の生産拠点は、NICSやASEAN諸国のように、比較的高い技術習得能力をもつところには、EC、日本を通り越してここに直接移転するという可能性もある。ヴァーノン自身、その後の研究においてプロダクト・サイクルのこうした「圧縮」に関心を寄せている。そして次の二点、すなわち第一に、新商品はまずアメリカで開発、生成し、しかる後に生産拠点がイギリスやカナダといった後続先進国に移転し、次いで開発途上国に向かうという伝統的パターンは、今日次第に当てはまらなくなっていること、第二に、このパターンに代わって在外拠点での生産が、より後発の開発途上国で最初に着手される傾向が従来に比べて強まっていることを立証した(R. Vernon, "The Product Cycle Hypothesis in a New International Environment", *Oxford Bulletin of Economics and Statistics*, Vol.41, No. 4, Nov.1979)。このようなプロダクト・サイクルの圧縮は、後発国を利して、その工業発展のプロセスの圧縮に大きな役割を果たしている。

ASEAN諸国への外国民間資本の進出は、電気・電子機械のような高度技術産業ばかりではない。繊維、合板のごとく技術はそれほど高度ではなく、しかも生産方法が労働集約的な産業への進出ももちろん活発である。

技術水準が低く、かつ労働集約的なこれら産業は、先進諸国では高賃金化傾向のもとでもはや優位性を保ちえない。したがってこれらは、先進国ではいずれ衰退化せざるをえない産業であるが、生産と輸出の拠点をアジア諸国に求めることによって、国内生産の不利性を補うという行動様式をとる。小島清は、前者の技術先端部門における外国民間企業の海外投資行動を「アメリカ型」と呼び、後者の衰退産業部門におけるそれを「日本型」と定義した（小島清『世界貿易と多国籍企業』創文社、一九七三年）。先進国繊維産業の直接投資対象国は当初NICSであったが、すでに述べたような彼らの賃金上昇は、投資対象をNICSからASEAN諸国へ移転させるよう作用し、このことがASEAN諸国の繊維製品輸出の急増をもたらした。一九七〇年代における日本の繊維製品輸出の年平均増加率は九%、NICSのそれは二九%であったが、ASEAN諸国のそれは三一%と両者を凌駕した。

ASEAN諸国の享受する後発性利益に関して、もう一つの観察事項がある。ASEAN諸国に対する投資国は先進国のみに限られない。NICSは労働集約財において次第に優位性を失い、自らは資本技術集約財の生産に重点を移行している。そしてNICS自身がその労働集約財の生産拠点を、より賃金の低い近在のASEAN諸国に移すという行動様式をとり始めている。台湾、香港、シンガポールといった華人国の場合、ASEAN諸国の華人資本との連携は密であり、そうした行動様式をとることが容易であるという事情がある。実際のところ、NICSの対インドネシア、対マレーシア、対フィリピン、対タイの投資残高は、同国に対する日本の投資残高のそれぞれ三一%、四三%、三〇%、六四%に達した。

現代の開発途上諸国が、外国民間企業の直接投資を通じて享受しうる後発性利益は大きい。そしてこの後発性利益は、目下アジアの開発途上国によって急速に内部化されようとしている。外資系企業によるいわゆる技術移転は、さまざまな問題を孕みつつも、現実には相当の速度でなされている。後発性利益を享受するには、その国にそれなりの「社会的能力」が備わっていなければならない。しかしＮＩＣＳとＡＳＥＡＮ諸国との間に、社会的能力において画然たる差異があるかのような主張は、やはり行き過ぎである。後発国はまさに後発国であることによって、先発国が創出し蓄積した資本や技術を導入しながら発展していく有利な発展機会に恵まれており、加えて外国民間資本導入の可能性が開かれたことによって、現代世界における後発性利益は一段と大きいのである。

3　アジア高成長圏への道――市場構造と日本の役割

先発国から後発国へと向かうインダストリアリズムの波及過程が南北間でも発生するという可能性に、多くの人びとは目を塞いできた。貧しい南、豊かな北という南北二分法の世界観は、長らくわれわれを支配して牢固たるものがある。「NICSの挑戦」は、この南北二分法の虚構性をつき崩した歴史的画期である。現代のNICSにおける何よりも大きな特徴は、その成長が「非連続的なスパート」をもって開始されたという事実である。このスパートをもって彼らは先進諸国を追跡した。そして一九七〇年代に至ってNICSは、さらに後発のASEAN諸国による追跡を受けることになった。

近隣アジア諸国の経済的ダイナミズムの源泉は工業化にある。工業化の基盤が広範に形成されるに伴って、輸出競争力は短期間に強化され、この過程でNICSが日本を追跡し、NICSをASEAN諸国が追うという「重層的追跡過程」が生成した。近隣アジア諸国が「成長地域」と呼ばれる所以《ゆえん》は、実はこの地域空間の内部で激しい「追いつ追われつ」の関係が生起している、その内実にある。重層的な追跡過程に伴ってアジアにいかなる秩序が生まれつつあるのか、この秩序に対して日本はいかなる寄与をなしてきたか、また今後いかに対応すべきか。

1　成長地域――南北世界観の崩壊

世界経済の行く末をうらなう議論が、人びとの強い関心を惹《ひ》きつけている。そうした議論を彩っているのはペシミズムである。先進世界の経済停滞は、石油危機への対応のまずさといった短期的要因のゆえばかりではなく、先進経済に内在する構造的な諸要因に由来するものだ、という考え方である。技術革新の長期波動において現在が低迷期にあること、エネルギーや工業原材料面での供給制約が強まったこと、資本主義経済を支えてきた市場機構そのものが硬直化したこと、経済成長に至上の価値をおく考え方自体が揺らぎ始めたこと、等々の要因が繰り返し論じられている。現在の世界不況を説明するキーワードの一つは「構造的」である。

もう一つのキーワードは、「同時的」である。第二次大戦後の世界経済は順調な拡大を続けた。一国で景気後退が発生しても、別の国が活況をみせて、世界の景気が全体として下降することを阻止してきたからである。一九五〇年代中期のアメリカの景気後退時には西ドイツなどヨーロッパ諸国の好況があり、一九六〇年代後半の西ドイツの景気後退時には日本の工業成長が対応する、といった具合であった。しかし一九七〇年代に入ると主要国景気動向の同時化現象が一般化し、とくに第一次石油危機以降の景気後退は世界同時不況と呼ばれて、一九六〇年代のように世界の景気を牽引する「機関車」はどこにも見出しえなくなった。主要先進国の経済成長率、固定資本投資増加率の中期的動向は同時的低迷下にある。

しかし、構造的・同時的世界不況論の最大の問題点は、それがあまりに先進経済の実態分析に偏していて、開発途上世界に生まれつつある新しい経済動態に眼を向けていない、というところにある。不況脱出の機関車といえばすぐに先進経済を想定してしまうのは無理からぬが、しかしここしばらく活発な工業成長力によって沈滞化する世界経済を下支えしてきたのは、開発途上国であった。

実際、日本をとりまくNICS、ASEAN諸国ほど強い工業成長力をみせた地域は、世界の他にない。資本主義世界が、最もダイナミックな活力をみせた一九六〇年代、先進国の工業成長率は平均年率五・九％という高水準を達成したが、NICSはいずれも一〇％以上、韓国、台湾は実に一七・二％、一六・四％と、先進国水準を三倍する実績を誇った。二度の石油危機をそのうちに含む一九七〇年代、先進国の工業成長率は軒並み低下して平均で三・一％、最高の日本ですら五・六％であったのに対し、NICSの成長率は一九六〇年代の高水準を維持した。ASEAN諸国も一九七〇年代に入って成長の加速化を開始し、その工業成長率は一〇％を前後する水準に達した。こうした工業化努力のもとで、工業製品輸出が増加し、輸出部門は工業成長の先導部門となった。

一九七〇年代におけるNICSの工業製品輸出の年平均増加率は、韓国四二％、台湾三六％、香港二一％、シンガポール四五％である。ASEAN諸国の増加率もNICSに劣らず、タイ四二％、マレーシア二八％、フィリピン二八％、インドネシア三五％であった。先進国の中で最も高い増加率をみせた日本のそれが二三％であり、香港を除くすべての近隣アジア諸国がこれを凌駕した。

近隣アジア諸国の高い輸出増加は、当然輸入能力を強化する。輸入の中心は彼らの発展段階を反映して、素材、中間製品、資本財であり、これが先進国の輸出拡大に貢献した。先進国のNICS、ASEAN諸国に対する工業製品輸出の年平均増加率は二四％であり、先進国相互間の増加率一五％を大きく上まわった。結果としてこれら諸国の工業製品輸入総額は、一九七〇年代末に先進国の同製品輸出総額の一〇％を越えた。近隣アジア地域は、世界経済の帰趨に影響力をもつ存在となったのである。

アジア諸国が先進国の工業成長率に倍する以上の実績をみせてきたという右に述べた事実は、工業生産能力の世界的再配置過程が南北間において発生し始めたことを意味する。先発国と後発国との地位交替、この交替を通じて発生する工業生産能力の再配置過程は、長い資本主義世界の発展史においてはごくありふれた現象であった。先行するイギリスに大陸ヨーロッパ諸国とアメリカが、これをさらに後発の日本とロシアが追跡していった一九世紀世界における「不均等発展」の歴史的ダイナミズムは、久しく比較経済史学の格好の研究対象とされてきた。この動態を「歴史力学」とでも称すべき独自の発展史観によって解明したのがガーシェンクロンであった。彼は、工業化開始前夜の一国の工業構造が後進的であればあるほど、いったん開始された工業化のスピードは一層速く、したがって先発国への追跡も加速するという傾向を、一九世紀初頭から第二次大戦までのヨーロッパ諸国の歴史的な経験から得られた一般的命題として、定式化した。この命題の妥当性は、現代アジアの文脈においてよりよく立証されるのではないか。

2　重層的追跡過程

日本、NICS、ASEAN諸国の工業発展段階の間には、通常考えられているような、深く越え難い溝はない。むしろ近隣アジア地域は、先進から後進へと「連続的な差」をもって、比較的なだらかに連なり合う特有の経済空間として特徴づけられる。この意味で、日本とアジア諸国との間に、韓国、台湾、香港、シンガポールなどの新興工業国家群と呼ばれる中間的な「成長核」が形成されたことの意味は、ことのほか大きい。重層的追跡過程は、そのような連続的な繋がりをもった地域の内部において、初めてこれを期待しうるからである。

近隣アジア諸国の工業製品輸出の拡大は、いうまでもなく彼らの輸出競争力が強化されてきたという事実の反映である。工業製品の国際競争力における各国間の位置関係が時間の経過とともにどのように変化してきたかをみることによって、重層的追跡の実態を観察してみたいと思う。ここで各国の国際競争力を次のように考えることにしよう。

仮に、世界全体の輸出額に占める繊維製品輸出額の比率が四%であるのに対し、ある国の輸出総額に占める繊維製品の輸出額の比率が八%であるとすれば、この国は世界全体の平均に比較して二倍の輸出比率をもったことになる。すなわち、この国の繊維製品の国際競争力は世界の平均の二倍だというわけである。逆にその国の繊維製品の輸出比率が四%に満たないときには、その国の競争力は弱い。

整理していえばh国がi商品において強い国際競争力をもつということは、h国の輸出総額に占めるi商品輸出額の比率が、世界の輸出総額に占めるi商品輸出額の比率よりも高い、という事実になって表われる。すなわち、h国のi商品の輸出シェアを、世界全体のi商品の輸出シェアで割った値（これを国際競争力指数と呼ぶことにする）が1を越えれば、h国はi商品において相対的に強い競争力をもち、逆に1を下まわれば弱い競争力しかもちえない。この指数が1に等しいとき、h国のi商品の国際競争力は、i商品における世界の平均的な競争力と等しい（B. Balassa, "Trade Liberalization and 'Revealed' Comparative Advantage", *The Manchester School of Economic and Social Studies*, Vol. 33, May 1965）

そう考えたうえで、近隣アジア諸国の輸出主力製品である繊維製品と電気・電子製品、さらに将来彼らの輸出

図3－1　日本・NICS・ASEAN諸国の工業製品国際競争力指数（1970⇒1979年）

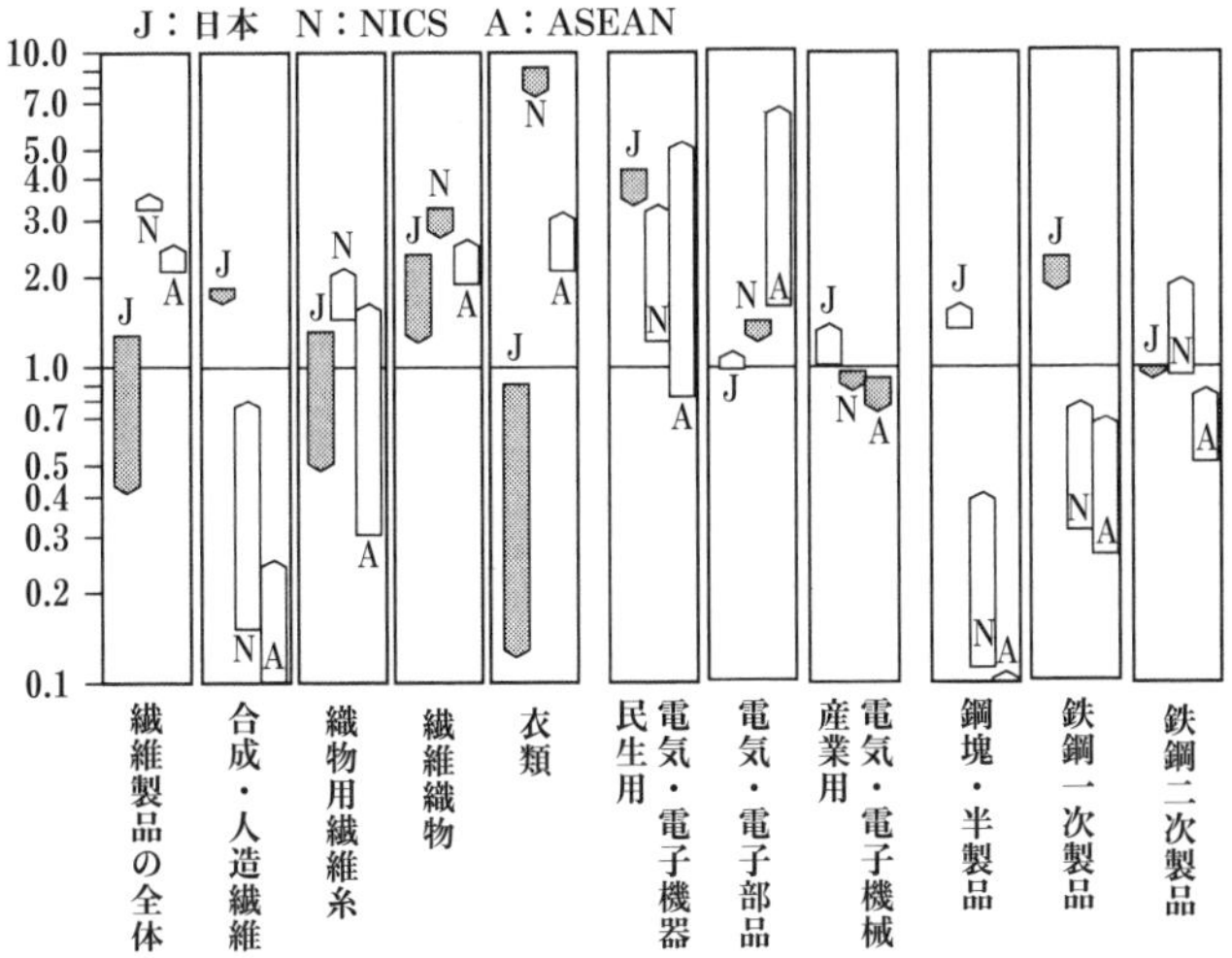

（注）h国i商品の国際競争力指数は，$(E_h^i/E_h)/(W^i/W)$ で表わされる。E_h^i はh国i商品の輸出額，E_h はh国の輸出額，W^i は世界全体のi商品の輸出額，Wは世界全体の輸出額。アミ部分は低下を示す。

（資料）United Nations, *Yearbook of International Trade Statistics*, 各年版より作成。

主力製品となることが予想される鉄鋼製品の三つについて、日本、NICS、ASEAN諸国の国際競争力の水準とその変化（一九七〇～七九年）を探ってみよう。結果は、図3－1に示されている。

　繊維製品は労働集約財であり、日本の国際競争力が早い時期に失われた部門である。その変化を「繊維製品の全体」でみると、日本の指数は大きく減少する一方、NICSとASEAN諸国はいずれも指数を上昇させており、一九七九年の指数値において日本はNICSやASEAN諸国より低い。繊維製品をその生産工程に従って四つに分けると、「合成・人造繊維」「織物用繊維糸」「繊維織物」「衣類」である。繊維製品の技術は、一般に上流の生産工程ほど資本技術集約的であり、下流ほど労働集約的となる。日本が依然優位を保っているのは、上流部門の合成・人造繊維部門のみであり、世界市場シェアの二〇％を有している。

しかしこの部門でも日本の国際競争力指数は減少傾向にあり、他方、近隣アジア諸国の指数は急速に上昇しつつあることが、図よりわかる。織物用繊維糸においても日本の指数は減少、これと対照的にNICS、とくにASEAN諸国の上昇速度は大きい。日本の指数は一九七二年に1を下まわった。繊維織物における日本の低下傾向も顕著であるが、ここではNICSもASEAN諸国からの追い上げを受けて、国際競争力を低下させている。このような変化は衣類においてより明瞭である。NICSは衣類における世界市場シェアの三〇％以上をもつ圧倒的な輸出国ではあるが、しかし指数は9から7へと減少する一方、ASEAN諸国は2から3へ上昇した。

同様の傾向は、電気・電子機械においても観察される。電気・電子機械は、部品ならびにラジオ受信機、白黒テレビ受像機などの労働集約的でしかも技術の標準化した部門から、VTR、LSI、情報機器などの技術先端部門までの多様な財を含む。この電気・電子機械は、「産業用機械」「民生用機器」「部品」の三つに分けられる。産業用機械はとくに高度技術を要するために日本が強い国際競争力をもち、世界市場シェアも圧倒的に大きい。NICS、ASEAN諸国もこの部門では指数をむしろ減少させている。しかし、民生用機器における日本の指数は次第に減少し、他方近隣アジア諸国の上昇率は大きい。注目されるのは、最も技術標準化が進み、かつ労働集約度も高い部品である。ここではNICSの指数は減少傾向にあり、対照的にASEAN諸国の上昇速度が大きい。マレーシアの市場シェア拡大率が大きく、すでに香港を抜いて台湾の水準に迫っている。

鉄鋼のような資本集約的産業においても若干の変化が現われている。もっとも、「鋼塊・半製品」においては日本が大きな市場シェアを誇り、国際競争力指数も高い。しかし「鉄鋼一次製品」においては日本の指数は低下、NICS、ASEAN諸国のそれが上昇過程にある。「鉄鋼二次製品」では、この傾向は一段と明瞭である。

こうした観察からわれわれは、NICSは労働集約的で技術の標準化された繊維製品や電気・電子機械において国際競争力を強め、その世界市場シェアを拡大しながら日本を追跡し、さらにまたNICSをASEAN諸国が追うという重層的追跡過程を想定することができる。そしてこの追跡過程が、労働集約的かつ技術の標準化した部門から次第に資本技術集約的部門に向かって進んでいるともみられる。図3－2は、一九七〇年代におけるNICSの国際競争力指数の変化を各産業部門別に示したものである。繊維製品、雑品などの労働集約的部門の指数はかなり高いものの、その上昇速度は遅く、あるものは低下している。他方、機械、鉄鋼などの重化学工業部門の指数の上昇は顕著である。NICS国際競争力構造の高度化は、ASEAN諸国による労働集約的部門への市場参入の可能性を開いている。

図3－2　NICSにおける国際競争力指数の変化（1970⇒1979年）

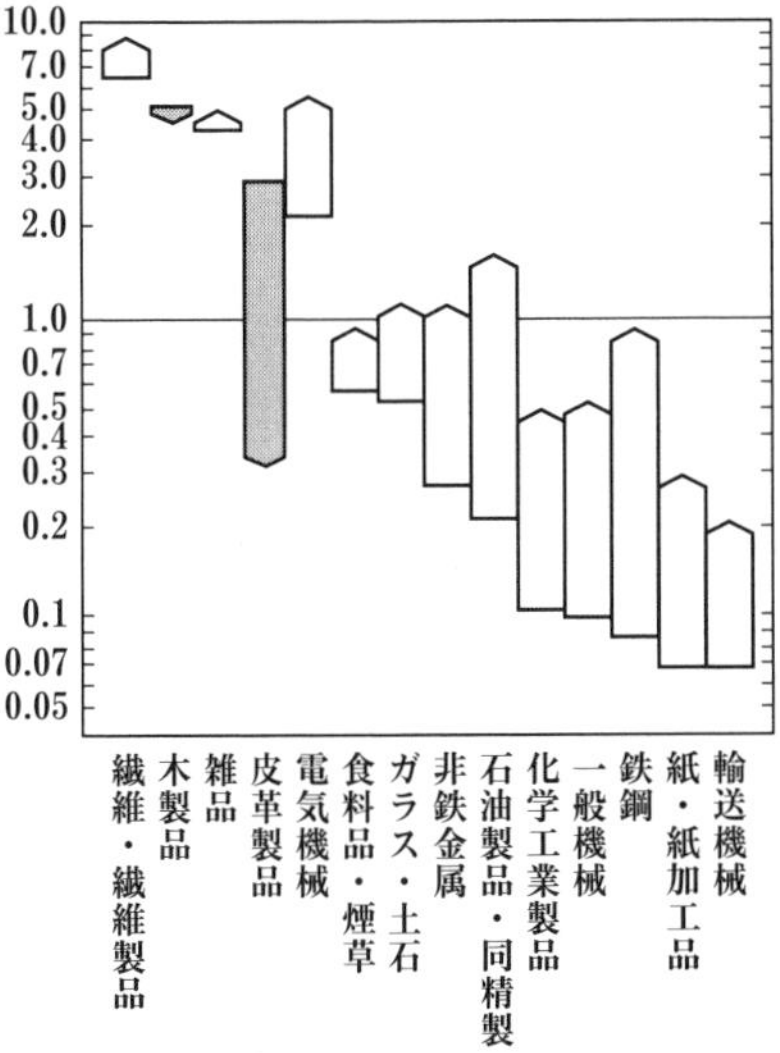

（注）　アミ部分は低下を示す。
（資料）　通商産業省『通商白書』昭和57年版より作成。

日本、NICS、ASEAN諸国の間にみられる重層的追跡過程を一つの可視的な形で表現してみると、次のようになる。われわれは工業製品を労働集約財と資本技術集約財とに分け、その国際競争力指数を改めて図3－3（五八ページ）の脚注のような形で計測し、これを観察国の一人当たり所得水準と結合させてみた。同図からは次のような動態が観察される。香港、シンガポールにおける労働集約財の国際競争力はピークを越えてすでに下降期に入り、また韓国、台湾のそれもピークにさしかかろうとしている。一方、これ

図３－３　工業製品国際競争力の重層的追跡

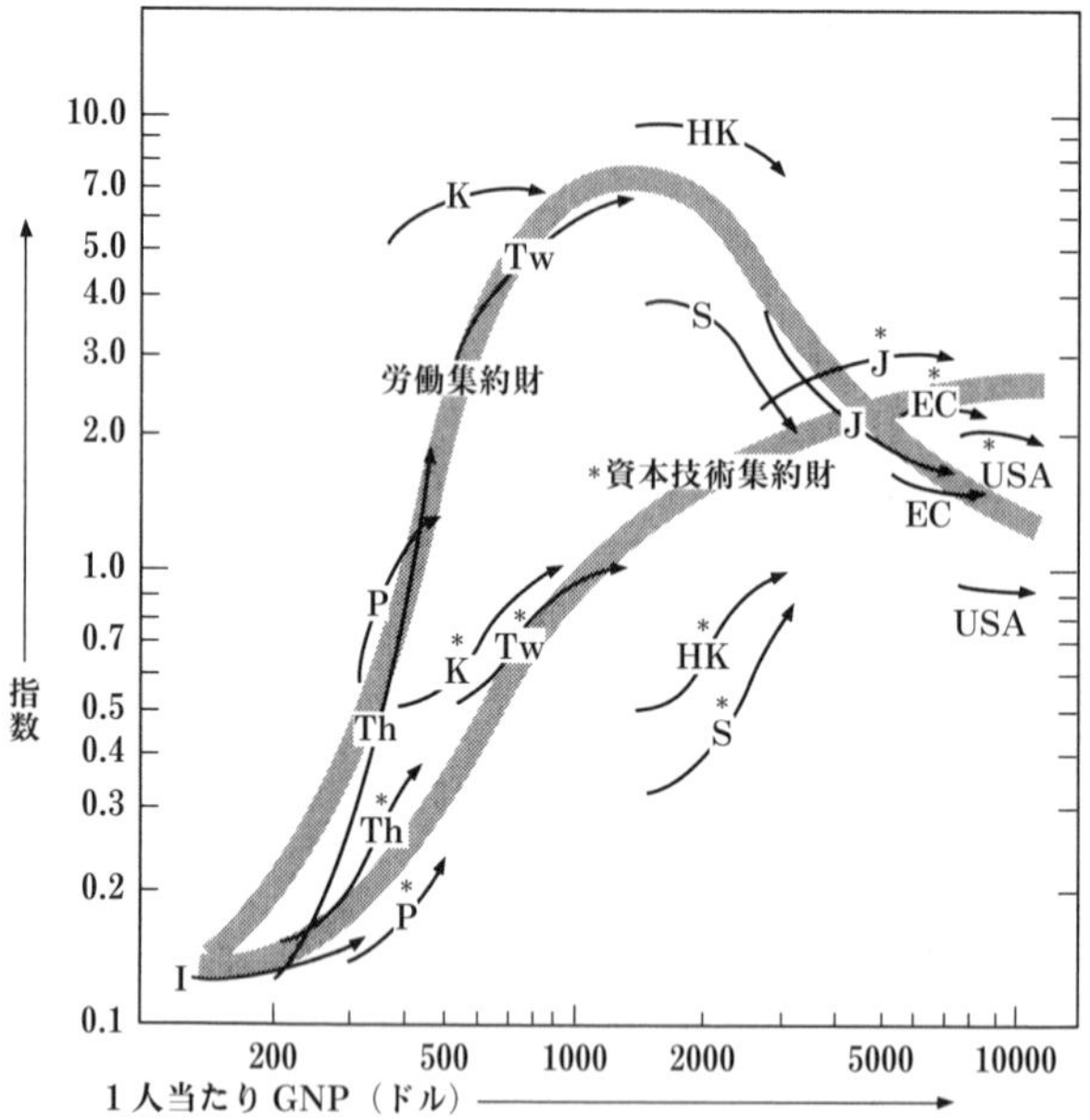

（注）　本図の指数は，$\frac{1}{n}\sum_{i=1}^{n}(E_h^i/E_h)(W^i/W)$である。$(E_h^i/E_h)$ はh国の工業製品輸出総額（E_h）に対するi商品輸出額（E_h^i）の比率，(W^i/W) は世界の工業製品輸出総額（W）に対するi商品の輸出額（W^i）の比率。I；インドネシア，Th；タイ，P；フィリピン，K；韓国，Tw；台湾，HK；香港，S；シンガポール，J；日本，EC；ヨーロッパ共同体，USA；アメリカ。

図中のアステリスク（＊）は資料技術集約財，無印は労働集約財を示す。

（資料）　T. Watanabe and N. Kajiwara, "Pacific Manufactured Trade and Japan's Options", *The Developing Economies*. Vol. XXI, No. 4, Dec. 1983.

らＮＩＣＳの資本技術集約財の競争力はいまだ低水準にありながら、しかし明らかな上昇傾向をみせている。ＮＩＣＳが強い競争力をもつ財は、労働集約財から資本技術集約財へと交替しつつある。そしてＮＩＣＳは、その労働集約財においてはＡＳＥＡＮ諸国による追跡を受け、逆に資本技術集約財においては日本への追跡を開始した。タイ、フィリピンはＮＩＣＳとは対照的に、目下労働集約財における国際競争力の急上昇期にある。インドネシアにはまだ動きがみられない。タイ、フィリピンは資本技術集約財の国際競争力においても端緒的な変化をみせており、この二国はＮＩＣＳを追いかける形で競争力構造を変化させ始めたとみられる。

ＥＣ、アメリカの国際競争力は、労働集約財、資本技術集約財のいずれにおいても変化なく、その構造は固定化されている。これに比べると、日本の競争力は労働集約財において下降中、資本技術集約財において上昇中という活発な変化を依然としてみせている。ＥＣ、アメリカの競争力構造が成熟段階に達しているのに対し、日本はなおそれへ向かう追跡過程にある。日本の対欧米諸国貿易摩擦はすでに構造の固定化段階に至った国と、いまだ活力ある構造変化の過程にある国との交流が生んだ、一つの力学的な帰結なのであろう。

日本をとりまく近隣アジアは、動態的な追跡過程をその内に含む特有な経済空間として、これを位置づけることができよう。このダイナミズムのもとで、日本と彼らとの分業関係が、従来の一次産品対工業製品という「垂直的分業関係」から工業製品相互の「水平的分業関係」に変化し始めたというのがわれわれの次の観察である。

3　水平分業秩序の生成

伝統的な貿易理論の考え方によれば、国際貿易とはある国の特定産業の生産物を、他国の別の特定産業の生産物と交換するという、「産業間の貿易」を意味した。イギリスがラシャ生産に特化し、ポルトガルがぶどう酒の生産に特化して、それらを相互に輸出入し合うというのが、リカードの貿易論で用いられたお馴染《なじ》みの事例である。ここでは、国際貿易とは、ラシャ（繊維産業）とぶどう酒（食品加工業）という異なる産業間の交換であると考えられた。この産業間貿易のもとで、各国はしばしば「垂直的」分業関係におかれた。開発途上国が一次産品の輸出に特化し、工業製品はこれを全面的に先進国からの輸入に依存するという植民地的な垂直的分業関係が、その典型である。一国が軽工業品の輸出に特化し、他国が重化学工業品の輸出に特化するというのも、工業部門内部における垂直的分業関係である。そしてこうした垂直的分業は、支配と従属の関係をその内に含むことが多かった。

今日、このような産業間貿易に代わって、「産業内の貿易」が次第に一般化しつつある。ある国が繊維の糸、織物の生産に特化し、別のある国がこれを輸入して衣類を生産し輸出するとすれば、繊維という同一産業内での貿易が発生する。自動車産業のように、きわめて多種の部品から成り立っている産業では、ある国がある部品の生産に特化し、別のある国が別のある部品の生産に特化して、それらを相互に輸出入し合う形で、自動車産業内部での分業が生まれる。われわれはこうした産業内分業を水平貿易と呼んで、産業間の垂直貿易と区別して考える。同一産業内で生産される商品が国際間で相互に取引される産業内分業は、近年広範にみられた現象であり、一九六〇年代を彩った先進国相互間貿易の著しい拡大はこれによって促された。ECによる域内関税の撤廃やケネディ・ラウンドにおける関税一括引き下げは、先進諸国相互の産業内分業を促進した最大の要因である。

産業間貿易とは、ある国がある産業に特化し、別のある国が別のある産業に特化することであるから、産業間貿易が活発化すれば、各国の貿易構造はますます「異質化」する。相互の構造が異質化することによって補完的な産業間関係が一段と強化されるのである。しかしバラッサは、一九七四年の有名な論文において次のような興味ある事実を明らかにした。EEC結成前（一九五三～五九年）と結成後（一九五九～七〇年）とを比較すると、域内関税を自由化した結成後におけるEEC各国の貿易構造は、伝統的貿易理論の示唆と相違して、異質化するのではなく、逆に同質化してきたというのである。彼は、各国の域内輸出における各商品の配列順位の相関値

（順位相関）をとって、これを検証した。ＥＥＣ結成前に比べて結成後の方が相関値が高く、すなわち輸出構造の同質化が進んだこと、しかも結成後の相関値は時間の経過とともにますます高く、輸出構造の同質化は一層はっきりとした傾向となったことをも立証した。それでは、ＥＥＣ結成による域内貿易の自由化は、なぜ各国輸出構造の同質化をもたらしたのか。バラッサは自由化が水平的な産業内分業の進展を促すからだと答えた。産業間で貿易が活性化すれば、各国はそれぞれ互いに異なった特定産業に特化し合って構造の異質化を生む。しかし逆に産業内の貿易が活発化すれば、これは各国の同一産業の成長を助長し、したがって輸出構造は同質化していくのである（B. Balassa, "Trade Creation and Diversion in the European Common Market: An Appraisal of the Evidence", The *Manchester School of Economic and Social Studies*, June 1974)。

水平的な産業内分業は、ＥＣといった先進国間分業だけに特有なものではない。日本とＮＩＣＳ、ＡＳＥＡＮ諸国との間の水平分業は、その度合自体はいまだ低いものの、水平分業へ向かうスピードはきわめて速い。この事実を確認したい。

ある二国間で特定産業カテゴリー内部での相互交換が活発化して、その内部での輸出額と輸入額がまったく等しくなったとき、これを水平貿易が最も進んだ状態だと考えることにしよう。再び、自動車産業を例にとる。*h*国が*j*国に対して自動車部品や完成車を輸出すると同時に輸入して、相互の輸出入額が等しくなるという場合が考えられる。この場合、自動車という産業カテゴリー内での相互貿易、すなわち水平分業度は最も高いということになる。ところが*h*国が自動車産業に強い輸出力をもち、*j*国が自動車生産能力をもたないといった場合、*h*国は*j*国に自動車を一方的に輸出し、*j*国からの輸入はゼロである。この場合には*h*国は*j*国に対して完全輸出特化状態にある。そのまったく逆の完全輸入特化状態を想定することもできる。この完全輸出特化と完全輸入特

図 3 - 4　日本と各国との水平分業構造

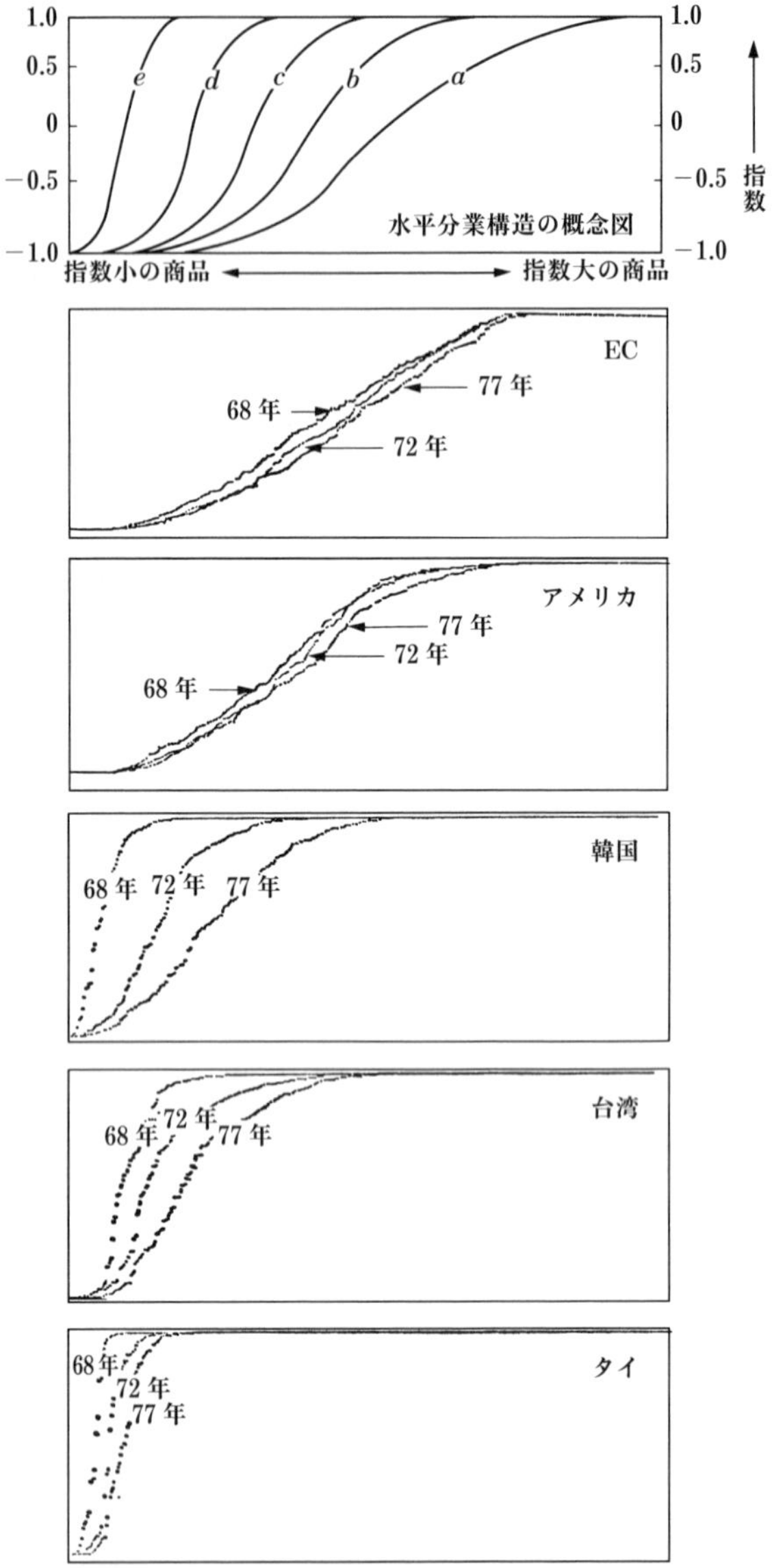

（注）日本の i 商品における j 国との水平分業度は，$(E_{ij}-M_{ij})/(E_{ij}+M_{ij})$ で表わされる。
E_{ij} は日本の j 国に対する i 商品の輸出額，M_{ij} は日本の j 国からの i 商品の輸入額である。

化のとき、水平分業度は最も低い。そうすると、日本と相手国との分業関係の水平化とは図3－4の注のような簡単な式で表わされた水平分業度指数が、プラス1およびマイナス1から0の方向へと動いていく現象であると理解されよう。

日本と相手国との水平分業度を各工業製品ごとに計測し、製品の種類にかかわらずこれを大きいものから小さいものへ、右から左へ順次並べることによって水平分業構造を視覚化してみよう。日本の貿易相手国の工業製品輸出が強度の競争力をもつ少数の資源集約財などを除いては乏しく、大半の工業製品が完全に対日輸入に依存しているという垂直的な貿易関係を有している国の場合、分業のプロフィールは図3－4最上段の概念図におけるeのような形で表わされよう。この場合、たとえばマイナス0・5～プラス0・5に含まれる相対的に水平分業度の高い商品数の、全商品数に占めるシェアは小さい。しかし、その国の工業基盤が次第に広範に形成され、いくつかの商品において国産化が進んで日本からの輸入が小さくなり、さらに輸出が促されて対日輸出が増大していくとともに、プラス1の天井にはりついていた商品の一部が剥れ始めて、その国の対日水平分業プロフィールはeからd、c、bへと進んでいく。こうした変化とともにゼロ近傍の商品数が増加し、次いで今度は対日輸出特化商品もかなりの数に上って、分業のプロフィールは次第に左右のバランスのとれたaのような形に変化していくものと想定される。

こうした考え方にたって、日本の各国との水平分業度指数を三時点で計測したものが、図3－4に示されている。一瞥《いちべつ》するに、各国に対する日本の水平分業度はECとの関係において最も高い。すなわちECは概念図におけるaもしくはbに近い。アメリカがこれに次ぐ。しかし図にみられるように、この両グループとも三時点の変化は小さい。NICSは、EC、アメリカに比較してその工業化水準は低く、この事実を反映して日本のNIC

表3－1　部門別にみた日本の水平分業度指数

（単位：％）

		NICS		ASEAN 諸国		EC＋アメリカ	
		1965	1978	1965	1978	1965	1978
06	食料品	16.7	24.9	16.6	16.3	5.0	19.4
07	飲料	—	—	0	0.3	21.4	46.1
08	繊維糸	11.5	41.9	2.1	32.8	1.2	38.7
09	繊維製品	24.1	25.8	4.8	30.7	10.1	32.6
10	木製品	18.2	21.6	4.5	21.7	23.0	23.0
11*	パルプ・紙	6.4	9.2	1.4	9.5	31.8	29.8
12	印刷・出版	13.4	90.2	7.5	93.5	17.6	31.6
13*	ゴム製品	20.7	37.8	0.3	17.6	20.0	31.0
14*	化学品	7.9	19.1	4.9	9.4	30.3	41.6
15*	石油製品	10.4	19.8	27.1	8.6	7.1	3.2
16*	石炭製品	0	99.5	0	0	0	22.5
17*	窯業・土石	3.7	19.0	0	0.8	27.0	48.8
18*	鉄鋼	21.5	28.0	0	6.0	41.6	52.5
19*	鉄鋼一次製品	0	13.0	0	4.6	14.1	2.9
20*	非鉄金属一次製品	12.7	20.9	1.0	3.6	29.9	24.0
21*	金属製品	0.3	21.3	0.1	0.9	28.8	25.8
22*	一般機械	1.6	6.0	0.3	1.6	40.1	48.0
23*	電気・電子機械	3.8	22.4	0	6.4	50.4	53.3
24*	輸送機械	0.5	10.6	0	0.4	24.1	13.8
25*	精密機械	2.5	16.5	0	21.5	43.3	43.5
26	その他製造業	25.5	51.0	18.0	38.5	26.6	52.0
	製造業計	8.7	27.4	3.9	15.2	30.1	34.5

（注）　＊印は重化学工業部門。水平分業度指数は，$\frac{1}{n}\sum_{i=1}^{n}[1-|E_{ij}-M_{ij}|/(E_{ij}+M_{ij})]\times 100$で表わされる。$E_{ij}$は日本の$j$国に対する$i$商品の輸出，$M_{ij}$は輸入。

Sに対する完全輸出特化商品数は多い。しかし水平分業に向かう三時点での動きは顕著である。ASEAN諸国に対しては、日本は貿易商品の半数以上において完全輸出特化状態にあり、プラス1の天井にはりついている商品数は多い。しかしタイとの水平分業度の動きには、若干なりとも変化が認められる。

日本の各相手地域との水平分業度を産業部門別にみたものが、表3－1である。今度はこの指数値が一〇〇に近いほど水平分業度が高く、ゼロに近い値ほどそれが低い、というふうに読まれたい。重化学工業部門において、日本はEC＋アメリカと比較的高い水平分業関係を有する一方、アジア諸国とのこの分野における水平分業度は相対的に低い。しかし、十数年の変化をみると、多くの重化学工業分野において、対EC＋アメリカ水平分業度指数の動きは緩慢であり、いくつかは低下傾向にすらある。その一方、NICSとの水平分業度の上昇傾向は、一般機械、電気・電子機械、鉄鋼一次製品、金属製品などにおいて際立っている。対照的にNICSの場合、日本との水平分業度がこれまで相当高かった繊維製品、木製品などにおいてその上昇が頭打ちの状態にあり、その分ASEAN諸国とのこれら部門における指数の上昇がみられる。

4　国際競争力構造の平準化と同質化

日本と近隣アジア諸国との水平貿易が、なぜこのように急速な展開をみたのであろうか。いうまでもなく近隣アジア諸国の工業化による。工業基盤が強化、拡大されるに従い、輸出可能財の範囲もまた広がった。すなわち、多様化された財において彼らの輸出競争力が強化され、競争力の全体構造が日本のそれに近づいてきたのである。かくして水平分業が次第に一般的となる。このことを考えてみよう。

各国の工業製品の国際競争力指数をさきに説明した方法で計測し、これを大きいものから小さいものへと順次右から左へと並べ、かくして得られたプロフィールから、各国国際競争力の全体構造がいかなるものであるかを判断してみたい。これを概念図として描いたものが図3－5（六六ページ）の最上段に掲げられている。工業化段階が若く、輸出工業基盤が薄く狭い初期においては、ごく少数の特定財、たとえば資源集約財などにおいて強力な国際競争力を誇るが、これを除けばほとんどの製品の輸出額はきわめて小さく、したがってまたほとんどの

図3−5　各国の国際競争力構造

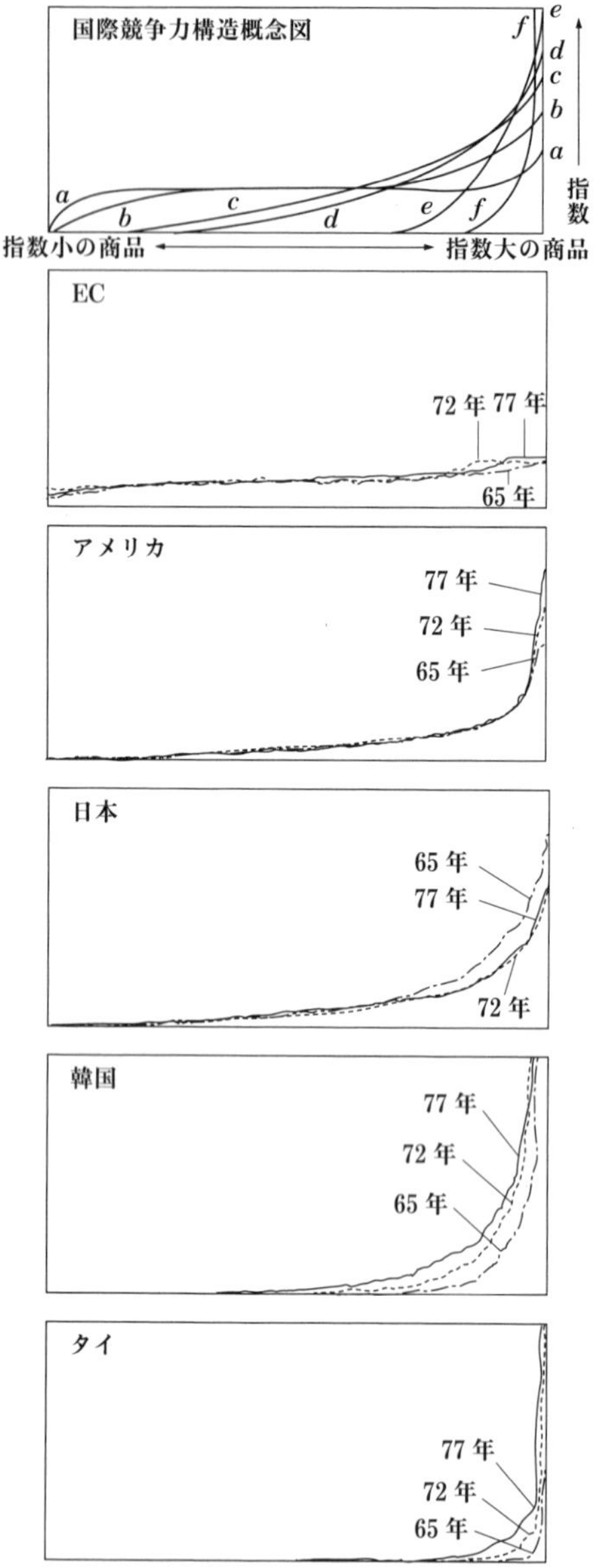

（注）　国際競争力指数は，$(E_h^i/E_h)/(W^i/W)$ で示される。(E_h^i/E_h) は h 国の輸出総額 E_h に対する h 国 i 商品の輸出額の比率，(W^i/W) は世界の輸出総額 W に対する i 商品の輸出額 W^i の比率である。

製品の国際競争力指数はゼロに近い。この国の競争力構造はfのような形状をなすであろう。典型的な開発途上国のパターンであり、これは「特化型国際競争力構造」と名づけられよう。ところがその国の工業化が進み、輸出工業基盤が次第に広範に形成されていくとともに、工業品輸出構造は多様化を開始し、輸出額も増大する。それに伴って、輸出シェアの際立って大きい商品の数は減少する。一方、これまでは少数の特定財を除いて工業製品の輸出額はごくわずかであり、したがって大半の商品の競争力指数はゼロに近い状態にあったのであるが、それらの指数値が次第に上昇し始める。

したがって一国の国際競争力構造のパターンは、fからe、d、c、bへと変化していく。そして最後には、指数値の平準化の度合が最も高いaのような形になるであろう。aのパターンが「平準化型国際競争力構造」である。aのような形になると、世界の平均的水準からかけ離れた強度の競争力をもった財も少ない代わりに、極端に競争力の弱い財も少なくなる。要するに、その国の工業製品の国際競争力の全体構造が、世界の平均的なそれにほぼ等しいという状態に至るのである。こうしたパターンをもつ国は、多くの工業製品を輸出すると同時に多くの工業製品を輸入もする、その意味で水平的な貿易が発生しやすい先進国型の競争力構造を形成したことになる。各国工業製品の競争力構造のプロフィールを三時点について眺めたものが、図3-5である。計測が一九七七年で終っているのは、それ以降国際貿易商品分類が変更されて、前後の分類調整が容易ではないためである。しかし、諸般の傍証からして、以下に述べる傾向は、時点が新しくなるほどもっとはっきりとしたものになると想像されたい。各国の競争力構造の変化に関する興味あるいくつかの観察が可能である。

ＥＣを一国と考えて競争力構造をみると、これはきわめて平準化の進んだものであることがわかる。ＥＣに次いで平準化した構造をもつ国は、アメリカである。ＥＣおよびアメリカは、世界の諸地域の中で平準化型競争力

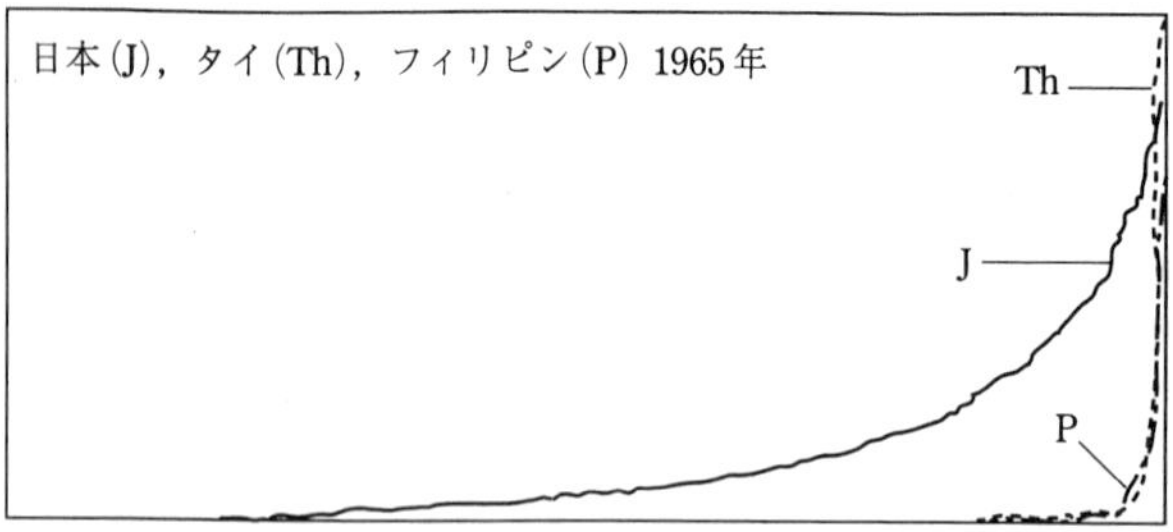

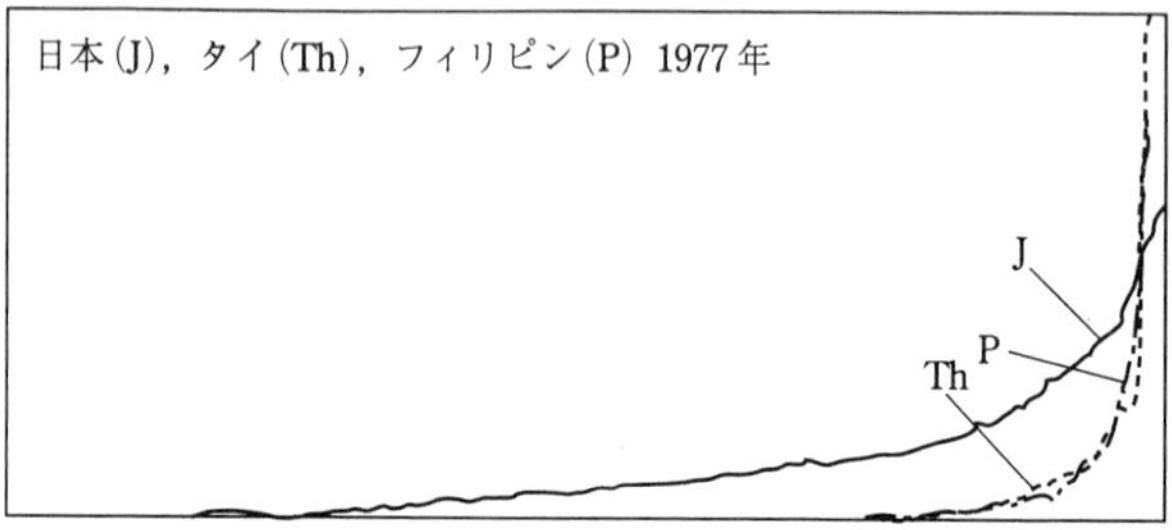

構造をはっきりと有しているグループの二つであるが、それだけに三時点における変化は少なく、国際競争力構造の固定化をその特徴としている。両グループが競争力構造の「成熟局面」に至ったことが示される。日本の競争力構造平準化の度合はアメリカに次ぐ。構造の変化は一九六五年から一九七二年までが大きく、この間に日本は指数の高いものが下がり、低いものが上昇するという変化をみせた。しかし一九七二年から一九七七年までの変化は少ない。近年に至って、日本もEC、アメリカと並んで競争力構造の成熟局面に到達しつつある。NICSを韓国に代表させてみると、その平準化の度合はまだ低い。しかし平準化に向かう速度には著しく大きいものがある。タイは特化型構造を典型的に示しているが、わずかながら変化は始まっている。

近隣アジア諸国における国際競争力構造のこうした変化に伴って、彼らの日本に対する位置関係にどのような変化が生じたのか。そのことをみるために作図したものが、図3－6である。この図の左の二つは、日本、韓国、

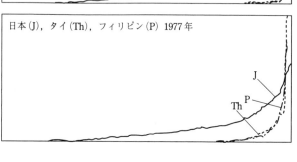

図3－6　各国国際競争力構造の位置関係

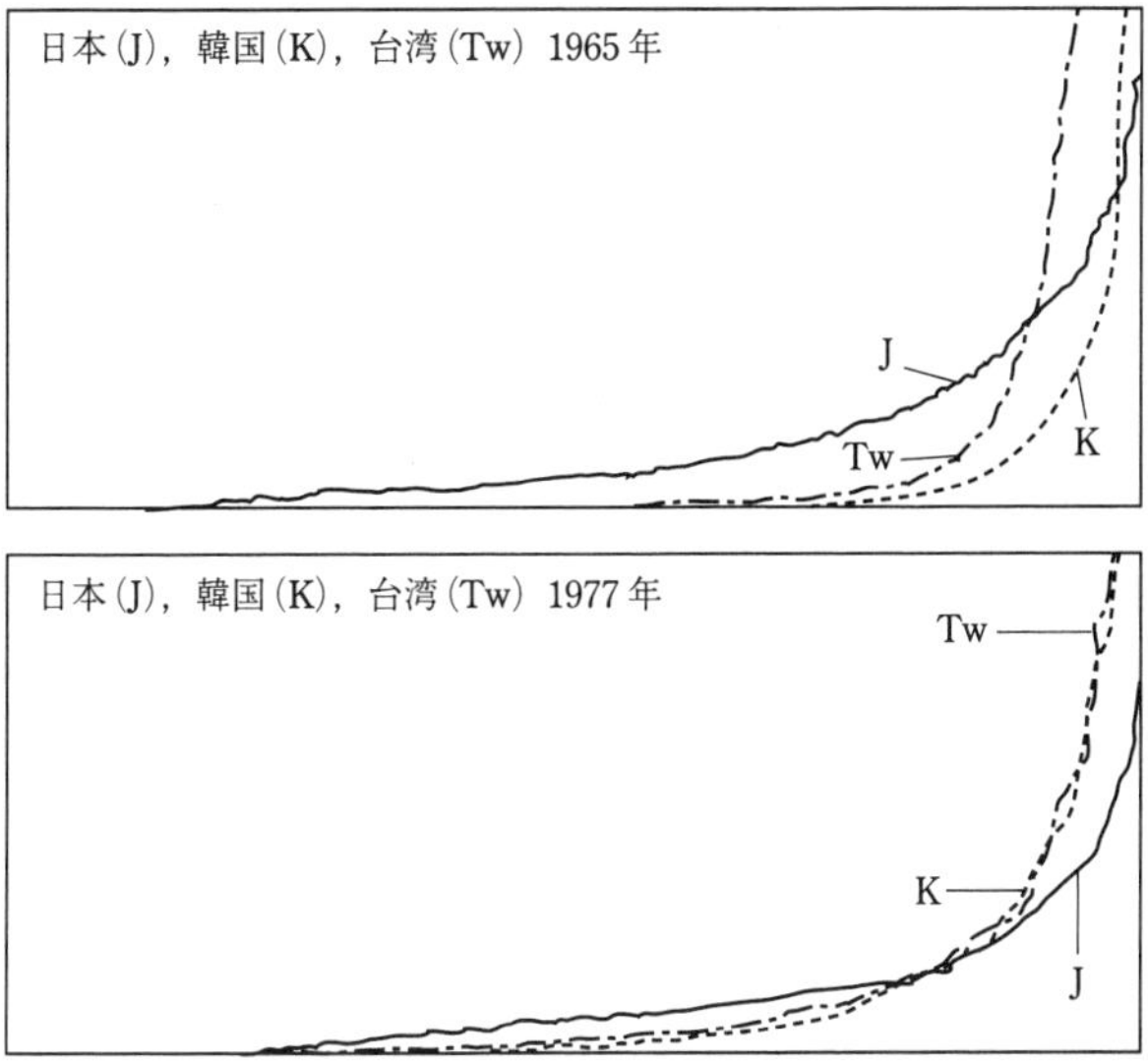

台湾三国の競争力構造の相対的位置関係の変化を一九六五、一九七七年の二時点の比較としてみたものである。この間に日本の競争力構造平準化への動きは、さきにみたように目立っている。しかし韓国、台湾の平準化への動きは一段と大きく、したがって三国ともそれぞれの競争力構造の平準化を相当のスピードで実現しながら構造の同質化を実現するというダイナミズムを見せた。図3－6の右の二つの図で示される日本とタイ、フィリピンの関係についても、このことがある程度はあてはまることがわかる。

日本と近隣アジア諸国との水平分業化への動きは、実はこのような工業製品競争力構造における同質化の動きを反映しているとみていいであろう。水平貿易は、同質的な産業構造を有している工業国相互の間で最も発生しやすい、というのがバラッサのもう一つの命題であった。しかしこの同質性を工業製品国際競争力に求めたわれわれの理解の方が、よりリアリティをもちうると考える。

ところで、日本とアジア諸国との分業は、ＥＣ諸国間

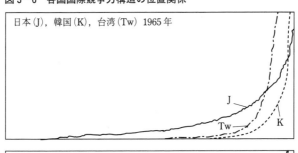

のそれのように、いまだ言葉の真の意味での水平的な関係にあるとはいえない。同一産業カテゴリーに属する商品の相互交換が活発化しているとはいえ、一つには、資本集約財で日本がアジア諸国に輸出特化、労働集約財ではアジア諸国が日本に輸出特化しており、また二つには、高位技術商品で日本がアジア諸国に輸出特化、低位技術商品でアジア諸国が日本に輸出特化するというパターンが目下のところ一般的であるからである。アジア諸国の中で日本との水平分業が最も進んでいる韓国をとりあげ、日韓貿易において最重要の二産業、繊維部門と電気・電子部門を事例にしてみると、次のようなことがわかる。

繊維部門において、韓国が日本に輸出特化しているのはアパレル製品のみであり、他方、合成繊維の糸・織物など大規模で資本集約的な投入財のほとんどにおいて、韓国が輸入特化状態にある。合成繊維糸のさらに上流にあるエチレングリコール（ポリエステルの中間原料）、カプロラクタム（ナイロンの中間原料）、アクロニトリル（アクリルの中間原料）においてはもちろんのこと、繊維機械においても韓国は対日輸入特化状態にある。

韓国の対日輸出において繊維関連製品に次ぐ重要品目は、電子機械であるが、この部門については生産工程のうち技術的に高位のものと低位のものとの間で日韓の産業内分業が成立している。電子機械は、民生用機械、産業用機械、電子部品の三つに分けられる。このうちテレビ、ラジオ、音響製品、電子時計、電卓などの民生用機械は組立製品であり、労働集約財に競争力をもつ韓国の対日輸出は相当に大きい。また電子機械の場合には、組立工程だけでなく、多くの部品生産においても技術の標準化が進んでいる。のみならず電子部品生産は未熟練労働を多く含み、かつ輸送費の全生産費に占める比率が小さいという特性をもつ。したがって部品生産工程のうち技術的に最も容易な工程を切り離して、直接投資を通じて低賃金国に生産拠点を移転させるという行動様式が一般的である。かかる行動様式は、日韓電子部品貿易においてもこれをうかがうことができる。電子部品のうち日本の対韓輸入超過項目は、蓄電池、集積回路といった技術標準化の進んだ二つの部品である。しかし変成器、機構部品、音響部品等の高位技術部品においては日本が対韓輸出特化状態にある。加えて、高度技術商品である産業用電子機械においては日本が対韓輸出特化状態にある。電子機械におけるこのような分業関係は、産業内分業というよりはむしろ、日本の大企業による「国際的下請け体制」に組みこまれた企業内分業によって促されたものである。

さて、各国工業製品の国際競争力構造が次第に同質化し、これに応じて水平分業が拡大していくならば、一国の工業化が他国のそれを誘発し、逆に他国の工業化が一国の工業化を誘発するという工業化の相互的な波及効果は一段と大きくなると考えられる。伝統的な貿易理論の示唆によれば、少なくとも静態的な貿易利益においては、水平貿易の方が垂直貿易よりも大きいとする論拠は見出し難い。しかし水平貿易は、貿易当事国の間に工業化の相互波及効果を与えるという動態的効果を内在させており、われわれが水平貿易に着目する理由の一つもここにある。産業間の垂直的な分業関係が一般的な時代にあっては、交易されるそれぞれの商品の生産は多分にその国の内部で自己完結する。したがってその商品の交易が他国の生産を誘発する度合は小さい。しかし産業内の水平貿易は、すぐ前で論じた日韓の繊維、電気・電子の二部門の貿易の事例でみたごとく、中間財貿易をそのうちに含み、むしろその中心は中間財貿易にある。であれば、一国の生産拡大は中間財貿易を通じて他国の生産拡大を誘発し、かかる径路を通じて各国間の生産波及をより緊密に生じさせるのである。

日韓の産業連関表を利用したわれわれの分析によれば、次のことがわかる。すなわち韓国の国内生産の拡大に伴って生じた日本の誘発生産額、ならびにその逆の日本の国内生産の拡大に伴って生じた韓国の誘発生産額は、一九七〇年においてそれぞれ八億五八〇万ドル、五二二〇万ドルであり、後者の前者に対する比重は六・五％であった。この数字は、日本の最終財生産が拡大しても、その最終財のための中間財が韓国から輸入されることが少なかったという事実を意味し、韓国の工業化がこの時期にはまだ中間財部門にまで及んでいなかったという事実を反映している。しかし、わずか五年後の一九七五年になると、前者は二四億七六一〇万ドル、後者は七億八〇〇〇万ドルとなり、双方の絶対規模が著しく大きくなったのみならず、後者の前者に対する比率も三一・五％へと拡大した。韓国の対日中間財輸出能力が短い間に上昇し、日本の工業化のために提供される中間財が増加した結果である。周辺諸国の工業化は、日本との間に工業化の相互促進的作用を注目すべき速さで発生させようとしているのである。水平分業がもたらす動態的効果がここにある（T. Watanabe, "An Analysis of Economic Interdependence among the Asian NICs, the ASEAN Nations, and Japan", *The Developing Economies*, Vol. XVIII, No. 4, Dec. 1980）。

中間財貿易は、尾崎巌の表現を借りれば、「ある国の経済における生産活動に、他の国で生産された中間生産物の投入を必要とすることを意味している」がゆえに、これは貿易相手国との間に「構造的結合」を強化する作用をもつのである（尾崎巌・石田孝造「日米産業構造の将来」『週刊東洋経済』一九七八年八月二六日）。水平分業の拡大は相互の工業構造の直接的連関を強め、そうして真の意味での有機的な経済圏の形成に寄与する。日本、NICS、ASEAN諸国は、いまやその方向への胎動期に入ったということができるであろう。

5　アジアの輸出競争力と日本

近隣アジア諸国の工業化と、それに伴う工業製品国際競争力の強化は、確かにめざましい。この事実の帰結として、日本と彼らの分業関係は、工業製品対一次産品の垂直的貿易関係から工業製品相互の水平的貿易関係へと変化してきた。変化をもたらしたのは近隣アジア諸国の工業化努力であるが、しかし同時に彼らの輸出競争力の強化に果たした日本の役割もまた大きい。この点を四つの視角から眺めてみたい。

第一は、近隣アジア諸国に対する「資本財供給基地」としての日本の役割である。この点は、議論の迂回が必要である。アジア諸国の輸出拡大要因として、これら諸国において輸出と資本形成（投資）との間の相互補強的メカニズムが展開してきたという評価が、まず必要である。実際、アジア諸国における資本形成率（投資の対国内総生産比）の増大のさまは、輸出比率（輸出の対国内総生産比）の増大速度に劣らない。NICSの資本形成率を一九六〇年と一九八〇年で比較すると、韓国は一一％から三一％へ、台湾は二〇％から二六％へ、香港は一八％から二九％へ、シンガポールは一一％から四三％へと増大した。一九八〇年代における先進国の資本形成率は平均二三％、日本のそれは三二％である。二〇年の間にNICSの資本形成率は先進国を越えて、日本の水準にまで上昇してきた。ASEAN諸国の資本形成率も同期間に一〇％以上の増加をみせており、一九八〇年に達成されたその値は、タイ二五％、マレーシア二九％、フィリピン三〇％、インドネシア二二％であり、すでにNICSと差はない。

このようにみると、近隣アジア諸国における高度の経済成長は「輸出志向工業化」のゆえばかりではない。輸出によって得られた外貨を資本財、中間財、技術の輸入に充て、これによって促進された国内資本形成が製造業品の国際競争力を強化し、製造業品の輸出拡大がさらに資本形成の増大を促すという形で、輸出と資本形成が相互補強的に作用してきた。輸出志向工業化という用語法も、発展のこのような内的メカニズムを包摂した概念として新たに設定される必要がある。

アジア諸国の資本形成は資本財輸入を通じて推進されたのであるが、資本財の供給先としての日本の地位は卓越している。日本の対NICS、対ASEAN諸国輸出総額に占める機械の輸出額の比率は、一九八一年において六八%、七八%である。機械の中には耐久消費財も含まれているが、耐久消費財におけるアジア諸国の国産化は相当に進んでおり、彼らが日本から輸入する機械の中心は資本財である。アジアにおける輸出↓資本財輸入↓資本形成↓生産性向上↓輸出、の拡大循環のかなめに、日本の資本財供給があったことは、明らかである。

前節においてわれわれは、韓国の特定産業部門において国内生産が一単位増加した場合、それが日本の国内生産全体をどの程度誘発するか（韓国の対日誘発生産係数）の計測結果を示した。対日誘発生産係数は、鉄鋼一次製品、金属製品において〇・五以上、輸送機械、精密機械において〇・四以上、化学品、非鉄金属一次製品において〇・三以上といった具合であり、重化学工業部門においてこの値は大きい。すなわち、これら部門における韓国の供給力は依然小さく、国内生産の拡大は直ちに日本からの資本財輸入を大きく誘発するという関係にある。このことは台湾についても同様であり、基礎金属においては一・〇以上、化学において〇・九以上、機械において〇・七以上という高さにある（Tai-Ying Liu, *Trade Relationship between Taiwan and Japan: An Interregional Input-Output Analysis*, Taiwan Institute of Economic Research, 1981）。両国の工業成長が、いかに強く日本の資本財供給に依存しているかを端的に物語る。またこの分析の帰結は、近隣アジア諸国の工業成長が同時に日本を利する可能性が大きいという事実をも示唆している。

このような好循環メカニズムに関連して、さらに次の点を指摘しておきたい。近隣アジア諸国の対日貿易収支は、資本財の大幅な輸入を反映して輸入超過状態にあり、しかもその入超幅が時間の経過とともに拡大している、としばしば主張され、これが彼らの対日批判の主要な論点になっている。確かにあとで指摘するように、日本の工業製品の輸出志向性が大きい一方、輸入志向性が小さく、したがって日本の貿易収支が黒字不均衡化しやすいというのは、日本経済の抱える大きな構造的問題の一つである。これはいずれ是正されねばならない。しかし、アジア諸国の対日資本財輸入は、右に述べた彼らの拡大循環メカニズムを支える基礎であり、したがってまた対日輸入超過額の拡大はこのメカニズムの拡大を反映したものでもある。アジア諸国が対日貿易収支の赤字化を理由に、仮に対日輸入制限を採用したとすれば、その好循環メカニズムを損なって肝腎《かんじん》の輸出拡大にも齟齬《そご》を来しかねない。しかも重要なことは、拡大メカニズムがこれまで順調に作動してきたことの結果として、NICSの対日輸出輸入比率は、一九七〇年代を通じて韓国では二八％から六〇％へ、台湾では三六％から四七％へ、シンガポールでは二〇％から四四％へと目立った増大傾向にあるという事実である。この事実は、一般的印象とは逆に、むしろNICSが経済発展過程における輸入超過局面を次第に脱しつつあることを示唆する。

第二に、したがって日本は近隣アジア諸国の製品の輸入先としても大きな役割を果たしてきたのである。アジア諸国の工業製品を吸引する日本という「巨人」の存在なくして、彼らの工業化の成功を語ることはできない。アジア諸国の対日輸出拡大を促した最大の要因は日本の産業構造の激しい変化である。産業構造の変化を総投資額に占める個別産業の比率変化から眺めてみると、はっきりした傾向をうかがうことができる。繊維産業、木材関連産業などの労働集約的産業の比率は一九六五年の二〇％から一九八〇年の一九％に減少した。とくに繊維産業は同期間に六％から二％へと最大の低下をみせた。窯業、金属製品などの中間財産業には変化はない。化学、鉄鋼など資本集約的産業も減少傾向にあり、前者は一八％から一〇％へと低下した。単一部門として最大の投資先である鉄鋼は、一九六五年の一四％から一九七五年の二〇％へと上昇したものの、一九七九年には一三％へと大幅な下落をみせた。これらと対照的に、機械産業は一九六五年の二五％から一九七九年には三三％まで上昇し、日本の最大の投資部門となっている。

賃金高騰の結果、わが国の労働集約的部門は早い時期から衰退化に向かった。中間財産業、資本財産業はエネルギー投入比率が高く、二度の石油危機によって大きく上昇した生産費のゆえに、原単位節約努力にもかかわらずその多くが衰退化せざるをえなかった。他方、機械産業は加工型産業であり、エネルギー投入量が少ないうえに、技術進歩率と需要増加率の高い産業であったという事情が、既述した構造変動を帰結した。日本の産業構造のこうした変動が、アジア諸国によるまずは労働集約的産業への対日市場進出を促し、次いで一部の資本集約的産業部門、さらには技術標準化段階に達した機械産業への参入を可能ならしめた要因であった。

第三に、アジア諸国の輸出拡大を促した動因として、この地域に導入された直接投資がある。彼らの輸出主力産業である繊維、電気・電子機械部門における直接投資の演じた役割は大きく、これら諸国の外資導入額に占める両部門の比重は、一九八〇年の実績で、韓国四〇%、台湾三九%、香港五二%、マレーシア三三%、タイ四〇%である。受入国の輸出に果たした直接投資の役割も当然大きい。韓国の電気・電子機械産業の輸出総額に占める外国人企業輸出額の比率は五一%であり、合弁企業まで含めるとその比率は八四%に達する。香港においても同比率は八〇%を越える。日本の直接投資の役割が大きい。一九七八〜八一年の日本のアジア地域向け製造業直接投資のほとんどが、NICSとASEAN諸国に集中した。繊維、電気・電子機械への集中度が高く、両部門の比率は韓国四三%、台湾五七%、香港七五%である。アジア諸国への進出日系企業の売上高仕向地のうち、輸出は製造業全体で三五%、繊維四〇%、電気・電子機械四八%である。日本への輸出が最大である。

日本のこうしたアジア諸国への海外投資は、一つには、一九六〇年代に始まる労働力不足と賃金の急上昇が労働集約的産業の優位性を奪ったこと、二つには、一九六〇年代後半から貿易収支の構造的黒字化傾向が定着し、これを背景に一九六九年以降数次にわたる海外投資の自由化が実施されたこと、三つには、高度経済成長過程で蓄積されてきた経営資源が石油危機後の低成長下で過剰化し、これが高成長のアジア諸国に活力の場を求めたこと、四つには、円高傾向が海外投資コストを減少させたこと、といった諸要因によって一九六〇年代の後半以降に加速化した。さらには、一九七一年に開始された特恵関税制度、日本の繊維製品などの対先進国輸出自主規制もまた、日本企業のアジア諸国への進出を促した要因となった（トラン・ヴァン・トゥ「日本のASEAN諸国への直接投資」関口末夫編『環太平洋圏と日本の直接投資』日本経済新聞社、一九八二年）。この時期のアジア諸国は、一九六〇年代においては輸入代替（国産化）をめざして、さらに一九七〇年代においては輸出促進を目標に積極的な外資導入政策を展開した。

第四に、右に述べた海外投資の動向は、前章で論じた二つの要因変化によって大きな影響を受けた。もう一度簡単にまとめておくと、その一つは、NICSの近年における実質賃金の急上昇傾向である。これは、NICSが有してきた労働集約財における国際競争力を奪い、いまだ豊富な労働力を擁して低賃金水準を維持しているASEAN諸国の相対的地位を強化した。二つには、世界輸出シェアの小さい限界輸出国として出発したNICSが次第に有力な輸出国となるに伴って、厳しい輸入規制を広範に受けるようになり、この事実が限界輸出国に留まってきたASEAN諸国を有利化した。こうした条件変化は、NICSに潜む労働集約財の優位性に着目してその輸出部門への投資を試みてきた先進国の民間企業の生産・輸出拠点を、ASEAN諸国に移転させるよう促した。

かくしてASEAN諸国によるNICSへの追跡過程は、NICSの賃金上昇と輸出市場環境の変化、ならびにこれに伴う外国民間企業の投資先の移転行動によって促進された。この事態に対応してNICSは、海外企業

図3－7　日本と西ドイツの水平分業度指数（1965⇒1975年）

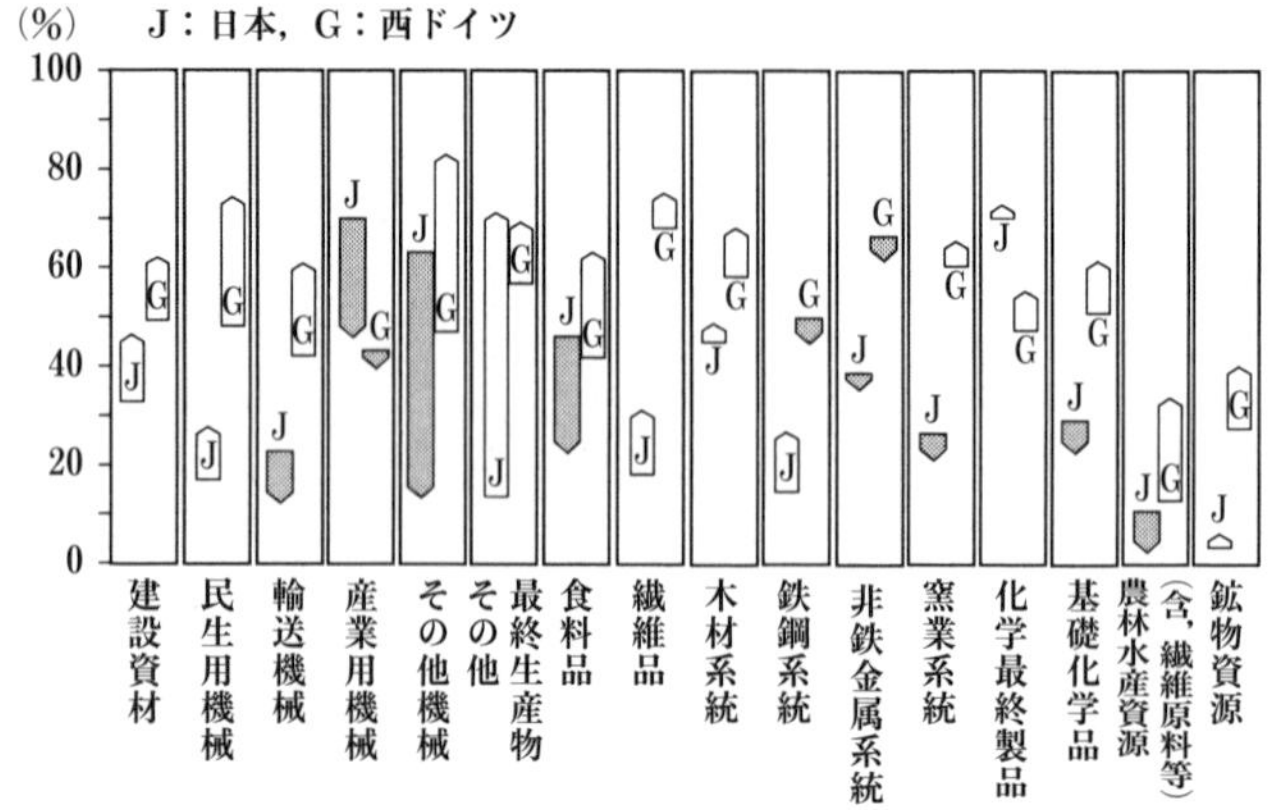

（注）水平分業度指数の計測方法は図3-4の柱を参照。アミ部分は低下を示す。
（資料）通商産業省『通商白書』昭和53年版より作成。

の投資分野を高付加価値・高度技術分野に誘導するという外資政策を採用した。シンガポールが外資導入奨励業種を資本技術集約的産業に限定し、従来の労働集約的産業における外資流入を制限し始めたこと、さらに高賃金政策の導入といった画期的な挙に出たことなどは、その端的な事例である。

6　フルセット自給型工業構造

日本は、自身が構造変動の激しい国である一方、近隣に工業成長率、輸出増加率の高いアジア諸国を擁したがために、日本とこの地域との工業製品貿易における市場的結合は強化されてきた。その帰結が、水平分業化であったことはすでに指摘した。にもかかわらず日本の水平分業度それ自体は、他の先進国に比較して低く、日本の貿易構造において解決を要すべき重要な問題は、なおここにある。図3－7は、日本と西ドイツの水平分業度を二時点間で比較したものであるが、両国の対照がはっきりと示される。西ドイツは、資源ならびに資源集約財を除き、低加工部門から高加工部門までの広範囲の産業分野にわたって高い水平分業度を有しており、しかも二時点間においてこの比率の上昇がみられる。西ドイツとEC域内諸国との水平分業の進展が顕著であるのは当然であるが、しかし域外諸国との間でも活発に水平分業を展開している。

一方、日本の水平分業度はかなり低い。一九七五年において、日本の水平分業度が西ドイツのそれよりも若干なりとも高いのは、産業用機械、化学最終製品の二部門のみである。一九六五年に比較して一九七五年の水平分業度が上昇している産業部門数は、西ドイツ13に対して日本は8である。

この事実は、日本の産業構造が他の先進国に比較して「自給的体質」がより強いことを示唆する。繊維製品や木材製品等の労働集約的な最終財はもちろん、民生用機械器具や輸送機械のような技術集約的な最終財、産業用機械に代表される資本財、さらには鉄鋼、非鉄金属、基礎化学品などの素材や中間製品に至るまで、海外からの輸入に依存するところの少ない、ほぼ自給的な体制が作り上げられてきたことが、日本の工業構造の特徴である。最終財に始まり素材、中間製品、資本財に至る諸部門をフルセットで擁したがために、いずれの産業分野でもある財の生産拡大にあたっての単位当たり誘発輸入は、それほど大きいものとはならないのである。

図3－8は、輸送機械と一般機械における投入構造の日独比較である。日本は両部門いずれでも輸入品ウェイトが少なく、これに対して西ドイツの場合には鉄鋼系統、非鉄金属系統を中心に、全分野にわたって輸入品ウェイトが大きい。実際、一九七九年における日本の輸入総額に占める工業製品輸入額の比率は二三％であるが、他の先進諸国はカナダ七九％、イギリス六六％、フランス六〇％、西ドイツ六〇％、アメリカ五六％、イタリア四八％である。日本は最低のイタリアの半分に満たない。

第二次大戦によって生産設備のほとんどを壊滅させ、かつまた膨大な労働人口を抱えた往時の日本が、経済活動のよりどころを、まずは労働集約的で資本節約的な最終財産業に求めたのは、自然であった。加えて日本の経

図3－8　日本と西ドイツの輸送機械，一般機械における自給度

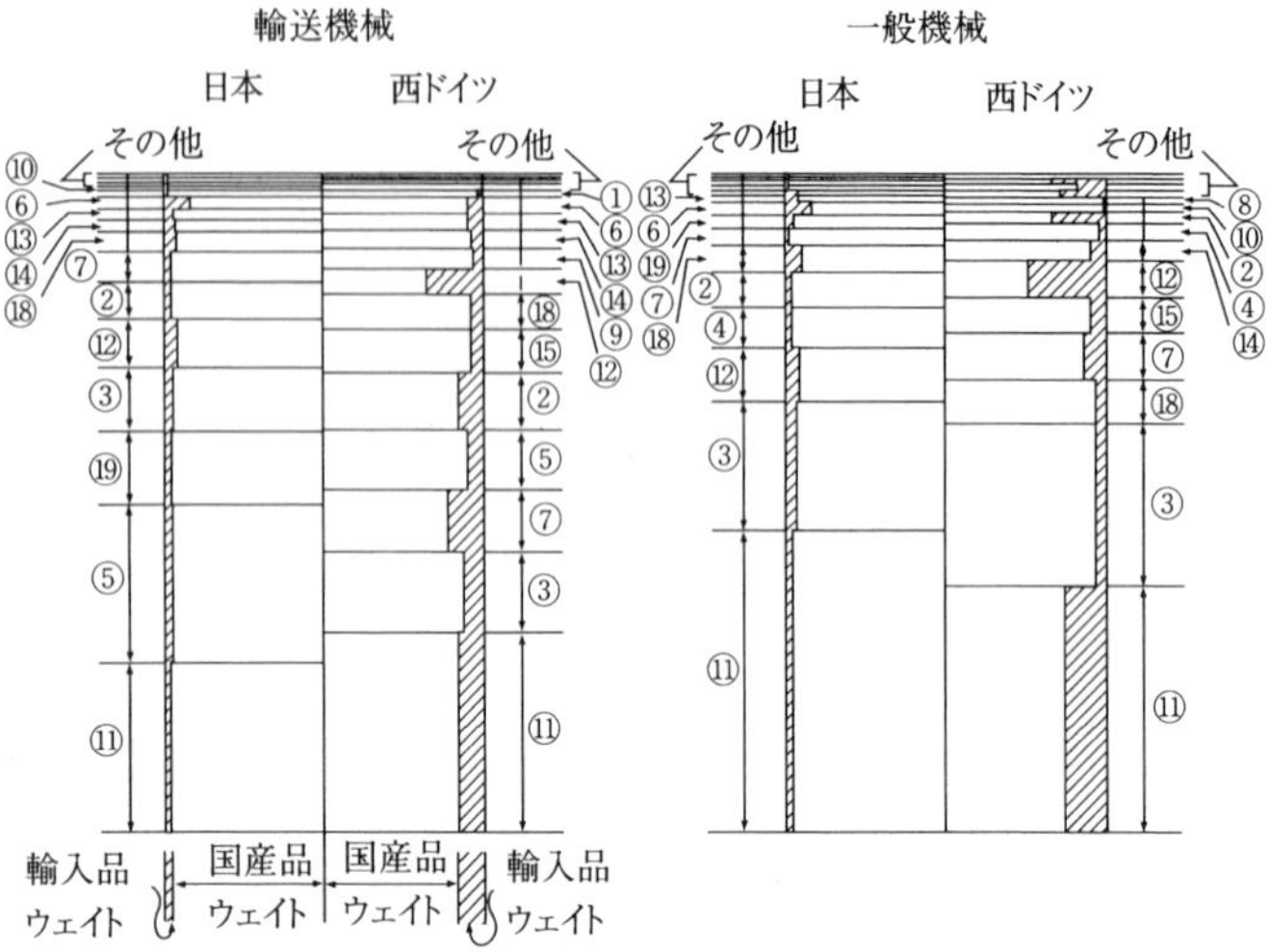

（注）　部門分類は日本，西ドイツとも次の通り。
①建設部門，②建設資材，③民生用機械器具，④輸送機械，⑤産業用機械，⑥その他の機械，⑦その他最終生産物，⑧食料品，⑨繊維品，⑩木材系統，⑪鉄鋼系統，⑫非鉄金属系統，⑬窯業系統，⑭化学最終製品，⑮基礎化学品，⑯農林水産資源，⑰鉱業資源，⑱エネルギー，⑲補助材料

（資料）　通商産業省『通商白書』昭和53年版。

済成長は、第二次大戦後、長きにわたって「国際収支の天井」に遮《さえぎ》られ、国際収支不均衡の制約を解くことが重要な課題であった。鉄鋼、化学、金属といった素材産業の進展は、この課題に応えようとしたものであり、その基盤のうえに、今日の日本の経済成長の基幹産業である機械工業分野が花開いた。しかも日本は、素材から最終財に至る諸部門をフルセットで抱えうるだけの、人口一億以上の単一にして巨大な国内市場を有していた。一方また、日本は極東に存在する唯一の孤立した工業国家であり、相互に水平分業を展開しうる工業国家を周辺に擁しておらず、またECのような水平分業を促進する地域協力組織に属することもなかった。これら諸条件の下で、日本はその自給的体質をますます強化した。

　自給的体質は、日本が戦後に採用した一連の保護主義的政策によっても促進された。日本が

貿易収支の黒字基調を定着させたのは一九六五年前後であり、それ以後黒字幅は累積的に拡大するが、一九七一年八月のニクソン・ショック時まで、為替レートの変更は一切なかった。すなわち、日本はこの間一ドル＝三六〇円という、実勢に比べて有利な固定レートを適用され、輸出促進と輸入抑制を図りえた。日本はＩＭＦ固定為替レート制の受益者であった。一九七三年二月の変動相場制への移行後も日本銀行の為替市場への介入により、実勢よりも円安の相場はなおしばらく持続した。このような為替相場の動きは、日本の優位産業はもとより、国際競争力をもたない産業をも輸出市場に向かわしめると同時に、輸入を抑制し、日本の産業構造を自給的たらしめる要因として作用した。

こうした為替相場の作用のうえに、さらに戦後の日本は、他の先進諸国よりも厳しい非関税障壁を築いてきた。この障壁は、一九六〇年代における貿易自由化を通じて次第に低められたものの、それ以後もアルミニウム、電子計算機などは輸入統制による保護を享受した。一九六〇年代の中頃まで続いた非関税障壁は、日本の産業構造を自給的たらしめるもう一つの政策要因であった。

もちろん、このような保護政策は、今日までの間にかなりの程度自由化されている。ケネディ・ラウンドに続き、一九七二年に日本は一八六五品目に及ぶ輸入品目について一律二〇％の自主的関税引き下げを試みた。東京ラウンドにおける日本の積極的な関税引き下げ努力はめざましかった。残存輸入制限数も、少なくとも工業製品に限定していえば、他の先進国に遜色《そんしょく》はない。輸入関税率の平均的水準も、決して高いものではない。輸入総額によって輸入関税総額を割った関税負担率においては、日本は他の先進諸国よりむしろ低い。こうした自由化の動きが、市場メカニズムを通じて、伝統的な自給型構造をつき崩していくインパクトとなっている。

日本経済の自給的体質を変更するための最大のインパクトは、ＮＩＣＳとこれに続くＡＳＥＡＮ諸国の工業化によって与えられよう。これら近隣アジア諸国の工業化は、日本にとって水平分業圏を拡大すべき相手国が日本の近在に、歴史上初めて出現したことを意味している。日本は、彼らとの水平分業の拡大がすなわち日本の自給的体質をつき崩し、これがまた彼らとの水平分業の拡大に寄与するという相促的発展に期待をかけ、そのための政策形成に努力を傾けねばならない。

日本と近隣アジア諸国間の水平分業の中心的産業は、機械産業になろう。先進工業国とは、すなわち自国内に機械産業基盤を確立し、これが輸出力をもつようになった経済を指す。しかし、ほとんどの先進国は、同時に輸入総額に占める機械の比重においても、最も大きいという共通した性格をもつ。実際、先進国の輸入総額に占める機械類の輸入比率は、平均で四一％、アメリカ四六％、カナダ六三％、イギリス三五％、スウェーデン四六％、日本三三％、西ドイツ三一％という高水準にある。生産される財の範囲がきわめて広い機械産業は、貿易相手国との間に同一産業カテゴリー内部の輸出入すなわち水平分業を、多角的に展開する中心的な産業なのである。NICSの輸出拡大過程の中でとくに注目されるのも、この機械類輸出比率の高まりである。その比率は、一九六一年、一九七一年、一九七九年の三時点で、韓国一％、三％、二二％、台湾一％、一八％、二六％、香港三％、一四％、二二％、シンガポール五％、一一％、二七％と著しい増大傾向にある。ASEAN諸国の電気・電子機械を中心とした輸出比率の増大も無視できない。近隣アジア諸国において、このような産業の底力がついてきたというところに、日本とこれら諸国との水平分業化の将来をうらなう重要な材料がある。

7　日本経済の選択

近隣アジア諸国との多角的な水平分業の展開は、過去と同じく今後も市場メカニズムを通じて実現されていくであろう。関税同盟のような地域協力の制度的枠組みを形成することは、得策ではない。日本の水平分業の将来にとって、近隣アジア諸国が重要な地域であることはいうまでもないが、しかし同時に、アジア太平洋地域に散在する他の成長潜在力をもつ地域との連携も、考慮されなくてはならない。めざさねばならないことは、日本自体の貿易政策、投資政策、援助政策、産業調整政策の四つを、近隣アジア諸国との多角的水平分業を促進する方向に手直ししていくという政策であろう。

第一に、日本の工業製品輸入は、さきにも述べたように自由化されてきた。しかしこれまでの自由化は、主として欧米諸国向けであり、近隣アジア諸国の関心品目に自由化の目が向けられることは少なかった。方向転換が望まれる。欧米諸国からの対日要請は、国際経済環境の変化によって生じた劣位産業を十分に調整することができないという、欧米諸国経済の硬直化あるいは適応能力の欠如を別の形で表現したものである。

いうまでもないことだが、衰退産業で用いられている諸資源を優位産業に移転していく産業調整能力を備えた経済ほど、成長率は高い。そして高い成長率の国ほど、劣位部門から優位部門への資源移転は容易である。しかるに石油危機後の欧米諸国の経済成長率は低い。加えて、投資行動における長期的視野の喪失、鉄鋼、自動車、電気・電子機械などの寡占的大企業における技術開発力の低下、労働市場の流動性低下、失業率の増大などのために、対外経済環境の変化に対する欧米諸国の適応能力は一段と薄い（『昭和五七年度経済白書』）。近年におけるEC、アメリカの保護主義の抬頭と対日市場開放要請の背後要因がこれである。そのために、輸送機械、技術集約的電気・電子製品など日本の国際競争力の強い部門に対する、防衛的で排他的な対応がめだつ。欧米諸国の対日要請への対応が容易ではなく、時に奇嬌な要請がみられるのもこのことに由来する。

対照的に、近隣アジア諸国の対日市場開放要請は合理性をもつ。アジア諸国の工業製品の国際競争力構造は全体として大きく上昇してきた。NICSはいうまでもない。ASEAN諸国も、低賃金ではあるが豊かに擁する優れた労働力を利用した労働集約財において、優位性を顕在化させてきた。すなわち、アジア諸国による日本の市場開放要請は、日本に輸出可能な財がその工業化過程で新たに生まれてきたという事実に対応する。欧米諸国による、劣位産業の防衛を目的とした対日市場開放要請とは性格を異にしている。アジア諸国の市場開放要請が、日本経済の自給的体質をつき崩す真のインパクトたりうるのも、この理由による。そればかりではない。開発途上国が国際競争力をもつ財については、正しく市場を開放しているという旗幟《きし》を鮮明にすることによって、欧米諸国の防衛的対日要請に向かう日本の態度は、おのずとその正当性を強めよう。

第二に、アジア諸国への企業進出は、日本の産業構造の高度化、高付加価値化、高度技術化が進む以上、そしてまたアジア諸国との貿易摩擦を解消する手段としても、今後さらに促進されていくであろう。生産・輸出拠点をアジア諸国に移転し、日本と彼らとの産業内分業の形成に重要な役割をもってきたのは、この地域に対する日本の直接投資である。日本のアジアへの進出企業のうち、原材料から最終製品までの一貫生産を目的としているものは少ない。六割以上の企業は中間加工工程の一部を海外に移転し、加工工程に要する原料、中間製品、資本財を日本の親企業から輸入すると同時に、組立加工を施した最終製品や一部の中間製品を今度は輸出に向けるという志向性が強い。この事実は、日本企業の海外進出が企業内国際分業を重視する経営戦略のもとで、企業内資源の最適化をめざしていることを示唆する。かくして日本の企業進出は、近隣アジア諸国との水平分業を促す。

第三に、日本の援助政策は、近隣アジア諸国重視の姿勢を表明しており、一九八三年初めの対韓借款の供与決定に続いて、ASEAN各国への借款供与の増額が同年の首相のASEAN訪問を機会に確認された。この方向はさらに強化されねばならない。中曽根首相の訪韓により、日本は韓国に対して円借款一八・五億ドル、民間銀行融資を含む輸銀融資二一・五億ドルの計四〇億ドル借款を七年間にわたって供与することが表明された。当初の韓国の要請に比較して供与額は減少し、借款の期間や金利などの供与条件も後退したにもかかわらず、この借款に対する日本のジャーナリズムの評価は相も変らず厳しい。しかし日本をとりまくアジア諸国の成長を持続させ、このダイナミズムを世界不況解消の一つの重要な動因たらしめるためには、こうした類の協力は実はもっと促進されねばならない。

加えて、かかる協力が、減速化しつつある日本の経済成長に及ぼすプラスの効果も見過ごされてはならない。さきに指摘したように、韓国や台湾の特定産業部門において国内生産が一単位増加した場合に、これが日本の国内生産の全体を誘発する度合は、ほとんどの重化学工業部門において高い。四〇億ドルの借款が巨額であるとすれば、それがもたらす日本の成長誘発規模もまた巨額なのである。対韓経済協力が韓国の窮状を救うのに寄与するのはもちろんであるが、これが日本の対外的有効需要創出の一手段たりうることに目を向けてもいい。四〇億ドルの「政治学」ばかりに拘泥《こうでい》していると、借款供与が果たすべき「経済学」はみえなくなってしまう。

NICSや一部のASEAN諸国の輸出志向的な工業発展を目のあたりにして、しばしばこれら諸国による「追い上げ」を危惧し、アジア諸国への技術移転には消極的たるべきだという考え方も一部にきかれる。確かに、NICSによるアメリカ、ECなど第三国市場でのシェア拡大の結果、いくつかの日本商品のシェアは縮小を余儀なくされている。当の日本におけるNICSの市場シェアの拡大も無視しえない。そうしたNICSの輸出拡大が日本の資本進出によって促進されたという意味では、これを「ブーメラン効果」の帰結だといってもいいかもしれない。しかしこれはあくまでことの半面であって、それだけが強調されてはまずい。NICS、ASEA

N諸国は、右に述べた日韓関係と多かれ少なかれ類似したメカニズムをもって先進国と結びついている。したがって、これらの国ぐには世界経済における成長地域であると同時に、かかるメカニズムを通じてその成長が先進国の輸出市場の拡大に貢献しているのである。追い上げ論は愚論である。しかし、追い上げ論が先進国における保護主義と結びつくならば、これは愚論をこえて危険な議論となる。

第四は、日本の構造調整問題に関わる。一九七〇年頃までの日本の産業政策は、あらゆる工業部門をフルセット国内に擁し、そのすべての国際競争力を強化するという「総花的」なものであり、国際的産業調整を進めながら工業化を推進するという志向性は薄かった。「フルセット自給型工業構造」がその帰結であり、ほとんどすべての製造業分野において国際競争力の強化が図られてきた。しかし一九七〇年頃より日本の貿易収支は黒字構造を定着させ、加えてこの黒字がインフレ要因となる懸念が生じた。日本のフルセット自給型工業構造を促した国際収支制約は、ここに消滅した。また黒字定着の帰結として生まれた海外投資余力は、いくつかの産業・輸出拠点の海外移転をもたらした。そして、日本の直接投資に伴うアジア諸国の輸出競争力の強化が日本の衰退産業を追跡し、これがまた日本の国内産業調整を不可避たらしめた。

このような一連の事実を受けて、日本の産業政策は変化を余儀なくされた。一九七九年一〇月の閣議決定による「新経済社会七ヵ年計画」は、石油供給の不安定化と高価格化、NICSの急追、欧米諸国における保護主義の抬頭に直面した日本にとって、産業構造の転換が重要な政策課題であることを表明し、その第一の課題として「知識集約化の促進」を掲げた。

「我が国産業構造の知識集約化を促進するため、各種技術開発を積極的に推進するとともに、電子機器、システム産業等、高度組立加工型産業やファインケミカルズ等の知識集約型産業の発展を促進するほか、素材型産業における新素材、高級素材の開発、省資源、省エネルギー化を促進し、産業全般について製品、製造工程の高度化を図る」（経済企画庁『新経済社会七ヵ年計画』一九七九年）というのが主旨である。このような方向への日本の産業構造政策の転換は、調和的な水平分業の形成に寄与するであろう。

最後に、そのような一連の政策形成は、将来に期待される太平洋経済圏において、日本、NICS、ASEAN諸国を含むこの下位地域が、全体地域の有力なリーディング・リージョンとして果たしうる役割をにらんでなされる必要があることを強調したい。太平洋経済を「圏」たらしめるための制度的枠組みがどのようなものであるのか、議論はなお漠としている。その意味で、太平洋経済圏はなおリアリティに欠ける構想である。

しかし、太平洋をとりまく諸地域の中には、日本、オーストラリア、メキシコ、NICS、ASEAN諸国といった経済的な活力と潜在力に富む国ぐにが多く含まれており、比較的自由な国際貿易を通じて相互に市場的結合を強めつつあることは、まぎれもない。このうち日本、NICS、ASEAN諸国を含む下位地域は、太平洋経済の中でも経済的結合度の強い有機的単位であり、しかもその工業成長率は際立って高い。したがってこの地域が、経済圏全体を牽引していく力をもつ地域となるであろう。日本は、太平洋経済という大きな市場的文脈を想定し、しかしさしあたりはNICS、ASEAN諸国とのサブ・リージョナルな連携に重点をおくという政策態度を堅持すべきであろう。

この点に関連して、これまでのところで触れられなかった一点をつけ加えたい。アジアにおける分業関係は、日本―NICS、日本―ASEAN諸国という、日本を中心とした関係においてだけではなく、NICS―ASEAN諸国の間においても急速な進展をみせ、これら三つの地域が有機的な関連をもつ成長地域たることが期待される。NICSは、労働集約財において次第に国際競争力を失い、これに伴って産業構造の重化学工業化、製品の高付加価値化の時代に入った。ＮＩＣＳにおいて競争力を失った労働集約財がＡＳＥＡＮ諸国の優位財となりつつある。しかもこの過程を加速するものとして、先進国の直接投資が労働集約財についてはＮＩＣＳからＡＳＥＡＮ諸国に方向転換し、ＮＩＣＳにおける投資分野は、その分だけ重化学工業部門、高付加価値部門に移転し始めている。

こうした行動が、両グループ間の国際競争力構造の変化をさらに速いものとする。この国際競争力構造の変化は、ＮＩＣＳとＡＳＥＡＮ諸国の貿易を、一次産品―工業製品の垂直的関係から、工業製品相互間の水平的関係に転換させよう。現在すでにＮＩＣＳの重化学工業品は、ＡＳＥＡＮ諸国に相当規模で進出を開始している。韓国、台湾の対ＡＳＥＡＮ諸国輸出比率は一九八〇年現在それぞれ七％、八％であるが、しかし一般機械、肥料、電気・電子機械、鉄鋼、金属製品などの特定の重化学工業分野の比率はこれよりかなり高い。一九八〇年代の終り頃には、ＮＩＣＳ、ＡＳＥＡＮ諸国の間でも工業部門相互間の水平分業と、したがって二グループ間の産業調整が主要な課題となろう。

ＮＩＣＳ、ＡＳＥＡＮ諸国間の有機的経済関係の形成をうらなう、もう一つの要因は、ＮＩＣＳの対ＡＳＥＡＮ諸国直接投資の動向である。ＮＩＣＳの対ＡＳＥＡＮ諸国直接投資残高は、同諸国に対する日本の投資残高のすでに過半に達している。この事実は、ＮＩＣＳとＡＳＥＡＮ諸国との分業関係を有機的たらしめるのに寄与しよう。日本、ＮＩＣＳ、ＡＳＥＡＮ諸国の三者の有機的分業関係は、いよいよ深いものとなり、この成長地域が太平洋経済のリーディング・リージョンたりうるという期待は、一層現実的なものとなろう。

4　新興工業国家　光と翳——韓国経済発展の二〇年と課題

韓国の経済成長は、先発国の歴史に例をみない高率のものであった。しかし、その成長過程は決してスムーズではなく、むしろ激しい変動を特徴としてきた。第一次石油危機を切り抜けて旺盛な活力を誇示したかと思えば、他のアジア諸国が高成長下にあった一九八〇年にマイナス六・二%という未曾有《みぞう》の景気後退を体験したりもした。この二〇年における韓国の固定投資増加率の上下動は激しい。インフレ率は高く、貿易収支は大きな赤字を計上してきた。為替レートの切り下げも続けられ、金利は大きな、しかも不確かな変化を繰り返した。

韓国経済の量的拡大はめざましかったけれども、拡大過程における変動は激しく、成長は多大のコストを支払って実現されたものではないかという懸念は、韓国経済を真面目に眺める人びとの実感であろう。そうした実感を反映して、韓国の経済発展に関する評価はいまなお定まっていない。定まっていないというに留まらず、しばしば諸評価の間には容易に埋められそうもない亀裂がみられる。

それにもかかわらず、この二〇年に及ぶ韓国経済発展の過程を大きな視野をもって概観するならば、激しい変動を貫いてこの国の発展を特徴づけてきたいくつかの確かな傾向を確認できると思う。そうした傾向を観察し、その中に発展論的な意味と教訓を汲み取り、その傾向が今後もなお存続しうるか否かを問うて、韓国経済の将来を見通してみたい。

1　圧縮された発展――工業化

第二次大戦後の先進世界の中で、短期間に最も急速な成長を遂げた国は日本であるが、韓国の成長実績はこの日本の経験をも上まわっている。

経済成長を促進する基礎的な要因は、機械、工場、港湾、鉄道、道路など一国の生産活動を支える資本ストックが年々蓄積されていくこと、すなわち資本蓄積にある。資本蓄積の過程は、資本形成と呼ばれる。この指標の動きに注目してみよう。図4－1がそれである。ここでは韓国と同様のスパートをみせた台湾の指標の変化をも示しておいた。一九八〇年における韓国の資本形成率は三三％であるが、整合的な国民所得統計の起点である一九五三年の比率はわずか七％であった。この間の資本形成増加率は実質で年平均一七％に及んだ。一九八〇年における日本の資本形成率は三二％であり、この指標において韓国はすでに日本と肩を並べた。韓国の資本形成は一九六七～七一年の第二次経済開発五ヵ年計画期に加速したが、この計画期間の年平均増加率は二八％であった。一九五六～六二年の技術革新投資を主内容とする日本の民間設備投資ブーム期の年平均資本形成増加率は一八％であり、すなわち韓国の投資スパート期における増加率もまた日本のそれを上まわったのである。

これに伴って高度の経済成長と工業成長が発生した。後者について製造業の年平均成長率をみると、一九五三

図4－1　日本・韓国・台湾の資本形成率

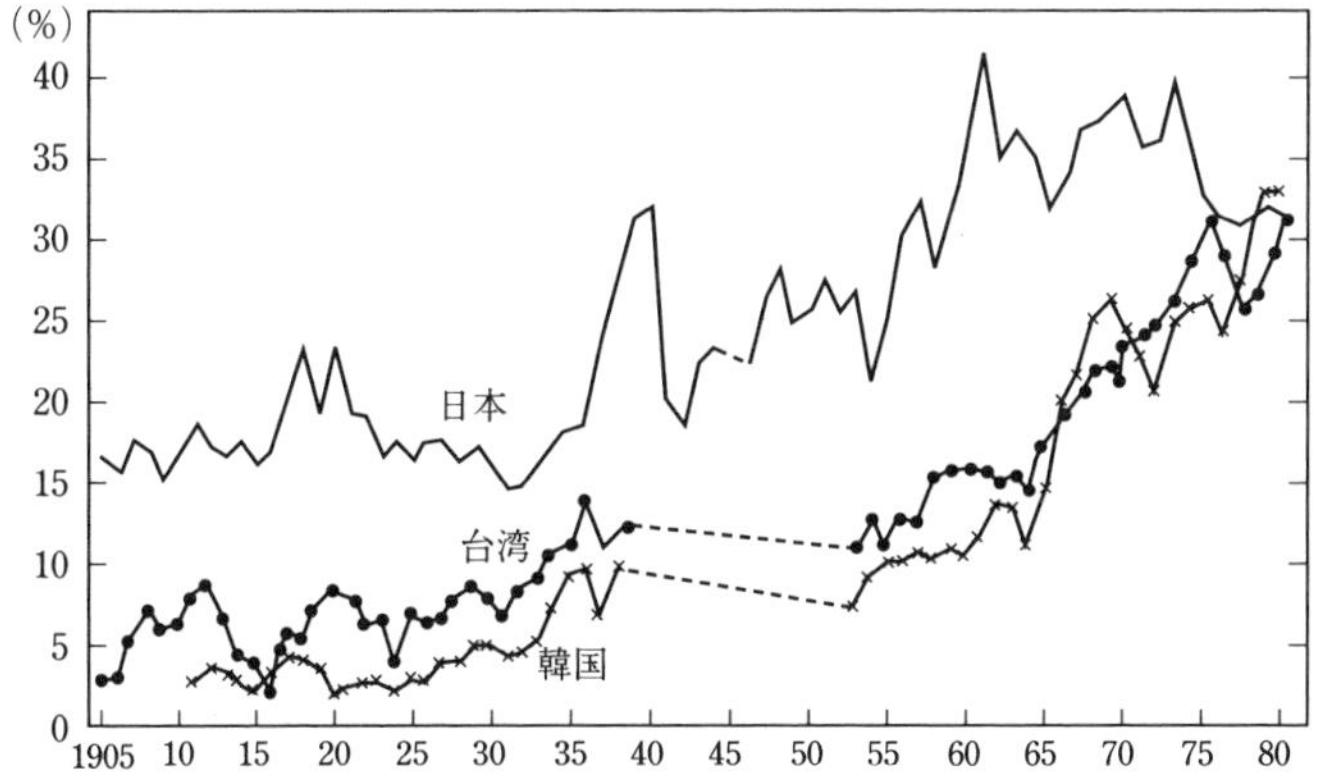

（資料）　日本：1905～44年については大川一司・H. ロソフスキー『日本の経済成長』東洋経済新報社，1973年，付録B基礎統計表。1945～78年については経済企画庁『国民経済計算年報』。なお1965年以降は新SNAによる統計。韓国・台湾：1911～38年については溝口推計。朝鮮全土。溝口敏行『台湾・朝鮮の経済成長』一橋大学経済研究叢書27，岩波書店。第二次世界大戦後については，Bank of Korea, *National Income of Korea*, Seoul, Korea, various issues; Executive Yuan, *National Income of the Republic of China*, various issues, Taipei, Republic of China.

～六一年には一二%であったが、一九六二～六六年（第一次計画期）、一九六七～七一年（第二次計画期）にはそれぞれ一五%、二二%と加速し、一九七二年以降一九八〇年までは、その間に石油危機を挟みながらも、なお年率一八%の高率を維持した。高い工業成長率を反映して、国内総生産に占める製造業生産高の比率すなわち工業化率は、一九五三年の九%から一九六二年の一四%、一九七二年の二二%を経て、一九八〇年には二八%に達した。一九八〇年における日本の同比率は二五%であり、ここでも両国はほぼ同水準に至った。

　平均的な工業化率が高まっただけではない。重化学工業化を通じて工業構造を「深化」させていく速度においても、韓国は先発国よりも速い動きをみせた。重化学工業化の指標として、重化学工業部門付加価値の比率いわゆるホフマン比率を用い、特定国についてこれを測ったものが図4－2（九二ページ）である。欧米諸国に比較して日本が、さらに日本に比較して韓国、

図4－2　ホフマン比率の国際比較

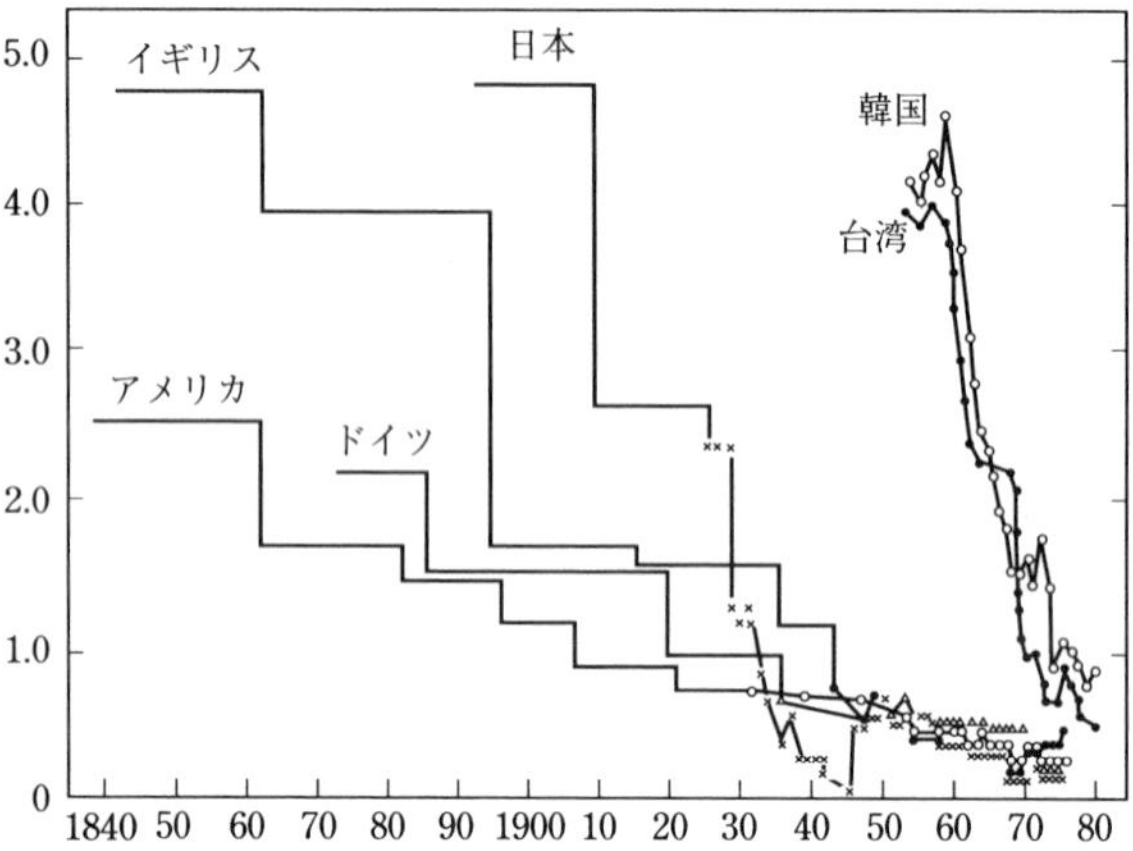

（注）　ホフマン比率＝軽工業部門付加価値／重化学工業部門付加価値。

（資料）　1947年までのアメリカ，1948年までのイギリス，1951年までのドイツ，1925年までの日本：W.G. Hoffmann, *The Growth of Industrial Economies*, Oceana Publications inc., New York, 1958, Statistical Appendix. それ以後については，United Nations. *The Growth of World Industry*, various issues, New York. 韓国：Bank of Korea, *National Income of Korea*, various issues, Seoul, Korea. 台湾：Ministry of Economic Affairs, *Report on Iudustrial and Commercial Survey*, various issues. Taipei, Republic of China. 日本：総理府統計局『日本統計年鑑』各年版。

台湾が一段と速い重化学工業化への傾斜をみせたことがわかる。ホフマン比率が五・〇～三・五の範囲で表わされる工業化第一段階から三・五～一・五の第二段階への移行に、主要先進国は二〇年から三〇年を要したが、韓国はより短い期間にこの移行をなし遂げた。すなわち韓国のこの比率が四・〇から二・〇に下がったのは、一九六〇年代初めのわずか数年においてである。また韓国は一九七〇年頃から比率一・五～〇・五の工業化第三段階に入った。すなわち第二段階から第三段階への移行を、韓国はやはり数年を要しただけで実現したのである。先発国の経験に比較して、ここでも三倍から四倍の速度がみられた。

重化学工業部門の中心的産業である鉄鋼業について、先発国と後発国の拡大速度を比較した図4－3によると、一八八〇年を

図4−3　鉄鋼生産能力の拡大速度

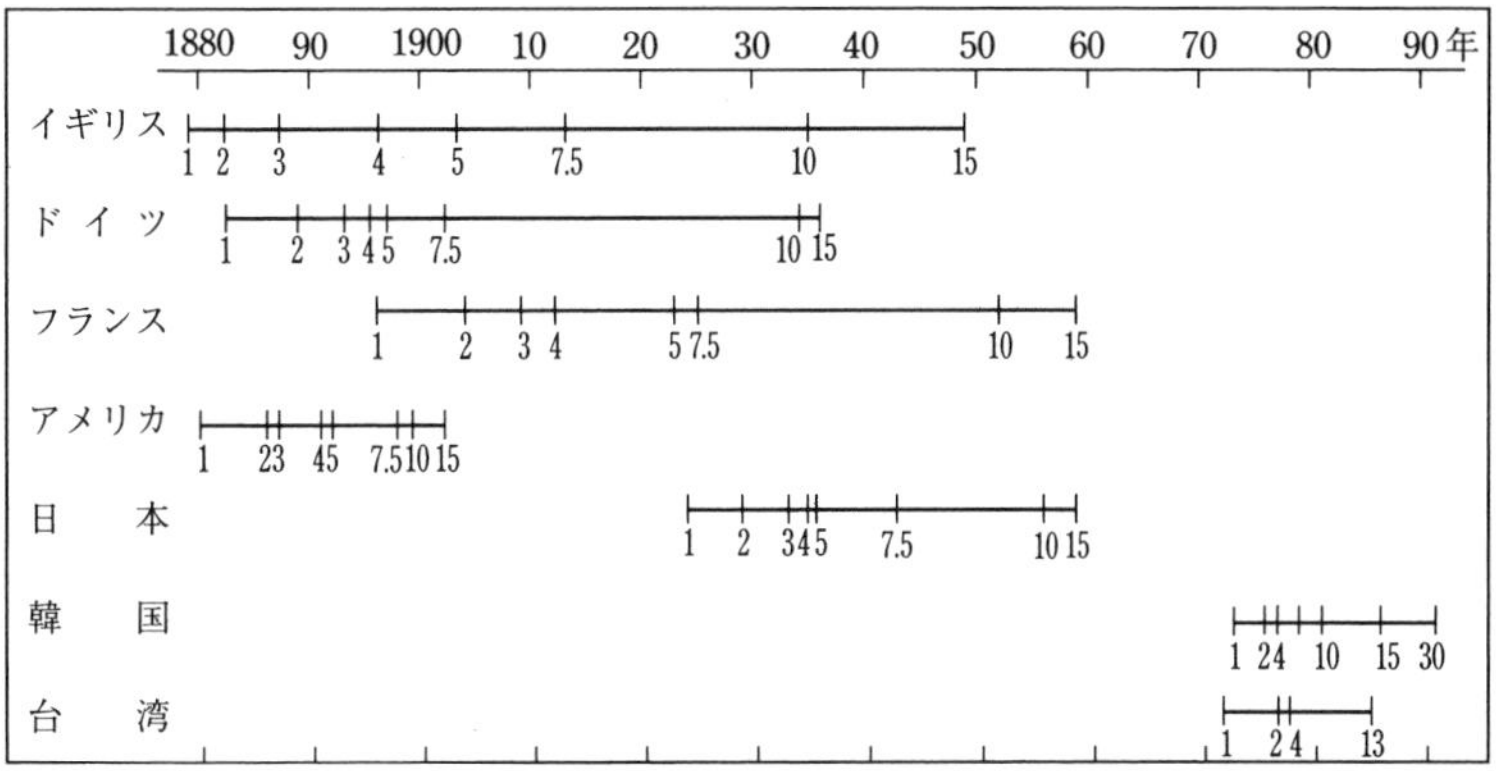

(注)　図中の1，2，3…，15はそれぞれ100万，200万，300万…，1500万トンを示す。
(資料)　日本鉄鋼連盟『鉄鋼界』1980年8月号，その他。

前後する時点で粗鋼年産一〇〇万トンからスタートしたイギリス、ドイツが一五〇〇万トンを達成するのに要した期間は、それぞれ七〇年、五四年である。フランスは六〇年を要した。最も急速な粗鋼生産の拡大をみせたアメリカと日本ですら、それぞれ二四年、三四年という期間が必要であった。これに対して韓国はわずか一〇年を少し越える短期間に、この規模に達した。台湾も韓国とほぼ同じ速度にある。両国は、先進国鉄鋼産業の発展過程を確かに圧縮している。

工業化の速度は、特定工業部門を取り上げた場合には、この部門の輸入期→輸入代替期→輸出期と続く産業発展段階移行の時間的速度として、これを捉えることも可能である。実際のところ、繊維、電気・電子、造船、石油化学、鉄鋼などの諸産業にみられる輸入依存度の減少速度と輸出依存度の上昇速度は、先発国日本の経験より速い。重化学工業部門においてこの傾向は一層顕著である。韓国の鉄鋼業が本格的な展開を開始したのは、一九七三年七月の浦項《ポハン》総合製鉄所の第一期工事の完工による。これによって韓国鉄鋼業の輸入代替が大きく進んだのはいうまでもないが、同時に粗鋼生産ベースでみた輸出依存度も一九七〇年代中頃に、はやくも三〇％を越えた。輸入依存度の減少と輸出依存度の上昇とが、ほとんど同時的に生じた。産業発展段階移行の圧縮である。

2　工業構造の深化

「圧縮された工業発展」を可能ならしめたのは、外国資本、技術移転、先進国民間企業の受け入れなどの面で韓国が享受しえた「後発性利益」のゆえである。韓国を含む新興工業国家（ＮＩＣＳ）とは、資本主義的先進世界の最後進に位置して、先進世界に発する後発性利益を豊富に受け、これを有効に「内部化」しえた一群の国ぐにのことである。

韓国の輸出志向工業化は、先進国の資本と「標準化」技術を導入して実現されたという意味ではもちろんのこと、さらには高賃金化傾向のもとで衰退化した先進国の労働集約的産業の市場に大規模に参入しえたという意味でも、後発性利益を豊かに享受しながら進展した。

一層重要なことは、韓国の輸出志向工業化が、一つには、次の段階で重化学工業化を誘発して工業構造の深化に寄与したという事実、二つには、輸出志向工業化の発揮した雇用吸収力が農村における余剰労働力を消滅させて、農業近代化を促す力を形成したという事実にある。韓国の輸出志向工業化は、かかる事実を帰結することに貢献して、後発性利益を真に内部化することに成功したのである。輸出志向工業化と重化学工業化との関連は次のごとくである。

輸出志向工業化の過程で拡大した最終財輸出が生産財・投資財に対する需要拡大をもたらし、この需要圧力がつくり出した「後方連関効果」に応じて第二次輸入代替、すなわち重化学工業化が進展したという事実である。この重化学工業化の速度が先発国の経験を上まわるものであったことはさきに述べた。

しばしば韓国は、最終消費財の輸入代替工業化から輸出志向工業化への転換を短期間に、しかも手際《てぎわ》よくなしえた数少ない開発途上国として知られる。輸入代替期が時を移さず輸出拡大期に繋がるという産業発展段階移行の時間的圧縮ゆえに、韓国の総需要は急速に拡大してきた。すなわち初期には国内需要が、次の時期にはこれに輸出が加わって国内生産の拡大を牽引したのである。この最終財生産の拡大は、投資財生産への後方連関圧力をつくり出し、需要がある「有効最小生産規模」に達した時点で、投資財の国内生産が開始された。すなわち韓国における投資財の国産化は、最終財の拡大がもたらした後方連関効果を通じての需要牽引型のそれであった。とくにいくつかの最終財の需要において、輸出が大きな役割を果したことを強調しなければならない。最終財の輸出志向工業化のもとで、投資財国産化への道が開かれたのである。迂回生産過程の下流部門における輸出志向が上流部門における輸入代替を促進するという因果的誘発関係を韓国の重化学工業化のプロセスの中に見出すことができる（この点は、拙著『現代韓国経済分析――開発経済学と現代アジア』勁草書房、一九八三年〔『本著作集』第3巻所収〕でより詳しく分析している）。

石油化学産業の発展は、長らく輸出の中心にあった合成繊維ならびに同製品、合成樹脂製品によって誘発された。鉄鋼業の発展は、やはり造船、電気製品その他の鉄鋼消費産業の輸出がもたらした後方連関効果なしには考えられない。こうした類の、労働集約的最終財生産と資本集約的投資財生産との同時的発展の態様は、最近、アジア経済研究所経済成長調査部のスタッフによって「複線的成長メカニズム」として定式化された（篠原三代平編『第三世界の成長と安定』日本経済新聞社、一九八二年）。

重化学工業化過程において、規模効果を発揮できるかどうかは決定的である。最終財の輸入代替は、その規模が多分に固定的な国内市場の制約によって、早晩停滞を迎えざるをえず、したがって新たな代替機会を投資財に求めるというのが、これまでの開発途上国重化学工業化の一般的方途であった。拡大する需要に牽引される重化学工業化ではないがゆえに、規模効果を発揮しうる場はここでは小さい。最終財の輸出志向によって導かれた韓国の重化学工業化は、開発途上国のそうした経験とは対照的である。

3 雇用吸収力

輸出志向工業化は、こうして工業構造の深化過程に寄与したのであるが、次節で述べるような経過を辿ることによって、国民経済の形成にも貢献した。このような経緯をもたらした重要な要因は、実は韓国の輸出志向工業化が発揮した強い雇用吸収力にある。まずはこの点を述べておこう。韓国の工業化過程で発生した雇用吸収力の強さは、確かに東南アジア諸国やラテン・アメリカの工業化の経験とは異なる。

韓国は、一九六〇年代の中頃にいたるまで保護主義的工業化（輸入代替工業化）政策を採用してきた。この政策を支持した一連の諸手段、すなわち投資財輸入に有利な為替レート、輸入統制、関税制度は、国内財を利用するよりも、先進国からこれを輸入するという企業家の志向性を強めた。労働過剰・資本不足の状態にありながら、先進国の資本集約的な投資財が輸入され、資本集約的な生産方法が促進された。低金利政策は、そうした生産方法の採用を助長した。低賃金労働力を豊かに擁しながら、これを有効に利用する労働集約的な生産方法は、保護主義的政策のもとで顧《かえり》みられることは少なかったのである。特定産業の生産方法が資本集約的偏向をもっただけ

表4－1　韓国における製造業品輸出の雇用吸収

（単位：千人）

	1960	1963	1966	1970	1975	1980
輸出誘発雇用数（Lm_e）	26	43	158	549	1,541	1,810
製造業雇用数（Lm）	523	610	833	1,188	2,107	2,648
Lm_e/Lm（%）	5.0	7.1	19.0	46.3	71.9	68.3

（資料）D. C. Cole and L. E. Westphal, “The Contribution of Exports to Employment”, in Wong-tack Hong and Anne Krueger, eds., *Trade and Development in Korea*, Korea Development Institute, Seoul, 1975; Bank of Korea, *1975 Input-Output Tables*, Seoul, 1978; Bank of Korea, *1980 Input-Output Tables*, Seoul, Korea, 1983.

ではない。資本集約的産業が促進され、労働集約的産業の育成が妨げられて、産業構造上の偏向もまた発生した。

しかし、輸入代替政策の行き詰まりが明瞭となった一九六〇年代の中頃に政府は、これを支持してきた諸政策を覆す《くつがえ》「市場自由化政策」を試みた。保護政策の自由化は、労働過剰・資本不足という韓国における生産要素の賦存《ふそん》状態に適合する貿易パターンと生産方法の採用を促し、保護過程で進んだ資源分配の歪みは是正されていった。かかる経緯のもとで、労働集約的工業製品に潜んでいた国際競争力は高まりをみせ、そのうえに輸出促進政策が用いられて、国際市場への進出が開始された。輸入代替政策により狭小な国内市場に閉じ込められていた企業家の活力は、一斉に海外市場に向けられ、労働集約的工業製品において韓国は国際市場での有力な輸出国としての地位を得た。

工業化の雇用吸収力の大きさは、このような経緯で実現した輸出志向工業化と関係がある。労働力の産業連関分析により、製造業品輸出が直接・間接に発生させた雇用数を計測することが可能である。表4－1中の一九六〇年、一九六三年、一九六六年、一九七〇年のものは、コールとウェストパル両氏の計測値であり、一九七五年、一九八〇年の計測は彼らと同一の方法によりながら、われわれが試みたものである。この計測によれば、製造業品輸出が直接的に吸収した雇用数と、製造業品輸出が産業連関関係を通じて補助・関連産業において間接的に発生させた雇用数との合計数は、この二〇年間に際立って増加した。この合計数の製造業雇用総数に占める比率は、一九七五年と一九八〇年の両年において、七二%、六八%に達した。

一九六〇年に始まり一九八〇年に至る二〇年間の韓国製造業成長の雇用弾性値（雇用増加率を生産増加率で除した値）は〇・七三であるのに対し、フィリピン、インドネシアは〇・四三、〇・三一である。工業化の雇用吸収力において両者には歴然たる差異がある。

4　誘発された発展――農業開発

輸出志向工業化に発する雇用吸収波を受けて、都市の失業者、不完全就業者が吸収される一方で、農村の労働市場にも注目すべき変化が生まれた。すなわち、農業人口の流出が開始され、一九六〇年代の後半期以降、農家人口、農家戸数の減少傾向が顕著となった。かくして生まれた農村労働市場の逼迫《ひっぱく》化に応じて、農民の平均労働時間の延長、不完全就業率の減少、農家女子労働力率の上昇がみられ、農業労働力の実質賃金が上昇を始めた。加えて、後背地開発の余地をもたない韓国の経済発展は、地価の高騰を招いた。その一方、工業化の進展は、肥料、農薬、農業機械などの近代的投入財の安価な供給を可能にした。

すなわち、資本価格に対する土地価格ならびに賃金率の比率で示される韓国農業の相対要素価格は、この二〇年にわたって持続的に変化した。相対価格の変化に伴って生じた韓国農業の資本集約化ならびに土地節約化と、したがって労働生産性、土地生産性の増加速度には注目すべきものがある。図4－4のAは日韓農業の要素価格変化を、Bは要素代替を、Cは要素生産性をみたものである。農業発展における相対要素価格変化→要素代替→

図4－4　日韓農業発展の諸指標

A　要素価格

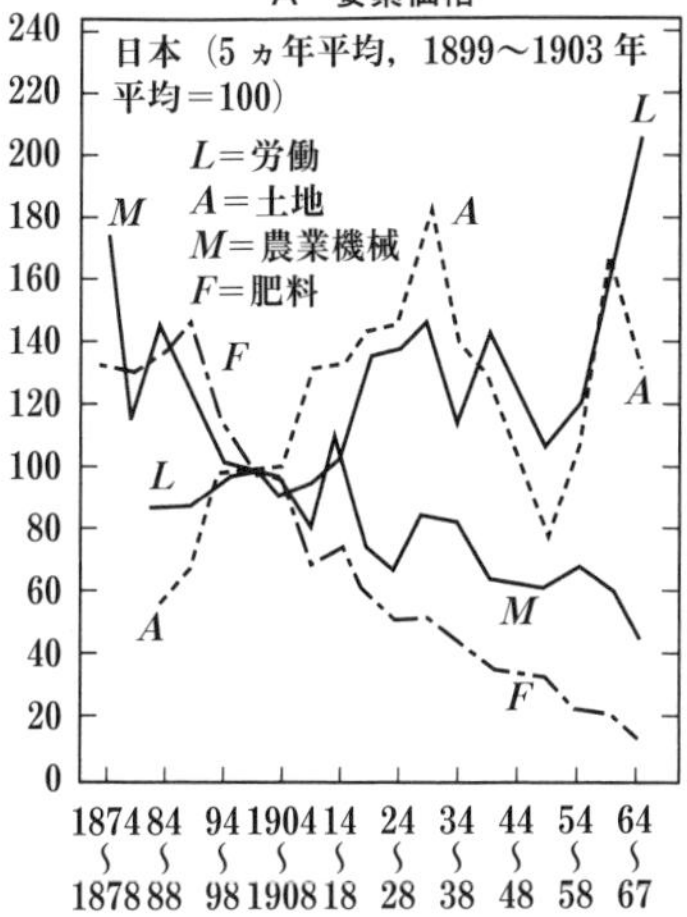

A　要素価格（つづき）

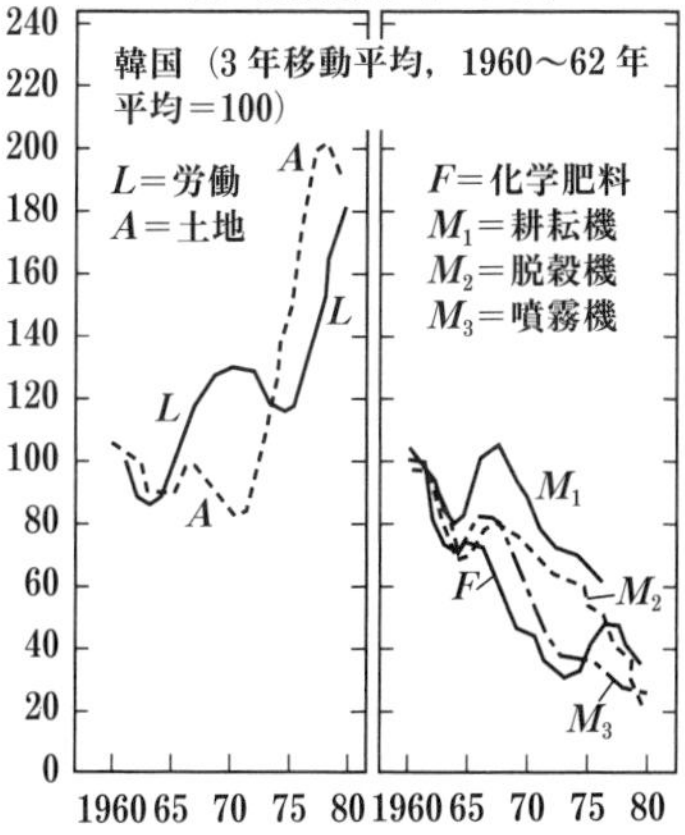

（Aの注）　日本は速水推計の農産物価格指数に対する各投入価格指数の相対価格。韓国は精米100リットル当たり価格に対する各投入の相対価格（土地は農家1戸当たり土地資産価格を平均土地面積で除し，1アール当たりの価格として評価。労働は農業の男子労働者1日当たり賃金。化学肥料は窒素肥料＝窒素46%の1袋25キログラムの価格。農業機械は1台当たりの価格）。

B　要素代替

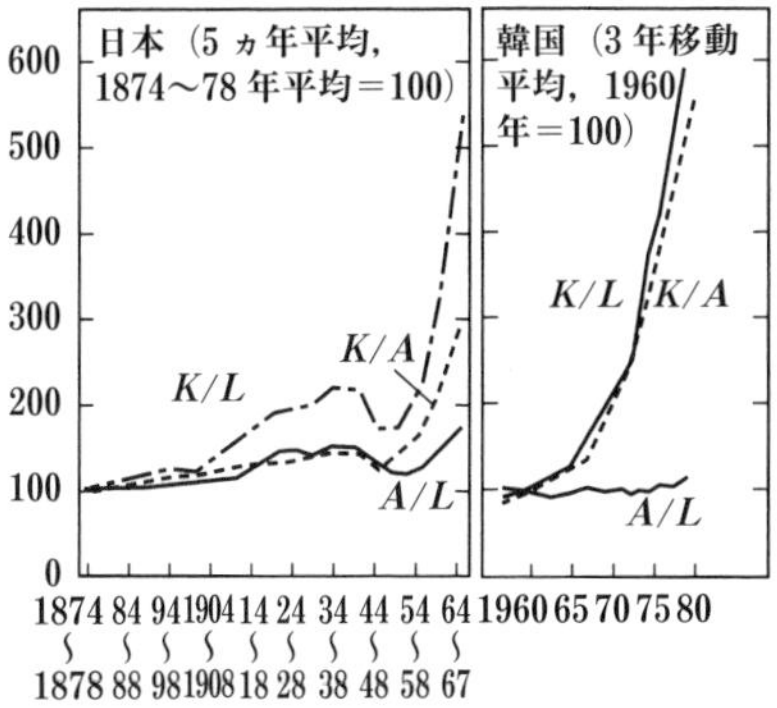

（Bの注）　K/L＝資本労働比率，K/A＝資本土地比率，A/L＝土地労働比率を表わす。

C　要素生産性

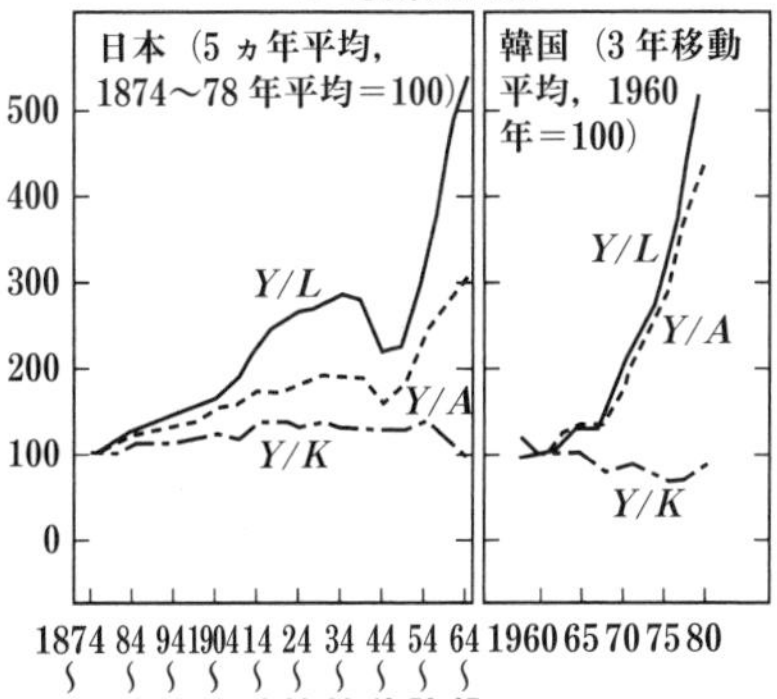

（Cの注）　Y/L＝労働生産性，Y/A＝土地生産性，Y/K＝資本生産性。日本は1934～36年固定価格，また韓国は1970年固定価格による。

（資料）　日本：速水佑次郎『日本農業の成長過程』創文社，1973年の付録統計。
韓国：Ministry of Agriculture and Fisheries, *Yearbook of Agriculture and Fishery Statistics*, various issues, Seoul, Korea.

生産性上昇、という因果的連鎖過程が、日本のそれを圧縮していることが観察されよう。

要素代替は、労働や土地に対して資本が相対的に安価になるという生産要素間の価格関係変化の帰結である。この相対価格変化は、工業部門に発する雇用吸収力、ならびに工業部門による農業部門への投入財の供給力強化によってもたらされた。工業部門の圧縮型発展は、相対要素価格の変化を通じて農業部門に伝播され、農業発展を圧縮することに寄与したのである。輸出志向工業化のインパクトが短期間にこのような深部にまで至ったという事実に、われわれは改めて注目したい。

5　従属的発展？

工業化のための資源において幼弱であり、市場において狭小な韓国は、両者を先進国に求め、その意味で先進国の「衛星的」存在として発展するという径路を選択せざるをえなかった。なるほど韓国の工業化過程における外国資本への依存度は著しく高い。一九六〇年代末まで投資に占める外資の比率は八〇％を前後した。しかし一つには、その比率が時間の経過とともに減少傾向にあるという事実、二つには、外国資本の重点が、贈与から公共借款へ、公共借款から民間借款へ、そしてさらに借款から民間直接投資へと変化してきたという事実に注目しなければならない。この変化は、韓国経済の自立化過程を反映している。ついでながら、韓国における工業化の主体は、財閥を中心とした民族企業であり、多国籍企業の影はここでは薄い。

韓国の外国技術への依存度も相当高い。しかしここでも導入分野が次第に高度化し、低位技術導入→定着→高位技術導入→定着、という導入技術の深化メカニズムがみられる。技術導入件数と代価支払額の推移をみると、次のことがわかる。当初は紡績・紡織が技術導入の中心であったものの、一九六〇年代の後半期に早くもこの部門の導入はほとんどなくなる。造船の技術導入は一九七四年頃がピークであり、化学繊維ならびに電気・電子機械の導入額も一九七〇年代の中頃以降は減少している。対照的に、たとえば精油、化学の技術導入は高水準を維持するとともに、とくに金属、機械の増加率が高く、導入技術が次第に高度化していったことがうかがわれる。

しかし、韓国経済の自立化傾向をこうした単純なものさしだけで語るだけでは、不十分である。大きな重要性をもつのは、すでに記した次の二つの事実、すなわち一つには、外国資本と「標準化」外国技術を導入しつつ展開されてきた、その意味で「従属的」な輸出志向工業化が、次の段階で自立的国民経済を支える重要な部門（重化学工業部門）の形成を促したこと、そして二つには、その工業化が強い雇用吸収力をもって農村の余剰労働力の解消に貢献し、これが農業近代化のインパクトとなったという事実にある。韓国の工業化過程において注目さるべきは、自己をある種の従属的地位におくことによって入手しえた後発性利益を、工業構造の深化と二重構造の解消を促すためのインパクトとして自覚的に利用したという事実であろう。「従属を通じての自立」と私は表現する。

わが国において多い韓国経済論によると、その輸出志向工業化は典型的な加工貿易によって進展し、成長力が産業連関関係を通じて他の国内部門に及ぶ度合は小さいとされる。輸出成長率は相当に高いものの、しかしこれが国内の停滞的な伝統部門の成長を誘発する力をもらえず、むしろ輸出志向工業化過程は、二重経済を「構造化」したとすら論じられる。しかしこの考え方は、イデオロギー的に過ぎる。あれほどまでの規模で展開されてきた輸出志向工業化のインパクトが輸出部門のみに留まり、伝統部門には影響を及ぼさない、といった類の単純化された議論に与《くみ》することはできない。われわれはそうした「一般論」とは逆に、韓国の輸出志向工業化過程が

図4－5　日韓農家の厚生指標

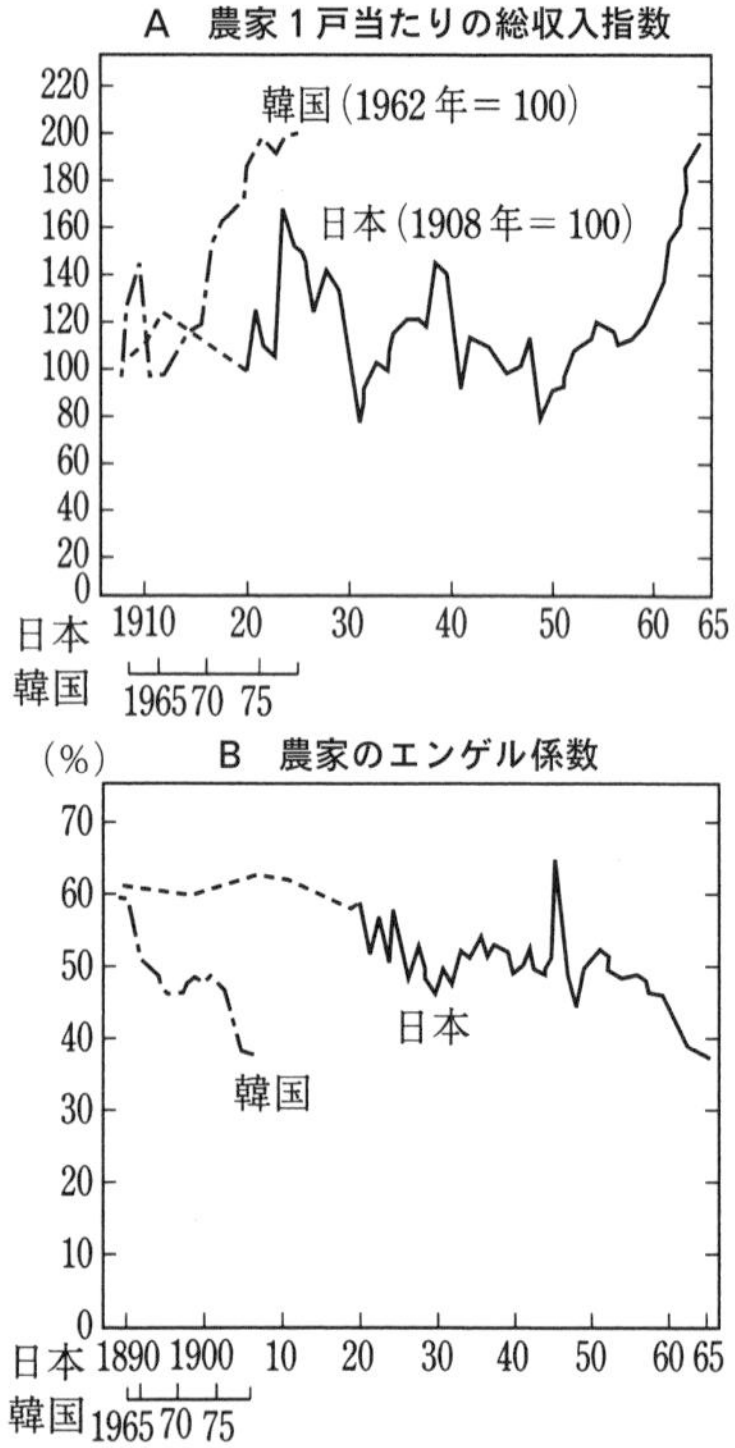

（注）　日本：大川一司・H. ロソフスキー『日本の経済成長』東洋経済新報社，1973年の基礎統計表のインプリシット・デフレータ（1934～36年＝100）を使用。韓国：1975年＝100の農家購入物価指数でデフレート。

（資料）　日本：日本銀行統計局『明治以降本邦経済統計』。韓国：図4-4に同じ。

農工二部門間に有機的関係を形成していった因果的経緯を、さきのように定式化したのである。

ある従属論者によれば、周辺諸国の経済社会構造はしばしば外国資本によって支配される資本主義的生産様式と前資本主義的生産様式との異種混合によって特徴づけられる「周辺資本主義構成体」であり、これは資本主義の専一化傾向によって特徴づけられる「中心資本主義構成体」と対照されるという。そして前者の構成体の「固定化」が自立化への最大の障壁であると論じられる（S・アミン『周辺資本主義構成体論』野口祐・原田金一郎訳、柘植書房、一九七九年、第二章第三節）。この抽象的規定から開発途上国の現実をイメージすることは容易ではないが、開発経済学の文脈にこの「業界用語」をひき直してみれば、高い生産性をもつ近代部門（具合のいいことにW・A・ルイスはこれを資本主義部門と呼んでいる）と、余剰労働力を抱えて低い生産性に呻吟《しんぎん》する伝統部門（非資本主義部門）との「二重的並存」ということになろう。このように解釈し直してみると、韓国の近代部門の拡大は伝統部門の近代化を誘発し、あるいは伝統部門の近代部門化を促して二重経済の解消に寄与したというのがわれわれの主張なのである。

実際のところ、既述した農業生産性の拡大を反映して農家の総収入指数は、図4－5のごとく、一九六五年を底に上昇し、一九七〇年代に加速し、一〇年間に倍増した。そしてこの指数の増大速度は、日本の農家収入指数変化の長期趨勢《すうせい》を圧縮していることもわかる。このような収入増大は、経済的厚生の一指標であるエンゲル係数をも急速に低下させてきた。加えて世界銀行によれば、韓国は開発途上世界で家計所得分配の面でも最も平等化された国の一つとなっている。ＮＩＣＳのような外国資本による「支配」の濃厚な「周辺資本主義構成体」が、その構成体をいちはやく溶解させてきたというこれらの分析事実は、従属論者にとっては皮肉である。

6　インフレ的成長

韓国の経済発展は確かに急速であり、先発国が長期を要して達成した諸成果を比較的短い間に実現しえたという意味で、先発国の歴史的経験を圧縮している。かかる過程は、今後も齟齬《そご》なく持続されうるだろうか。圧縮型発展を支えてきた諸要因は、一九八〇年代においてもなおスムースに作用しうるだろうか。残された課題は何であろうか。

一九六〇年代の初頭以降の韓国のマクロ経済を特徴づける中心的用語《キーターミノロジー》の一つは、「超過需要経済」である。この超過需要経済を、政府が一貫して膨張主義的哲学をもって運営してきたというところに、韓国の高度成長の核心がある。

韓国は個人家計貯蓄の動員において、まことに厳しい状態におかれてきた。このことは、韓国が経済成長の初期条件において不利な環境にあり、低い一人当たり所得水準から出発せざるをえなかったこと、それに加えて個人貯蓄を動員する金融機構の自生的発展が不十分であったという事情を反映している。個人家計貯蓄と同じく、法人企業貯蓄もまた貧弱であった。韓国の企業は、金融機関借入、政府融資、証券、私債、外資などの外部資金への依存度が著しく高い。さらに外部資金のうちでも証券発行などの直接金融は少なく、他方、金融機関借入、すなわち間接金融への依存が際立って高い。

金融市場が未発達であるにもかかわらず、企業の金融機関借入比率が高いのは、第一次計画期以来、政府主導のもとで各種金融機関の創成と改組が試みられ、これを通じて輸出関連産業を中心に手厚い金融支援が行われてきたことと関係がある。時期によって一様ではないが、一般的には市場実勢よりも低率の優遇条件での貸付がなされ、これが企業の投資収益の増加をもたらした。このためさらに投資需要が拡大し、各種金融機関がこの拡大需要に応ずるという拡張的対応関係を展開してきた。預金を通じての金融貯蓄の乏しい金融機関に対して、政府は中央銀行信用による貸出を行ってきたのであるが、ここに韓国のインフレ的成長の原因がある。加えて、一九七〇年代に至り、投資規模が大きく、かつ投資懐妊期間の長い重化学工業投資の時代に入り、これがインフレを促進する右のメカニズムを強化した。

金融的膨張主義なくして、韓国の高度工業成長はありえなかった。このような膨張主義こそ、ガーシェンクロン的後発国を特徴づけるマクロ経済運営の典型である。問題は、このインフレ的成長が操作可能な範囲に収められてきたか否かである。一九七〇年代の後半期まで、韓国のインフレは成長のコストとでもいうべき幅の中にあった。インフレが企業の返済負担を軽減し、インフレ利益をめざした事業拡大を促し、就業機会の拡大や賃金上昇のメリットが国民をも潤《うるお》してきた。要するに、インフレ的成長が国民経済の中にビルトインされて、韓国経済の拡大循環メカニズムは比較的齟齬なく展開してきたと評価していい。

しかし、第一次石油危機を克服して一九七七年に開始された、積極的な重化学工業投資を謳う第四次開発計画期以来、懐妊期間の長い大規模投資が集中してインフレ率を大きく高め、さらに中東送金の増大と第二次石油危機に伴う輸入価格高騰がこれに重なって、インフレは制御可能な範囲を離れた。この時期の高インフレは、為替レートの引き下げによっても対抗不能なほどに輸出競争力を低下させた。この事実は政府をして、それまでのインフレ的成長政策に猛省を促す契機となった。一九七九年に試みられた「経済安定化総合政策」と名づけられる調整政策は、第一次計画の施行以来初めて試みられた投資縮小措置であり、一九八〇年のマイナス成長の直接的原因となった。さらに一九七〇年代の末年には金融自由化政策、すなわち銀行民営化措置や各種金融機関に対する政府指導力の縮小措置も採られ、中央銀行信用によるインフレ的貸出を後楯《うしろだて》とした政策的金融支援を減少させるという方向が選択された。こうした諸措置に、輸入石油価格の低下も加わって、一九八二年以降インフレ率は安定的に推移した。

一九七九年に発動を余儀なくされた重化学工業化政策の強力にして権力的な調整策と、その直後に発生したマイナス成長は、韓国におけるインフレ的成長の限界点を明らかにしたものだといえよう。政策的金融支援に由来する膨張主義を喰い止め、なお不可避の重化学工業化をいかに進めるか、韓国は「剣ヶ峰」のマクロ経済運営を要求される局面にいたった。

7　貿易収支

超過需要圧力を反映して、韓国の貿易収支は一九六〇年代の初頭以降一貫して赤字であった。韓国の工業化は輸出志向工業化によって特徴づけられる。しかし輸出を上まわる輸入が恒常化し、輸入を賄うために輸出を拡大しなければならないという切迫感が韓国を動かしてきたといってもいい。実際、為替レートはこの二〇年間持続的な切り下げの歴史であった。用途別財でみると最終財の純輸出は黒字を拡大する一方、中間財、資本財の純輸出は大きな赤字であった。この事実は、一面では加工貿易型構造の帰結であるが、他面、韓国経済の投資マインドの強さを表わしている。

高成長を追求する政府は、この赤字に輸入減少をもって対応するという縮小均衡を志向することはなかった。逆に外国からの借入の一層の拡大という対外的な膨張主義をもって、これに臨んできた。しかも第一次石油危機によって生まれ、先進国の銀行に預けられたオイル・マネーが低成長の先進国に貸付先を見出せず、高成長の韓国などのＮＩＣＳにリサイクルしたのであり、これが後者の対外借入を助長した。

対外的膨張主義の結果、債務残高の対ＧＮＰ比は一九七六年には三八％、一九八一年には五〇％を越え、一九八二年には五六％となり、債務返済比率は一九七六年の一〇・六％から一九八二年には一五・五％に達した。一方、中南米やポーランドの債務危機の表面化により、国際金融市場はＮＩＣＳへの貸出に警戒的となり、危険な対外借入状態にあるとみなされた韓国への貸出は差し控えられるようになった。したがって一九七〇年代の終り頃から韓国が導入した外資の中心は、返済期限一年以内の短資であり、返済負担は相当に大きなものとなった。一九八二年の場合、新規導入額六八億七〇〇〇万ドルに対し、元利返済額は五九億四〇〇〇万ドルに達し、韓国の外資導入は限界に近づいた。

国内貯蓄の動員をいかにして促進するか、重化学工業化政策の調整によって対外借入をどの程度節約しうるか、ここでも慎重な政策運営を求められるにいたった。

8　借入技術

韓国が享受してきた後発性利益は、外資導入面で生じたそうした制約によって一つの限界点に達したのであるが、技術導入面でも懸念が生まれている。合繊、電子部品ならびに製品、鉄鋼、石油化学、造船など韓国の輸出志向工業化を担った産業は、いずれも先進国から、すでに標準化した技術を導入し、それを有効に吸収、定着していくプロセスを辿り、強い国際競争力によって韓国の経済成長を牽引してきた。

ところが、合成繊維、電子部品・製品など労働集約的商品については、東南アジア諸国の輸出競争力の強化とそれに伴う韓国への追い上げは明瞭となり、鉄鋼、石油化学、造船などにおいても台湾、スペインなど他のＮＩＣＳとの競合が厳しい。輸出志向工業化を担ってきた標準化技術においては、韓国が利用可能な国際的技術ギャップは次第に消滅しつつあり、標準化技術利用の優位性はより後発の国ぐにや他のＮＩＣＳに移転を開始した。韓国が長らく享受してきた技術上の後発性利益は、次第に薄いものとなってきたのである。その分だけ韓国は導入技術分野を一層高度化しなければならないのであるが、そうした分野として設定されているのが、乗用車、大型産業機械、半導体、コンピュータ、産業電子機械などである。

とはいえ、これら諸産業は先進国における戦略産業であり、したがって先進国の技術的優位性が崩れて、技術標準化段階にいたるまでは、先進国もその技術輸出を差し控えよう。一九八三年来の日韓経済交渉の主要テーマが最先端技術の移転問題にあり、日本がこの移転に消極的であるとして、韓国の政財界は対日「不信」といらだちを露《あらわ》にしている。このことは、韓国の要請技術が相当に高度化していることを示すと同時に、先端技術の移転には先進国側が熱意をみせにくいという事情を端的に示唆している。

加えて、先端技術の導入と定着には技術開発（R&D）投資の蓄積が必要となる。韓国はこれまで海外からの導入技術に依存し、先進国企業の標準化技術仕様に従う「受託生産」にその活路を見出してきたために、政府ならびに民間企業のR&D投資は薄いものであった。R&D投資額は日本の三%程度である。R&D投資の対GNP比は日本が二・一%であるのに対し、韓国のそれは〇・八%である。韓国が先進国の戦略産業の技術を導入し、さらには自主技術開発段階に入っていくためには、そうした長期的コストに耐える志向性をより強くもたなければならない。

9　ルイス的発展

韓国経済の量的拡大を支えてきた、もう一つの重要な要因である豊富な低賃金労働力の供給も、次第に「制限的」になりつつある。労働市場の逼迫化に伴い、製造業部門、農業部門の実質賃金は、いずれも一九七〇年代に入って上昇を開始した。第一次石油危機や景気後退期にも実質賃金の上昇速度は鈍らず、その傾向は「構造化」したとみられる。この事実は、韓国経済が一九七〇年頃にルイス・タイプの「転換点」を通過したことを予想させる。

ルイス命題によれば、伝統部門に「制度的賃金」率よりも低い限界生産力の偽装失業者群が存在する限り、近代部門はこの制度的賃金率を上まわる賃金水準を示すことができれば、固定的な賃金率のもとで伝統部門から労働力の「無制限供給」を受けることができる。すなわちこの局面においては、近代部門の実質賃金率のわずかな上昇が大量の労働供給を招くのである。賃金の労働供給弾性値（労働供給増加率を賃金上昇率で除した値）はきわめて高い。しかし、近代部門の労働需要が伝統部門の偽装失業人口を吸収し尽くし、さらに制度的賃金よりも高い限界生産力をもつ労働者にまで及ぶ場合には、近代部門はその高い限界生産力に相応する高い賃金率を示さなければ、伝統部門から労働力を引き出すことはできない。転換点以降の実質賃金は、伝統部門の限界生産力を反映して次第にはっきりと上昇していく。すなわち転換点以降になると、賃金の労働供給弾性値は小さくならざるをえない。

韓国における製造業賃金の労働供給弾性値は、一九六三〜七〇年では五・〇八であったが、一九七〇〜八〇年にはわずか一・〇四に下がるという対照がみられる。韓国経済は、一九七〇年を前後する時点で、余剰労働の消滅と実質賃金上昇の開始によって特徴づけられるルイス・タイプの転換点を経過したのである。工業発展に由来する、さきに述べた農工間労働移動の帰結がこれである。実質賃金の上昇傾向は確かに構造化したのであり、低賃金に依拠した輸出志向工業化の「黄金時代」の再来はもはや不可能である。重化学工業化は不可避の選択であり、輸出製品における技術・資本集約財への転換は、この面からも強く要求されている。

転換点の通過に伴って生じた実質賃金上昇傾向の定着、ならびに農家収入の増加は、他面、国内市場の拡大に寄与した。韓国の輸出志向工業化は、当初の国内市場の狭隘性を反映したものでもあった。しかし国内市場の懐が次第に広がるに伴い、「外向型」発展パターンは次第に「内向型」のそれに転じていくであろう。重化学工業化を通じての輸入投入財の国産化もまた、そうした内向型発展パターンへの移行を促す要因となろう。

転換点の通過は、韓国経済をして「量的拡大の時代」から「質的深化の時代」へ転換させるインパクトとなり、国内市場志向性を強めて真の自立経済へと向かう基盤をも用意したということができよう。この転換をいかに運営しうるか。韓国はマクロ経済運営能力の真価を問われる局面にいたった。

5 ネオ・デュアリズム——東南アジア伝統社会の変容と相剋

東南アジアがこの十数年間に実現してきた工業化の速度は、これら諸国の長い経済開発史において空前のものであろう。活力をもって展開する工業化の動態は、同地域を世界経済の一つの有力な「成長地域」たらしめ、この事実は伝統的な南北問題観の虚妄を明かす証だとすら評価される。

にもかかわらず、である。東南アジアは、伝統部門に依然として深刻な貧困を抱え、これが高度工業成長によっても解消しえない「貧困の核」として存在し、のみならずなお拡大を続けている。しかも、現代における東南アジア諸国農村の貧困は、相互扶助的な原理に裏づけられた伝統的な共同体に変容を迫りながら堆積されつつある。それは、旧来の、どこかしらのどかで安定性をもった貧困ではなくて、共同体からの剝脱《はくだつ》感を伴う貧困である。農村の貧困は都市に溢れ出して、ここにも最貧層を滞留させている。伝統的農民秩序の枠外に放たれた都市最貧層は、アジアにおける社会的緊張と不安定性の源泉である。

伝統部門の貧困がかつてない高度工業成長の時代に深刻化しているというのは、皮肉である。後者を強調すれば楽観的なアジア観が形づくられようし、前者に固執すればアジアの現代は陰鬱である。しかし高度工業成長と伝統部門の疲弊《ひへい》とは同一の発展文脈の上におかれた二面である。

南北二分法の世界観をつき崩すほどのインパクトをもった激しい工業化を経験しながら、その工業化の発展波及力が伝統部門に及んで成長を誘発するという兆《きざ》しをみせず、伝統部門の貧困はなおも厳しいという事実を強調したいというのが、ここでの私の思いである。

1　開発の背理

東南アジアにおける「開発の背理」を解釈するための一助として、開発経済学においてよく知られている枠組みの一つ、W・A・ルイスの発展モデルを想定しながら、議論を進めてみよう（W.A. Lewis, "Economic Development with Unlimited Supplies of Labour", *Manchester School of Economic and Social Studies*, Vol. 22, May 1954）。

このモデルによれば、一国の経済発展とは、余剰労働力を抱えて低い生産性にあえぐ伝統部門（農業）が支配的な一経済の中に、高い生産性をもって拡大再生産を続ける近代部門（工業）が創成され、後者が前者の余剰労働力を吸引しながら一国経済に占める比重を次第に拡大していく過程を指す。図5－1のAは近代部門の拡大パターンを示している。横軸は雇用される労働者の数を示し、縦軸は賃金率ならびに限界生産力（新たに雇用された追加的一単位の労働者が生み出す生産高）を表わす。

0*W*は近代部門の賃金であり、これは伝統部門の賃金0*W*より高い。この0*S*に引き寄せられて、伝統部門から余剰労働者が近代部門に移転してくる。移転量（近代部門の雇用量）は、近代部門の限界生産力曲線（労働需

図5－1　ルイス・モデル

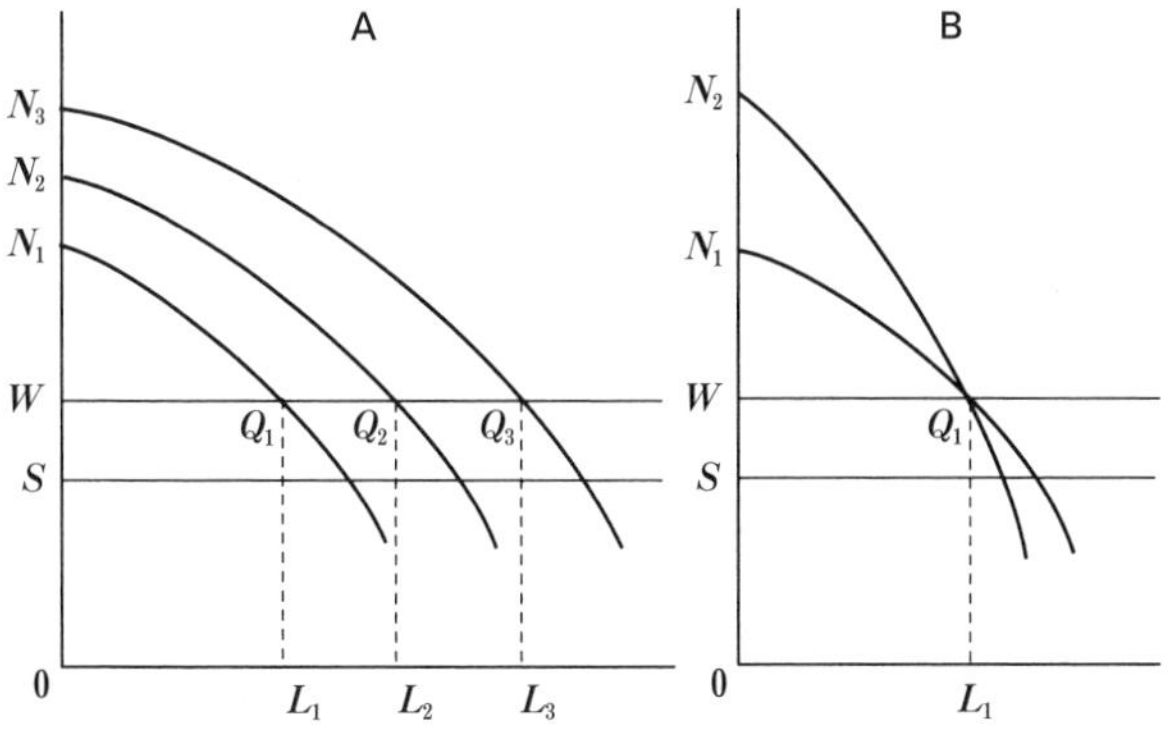

要曲線）N_1と賃金$0W$との交点Q_1によって決まる$0L_1$である。近代部門の雇用量が$0L_1$で決定されるのは、近代部門の利潤がここで極大化するからである。限界生産力は雇用される労働力の増加とともに減少していくために、曲線は図のように右下がりとなる。

伝統部門から移転してきた労働力$0L_1$を用いて生産される近代部門の生産量は$0N_1Q_1L_1$であり、支払賃金額が$0WQ_1L_1$であるから、利潤はWN_1Q_1である。この利潤は次期の生産拡大のために投下されて、より大きな限界生産力曲線N_2を得る。ここでの雇用量は$0L_1$より一段と大きい$0L_2$であり、WN_2Q_2というさらに大きな利潤が生まれる。これが再び投下されて、限界生産力曲線N_3と雇用量$0L_3$を生む。かくして近代部門は、伝統部門から余剰労働力をつぎつぎと吸引しながら拡大していく。

近代部門がこのような拡大を続けていくならば、伝統部門は労働力を継続的に引き出されて、ついには余剰労働力を失い、したがって農業賃金は上昇を開始する。その一方、伝統部門は、工業部門の拡大によって自らが利用する肥料、農薬、農業機械などの投入財をより安価に購入しうるようになる。賃金は上昇する一方、農業投入財の価格は相対的に低下する。余剰な労働力を豊富に利用した低生産性農業から、農業投入財を集約的に用いた高生産性農業へと転換していく条件が、こうして与えられるのである。

近代部門の拡大は、伝統部門の余剰労働力の吸収を通じてこの部門の生産性向上をもたらし、いいかえれば伝統部門そのものを近代部門化させていくのであり、開発経済はかかる過程を経済発展のエッセンスとみなしている。一九六〇年代の日本、ならびに一九七〇年代の韓国、台湾の農業近代化の経験は、右に述べてきた枠組みの生きた証である。

東南アジア諸国の工業化の速度はめざましく、結果として達成された工業化率は先進国やNICSの平均的水準にも劣らぬものであった。東南アジア諸国近代部門の量的比重は決して低いものではない。むしろ意外なほどに高い。にもかかわらず伝統部門の近代化は進まず、逆に貧困が堆積されてきた。なぜだろうか。

右の考え方の枠組みを用いて東南アジア諸国の経験を眺めると、二つの点が問題となる。一つは、労働力増加率の顕著な高さである。一九七〇年代における年平均のそれは、インドネシア二・五％、タイ二・八％、フィリピン二・五％、マレーシア二・九％と、先進国平均の一・二％に倍する以上であり、この比率は二十数年を経ずして一国の労働力を倍増させていく力をつくり出す。伝統部門にすでに滞留している余剰労働力に加えてその増加率がこのように高いのであれば、近代部門がいかに急速に拡大しても、余剰労働力を消滅させることは容易ではなく、したがって農業の近代化を誘発することもかなわぬ。

問題の二つめは、現代の東南アジアにおける工業化のパターンが、労働を節約的に利用し、資本を集約的に利用する、要するに雇用吸収力の意外に少ない類のものであったという点にある。図5－1Bのような径路を辿って工業化の拡張がみられた可能性がある。すなわち、ここでは第一期から第二期にかけて、生産量は $0N_1Q_1L_1$ から $0N_2Q_1L_1$ へと拡大されるものの、生産方法が多分に資本集約的かつ労働節約的であるために、近代部門の雇用労働力は増加しない。このような生産拡大の径路においては、賃金は不変である一方、利潤はWN_1Q_1からWN_2Q_1へと増加し、ここに所得分配の不平等が生まれることも示唆される。

東南アジアの工業化率は二八〜四二％の幅の中にあり、先進国やNICSに劣らぬ水準に達している。しかし、雇用の工業化率（工業部門就業者の全就業者に占める比率）は、インドネシア一五％、タイ九％、フィリピン一七％、マレーシア一六％にすぎない。韓国、台湾の場合には、前者の比率は三九％、四六％にあるものの、後者も三〇％、四二％であり、二つの比率の乖離《かいり》幅はかなり小さい。この事実は、東南アジアの工業化が労働節約的偏向をもっていたことを示唆する。

東南アジアにおける工業化がこのような偏向をもったのは、なぜか。植民地支配のもとで、民族企業家や訓練された技能労働者は育成されず、工業化のための物的・制度的インフラストラクチュアは未成熟な状態におかれ、要するに工業化の基盤をもたなかった東南アジアにとって、外国資本に依拠した工業化が残された唯一の選択肢であった。当初これら諸国が採用した工業化の方式は、輸入代替と呼ばれる保護主義的工業化であった。輸入代替工業化とは、高関税、輸入数量制限等の保護政策を用いて輸入商品を締め出し、そうして生まれた国内市場に向けて、国内企業家による生産をつぎつぎと開始させながら工業化を図っていくという方法である。企業家の国内生産には、さらに為替レートや貸付金利の面でも手厚い恩典が用意された。ここでいう「国内企業」の多くは、実は先進国民間企業もしくはそれとの合弁であり、その実体は本国に親会社をもつ大企業の海外子会社であった。

開発途上国の保護主義的工業化において、保護の対象となったのが国内企業ではなく先進国の外国民間企業であったというのは皮肉ではあるが、工業化を望む以上、これに代わる方法はなかった。外国民間企業が用いるのは本国親企業の技術もしくはその技術体系の一分肢であり、これは多分に労働節約的である。開発途上国の採用した一連の保護政策が、外国民間企業のそうした技術選択を助長したというのも、再び皮肉な事実である。東南アジアの工業化パターンは、輸入代替型から輸出志向型に変化しつつあり、その結実がすでに強調したこれら諸国工業製品の輸出拡大であった。しかし、輸出拡大の主体もまた外資系企業であり、その輸出活動に対しては、実は輸入代替の時代とさして変わらぬ保護政策が用いられた。東南アジアの場合には、工業化の主体が一貫して外資系企業にあり、受入国の労働過剰状態に適合した労働集約的な生産方法が用いられることは、依然少ない。

話をまとめよう。近年における東南アジアの工業化率は、長期にわたる経済開発史において空前の高さにある。その実績は他地域に比較してめざましく、確かに東南アジアは成長地域というに相応《ふさわ》しい。にもかかわらず、その工業化が近代部門をとりまく伝統部門の近代化を促す誘発力を形成していない。一つには、伝統部門に余剰労働力を抱え、なおその増加率が高いからであり、二つには、工業化の雇用吸収力それ自体が小さいからである。

この構図は、プランテーション・鉱山部門とそれをとり囲む伝統的自給農業部門との間に生まれた植民地的二重構造に代わる、「ネオ・デュアリズム」とでも称すべきものであろう。

2　フロンティア消滅の意味

近代部門の雇用吸収力がさしたるものでないとすると、大きな規模で滞留し、拡大を続ける農村労働力は一体どこで吸収されるのか。答は再びどうにも陰鬱である。東南アジアは、労働力が爆発的に増加しているまさにこの時期において、これまで労働力を豊富に吸収してきた要因を失うという「しまつの悪い」状態に直面しているのである。

ビルマ出身の経済学者ラ・ミント（Hla Myint）が理論化したことであるが、過去一〇〇年、東南アジアにおいて増加した人口は、そのほとんどが農耕地を拡大する過程の中に吸収されてきた（木村修三・渡辺利夫訳『開発途上国の経済学』東洋経済新報社、一九八一年）。豊かなフロンティアに恵まれた東南アジアにおける伝統的な農業生産の拡大パターンは、人口の増加によって農産物需要が増加すれば、この需要に見合うべく耕地を外方に向けて拡大し、しかもこの拡大を父祖伝来の技術を用いて行うという、「外延的拡大パターン」であった。土地に比較して人口が少ないという初期条件から出発した東南アジアの農業発展パターンが、そのようなものであったのは自然であろう。しかし外延的拡大パターンは、人口増加率が高く、他方フロンティアが無限には存在しない以上、いつまでも続かない。多くの東南アジア諸国は、一世紀にわたる外延的拡大の果てについに耕境の限界につきあたったのである。

東南アジアにおいて外延的な農業拡大のパターンを典型的に辿ってきたのは、タイである。豊かな水稲適地の中で長らく米の自給生産に携わってきたタイ農民に、輸出換金作物としての米生産の拡大をめざして耕地の外延的拡大を開始させたのは、一九世紀中頃のボーリング条約による開国であった。その時以来、広大なチャオプラヤー河デルタは著しい速度で開墾され、フロンティアが尽きるや、今度は東北部、北部へと全国レベルでの耕地拡大が展開した。

しかしこの間にタイのフロンティアは消滅してしまった。中部デルタ稲作地域における適地の枯渇は著しく、二つの農業センサス時点一九六三年と一九七八年の一五年間における中部二五県の耕地増加率は、二・九%にすぎない。アユタヤ県、アントン県、シンブリ県、ナコンナーヨク県、ナコンパトム県、スパンブリ県などの伝統的な稲作地域で、この傾向ははっきりしている。前者三県の米作面積は全面積のすでに八〇%前後に及んで、耕地適地は限界を迎えた。その一方で人口増加率はなお高い。かくして中部地域では耕地規模の小さい零細農が群生し、これが中央部周辺の丘陵畑作地に零細農を押し出す力となった。

中部二五県のうち、耕地面積の増加をみたのは七県のみである。この七県はいずれも畑作を近年かなりの速度で拡大させてきた地域であり、キャッサバ、ケナフ、メイズ、甘蔗などを主要作物としている。これら畑作の拡大は森林を切り開いてなされ、その粗放性とあいまって耕地の肥沃度低下、土地浸食を引き起こした。フロンティア消滅の結果、増加した農家は肥沃度の劣る土地に耕地を求めざるをえず、生産性の低下は避けられない。タイ全国の平均でみると、一九七一年から一九七五年にかけてヘクタール当たりトンで示される土地生産性は、米の場合には一・八〇から一・六七へ、メイズの場合には一・八六から一・七三へ、その他キャッサバ、ケナフも減少した。タイ農業の労働力の吸引力は弱化している。

インドネシア農業の中枢地域がジャワにあり、この地域農業の孕む最大の問題は古くから稀少な耕地に対する強い人口圧力にあった。オランダ植民地時代の末期に、すでに人口密度は三〇〇人（一平方キロ当たり）以上であった。稠密《ちゅうみつ》な人口のもとで利用可能な土地のほとんどが開墾されると同時に、既耕地には最大限の労働力を投入して、稀少な土地から可能な限りの収穫物を「絞り取」ってきたのである。単位面積当たり労働投入量を極限にまで高めつつなされたジャワの水稲耕作は、ギアツによって「農業インヴォリューション」（agricultural involution）と表現された（C. Geertz, *Agricultural Involution*, University of California Press, 1963）。ジャワはその後も高い人口増加率を持続し、外延的拡大の可能性がここにはない。一九六三年の農業センサスによれば、この年のジャワ農家の平均耕地面積は〇・七〇ヘクタールであり、その零細性は東南アジアの中でも際立っている。一九七三年にはこれが〇・六四ヘクタールへと一〇％近く減少した。ジャワの農業インヴォリューション過程は限界点に達したのである。B・ホワイトが試みたジョクジャカルタの一調査村の事例によれば、この村の平均的農民は、年間一八日の米作、二三日のココナッツ・砂糖栽培、二八日の非農業労働の計六九日の労働に携わるだけだという。彼はこの事実をギアツの「貧困の共有」(shared poverty)になぞらえて、「無為の共有」(shared idleness)だと表現し、この事実の中に厳しい土地不足に由来するインヴォリューション過程の終焉をみている(B. White, "Poverty, Involution and Employment in Rural Java", *Development and Change*, Vol. 7, No. 3, July 1976)。

同様のことは、フィリピンでも観察される。一九七五年における可耕地に占める既耕地の比率は九八・八%であり、すなわち耕作フロンティアは可耕地の一・二%である。この結果、一九六〇年に〇・一八ヘクタールであった一人当たり耕地面積は、一九七五年には〇・一一ヘクタールとなった。ルソン島におけるビコール、イロコス、ミンダナオ島の大半、とくにビサヤ地域(ルソン島とミンダナオ島に挟まれた島嶼《とうしょ》部)では土地の過度利用が著しく、これら地域における栽培面積の拡大は、森林、丘陵地への進出となって現われ、タイと同じくここでも土地浸食と肥沃度低下が顕著である。

耕作フロンティアの消滅は、中部タイ、ジャワ、フィリピンのいずれにおいても、明瞭に観察される。外延的拡大のプロセスの中に、増大した人口を吸収していくという伝来の手だては、もはや有効ではない。

3 農民層分解

右に述べた経緯は、さらに次のような事実を帰結して、事態を深刻なものにしている。人口増加とフロンティア消滅の帰結は、耕地の細分化である。耕地細分化は、東南アジアで一般的な均分相続制によっても促された。この事実は、細分化された耕地での農業経営によっては生計を維持することのできない農民の土地売却を不可避とする。土地を失った自作農は自小作農もしくは小作農へとその地位を低下させ、こうして堆積された小作農の多くが小作経営権を失って、労働力以外に売るものをもたぬ「土地なし層」へと分解されていく。土地なし層は、農繁期には日雇労働者として耕起、整地、田植え、除草、収穫、脱穀などの多様な農作業に雇用されて賃金を得ると同時に、農閑期には村落内外での行商、仲買い、大工、車引き、奉公人などの雑業的な非農業労働に携わって糊口を凌ぐ。土地なし層はもちろんであるが、耕地を細分化された零細農の多くも、自らの経営地での収益だけでは生計をたてることはできず、労働力の相当部分を雇用労働に充てざるをえない。

フロンティアの消滅に由来する外延的拡大過程の終焉は、伝統的な労働吸収源が失われたという意味でのみ問題なのではない。この同じ事実が、農民層の下方分解と、したがって農業労働者の大量供給を促し、農村労働市場における供給圧力を一層強めた、という点に目を留めなければならない。

東南アジアで農民層分解がめだっている。自作農中心の小農社会とみなされて久しいタイにおいてすらである。貨幣経済化の速度の速いバンコク、トンブリを囲む中部において問題は切実である。中部タイ二五県のうち、既述のアユタヤ県、ナコンナーヨク県、アントン県で小作農比率は、一九七五年にそれぞれ七七%、六八%、五〇%という高率に達した。土地なし層がタイにおいてどの程度の比重で存在しているのか、この点ははっきりしない。農業センサスは、経営農家を対象とし、土地なし層は農家とはみなされないがゆえに、後者は公式統計に姿を現わさない。そのために土地なし層の存在数は、諸般の公的データをさまざまに組み合わせて推計するか、もしくはサンプル数の限られた個別の農村研究の成果から類推するよりない。前者の方法で、既述の世界銀行報告書は一九七五年におけるタイの土地なし層比率を、全農家数の八%と推計している。

農村の人口過剰度がタイに比べて一層厳しいフィリピン、インドネシアにおいて、事態は一段と深刻である。フィリピンの米作農家は東南アジアにおける代表的な大土地所有制のもとにあり、マニラ首都圏の後背地にあってフィリピンの穀倉地帯を形成する中部ルソンのパンパンガ州、ヌエバエシハ州、ブラカン州において、小作農比率は、それぞれ八四%、七七%、七四%という高さにある。かかる状況に加えられた人口圧力が、土地なし層の大量供給をもたらした。菊池真夫による南部タガログ・ラグナ州の調査村の事例では、一九八〇年において土地なし層の全農家に占める比率は六三%であった。しかもこの比率が一九六六年三一%、一九七六年五一%と推移したことを同氏は観察している(M. Kikuchi, "Rural Changes in a Lagna Rice Village: A New Generation of Changes?", A. J. Ledesma, F. Q. Makil and V. A. Miralao (eds.), *Second View from the Padday: More Empirical Studies on Philippine Rice Farming and Tenancy*, Institute of Philippine Culture, Ateneo de Manila University, Manila, 1983)。

ジャワのさまざまな村でこれまでに試みられてきた事例研究二〇例を整理したW・コリアーによると、土地なし層家計数の調査村家計総数に占める比率は最低一〇%から最高八九%に及ぶが、その単純平均は五四%だという。さらに彼は、これら調査村の人口密度と土地なし層比率との間に、比較的はっきりとした相関があることを見出しているが、われわれの関心にとってこの立証の意味は大きい(W. L. Collier, "Declining Labor Absorption in Javanese Rice Production", *Kajian Ekonomi Malaysia*, Vol. XVI, Nos. 1 & 2, June-Dec. 1979)。またマクロ統計を利用した加納啓良の推計によれば、ジャワにおける土地なし層の比重は、西部ジャワ四二%、ジョクジャカルタ二一%、中部ジャワ三四%、東部ジャワ三八%だという(「農業問題の中部ジャワ的構造(1)」『アジア経済』第二一巻四号、一九八〇年四月)。農民層の下方分解がもたらしたジャワにおける労働供給圧力の帰結である。

零細農、土地なし層の比重がこのように高まったということは、同時に農村において所得分配の不平等化傾向が相当の速度で進んだことを示唆する。農家の平均的所得水準の上昇がわずかであり、なお所得分配の不平等化が進むのであれば、貧困線を下まわる絶対的貧困層が拡大するのは避けられない。フィリピン農村における所得分配の変化が特徴的である。農家所得は、家計調査年である一九五六年から一九七五年までの五時点間に、年平均一・八%の増加率しか示していない。一方、所得分配は一九五六年以降、逆転年をもたずに不平等化を続けた。ちなみに最下位四〇%階層の所得比率は、一九五七年一八%、一九六一年一七%、一九七一年一三%、一九七五年一二%へと低下した。世界銀行報告書の推計によれば、年額一人当たり八二七ペソ(一九七五年価格)を満たしえない絶対的貧困層比率は、一九七一年の四六%から一九七五年の四八%へと増加した。インドネシアにおける農家の所得分配は一九七〇年と一九七六年のデータを用いて計測可能であるが、ここでも不平等化は明瞭である。S・アリエフは、ジャワにおいて一ヵ月一人当たり二〇キログラムの基礎的食糧の確保に要する家計消費水準を絶対的貧困線として、これを満たすことのできない貧困農家の比率は一九六三年には五二%であったが、一九七六年には六一%となったと推計している(S. Arief, *Indonesia: Growth, Income Distribution and Mass Poverty*, Sritua Arief Associates, Jakarta, 1977)。

4　農民秩序の変容

人口圧力の増大とこれに伴う土地細分化の帰結として、われわれは東南アジアにおける土地なし層の増大と、彼らの絶対的貧困化の過程に注目した。しかしこうした過程が、東南アジアの伝統的な農村社会構造を変容させるインパクトとなっているという事実にも、関心を向ける必要がある。人口圧力の増大に由来する農村共同体の変容のありようを示す典型的事例として、近年インドネシア研究者の間で大きな注目を集めているのは、ジャワにおける稲の収穫慣行の変化である。

伝統的なジャワ観の形成に影響力をもってきたギアツの「農業インヴォリューション」=「貧困の共有」論への反証としての意味をもつ。代表的な論者は、既述のハワイ大学の農業経済学者コリアーとそのグループである(W. L. Collier, Gunawan Wiradi, and Soentoro, "Recent Changes in Rice Harvesting Methods", *Bulletin of Indonesian Economic Studies*, Vol. IX, No. 2)。

ジャワの伝統的な稲の収穫方法は、アニアニ(*ani-ani*)という手の中に入ってしまいそうな小さなナイフによって、稲の穂先を一つ一つ静かに刈り取っていくというものである。こうした非能率的な収穫方法がジャワ農村で広く用いられてきたのは、一つには稲の中に宿ると考えられている精霊を傷つけないようにという、素朴な信仰に由来するジャワ農民の心やさしい配慮がある。のみならず、脱粒しやすい伝来のインディカ種の熱帯稲作には、鎌による荒々しい収穫よりもこの方が適しているとも考えられ、さらには非能率的な方法のほうが、労働力過剰の農民社会においてわずかな就業機会を相互に分け合うのに好都合であるという理由もある。

収穫の時期になると水田(*sawah*)保有者は、圃場《ほじょう》に白い旗を立ててそこが収穫の日であることを知らせる。女と娘たちから成る収穫労働者群はアニアニをもって朝早くからその圃場に集まり、合図とともに一斉に刈り取りを始める。水田保有者は、収穫労働者が村内のものであろうと村外の誰であろうと、これを拒むことはできない。むしろ参加する人びとの数が多いほど、これに誇りをもつのが普通だという。収穫労働者は、自ら収穫した稲穂を水田保有者の庭先に運び、水田保有者の女主人の手によって伝統的な比率である収穫物のほぼ六分の一を現物で受け取る。こうした稲の収穫制度が、バウォン（*bawon*）である。ジャワにおける農村共同体の相互扶助（*gotong rojong*）原理は、この制度によって象徴される。そしてこの制度こそ、水田保有者と収穫労働者とのパトロン・クライアント関係を支える基礎であり、ギアツの「貧困の共有」命題の現実でもある。

バウォンは、人口土地比率がそれほど大きくなく、収穫時にはむしろ労働力が不足していた時代に発生した制度であり、パトロン・クライアント関係である。したがって収穫労働者の供給が過剰状態になるとともに、大きな問題を内包するようになる。コリアー等の観察例でいえば、一ヘクタールの圃場に五〇〇人の労働者が蝟集《いしゅう》して、収穫はわずか一時間で終わってしまう、という。労働者の取り分はわずかなものとなり、収穫労働者が糊口を凌いでいくためには、伝統的な取り分を上まわる比率を要求せざるをえない。彼らの取り分を上げれば水田保有者の収穫コストは上昇し、純収益は減少してしまう。水田保有者は、収穫労働者に一定の取り分を保障することが自分達に課せられた伝統的な社会的義務であることを知りつつも、これがある限度を越えては自らの生計が成りたたない。したがって収穫コストを低めるための何らかの方法を求めようとする。

かくして新たに広まったのがテバサン（*tebasan*）制度である。この制度では水田保有者は収穫期の一週間程度前に圃場の稲をすべて収穫請負人プヌバス（*penabas*）に売却する。プヌバスは、バウォンとは異なる「商業主義的方法」によって収穫を組織化し、収穫した米を販売して最大の利益を得ようとする。彼らは、バウォン制度の場合のように収穫労働者の無制限参入ではなく、そのために募集した一定数の村落内外の賃金労働者を用いる。そして労働者にはアニアニよりも能率的な鎌を使用させて収穫コストの低下を図るとともに、収穫労働者の支払いは現物ではなくて現金で行う。しかもプヌバスは収穫を効率的に進めるために、同一の労働者を一収穫期間もしくはそれ以上にわたって連続的に雇用する傾向があり、そのために在来の収穫労働者の雇用機会はいよいよ小さい。ブヌバスは伝統的な共同体の倫理規制から離れて行動し、水田保有者と収穫労働者との間の伝統的なパトロン・クライアントの紐帯《ちゅうたい》はここに崩れていく。

加えてテバサン制度の広がりは、緑の革命すなわち米における高収量種子の導入とも関連する。すなわち緑の革命は、肥料、農薬の購入、水の適正な制禦《せいぎょ》、雇用労働の管理などにおいて、水田保有者に商業主義的行動様式を課す。また新たに導入された高収量種子は短茎で脱粒が少なく、したがってアニアニではなく鎌で、さらにより高度の農業機械の導入を可能ならしめる。農民の中でもとくに企業心に富む大農は、緑の革命が促したこうした商業主義的な営農と機械化のもとで、共同体的規制からますます自由にふるまうようになる。

他方、テバサン制度の導入によって収穫労働への参入を阻止された労働者の地位は低下する。テバサン制度による収穫労働参加の制限、アニアニに代わる鎌の使用に対して、労働者側からの抵抗の例が多く報告されている。しかし水田保有者と収穫労働者とのパトロン・クライアント関係が崩壊するとともに、これに代わって新しいプヌバス・クライアント関係が成立し始める。新たなクライアントは、数は制限されているものの雇用の保障期間は長く、労働者の実質賃金は水田保有者・クライアント関係のもとでのそれよりも高い。そしてこの事実が、プヌバス・クライアント関係を支える新しい力となる。テバサン制度のもとで水田保有者の収益も上昇し、これがテバサン制度を存続させるもうひとつの有力な要因となっている。いくつかの観察村の事例では、水田保有者はテバサン制度のもとでバウォン制度に比較して二〇％前後の収益増を享受しているという。

テバサン制度は、プヌバスと水田保有者の利益にかなうことによって、さらに一部の収穫労働者をテバサン・クライアント関係の中に包摂することによって、これを強固な制度とした。就業機会を奪われて飢えと直面する土地をもたない浮浪の民は増大する一方、彼らを排除する新しい農村秩序が形成されたのである。ジャワにおけるバウォンからテバサンへの転換に対応する、フィリピンのルソン島沿岸部における制度的変化は、フヌサン（*hunusan*）からガマ（*gama*）への転換であり、速水佑次郎、菊池真夫の近年における精力的な研究がその実態を明らかにしている（Y. Hayami and M. Kikuchi, *Asian Village Economy at the Crossroads: An Economic Approach to Institutional Change*, University of Tokyo Press, Tokyo, 1981）。

5　都市貧困層

東南アジアの農村における共同体的慣行の変容と、これに伴うテバサンやガマといった商業主義的制度の出現は、ある意味でヨーロッパにおけるエンクロージャー・ムーヴメントの歴史的経験に対応する（エンクロージャー仮説については、鳥居泰彦『経済発展理論』東洋経済新報社、一九七九年、第九章、を参照されたい）。一六〜一九世紀に発生したエンクロージャー・ムーヴメントによってヨーロッパ社会の村落共同体は最終的に崩壊し、資本主義的大農経営に移行した。小農民は没落を余儀なくされ、離村して工場労働者として吸収された。かくしてエンクロージャー・ムーヴメントは、近代的工場労働者群を創出する源泉となった。

だが現代アジアの場合、農村に堆積する土地なし層は、その一部は都市に「押し出」されていくものの、都市の近代部門の労働吸収力は弱く、多くは貧しい労働者として「インフォーマル・セクター」に滞留せざるをえない。スラム・不法占拠区域の拡大がその帰結である。都市近代部門の拡大が農村近代化を誘発するという既述のルイス・モデルとは逆に、農村貧困の洪水が都市近代部門の周辺に押し寄せているのである。

フィリピンの最貧農村地域の四つは、中部ビサヤ、東部ビサヤ、ルソン島のビコールならびにカガヤンバレーである。この地域は、同時に一人当たり可耕地面積において全国で最低位の四つであり、フロンティア消滅が最も厳しく発生している地域である。これら最貧農村地域からの人口の純転出率が、フィリピン諸地域で最大であり、このことは貧困による労働力の押出を示唆している。労働力の押出先は、マニラ首都圏、セブ、ダバオなどの大都市である。一九七〇年代の数値は得られない。一九六〇年代の一〇年間において、マニラ首都圏の人口増加数の四〇％が、農村からの流入者であったと推計されている。農村地域におけるフロンティアの消滅によって、農村から都市への「押出型」移動が、フィリピン人口移動の中心的なパターンとなったのである。

フィリピンにおける都市化はあくまで押出型であって、近代部門の雇用によって促された「吸引型」のそれではない。製造業雇用の伸びは遅く、一九六三年から一九七六年までの年平均増加率は二・一％にすぎない。韓国の同比率は一一・九％であった。これと対照にされるのは、都市サービス部門の高い雇用増加率である。都市に流入する農村労働者の多くは、低生産性、低賃金、不完全就業によって特徴づけられる都市の伝統的サービス部門での滞留を余儀なくされる。フィリピンにおける伝統的サービス部門は、所与の仕事総量の中に、新たに供給された労働者が「割り込む」ことによって拡大しているのである。都市の伝統的サービス部門は、農村からの流入労働者にとって「参入障壁」の最も低い分野であり、その意味でこの部門は押出型都市化の「安全弁」である。しかし農村労働力の流入とともにその低生産性、低賃金、不完全就業はさらに深刻化せざるをえない。一九七〇年を一〇〇としたマニラ首都圏の未熟練労働者の実質賃金指数は一九七四年には六五、一九七八年には六一へと低下した。マニラ首都圏には、トンド海浜地域を代表とする巨大なスラムが拡大し、都市伝統部門を抱える一大母体となっている。

農村から大都市へ向かう押出型の人口移動は、ジャワでも観察されている。マニラ首都圏と同じく、ジャカルタはその規模においてここでも卓越した地位にある。一九七一年センサスによって出生地ベースの人口移動をみると、純転入率においてジャカルタは三七％であり、インドネシア全地域中最大である。インドネシア学術局経済社会研究所が試みた標本数三一九七のジャカルタ移住者サーベイによると、いずれの職業範疇《はんちゅう》の人びとも「農村における就業機会の欠如」を最大の移住理由として掲げている。ジャワにおける人口向都移動の特質は押出型なのである。同じ研究によると、移住民の代表的な職業は、行商人、露店商、ベチャの運転手などの、いわゆる「インフォーマル・セクター」である。彼らの大半は、スラム・不法占拠区域の住民であり、電気、水道、下水道などの恩恵にあずかることはない。にもかかわらず、出身地である農村の生活水準よりもましであると考え、多くの人びとは帰農を望んでいないという（Hazel Moir, *Jakarta: Informal Sector*, LEKNAS-LIPI, 1978）。

　都市インフォーマル・セクターが農村から流入してくる労働力を受け入れて、もともとが低い生産性、賃金、就業条件を悪化させていく様《さま》は、ギアツの「農業インヴォリューション」に代わる「都市インヴォリューション」（urban involution）とでもいうべきものであろう。後者の用語法は、W・R・アームストロングとT・G・マクギーによるものであるが、彼らはそうしたインヴォリューションの果てに、社会革命の危機を感じとっている（W. R. Armstrong and T. G. McGee, "Revolutionary Change and the Third World City: A Theory of Urbanization", *Civilization*, Vol. XVII, No.3, 1968）。

6　いかに対処するか

伝統部門に堆積されてきた貧困を解消するために、なされるべきは何か。問題は三つある。第一に、工業化の進展によって農村の貧困を解消しうるという伝統的理論の想定は、東南アジアにはうまくあてはまらないようである。東南アジアの工業化の主力部門は、多くの場合外資系企業であった。本国親企業の技術が用いられ、生産方法は受入国の労働過剰状態を反映しない労働節約的なものであった。それゆえ、工業化はそれに見合う雇用吸収力をみせなかった。工業部門の雇用吸収力が弱いというこの事実の中に、東南アジアの経済成長が社会的公正を満たすことのできなかった原因の一つがある。小規模工業に基盤をおいた雇用吸収力の一層大きい新しい開発戦略に転換していくべきだという主張は、理をわきまえている。

外資系企業に対しては、事業所得税、金利、為替レート、投入財輸入や技術導入さらには社会的間接資本利用の面で多様な恩典が与えられてきた。資本や外資その他の稀少資源が外資系企業に手厚く配分されれば、それ以外の部門はこれら稀少資源への接近を阻まれざるをえない。

しかし、他面もある。東南アジアにおいては、華人系企業を別にすると、民族企業の力量はいまだ不十分であり、先進国民間企業の導入なくして、現在この地域で展開されているような工業化はありえなかった。NICSにおける近年の賃金上昇、NICS工業製品に対する先進国側の輸入規制といった一連の事実は、NICSの輸出部門に集中していた先進国民間資本を、ASEAN諸国に多く向かわしめるよう作用しており、実はこれがASEAN諸国の近年における、高度工業成長の主因となっている。とすれば、雇用志向的工業化戦略が採用さるべきだとはいっても、その戦略が工業成長のこの「虎の子」を排除することのないように、細心の政策的配慮が必要である。

一国の工業化が根づくためには、熟練労働者群と企業家集団などの工業化の主体を創出する長い道程を要する。

急速な経済近代化を標榜《ひょうぼう》し、その「長い道程」を短縮したいと願う開発途上国にとって、外国民間資本の導入は大きな「後発性利益」である。これを敢《あ》えて後発性利益と呼んだのは、東南アジアにとって外国民間資本の導入が、受入国内の熟練労働者群、企業者集団の形成を促す重要な「触媒」となったからである。外国民間資本の導入に伴う「機会費用」と「後発性利益」とを十分に比較衡量し、後者を最大化し、前者を最小化するための政策努力を辛抱強く重ねていかねばならない。

第二の問題点は、こうである。雇用志向的な工業化戦略が可能であっても、伝統部門の内部に堆積された労働力を工業化のみを通じて吸収することは、容易ではない。とすれば、農村内で増加した人口は農村内でこれを吸収していくという方策が、いかようにか求められねばならない。この点に関連して、登場した当時の華やかな輝きは失せたものの、東南アジア農業の帰趨《きすう》に依然大きな関わりをもつ「緑の革命」（高収量種子の導入）に注目することが必要である。東南アジアの国ぐには、増加した労働力を耕地の外延的拡大過程の中に吸引していく力をすでに失っている。緑の革命が農村における労働力、とくに土地なし層などの最貧労働力を吸収する力をどの程度もちうるかが問われるべき重要な問題となる。

多くの実証研究によると、高収量種子は在来種に比べて雇用創出的である。一つには、高収量種子の導入が灌漑・排水を要し、その建設により多くの労働力の投入を要すること。二つには、高収量種子は在来種に比較して熟成期間が短く、多期作化を通じての作付延面積の拡大によって雇用労働力を増大しうること。三つには、高収量種子の導入に不可欠な肥料の増投が雑草を繁茂させ、除草労働を増大させること、さらには除草の必要性のゆえに直播《じかま》きではなく列植えを要し、そのための田植え労働が増加すること。こうした諸要因のために、高収量種子は在来種に比べて雇用創出的だと考えられている。しかも、高収量種子導入に伴う大農の所得増大は、非管理的な単純農作業において、家族労働に代替して農業労働者の雇用を増加させる傾向を強めた。フィリピン、ジャワのいずれでも、除草労働における農業労働者の雇用増加率は確かに高い。

しかし、矢は一方にのみ飛ぶのではない。高収量種子の導入に伴う多期作化の進展は、農作業の迅速性を要し、トラクターなど農業機械利用を促した。この傾向は、低利信用を柱とする農業保護政策のもとで強まっている。貧困な農村社会における信用能力は土地保有規模のいかんに関わる。低利信用を享受できるのは信用力をもつ大農に限られ、彼らは農業機械の安価な購入を保証されて、資本集約的営農を進める。

一九七五年に試みられた西部ジャワの平均的一農村の調査研究によると、ヘクタール当たりの整地・耕起費用は、三つの想定、すなわちトラクターを用いた場合、農業労働者のみを用いた場合、農業労働者ならびに水牛を用いた場合のそれぞれで、一〇〇、一四一、一五七であったといわれ、トラクター使用の有利性は大きい。しかし考慮されるべきは、この差異は右に述べた政策支援によって生まれたものであって、それがなければこの指数値は逆転している可能性が大きいと主張されていることである（R. Sinaga, "Implications of Agricultural Mechanization for Employment and Income Distribution", *Bulletin of Indonesian Economic Strudies*, Vol. XIV, No. 2, July 1978)。

高収量種子の導入は、こうして雇用創出的性格と雇用排除的性格とを二つながらもつ。その二つの総合的帰結がいかようであるかは、調査の地域や時期によって多様であろう。しかし、雇用排除的性格が農業保護政策に由来しているのであれば、これは是正されねばならない。大農のみを利する農業保護政策を排し、さらには零細農を優遇する方向にそれを転換させ、そうして零細農民に高収量種子導入の機会を豊富に与えると同時に、大農の経営をより労働集約的たらしめ、農業労働力の雇用吸収を促すという手だてを講じる必要がある。

しかし、仮に多くの事例において高収量種子の導入が雇用創出的であったとしても、それはあくまで在来種に比較してそうだというにすぎず、拡大する労働力を吸収しうるというわけにはいかない。やはり最後に強調されねばならないのは、問題の起点にある人口増加率そのものの減少なのであろう。

7 ネオ・デュアリズムの彼方

近代部門と伝統部門とのデュアリズムは、経済発展論における古くて新しい課題である。デュアリズムとは、一国経済の大半を伝統部門が覆う停滞的な局面から、近代部門が大きな比重をもつ成熟局面へと向かう過渡的な局面として位置づけられる。それゆえ東南アジアにおいて、デュアリズムの解消が重要な課題となっているという事実自体、すでにこの地域がダイナミックな発展過程の一局面にあることを示唆する。この意味で、デュアリズムの存在そのものを否定的に評価するのは誤りである。問題の順序は、長期的発展の展望の中でこのデュアリズムをいかにして「運営《マネージ》」し、次の発展局面を切り開くか、である。敢えてこのことを力説するのは、すべての発展局面の中でこの局面の運営が実は最も困難だからである。

デュアリズムとは、一経済の部分的な近代化である。この局面において、一経済の資源は近代部門に集中し、他の部門は逆に資源を「引き出され」て停滞する。この局面における資源配分は、特定産業、特定地域、特定階層を利し、その帰結としての鋭い利害の対立、階層分解あるいは所得分配不平等化が避け難い。

一社会の部分的近代化は、伝統的社会を長い間支えてきた共同体秩序、伝統的価値観の変容を迫り、一社会の方向感覚を麻痺させてしまうこともしばしばである。東南アジア社会の安定性をその最も深いところで支えてきた、伝統的農民秩序の変容のありようについては、さきに論じた。デュアリズムがつくり出す政治的不安定性が、経済近代化の成果の一切合財を無にしてしまう可能性をも考慮しておかなくてはならない。近年におけるフィリピンの不気味な社会的蠕動《ぜんどう》は、そうした可能性の前兆かも知れない。東南アジア経済の今後しばらくは、開発途上世界の発展の成否をうらなう、一つの重要な試金石なのであろう。

6　絶対的貧困の機構と構造——憂愁のベンガル

舞台は再度暗転して「退行のドラマ」へと移る。

開発途上世界のテーマは「成長と開発」である。NICSやASEAN諸国にみられる近年の経済的実績は、確かにそうしたテーマで語るに相応しい。その一方で、貧困脱出のシナリオを書こうにも、その素材をもち合わせていない最貧の開発途上国も少なくはない。私がこれから記述しようとしている社会のテーマは、貧困からいかに脱出するか、ではない。いかにして現状からの「退行」を阻止するか、である。

リカードとマルサスの経済発展論の課題は、一国の経済がどのようなメカニズムをもって「生存維持的水準」において均衡するかの追究であった。古典学派において一経済が生存維持的水準で均衡すると考えられたのは、この水準を越えて食糧供給量が増加すれば、人口増加が誘発されて収穫逓減《ていげん》法則の作用を促すからである。また、食糧供給量が生存維持的水準を下まわる場合には人口が減少し、もって一人当たり食糧供給量を引き上げるからでもある。すなわち、古典学派においては、人口増加が食糧供給と一義的な関係をもつことによって、生存維持的水準にいたる「調整メカニズム」が強い力をもって作用すると想定されたのである。ここでは豊かさが人口増殖の原因であるとともに、飢えこそが人びとを死に導く原因であった。

生存維持的水準に向かう古典学派のそうした調整メカニズムは、機能しない可能性がある。開発途上国のいくつかは、極貧の世界にいて厳しい飢えと栄養失調に苛《さいな》まれながら、なおその一方で年率二・五％を前後する人口増加率とも闘わねばならない。調整メカニズムの機能停止のゆえに、住民は生存維持的水準を達成することもかなわないのである。マルサス的世界からの退行である。

貧困はバングラデシュにおいて激しいばかりの勢いで堆積しつつある。この国を訪れるわれわれを襲う貧困の実感は、圧倒的である。絶対的な貧困の中にあって、バングラデシュの人口増加率はなお高い。センサス年一九六一年と一九七四年の間の年平均増加率は二・八％であった。一九七八年センサスの暫定数字をもとに一九七四〜七八年の年平均増加率を推定すると、若干低下傾向にはあるが、それでも二・五％に近い。バングラデシュの人口密度は一平方キロメートル当たり五三四人、世界で最高の密度であるが、にもかかわらず人口増加率はなおこのように高い。絶対的貧困を累積させながら、人口はかつての先進世界の経験に例をみない速度で増大し、その密度をますます高めている。

人口増加の原因は、死亡率の低下にある。一九四一年に四〇・七パーミル（対一〇〇〇）であった死亡率は、一九六一年にはもう二〇パーミルを下まわった。死亡率低下の主因は、幼児死亡率の低下である。熱帯における死の病《やまい》マラリアはＤＤＴによって克服され、一九七七年には天然痘撲滅の宣言が出された。バングラデシュはコレラ汚染地域という不名誉からも免れている。病原菌に対する抵抗力の弱い幼児も、伝染性の病気による死の恐怖から解放された。バングラデシュの平均寿命は四九歳、開発途上国において最低の水準にある。しかし、一九五〇年の平均寿命は三〇歳台にあったのだから、短期間に相当の速度で伸長してきたことになる。死の病を制圧することに成功した現代の世界において人びとは、極貧の世界に生を受けても、なお生き伸びていくことができる。かくして絶対的貧困は、高い人口増加率の中でその度合をますます厳しいものとしている。文明のつくり出した「奇妙なる罪」なのであろう。

絶対的貧困の機構《メカニズム》と構造《ストラクチュア》を、バングラデシュを事例として描いてみよう、というのがここでの目的である。しかし、貧困の機構と構造は、決してバングラデシュに固有のものではない。近年におけるアジア経済の実績には確かにみるべきものがある。しかし絶対的貧困は、かつてない高度成長のこの時期において、なおアジアの農村で広範にみられる。アジアの国ぐにには、高度の経済成長と農村の疲弊という対照的事実を、実は同一の発展文脈の中に抱え込んでいるのである。バングラデシュの発展経緯がもつアジア開発論上の意味は、小さくない。

1　人口と土地

バングラデシュの国土の大半は、ガンジス、ブラマプトラ、メグナの三つの大河によって形成された広大なデルタの上にあり、チッタゴン地域の丘陵地を除いて、比高の少ない平坦な沖積土《ちゅうせきど》がこの国を覆っている。平坦な沖積デルタの上を三大河川の分流と支流がまことに複雑に交錯して、図6－1のような特異な地理景観となっている。俯瞰《ふかん》の位置をずっと下げていくと、たとえばコミラ周辺の水路網を示した図6－2（一三八ページ）のような姿となるが、このような景観はデルタのいたるところでみられる。水路網は雨期の排水路であり、乾期の水源でもある。

図6－1　バングラデシュの河川網

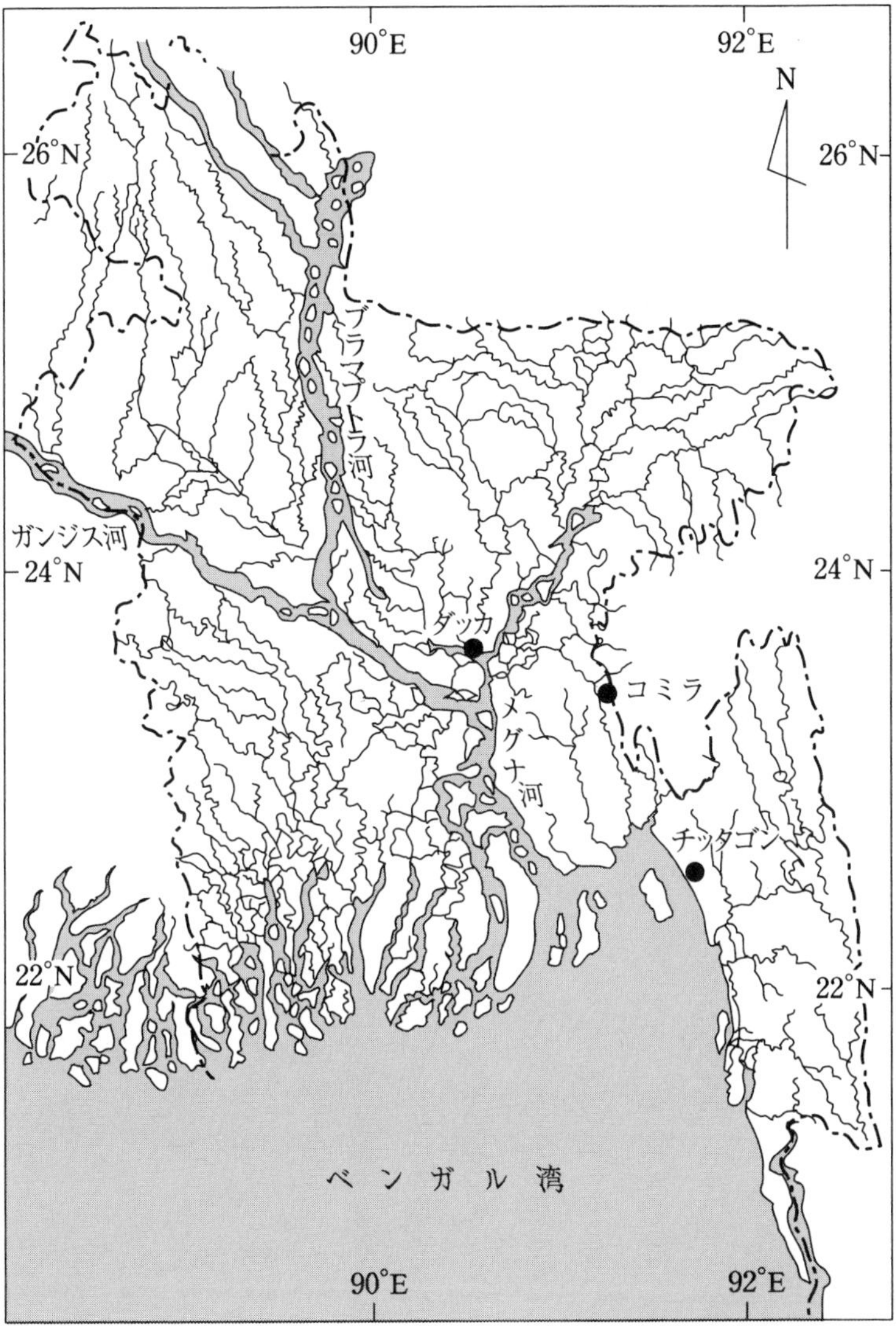

（資料）　H.E Rashid, *Geography of Bangladesh*, University Press, Dacca, Bangladesh, 1977.

図6－2　コミラ周辺の河川網

（資料）図6–1に同じ。

バングラデシュは、雨期と乾期とが比較的はっきりとした亜熱帯モンスーン気候帯に属する。デルタは全体として比高の小さい地形を特徴としている。しかし仔細に眺めると、低地と高地とが微妙に入り組んだ多彩な地形模様をみせている。耕地の微妙な比高の差異と降雨量の季節的変動とは、時期と場所に応じて耕地の保水量を複雑に変化させ、保水量の変化に見合って、稲の多様な作付けが可能となる。要するにバングラデシュにおける稲作の基本は、モンスーン雨の氾濫《はんらん》水を利用した自然灌漑にある。

広大な耕作適地に恵まれ、しかもその農法を自然灌漑に依拠するのであれば、稲作のコストは小さく、水田面積の拡大はそれほど困難ではない。デルタの水田化が比較的容易な事業だということは、古くから過剰な人口を擁し、しかも人口増加率が著しく高いバングラデシュのような国の場合には、デルタの耕作地化の過程がこれまで急速に進み、耕地の外延的拡大のためのフロンティアがもはや消滅してしまったことを予想させる。実際、統計によればバングラデシュの可耕地面積は、総面積の六〇%にあたる二三二一万エーカーであるが、これから休閑地を除いた部分のほとんど一〇〇%が既耕地である。この国の場合、耕地を外方に向けて拡大するための余地は完全に消滅しているのである。過大な人口を養うことが農業の最大課題であれば、可耕地のほとんどが米生産に充てられるのは当然であり、事実この国の耕作面積の約八〇%が稲作地である。

フロンティアが消滅したにもかかわらず、人口増加率は依然として高い。それゆえ、一人当たりもしくは一家族当たりの耕地面積は減少していく。バングラデシュ（東パキスタン時代を含む）における農家一戸当たり耕地面積は一九六〇年の三・五四エーカーから、一九六八年の三・一四エーカーを経て一九七七年には二・三八エーカーへと、十数年間に三三%を越える減少をみた。FAO・UNDP（国連食糧農業機関・国連開発計画）合同調査団の推定によれば、一九七四年に〇・三二エーカーであった一人当たり耕地面積は、一九八五年には〇・二二エーカー、一九九〇年には〇・一八エーカーへと減少したという（Government of Bangladesh, FAO・UNDP Mission, *Land Problem and Policy*, WorkingPaper XII, April 1977）。

このような土地細分化は、農家総数に占める零細農家の比重増大となって表われる。図6−3では、横軸に農家の耕地規模、縦軸に農家数の累計比率が示されている。この図からわれわれは下位から何エーカーまでの農家数が農家総数の何パーセントであるかをみることができる。例えば、二エーカー未満の農家数比率は、一九六〇年には三七%、一九六八年には四八%、一九七四年には六一%、一九七七年には六五%である。すなわち、零細

図6－3　耕地の規模別農家数比率累計図

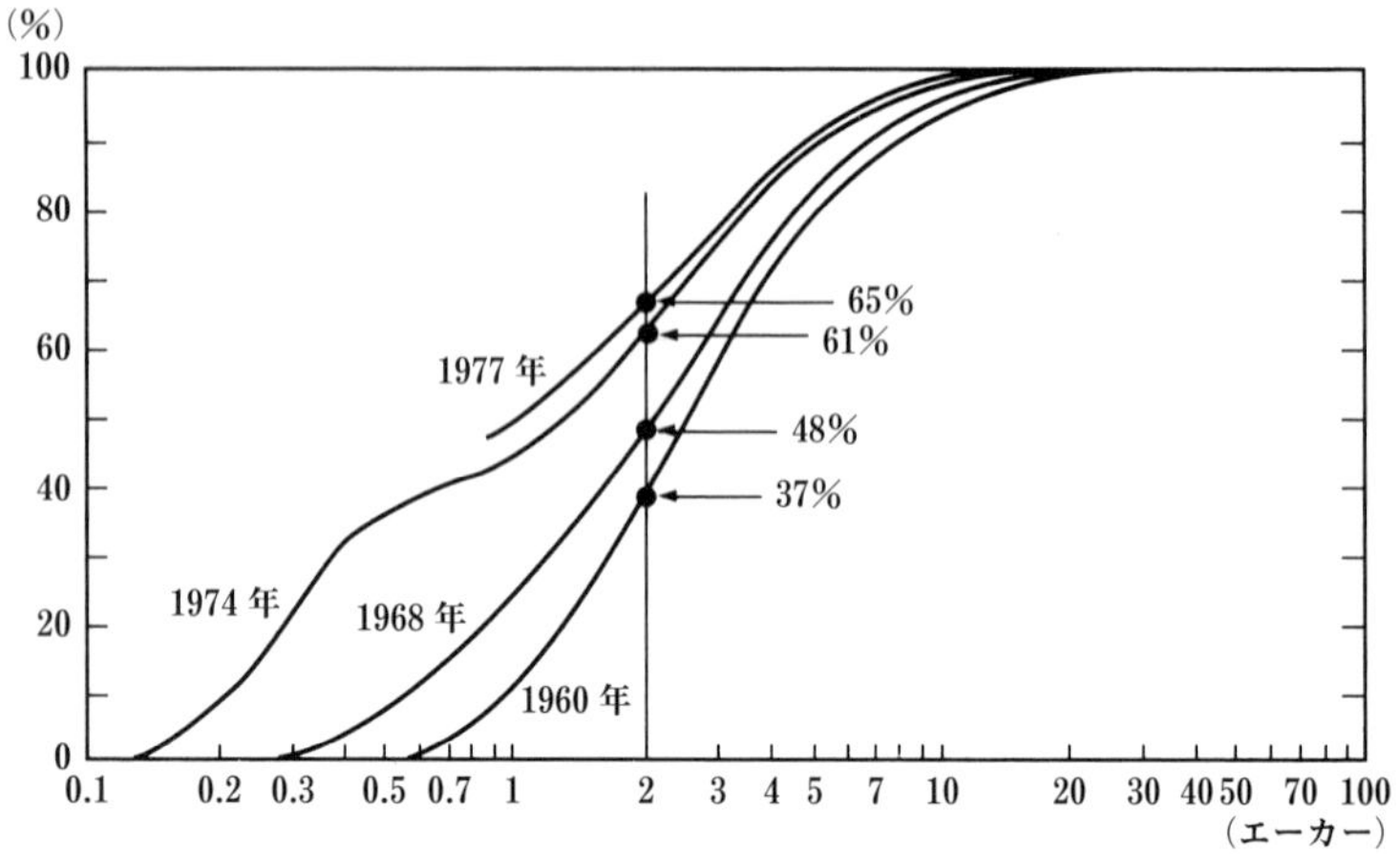

（資料）Agricultural Census Organization, Government of Pakistan, *Pakistan Census of Agriculture 1960*; Bureau of Statistics, Government of East Pakistan, *Master Survey of Agriculture* (7th Round); Bangladesh Institute of Development Studies, *Famine 1974: Political Economy of Mass Starvation in Bangladesh*, A Statistical Annexe. Part I. Dacca, 1977; Bangladesh Bureau of Statistics, *Summary Report of the 1977 Land Occupancy Survey of Rural Bangladesh*, Dacca, 1977.

農家数の累計比率は次第に大きくなっており、一九七七年の二エーカー未満農家数の比率は、一九六〇年の一・八倍に近い。

この計測値には「土地なし層」が、実は含まれていない。バングラデシュの最も包括的な土地調査である『一九七七年土地保有調査報告書』(図6－3の資料参照)によると、農地はもちろんのこと宅地をも含めて、いかなる意味においても土地をまったく保有しない農家の全農家数に占める比率は一一%、宅地は所有するが農地をもたない農家数の比率は二二%、両者で三三%である。

土地なし層は、耕地を保有していないのみならず、小作農や自小作農のように地主から耕地を借入して農業経営を行うことも許されない階層であり、自らの労働力以外に売るものをもたない農業労働者である。土地なし層は「農民」とはみなされず、農業政策の対象となることはなかった。政府データにおける統計的範疇ですらない。一九七七年において農家数の三分の一を占めながら、なおその存在が注目されることはなかったというこの事実の中に、彼らがいかに「無告」の存在であったかが示されている。一九七七年の土地保有調査報告書によって、初めてこの数字が確認されたことの意味は大きい。人口土地比率の上昇過程で、零細農はその零細な土地をすら手放すことを余儀なくされて、ついには土地なし層となるのである。土地なし層の大量堆積、短期間におけるその顕著な増大、そして彼らの絶対的貧困化過程の中に、バングラデシュ経済の停滞が象徴されている。

2　土地なし層

バングラデシュ停滞の象徴たるこの土地なし層の発生メカニズム、ならびに彼らの存在形態について考えてみよう。その前に土地細分化の事実がバングラデシュの農民にとっていかに厳しいものか。バングラデシュ「総合農村開発計画」（ＩＲＤＰ）の一環として一九七三年の後半から一九七四年の前半にかけて、九県一万八六一戸の農家を対象にして行われた包括的な農村調査がある。この調査にもとづき、各県農家の食糧自給度、すなわち各農家が自己の耕地で確保される食糧（米ならびに小麦）によって一年間の食糧需要をどの程度満たしてきたかをみてみると、対象農家の六二％が三ヵ月未満の自給である。四〜六ヵ月の自給農家が一八％、七〜九ヶ月の自給農家が九％、他方一〇〜一二ヵ月の一年に近い自給がどうにか可能な農家は一〇％、余剰農家は四％にすぎない（Integrated Rural Development Programme of Bangladesh, *Problems of Rural Development: Some Household Level Indicators*, Benchmark Survey Report Series No. 2, Dacca, 1976）。

この事実は、一つには、多くのバングラデシュ農民が、自己の耕地以外に就業機会を求めねばならず、二つには、生計維持のための農民負債が広範にみられることを予想させる。「バングラデシュ農村開発研究所」（BARD）が一九七六年に試みたコミラ県一〇村の調査は、次のような結果を発表している。調査対象農家数一〇四七戸のうち六九％が、観察された一年間に何らかの負債をもったとされ、うち九一％が食糧不足に耐えかねての負債であったという。負債農家のうち、友人、親類から借り入れた者の比率は二八％、農民協同組合による信用を享受できたのは〇・三％、これに対して農村内の「非制度的」金融源である金貸しからの借入者の比率は七四％に上った（Bangladesh Academy for Rural Development, *A Survey of Landless and Destitutes in Ten Villages of Comilla District*, Comilla, Nov. 1977）。友人、親類からの借入の場合、金利はないか、あってもきわめて低い。この負債は、負債農民と変わらぬ貧しさにある人びとによるある種の「施《ほどこ》し」であるから、負債額は知れたものである。また、農民協同組合による信用はこの組合に組織化されている富農に向けられる。富農向けの信用は灌漑用施設、肥料、農業機械、その他の農業投入財の購入を支援するためのものであって、食糧不足に充てるための救済用のそれではない。

生計維持の負債源としてこの地域で広くみられるのは、ベンガルにおける伝統的な金貸しであるモハジャン（*Mohajan*）である。モハジャンの課す金利は、農村金融市場における信用資金不足と負債者のリスクを反映して高く、時に年率二〇〇％を越えるという。担保物件の代表はもちろん土地である。返済は容易ではない。返済に窮すれば、土地を売却移転してこれに充てるか、さもなくば担保となっていた土地は自動的に債権者に移転していかざるをえない。

自作農が自小作農、小作農となり、最終的に土地なし層となる過程は、土地のかかる移転を通じて実現される。すなわち、土地の細分化によって農民は自己の耕地からの収穫のみによっては生計をたてることが困難となり、この事実が農民負債の増加を招いて、負債に耐える力をもたない農民を下方に分解させていくのである。このような土地の移転に関する事例的研究は、「バングラデシュ開発調査研究所」（ＢＩＤＳ）による一九七四年の農村調査から得られる。これによると、農村における土地購入は農家規模が大きくなればなるほど大量となるが、購入先としては零細農家が最も多い。すなわち一エーカー未満農家からの土地購入が全体の四六％、次いで一～二エーカー農家からが二四％となっており、二エーカー以上農家からの購入は一一％と少ない。さらにまた商人その他が零細農家から土地を購入し、これを富農に売却するという事例も少なくない（Bangladesh Institute of Development Studies, *Famine 1974: Political Economy of Mass Starvation in Bangladesh*, A Statistical Annexe, Dacca, 1977）。かかる土地の売買関係を通じて、相対的に大規模の農家が多くの土地を確保し、零細農は土地を失って土地なし層となっていくのである。

　土地なし層への転落は、土地の細分化が急速に進んだ現時点において顕然《けんぜん》としている。土地を売却して土地なし層へと転落した時期が、自分の代であるか、あるいは父の代であるか、祖父の代であるか、それより以前であるか、を土地なし農民に問うたＩＲＤＰの標本調査によると、一九七三～七四年において、その比率はそれぞれ四一％、三五％、四％、一四％であったという（Integrated Rural Development Programme, *Study of Landlessness in Bangladesh: A Few Cases*, Dacca, Feb. 1978）。近年に至るほど、土地喪失の傾向が著しい。

　こうした事実は、土地分配の不平等化を帰結する。バングラデシュの農業センサスを用いて、土地分配の不平等をジニ係数（この係数が1に近づくほど分配が不平等であり、0に近づくほど平等度が高い）でみると、一九六〇年〇・四九、一九七四年〇・五九、一九七七年〇・六三となっており、土地分配は不平等化の傾向にある。バングラデシュの人口土地比率は、人口過剰のアジア諸国にあって最高である。そのうえになお、かくのごとき

表6－1　労働力の年間購入・販売バランス

（調査村の年間労働日数）

耕地面積階層	純　販　売	純　購　入
～0（エーカー）	479.2	—
0～1.0	265.8	—
1.0～2.5	62.2	—
2.5～5.0	—	94.3
～5.0	—	512.6

（資料）　A. R. Khan, R. Islam & M. Huq, *Employment, Income and the Mobilization of Local Resources: A Study of Two Villages*, Asian Employment Programme, Asian Regional Team for Employment Promotion, Bangkok, 1980.

明瞭な分配の不平等化が進んでいるのである。

バングラデシュ全農家のうち、自己の耕地で確保される食糧によって自給可能な農家は少なく、過半は数ヵ月の自給しかなしえない。そのためにバングラデシュ農村の場合、自己の耕地以外での賃労働などを考慮しない限り、多くの農家は「絶糧農家」たらざるをえない。そのために一つには、圧倒的な農業社会にありながら、皮肉にも農民の農業への依存度は低く、逆に農村における非農家の存在が大きい。そして二つには、農家のうち専業農家（すなわち家族労働もしくは賃金労働者を用いて営農する農家）の比率は低く、土地をもたずに労働力を専業農家に売って生計を維持する賃金労働者家計の比率が高い。バングラデシュの農村家計総数に占める非農家の比率は三六％に上り、逆に農家の比率は六四％である。後者のうち二九％が専業農家であるが、賃金労働者家計は三〇％と専業農家よりも多い。

要するに、バングラデシュにおいては農家数に比較して耕地があまりにも少ないのである。その結果、農家たりえない村民すなわち非農家の比率が高く、また農家であっても自己の耕地を保有しえず、多くは賃金労働者として滞留する。賃金労働者の中心は土地なし層である。働く人間の数に比較して利用可能な耕地の制約が大きいという事実が、この国の農村の労働市場構造を規定している中心的要因である。かくして、土地なし層もしくは零細農ほど労働力を多く販売し、逆に耕地規模の大きい農民ほど労働力を多く購入するという農村内の賃金労働市場が形成される。

図６－４　農業労働者の実質賃金指数（３年移動平均）

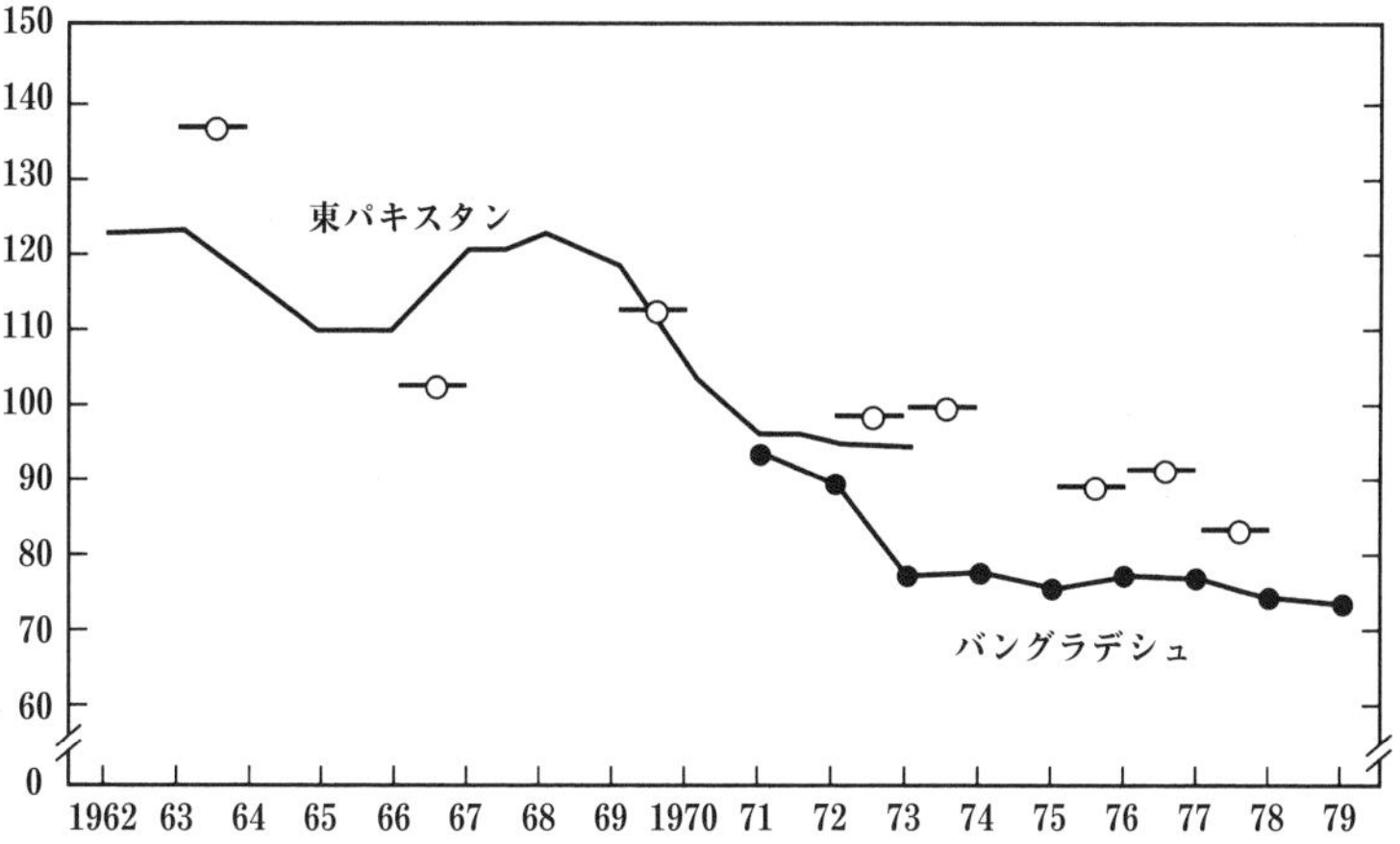

（資料）　1962～73年：A. Alamgir, "Some Analysis of Distribution of Income, Cousumption, Saving and Poverty in Bangladesh", *The Bangladesh Development Studies*, Vol. 2, No.4, Nov. 1974; 1971～79年：Bangladesh Bureau of Statistics, *1980 Statistical Yearbook of Bangladesh*, Dacca, 1981；なお特定年の値（白丸つき線分）は世銀推計：World Bank, *Bangladesh: Current Economic Position and Short-Term Outlook*. Report No. 2870-B D, Annexe 1, March 1980.

ＩＬＯの「アジア地域雇用促進調査団」（ＡＲＴＥＰ）によって試みられた農村調査は、バングラデシュの農村労働市場のありようを浮かび上がらせている。表６－１は、コミラ周辺の二つの村落のケース・スタディによって得られた耕地規模別にみた、労働力の年間購入・販売バランス表である。二・五エーカー未満農家が労働力の純販売者、二・五エーカー以上農家が純購入者となっていると同時に、耕地規模が小さくなればなるほど労働力の純販売量は大きく、土地なし層が農村における労働力供給の中心的な勢力であることが示される。これに相当する全国規模の統計を得ることはできないけれども、この調査の与えてくれる示唆は重要である。土地細分化の過程で進む零細農家の比重増大は、すなわち農業労働力の大規模供給を帰結するのである。

　農村労働市場におけるかかる需給不均衡は、不完全就業の増加、実質賃金の低下となって現われよう。実際、この国の農業労働者は、農耕の繁忙期を除くと、つねに失業の危機にさらされている。既出のBARD調査によると、調査対象の土地なし層二二五五家計のうち、年間を通じて何らかの仕事にありつけた家計数は三九%、残りの六一%は農繁期を除くと村内での農作業に仕事を得ることは困難であったと報告されている。農繁期以外は失業状態にあるもの五六%、村外での日雇労働に携わるもの三二%、商業に職を求めるもの六%、車夫四%、手工芸、仕立屋、魚とり、子守などが一一%、そして乞食も四%はいるという。

農業労働者の賃金は、東パキスタン時代のもの、バングラデシュ独立後のものの二つを得ることができる。前者の基準年を一九六六年、後者のそれを一九七一年とする消費者物価指数でデフレートした実質賃金指数をみると、図6－4(一四五ページ)のように東パキスタン時代の低迷、さらにバングラデシュ成立後においては、明らかな下降現象が観察される。バングラデシュ農業の停滞は、土地なし層もしくは農業労働者の累積、その帰結として生じた実質賃金の低迷状態の中に如実に反映されている。

3　貧困線

急速な土地細分化の過程で、土地なし層の農家数に占める比率が増加した。土地なし層の増加は、一定の雇用機会に対して農業労働者を過大に供給することになり、雇用条件を劣悪なものとし、実質賃金水準を低下させた。土地の細分化過程は、かかるメカニズムを通じて農村における所得分配の不平等化をもたらす。東パキスタンならびにバングラデシュの家計調査は、一九六四年以降の五時点について得られる。これによると、一九六四年を一〇〇とした農家の実質所得指数は、一九六七年には七四に下降し、以後八〇前後を低迷している。所得分配の

図6−5　所得水準とカロリー摂取量（概念図）

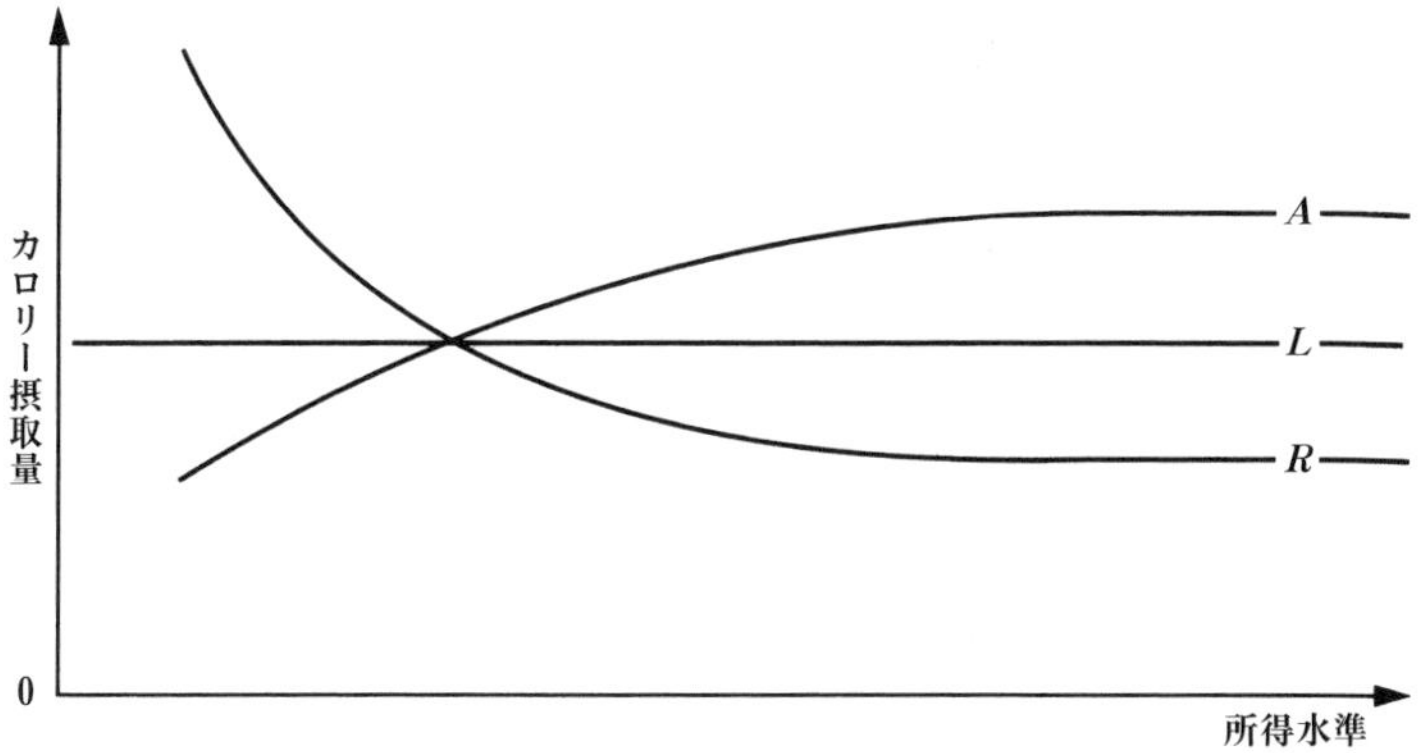

（資料）A. R. Khan, "Poverty and Inequality in Rural Bangladesh", ILO, *Poverty and Landlessness in Rural Asia*. Geneva, 1977.

不平等度を表わすジニ係数（既出）は、一九六九年〇・二四、一九七四年〇・三七、一九七七年〇・四四へと不平等化傾向を示した。われわれはさきに土地分配の不平等化傾向を確認した。一九六〇年代の後半期に始まる一〇年間の農家所得の分配不平等化の背後に、土地の細分化とこれに伴う土地分配の不平等化があったことを推論できよう。

農家所得は一九六〇年代の後半期から停滞を続け、分配の不平等化はなおこのように著しい。「貧困線」を下まわる絶対的貧困層が、この間に増加したことが予想される。貧困国の貧困層にとっては、食糧こそが最も基礎的なニーズであるがゆえに、これをもって絶対的貧困の指標としてみよう。すなわち、ある最低限の必要カロリー量を含む食糧を購入できる一人当たり月額消費支出水準を、貧困線と考えるのである。世界銀行は、バングラデシュのその値を一八〇五カロリーとした。もちろん必要カロリー量は年齢や性によって一様ではない。世界銀行の数値は一九七〇年の年齢別、性別人口構成によってウェイトづけして計測されたものである。この貧困線以下の農家人口比率は、一九六七年四二％、一九七四年四四％、一九七六年六四％、一九七七年六〇％と変化

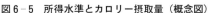

した。絶対的貧困線以下の農家人口比率がきわめて高く、さらに顕著な拡大傾向をたどったのである（World Bank, *Bangladesh: Current Economic Position and Short-Term Outlook*, Report No. 2870-BD, Annexe 1, March 1980）。

バングラデシュの絶対的貧困は、土地なし層、零細農民の広範な存在と密接な関係がある。この点でわれわれは、政府の栄養調査によって農家規模とカロリー摂取量との間に有意の相関が存在することを確認しうる。この調査によれば一人当たりカロリー摂取量は、土地なし層ならびに〇・五エーカー未満農家一九二五カロリー、〇・五～一・〇エーカー農家二〇三五カロリー、一・〇～三・〇エーカー農家二一九三カロリー、三エーカー以上農家二三七五カロリーである。農村における唯一の資産である土地の利用可能性こそが、この国の農民が生きのびていくことの必須の条件なのである（Government of Bangladesh, *The 1975–76 Nutrition Survey of Rural Bangladesh*, Dacca, 1981）。

ＩＬＯのＡ・Ｒ・カーンは、世界銀行が試みた算出方法では絶対的貧困は過小評価だと考える。必要カロリー量は所得水準に応じて不変（図6－5の*L*線）ではなく、バングラデシュのような開発途上国における下位所得階層は、農業労働者として厳しい肉体労働に従事することが多く、したがってより多量のカロリーを必要とする（*R*線）からである。しかし低所得者層ほどわずかなカロリーしか摂取しえない（*A*線）のが現実であるから、必要カロリー量と現実とのギャップは、低所得者層ほど大きいとみる。

4　葛藤の都市化

人口土地比率の急速な上昇過程で、土地保有者は土地借入者へ、さらに土地借入者は耕地権をもたない土地なし層へと転落していく。この過程は同時に、農業労働者群の創出過程でもあった。労働供給はかく増大する一方、農村における雇用機会は少ない。その結果、不完全就業が一般化するとともに、農業労働者の実質賃金は低下した。そうして発生した貧困農民は、都市に向けて「押し出」されていく。都市に有利な雇用機会があり、これに「吸引」されて労働が移転するのではない。農村における雇用機会の欠如が、農民を都市へと押し出すのである。

二つのセンサス年、一九六一年と一九七四年の二時点における農村の人口増加は年率二・三%であり、一方、都市のそれは六・七%に及んだ。とくにダッカ、チッタゴン、クルナの三大都市の人口増加率は、それぞれ九・四%、七・一%、九・九%とさらに高い。都市農村間人口移動を反映した数値であろう。しかし、この国では公式の地域間人口移動統計は得られない。主要都市の標本調査にもとづいたある研究は、農村から都市への転入者数の都市人口に占める比率は、一九五一〜六一年には一五・六%であったが、一九六一〜七四年にはこれが四〇・八%へと増加したと推計している（R. H. Chaudhury & Others, *Management of Immigrants to Urban Regions of Bangladesh*, Bangladesh Institute of Development Studies, Dacca, 1975）。また一九七四年センサスを基礎としたもう一つの推計によれば、バングラデシュの都市化率は中部、南部、東部、北部の順に高いが、都市人口に占める農村出身者の比率はそれぞれ六四%、四四%、三五%、二二%と並び、都市化率の高さと農村出身者比率の高さとの間に目立った相関があるとも主張している（R. H. Chaudhury, *Urbanization in Bangladesh*, Centre for Urban Studies, Dacca, 1980）。

押出型都市化である。都市に流入しても人びとは雇用機会に恵まれることは少ない。雇用機会が少なく、一方で労働力の供給が続く限り、都市における低生産性、不完全就業、低賃金は、その度合を厳しくしていかざるを

図6－6　ダッカ市のスラム・不法占拠区域

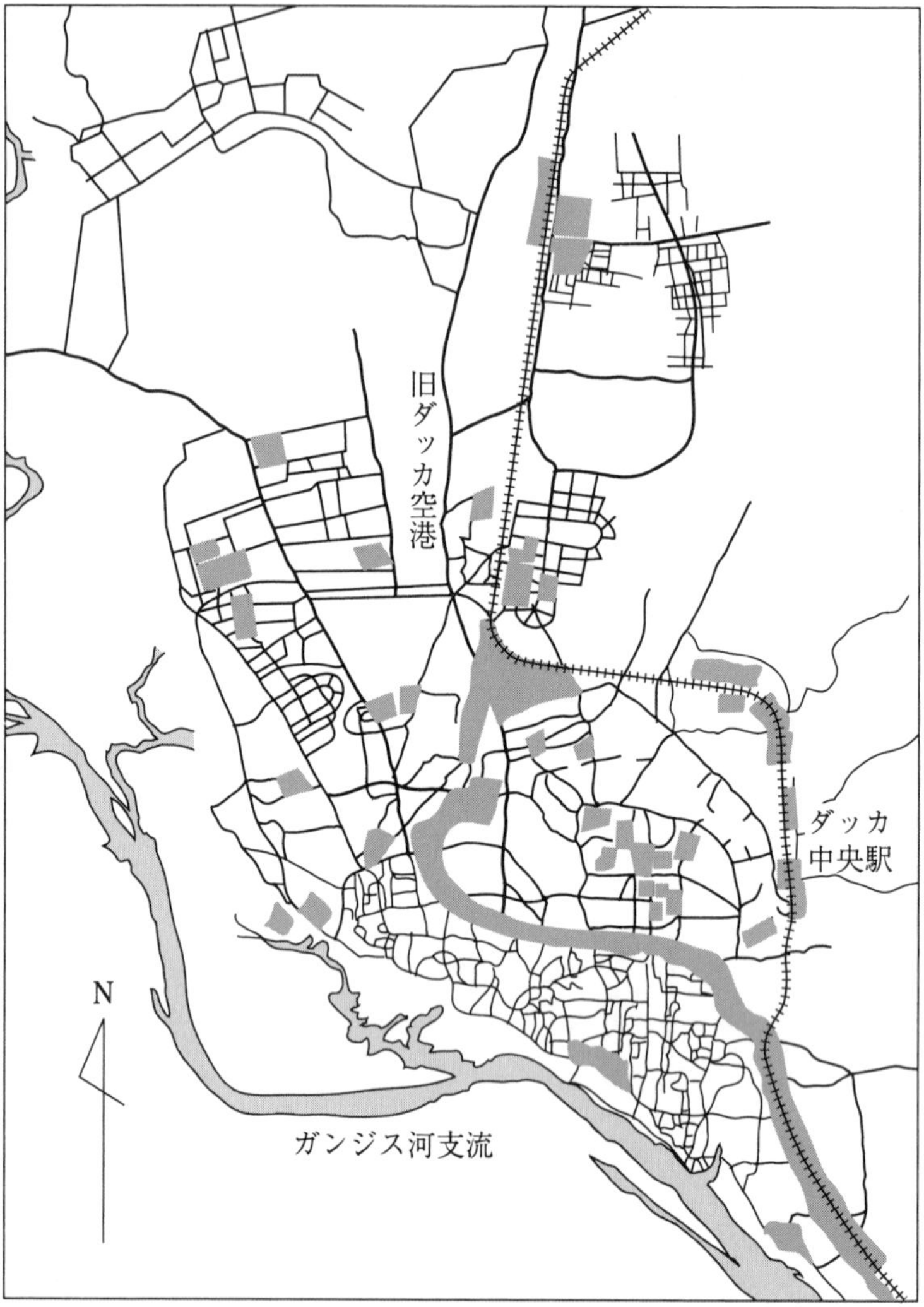

（注）　アミの部分がスラム・不法占拠区域。

（資料）　S. R. Qadir, *Bastees of Dacca: A Study of Squatter Settlement*, Local Gavernment Institute, Dacca, 1975.

えない。都市未熟練労働者の実質賃金は一九六〇年代の後半期から低迷を続け、一九七一年を一〇〇とした指数は一九七五年には三五にまで低下した。絶対的貧困化過程は都市においても厳しい。既述の世界銀行調査によれば、一八〇五カロリーを満たすことのできない都市家計人口の比率は、一九六七年二三％、一九七四年二九％、一九七六年四一％、一九七七年六三％と推移している。

バングラデシュの貧困と停滞は、都市のスラム・不法占拠区域の広がりに象徴される。一調査によると、ダッカ市民の四人に一人はスラムに居住し、そのスラムのほとんどは不法占拠区域にある。住民の多くは、ファリドプール県、ボリサル県、コミラ県、ノアカリ県などからの農村出身者であるという。図6－6は、ダッカ市における不法占拠区域を図示したものであるが、多くが鉄道の線路脇、道路沿い、駅などの公共施設の周辺に集中している。中央をくねる川のような不法占拠区域帯は、鉄道の旧線路跡である。ダッカ市内にはスラム・不法占拠区域が相当広範に散在していることがわかる。

そこでの生活は悲惨な状態にある。一調査によれば、九八％の家族に便所がなく、九六％の家族は灯油ランプすら保有しない。七四％が家具らしきものをまったくもたず、ラジオ、時計をもつものは、それぞれ五％、四％だという。これら住民のために道路、電気、水道、排水、消毒サービスが提供されることはなく、学校、診療所は建設されていない。都市のスラム・不法占拠区域での厳しい生活に倦んでも、彼らには帰るところはない。同じ調査によれば、スラム・不法占拠区域住民の六二％は、その生活が永続するものと考えており、生活水準の上昇を展望しているものは少ない。

5　緑の革命

独立後の一九七三年から一九七八年までは第一次五ヵ年計画期間とされ、食糧自給の達成、雇用機会の大幅拡大などの意欲的な目標が盛られた。しかしバングラデシュの成立に伴って、東パキスタン時代に形成された行政機構は崩壊し、新たに政権を握ったアワミ連盟は強い指導力をもちえなかった。五ヵ年計画の発表に先だつ一九七二年三月には、社会主義型社会実現のための布石として主要産業の国有化がなされた。しかし、自らの能力を越える裁量権を抱えこんで、政府主導の開発計画は混乱を重ねざるをえなかった。一人当たり所得成長率の計画目標は二・五％であったが、実績値は一・一％であった。第一次五ヵ年計画はのちに一九七八年からの二ヵ年計画に引き継がれたが、この計画は第一次計画の遅れを取り戻すことに主眼をおいた。しかし二ヵ年計画がどの程度達成されたかについての詳細は、いまだ公表されていない。そして一九八〇年には第二次五ヵ年計画が発足した。

この第二次五ヵ年計画の目標、ならびに目標実現のための政策的優先順位は、第一次計画、二ヵ年計画に比較してより明確なものとされた。緊急な課題が絶対的貧困の解消にあるという考えをはっきりと打ち出し、最貧層に雇用機会を提供してその実質所得を上昇させ、もって彼らの基本的ニーズを満たすことが政策目標とされた。国家計画の中心が農業開発計画となった。農業開発の核心は灌漑・排水面積の拡大にある。第二次五カ年計画における開発支出総額の三二％が農業開発に充てられて最大の支出先となり、灌漑・排水事業費がその中心となった。バングラデシュの場合、耕地の外延的拡大のフロンティアは消滅している。したがって灌漑によって乾期

図6－7　河川水位の季節変動

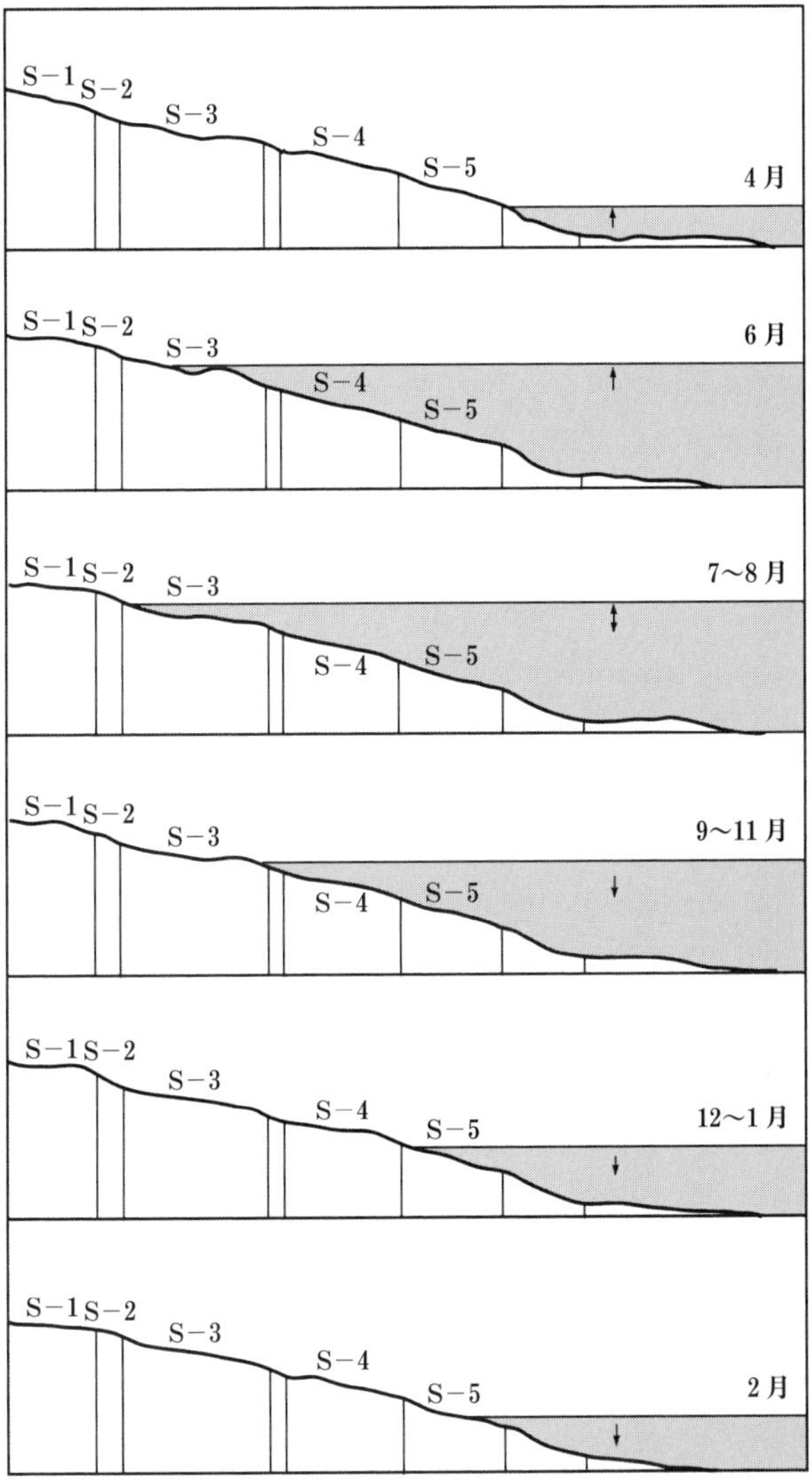

（資料）　菱口善美「バングラデシュの農業開発（一）」『アジア研究』第20巻第4号，1974年1月。

の、排水によって雨期の土地利用度を高め、ここに高収量種子を導入して、土地生産性を高めていくことが重要な課題である。

自然灌漑農法の最大の問題は、乾期においては比高の高い土地では十分の水を確保することができないこと、逆に雨期には冠水のために、土地不足にもかかわらず、耕地を遊休させざるをえないことである。バングラデシュにおける河川水位の概念図が図6－7（一五三ページ）であり、水位の年間を通じての変化は著しい。水位変化に応じてS－2からS－5までの耕地でさまざまな品種の稲作がなされる。乾期の低水位期にはS－3やS－4の耕地が利用不可能であり、雨期の高水位期には冠水したS－4以下での稲作が不可能となる。灌漑・排水施設の建設によってこの問題を解決しなければならない。雨期の氾濫水を利用する稲作の場合、水を人為的に制御しえないために、高収量種子の導入が難しい。灌漑・排水は高収量種子導入のための不可欠の要件である。すなわち灌漑・排水計画は、一つには土地利用率を高め、二つには利用率の高められた土地に高収量種子を導入し、この二つによって土地生産性を上昇させていくための重要な企図である。外延的拡大の余地を失ったバングラデシュ農業の新しいフロンティアが、ここにある。

灌漑・排水計画によって水を制御できれば、場所によっては稲の三期作も可能であり、全土の土地利用率（作付延べ面積の耕地面積に対する比率）を少なくとも二〇〇％にまで高めることが可能だといわれる。しかし、一九六六年以降、バングラデシュの土地利用率は一三五％から一五三％の範囲にある。一九八〇年代初めの土地利用率は一五三％であり、この値はバングラデシュ独立後の最高値ではあるが、独立前の一九七〇年の水準を二％上まわっただけである。この事実は、灌漑排水施設の未整備を物語っている。灌漑面積の耕地面積に対する比率は、最近年にいたってもなお一七％である。アジア諸国の中では最低水準に属する。

一九七三年に開始された第一次五ヵ年計画における灌漑面積の拡大目標は二三七万エーカーであったが、実績値は五六万エーカーであった。一九七八年からの二ヵ年計画においても目標値一二四万エーカーに対して、実績値は八〇万エーカーを下まわった。第二次五ヵ年計画によれば、一九八〇年から一九八五年までに三五四万エーカーの灌漑面積を新たに拡大するとされている。第二次五ヵ年計画におけるこの目標が達成されなければ、食糧増産計画の根幹が崩れ、ひいてはこの国の最重要の計画目標である絶対的貧困の解消は達成できない。基本的ニーズの重要品目である米、小麦の増産は、灌漑・排水計画によって水の制御が可能となった地域に高収量種子を導入し、計画値を実現することが目論《もくろ》まれているからである。

近年、バングラデシュにおいても、IR系の高収量種子が導入されるようになった。米作面積に対する高収量種子導入面積の比率は、一九七〇年の三％から一九七四年の一五％へと上昇した。しかし、以降、現在まで導入面積比率はこれを越えていない。灌漑面積比率の増大がない以上、高収量種子の導入比率もこの辺りで低迷するよりほかない。バングラデシュの場合、独立前に開発されたそれほど広くはない灌漑地域に新たに高収量種子が導入されたものの、この灌漑地域が尽きるとともに、導入も終息してしまったとみられる。

バングラデシュにおける農村階層構造を考慮するならば、高収量種子を導入してその利益を享受しえた階層はかなり限定されている。高収量種子の導入には、水の制御された土地に肥料と農薬を集中的に投入することが必要である。したがって水の制御のための灌漑・排水費用、肥料と農薬使用のための追加的現金費用は、在来種に比べて大きい。したがって高収量種子導入のためには、政府、もしくは政府の支援を受けた「制度的金融」機関からの農業信用の利用可能性が開かれねばならない。しかし貧困な農村社会における信用能力は、土地保有規模によって決まる。耕地規模の大きい農民ほど所得水準が高く、資産は豊かであり、したがって返済能力が高い。

富農ほど手厚い農業信用の恩恵を受けてより高い純収益を得る一方、大半の貧困農民はこの機会を享受できない。貧農が頼れるのは、農村内の金貸しなど「非制度的金融」であるが、金利水準は制度的金融機関のそれに比較して高い。低利信用が利用できないことによって、高収量種子導入に要する農業投入財の入手は難しい。

ダッカ郊外二村の調査によると、チャンダーカンディ村で一九七五〜七七年に供与された農業信用八五〇件のうち七二〇件すなわち八五%が、この村の農家数の三〇%を占める三エーカー以上農家に与えられたという。農家数の七〇%を占める零細農民に与えられた農業信用は残りの一五%にすぎなかった。モミンプール村の場合には、同じ年に農業信用の八〇%が農家数の二七%を占める三エーカー以上農家に与えられた。同じく農業投入財の分配においても、チャンダーカンディ村の場合には、観察期間に売却された肥料と農薬のうち、前者の六三%、後者の七〇%が三エーカー以上層に売却された。モミンプール村の場合には、肥料の八〇%、農薬の八五%がやはり三エーカー以上農民に売却されたという (E. Ahamed, "Agricultural Development Policy of Bangladesh: Social and Political Consequences", M. M. Khan and H. M. Zafarullah, (eds.), *Rural Development in Bangladesh: Trends and Issues*, Centre for Administrative Studies, Dacca, 1981)。三エーカー未満農民が高収量種子を導入しうる可能性は農業信用、したがってまた農業投入財の利用可能性の格差によって厳しい制約を受ける。

政府は、総合農村計画にもとづき農民協同組合組織を積極的に育成しており、新生産技術の普及、そのための種子、肥料、農薬、揚水ポンプ、井戸などの供給を、この組織を通じて行っている。一九八〇年現在、全国四三〇郡のうち二八〇郡で組織化が終了したと報じられている。しかし組織の中心的成員は富農であり、零細農の参加は少なく、土地なし層が組織化されることはない。

零細農が高収量種子を利用しえないのには、さらに次のようなやや技術的な理由もある。高収量種子の単位面積当たり収量は伝統種のそれよりも高い。しかし前者の収量の変動は大きい。すなわち高収量種子はまさにそれが新品種であるがゆえに、実際の圃場における適応過程を十分に経ていない。そのために環境条件が良好な年には高収量を期待しうる一方、不順な天候や病虫害に弱く、そうした悪条件の年の収量は大きく低下せざるをえない。これと対照的に、伝統種の平均収量は低いけれども一定の水準で安定している。収量低下の危険性を考慮に入れるならば、蓄えをもたない零細農が、高収量種子の導入によって発生しかねない飢餓の危険性に敏感なのは当然である。低所得社会においては、「利潤極大化」ではなくて、「危険極小化」が農民の行動原理たらざるをえないのである。

また、高収量種子を導入するならば、零細農は投入財購入や生産物販売の市場面での不確実性にも対処しなければならない。投入財価格が上昇した場合、蓄えのない零細農がこれを購入することは難しい。逆に農産物価格が低落した場合、貯蔵して価格上昇期をまつ余裕や施設は、零細農には少ない。要するにリスク負担能力の如何が高収量種子導入を左右する制約要因なのであり、零細農はこの能力において薄い。緑の革命もいまだ最貧農民層救済のための革命とはなっていない。

6　バングラデシュの影

絶対的貧困化は、ひとりバングラデシュに固有のものではない。アジアの近年の経済成長率は、全般にかなり高い。ＮＩＣＳはもちろんのこと、ＡＳＥＡＮ諸国の経済成長率も前者とさして変わらぬ高水準にある。ＡＳＥＡＮ諸国のこの高度成長は製造業部門によって牽引された。一九七〇年代におけるＡＳＥＡＮ諸国の製造業の年平均成長率は一〇％を越えて「趨勢《すうせい》加速」が観察される。ＡＳＥＡＮ諸国は、バングラデシュの発展から導かれた、右に述べてきた絶対的貧困化のメカニズムから逃れることができたかにみえる。しかしこうした全体的な好実績の中にありながら、実はその背後で農村の貧困化過程が進んでいる。

ＡＳＥＡＮ諸国の人口増加率はこれまで相当の高さにあり、耕作フロンティアの消滅傾向は明らかである。農村の高い人口増加率に由来する土地細分化は、タイ、フィリピン、インドネシアのいずれにおいても厳しい。零細農民と土地なし層の増大は、ここでも農村における賃金労働者の供給を増加させている。農業労働者の供給増大とともに、実質賃金水準はフィリピンとインドネシアにおいて低下した。かかる経緯のもとで所得分配の不平等化がもたらされ、下位農民階層の貧困を深刻なものとしている。この分野において精力的な調査に携わるＩＬＯは、その報告書において、アジア諸国の多くが高度経済成長を達成しながらなお、農村内部に絶対的貧困を相当規模で堆積させてきたことを立証している（International Labour Organization, *Poverty and Landlessness in Rural Asia*, AWEP Study, Geneva, 1977）。

問題は、アジアの人口増加率と労働力増加率が高いことばかりにあるのではない。アジアの工業部門のかつてない成長期に農村の貧困化過程が顕在化したのは、工業部門の雇用吸収力が弱いという事実に関係がある。多くのアジア諸国は、工業化における戦略的役割を外国民間企業を含む近代部門の大規模工業単位に求め、これに多様な国家的保護を与えることによって、高い工業化率を達成してきた。しかし保護による工業化は、近代部門に資本集約的、労働節約的な生産方法の採用を促したために、その雇用吸収力は意外に弱い。工業部門の雇用吸収力が弱いがゆえに、工業化が進展しても農村労働力を吸収する十分な力をもちえず、農村は過剰な人口を抱えて農業生産性を上昇させるインパクトが形成されない。

過大な労働人口を吸引する術をもたない以上、多くのアジア諸国にとってバングラデシュの貧困化のメカニズムは自国のものでもある。

補章　東アジア経済の新動態——アジア化するアジア

第6章までの記述は一九八〇年代中頃に至るアジア経済を対象としている。それ以降、現在までの十数年の間にアジアで生じた多様な動態の中で注目さるべきものは何か。三つが上げられる。

第一に、ＮＩＣＳ（実は、この表現は後にＮＩＥＳつまり新興工業経済群という名称に変更され今日に至っているので、以下ではこの新しい表現を用いることにしよう）に続いて、東南アジアさらには中国が「成長地域」として登場し、世界に占めるプレゼンスを著しく大きくしたという事実がある。

第二は、しかしこの地域が一九九七年の夏に全域的な規模で経済危機に陥り、「成長地域」が「危機地域」へと暗転し、これとともにアジア経済論の彩りが楽観論から悲観論へと反転したという事実である。

第三は、中国の「改革・開放」が軌道に乗り、一九九〇年代に入って間もなく超高成長の時代を迎えて、アジア危機を後目《しりめ》にひとり超然として発展を続けているという事実である。近年では中国経済大国化論さえ登場するにいたった。

補章ではこの三つのテーマについての私見を述べよう。なお本章では、ＮＩＥＳ、ＡＳＥＡＮ諸国、中国の三つの国・国グループを含む地域を「東アジア」と呼ぶことにしよう。ＮＩＥＳは韓国、台湾、香港、シンガポール、ＡＳＥＡＮ諸国はタイ、マレーシア、インドネシア、フィリピンのそれぞれ四つの国・地域を想定する。

1　東アジア相互依存の時代

東アジア経済の発展過程で生じた次の二つのダイナミックな動向に注目しよう。一つは、世界における東アジアのプレゼンスが一段と大きなものとなり、東アジアが世界経済を牽引する強い力をもつようになったことである。もう一つは、東アジア各国間に相互依存関係が強化され、アメリカや日本という域外大国の動向に左右されない自立的な発展メカニズムがこの地域に生成したことである。

表補－１（一六二ページ）は、世界各地域の輸入額において東アジアからの輸入額がどの位の比率（輸入依存度）を占めるかを示す。日本の東アジアからの輸入依存度は、一九八〇年には一九・八％であったが、一九九八年にはこれが三四・七％に上昇した。

ＮＡＦＴＡとはアメリカ、カナダ、メキシコからなる北米自由貿易協定のことである。この協定に参加している三国の東アジアからの輸入依存度は同期間に八・九％から一七・一％へとこれも急上昇した。ＥＵ（欧州連合）一五ヵ国の東アジアからの輸入依存度は同期間に二・八％から六・七％へと上昇した。これを反映して世界全体の輸入に占める東アジアからの輸入依存度は一九八〇年には七・四％であったが、一九九八年には一六・八％となった。

表補－1　各地域の輸入額に占める東アジアのシェア

（単位：%）

	日本	NAFTA	EU	世界
1980	19.8	8.9	2.8	7.4
1985	24.3	12.7	3.0	9.9
1990	25.8	15.3	4.2	12.3
1995	33.7	18.4	6.2	17.2
1998	34.7	17.1	6.7	16.8

表補－2　各地域の輸出額に占める東アジアのシェア

（単位：%）

	日本	NAFTA	EU	世界
1980	25.7	—	2.3	7.6
1985	24.1	8.6	3.1	9.9
1990	29.6	11.3	3.5	12.4
1995	42.1	13.9	5.7	17.9
1998	33.2	10.6	4.2	14.4

（資料）IMF, *Direction of Trade Statistics Yearbook*, Washington, D. C., various years.

東アジア諸国はたかだか二〇年の間に、世界の先進地域において急速にその市場シェアを拡大したのである。世界全体に占めるシェアにおいて、東アジアが現在一七%近くを占めるまでになったという事実は画期的である。

各先進地域の東アジアへの輸出も急増している。これを示したものが表補－2である。日本の総輸出に占める東アジアへの輸出比率（輸出依存度）は、一九八〇年から一九九五年までの間に二五・七%から四二・一%へ上昇した。しかし、一九九七年以来のアジア危機の影響を受け、東アジアの輸入が激減して一九九八年にはこの比率は三三・二%となった。NAFTAとEUの同比率も上昇している。世界の総輸出に占める東アジアへの輸出シェアは一九八〇年の七・六%から一九九五年の一七・九%へ上昇し、一九九八年現在、一四・四%である。東アジアは、世界の成長を需要面から引き上げる大きな力をもつようになったのである。

東アジアの成長は、豊かな購買力となって他地域からの輸入を増加させ、高い生産性を伴って実現された東アジアの成長が輸出競争力を強化して他地域への輸出を急上昇させた。そうして東アジアは世界経済に占めるプレゼンスを高め、世界の成長を牽引する地域となった。

東アジアのほとんどの国々は、第二次大戦終了時まで欧米列強の植民地支配のもとに組み込まれていた。東アジアは植民地宗主国の需要する食糧や工業原材料など特定少数の一次産品の生産と輸出に特化したモノカルチュア（単一栽培）経済であり、宗主国の需要動向によって左右される脆弱《ぜいじゃく》で従属的な体質であった。みずからの立ち居振る舞いが他に及ぼす影響力は小さなものでしかなかった。影響力の一方向的な関係である。

第二次大戦の終了を契機にして東アジア諸国は植民地からの政治的独立を達成し、以来、開発の苦闘史を開始したものの、影響力の一方向的な関係は容易に変化しなかった。しかし現在、東アジアはついに世界の先進地域に経済的影響力を行使し、世界経済の成長を牽引する存在となった。東アジアの歴史を顧みて画期的なことだといわねばならない。

東アジア域内の相互依存関係が強化されたことが同時に注目されねばならない。表補－3（一六四ページ）は貿易相手地域別にみた東アジアの輸出依存度、表補－4（同ページ）は輸入依存度の五時点の変化である。東アジアの輸出相手地域として大きな伸びをみせたのは他ならぬ東アジアである。域内輸出依存度が顕著に増加したのである。一九八〇年の域内輸出依存度は二三・〇％であったが、これが一九九八年には三六・〇％となった。東アジアの輸出相手としての日本のポジションは同じ期間に一九・八％から一〇・六％へと低下した。一九八五年以降、NAFTAならびにEUの動きは緩慢である。

輸入相手域でみても、東アジアにとって最大の依存度をもつのは東アジアである。一九九八年の域内輸入依存度は四二・二％である。日本からの輸入は同期間に二二・八％から一六・四％へと減少した。NAFTAならび

表補－3　東アジアの相手地域別輸出依存度

（単位：%）

	東アジア	日本	NAFTA	EU	その他	世界
1980	23.0	19.8	21.3	15.1	20.8	100.0
1985	26.3	16.9	30.9	10.8	15.1	100.0
1990	32.9	14.6	25.1	15.7	11.7	100.0
1995	39.2	13.0	21.8	13.7	12.3	100.0
1998	36.0	10.6	24.1	15.7	13.6	100.0

表補－4　東アジアの相手地域別輸入依存度

（単位：%）

	東アジア	日本	NAFTA	EU	その他	世界
1980	22.2	22.8	—	10.9	—	100.0
1985	26.3	22.8	15.1	10.9	24.9	100.0
1990	32.6	20.4	14.8	12.6	19.6	100.0
1995	37.6	20.5	13.1	12.7	16.1	100.0
1998	42.2	16.4	13.6	12.0	15.8	100.0

（資料）　表補-1，2に同じ。

にEUの動きはここでも乏しい。

要するに、顕著な伸びをみせたのは、東アジアの東アジアへの輸出依存度、ならびに東アジアの東アジアからの輸入依存度なのである。東アジアの域内貿易依存度は今後とも上昇していくであろう。東アジアは一九九七年の夏以来、全域的な規模で経済危機に陥り、しばらく低迷状態にあった。しかし現在では危機からの脱却に成功し、再び力強い成長過程に入った。今後少なくとも一〇年、東アジアは世界の平均的な成長率の三倍程度の成長率を持続するであろうと予想される。東アジアの域内市場は世界市場の三倍の速度をもって拡大し、域内貿易依存度は一段と強化されていくであろう。

東アジアを語る常套句は、植民地時代はもちろんのこと第二次大戦後もなお「対外的従属性」であり、「対外的脆弱性」であった。東アジアは、アメリカの巨大市場への輸出と日本からの資本財輸入に依存しなければ成長できず、その意味で東アジアは域外大国に「従属」した「脆弱」な存在だと考えられてきた。しかし、東アジアにとっての最大の市場は、現在、輸出・輸入とも東アジア自身であり、日米両国のプレゼンスは低下している。東アジアの地域内を東アジアの製品が循環する、つまり東アジアにおけるモノの「域内循環メカニズム」が形成されつつある。

東アジアの域内循環メカニズムは投資資金の面でもあらわれた。一九九〇年以来、ASEAN諸国に対する最大の投資者は域内国である。一九九〇年から一九九八年までのASEAN諸国に対する海外直接投資額をみると、日本六一二億ドル、アメリカ二八〇億ドル、NIES五三三億ドルである。NIESは実際にはこの額より相当大きいものと想像される。

香港、台湾、シンガポールなどは、在外華人の住まうNIESである。NIESの華人は、ASEAN諸国の在外華人と結んで出身地を同じゅうする人々の互助共同の人間関係ネットワークである「幇《パン》」——福建幇、潮州幇、広東幇、海南幇、客家幇《ハッカ》——を擁している。投資資金はそれら幇の「チューブ」のなかを融通無礙《ゆうずうむげ》に動いており、これを統計的に捕捉することは難しい。それゆえ、いま指摘したNIESの投資額は過小評価なのであろう。

中国が巨額の海外直接投資を導入し始めたのは一九九二年のことである。一九九二年から一九九八年までの七年間に中国が受け入れ実際に利用した海外直接投資額を投資国別にみると、香港、台湾、シンガポールなどの華人NIESが占める比率は、五二・二%に及んでいる。対照的に日米の占める比率は小さく、両者を合計しても一五・四%である。対中投資における最大の投資者は、域外の日本やアメリカではなく域内国なのである。貿易財だけではなく投資資金もまた域内を自己循環している。

東アジアにとって最大の貿易相手地域は東アジアであり、東アジアへの最大の投資資金提供者も東アジアである。アメリカと日本という域外大国の東アジアに対する影響力は、次第に薄いものとなった。東アジアという地域を舞台に、従属的ではなく自立的な、脆弱ではなく強靭《きょうじん》なメカニズムが生成した。その意味で、アジアは「アジア化」しつつある。

2　アジア経済の危機と修復

高成長過程を歩んできた東アジアの経済が、一九九七年の夏に突如として乱調となった。どうして東アジアで経済危機が発生したのか。またアジアはいかなるメカニズムで危機から修復したか。

アジア経済危機とは、一言でいえば大量に流入した外国資本があるきっかけから反転逃避し、そのために外国資本に依存して高成長過程を歩んできた経済の屋台骨が崩れたという現象である。

高成長の東アジアへの期待は大きく、海外諸国は多彩な投資をここで展開した。東アジアへの投資形態はかつては長期資本が中心であったが、今日では証券投資、銀行融資がこれに加わった。投資形態が多様化した要因としては、アジアへの巨額の資金の出し手であるアメリカと日本の変化が大きい。

今日、世界各国の資金は国債保有や株式取得の形態でアメリカに集中しており、アメリカは世界最大の債務国である。アメリカはこの資金を用いて情報通信産業を中心に経済の再構築を図り、高成長過程を歩んできた。高成長過程で富裕化した金融資産がさらに「価値増殖」を求めて、成長期待の大きい「エマージングマーケット」東アジアに投資された。国民年金基金やミューチュアルファンドと呼ばれる投資信託基金などが、アメリカの東アジア投資の原資である。

日本は一九九〇年代の初めにバブル崩壊がおき、以来、経済は長らく低迷をつづけた。日本の投資資金は国内で有利な投資機会をみつけることが難しく、アメリカの国債保有や株式取得に向かう一方、成長期待の高い東アジアへの投資に活路を求めた。

東アジアはドルペッグ制という、外国投資者にとってリスクの少ない通貨システムを維持してきた。ドルペッグ制とは、自国通貨の価値をドルの価値と連動させる制度のことである。ドルと現地通貨との価値関係が不安定であれば投資者のリスクは大きく、したがって外国投資はなされにくい。それゆえ投資国と自国通貨との価値関係を「釘付け」(ペッグ)する制度は外資導入に多大の力をもった。

ドルがアジアに流入すれば、このドルは現地通貨に変換されて大量に市場を流通する。ドル流入はインフレ圧力をつくり出すのである。インフレ抑制のために発動されたのは公定歩合の引き上げであった。公定歩合の引き上げが市中銀行の貸出金利を引き上げ、この金利引き上げは元来が資金不足のゆえに金利の高い東アジアの金利水準をさらに高め、内外金利差を拡大した。内外金利差の拡大は、金利差を利用して有利な資金運用を図ろうとする短期性の外国資金(短資)を呼び込んだ。

外国資金はドルペッグ制、内外金利差などの力を得て、何よりも「エマージングマーケット」の魅力に引き寄せられて東アジアに大量流入した。アジア経済危機とは、流入した外資があるきっかけから反転逃避して起こった現象である。あるきっかけとはバブルの崩壊である。短資は短資であるがゆえに短期的収益の極大化を狙う。短期的収益は不動産や建物などの売買において最も容易であり、それゆえ短資はこれら資産市場に集中流入したのである。

高い期待収益に応じて活発に流入した短資が現実に高収益をもたらし、一層の資金流入が生じ、そうして資産価格の高騰と高収益とのスパイラル、つまりは資産ブームが現出した。バブルの発生である。バブルの渦中で投資家の気分は高揚し、高収益が永続するかのような幻想が東アジアを風靡《ふうび》した。

表面張力の限界にまで伸びきったバブルは、何かのきっかけで容易にはじける。異常な資産ブームを懸念する政府が資産市場への資金流入規制措置をとってバブルがはじける、というのが典型例であった。日本のバブル崩壊と同様である。こうしてブームを支えていたメカニズムが反転した。資産価格が暴落し、資産市場に向けて融資を続けてきたノンバンクや銀行などに不良債権が累積して、金融機関がたちゆかなくなった。

外資が海外に逃避したのは当然である。有力な外国投資家が逃避を開始し、群小の投資家はこれにならって逃避した。「群集心理」である。レート防衛のために海外逃避した分だけのドルを、東アジア各国はみずから供給しなければならず、中央銀行が外貨準備を取り崩してドルを外国為替市場に放出した。外国為替市場介入である。しかし東アジアの外貨準備は、ほどなくして払底した。

さらに困ったことが起こった。外貨準備の減少は外国投資者の不安を増長し、この不安が資本逃避を加速させた。外貨準備が底を打って東アジアはドルペッグ制放棄を余儀なくされ、変動為替レート制へと移行するや為替レートが暴落したのである。

現地通貨の対ドルレートの低下は、その低下分だけ現地通貨で換算された返済額を膨張させる。為替差損の発生である。苦境に陥った金融機関はみずからの再生のために融資資金の回収に走る一方、「貸し渋り」（クレジットクランチ）を一般化させた。工業部門やサービス部門が資金繰りに窮して操業や営業に齟齬《そご》が発生し、失業者が群生し賃金・給与水準が下降して消費を低迷させた。通貨危機によって生じた金融危機はこうして経済危機へと広がっていった。

ブーム期に上昇に向かっていたあらゆるベクトルが、ブームの崩落によっていっせいに下降へと反転してしまったのである。人間の欲望が解き放たれた市場経済においてはどこにでもみられる現象であり、別段、この危機に「アジア的特殊性」があるわけではない。

ところで、現在の東アジアは経済危機からの着実な修復過程にある。危機が発生するや、市場経済の十全な作動を許さない東アジアの構造的要因に危機の根因を求める「構造危機論」が世を覆った。しかし、三年を経ずして修復を完了した東アジア経済の現実を眺めるならば、注目さるべきはむしろ市場経済の強靭性である。以下に述べる修復のメカニズムは、東アジアの市場経済の強靭性を明瞭に物語るものであろう。

東アジアは開発途上国であり、それゆえ経常収支は赤字であった。しかし、東アジアの経常収支は一九九八年以降、すべての国で黒字化した。為替レートがあれほど低下したのであれば、輸出が増加し輸入が激減して貿易収支、次いで経常収支が改善するのは当然のことであった。経常収支が黒字となったために、外国為替市場介入のために放出され底をついていた中央銀行の外貨準備は次第に豊富化した。外貨準備が潤沢になって各国通貨の対ドルレートは安定化した。

為替レートの安定化により、レート下落を食いとめるために採用されてきた緊縮財政、金融引き締めの緩和が可能になり、この緩和を通じて金利が低下した。金利低下は借り手の金利負担を減少させ、新規投資意欲を引き出し投資を回復させた。投資増加に支えられて工業生産が復調し、危機時に低下した賃金・給与が増加に向かい、失業率も低下した。このことが消費拡大をもたらし、民間消費支出がV字型の増加をみせたのである。

東アジアはかかるメカニズムを通じて経済危機を脱した。危機は厳しいものであったが、危機のメカニズムも修復のメカニズムも、経済学的に十分理解できる類の現象であることを再確認したい。東アジアの経済的修復は、この地域において市場経済が十分に機能していたことを力強く証すものであったということができる。

3　中国経済大国化の可能性

中国経済大国論が賑わいをみせている。経済成長は堅調であり、世界におけるプレゼンスも高まった。外国企業の対中進出が次第に熱を帯び、珠江デルタ（広東省）や長江デルタ（江蘇省、浙江省）には、情報通信関連部門を中心に巨大な産業集積が形成されつつある。こうした事実は経済大国化への動態なのであろう。

しかし、中国大国化論は時期尚早であろう。大国化の可能性は私も否定しない。しかし、その可能性を論じるのは、現下の容易には越え難いいくつかの改革課題をクリアーしてから後でなければなるまい。現在の中国の改革課題は何か。

中国の経済体制改革の方式は「双軌制」、すなわち計画経済軌道と市場経済軌道の併走である。計画経済を温存しながら市場経済の支配する領域を次第に広げていくという漸進主義的な改革方式である。ビッグバンによる急進主義的な改革方式とは対照的である。

体制改革の起点、一九七九年に工業総生産額の八割を占めていた国有企業のシェアは近年三割を切るまでに縮小し、市場経済軌道を走る郷鎮企業、外資系企業、個人・私営企業など非国有企業群のシェアが拡大した。双軌性の成功である。しかし双軌制の成功とは、裏を返していえば国有企業が非国有企業との競合に破れ、その経営状態が深刻化したという事実にほかならない。

中国の国有企業のシェアは工業総生産額の三割を切るまでに縮小したとはいえ、固定資産総額においてはなお五割以上を占め、しかも基幹産業においてこの比率は一段と高い。また国有企業就業者は都市被雇用者の四割以上、加えて優秀な就業者の多くは国有企業に集中している。そのプレゼンスからして、国有企業改革の成功なくして中国経済の真の大国化はあり得ない。また、国有企業改革なくして行財政改革も金融改革も進捗《しんちょく》しないという「改革のリンケージ」がある。後者については後に述べる。

中国政府は一九八四年以来、国有企業改革のためのカードを切り続けた。工場長責任制、利潤請負制、利改税（利潤上納制から法人税納付制への変更）、撥改貸（財政資金供与から銀行融資への変更）、政企分離、経営請負制などである。こうした多様な改革を経て、今日、改革のポイントとなっているのは、中国語で「両権分離」と称されるところの「所有と経営の分離」であり、この分離による国有企業のコーポレートガバナンス（企業統治）の強化である。

一九九七年の第一五回共産党大会における江沢民の報告は、社会主義のもとでも株式制の導入が可能であることを主張して画期的であった。しかし、国有企業への株式制の導入には深刻なディレンマがある。社会主義の原則は公有制主体である。それゆえ株式制の無原則な導入は社会主義の自己否定につながる。そこで江沢民報告では、株式制の導入が社会主義公有原則を傷つけてはならないが、株主の過半が国家と法人であり、この国家・法人株の市場売買を許さなければ社会主義公有制原則は守られると主張した。

実際、公表されている最新のデータによれば、中国の上場企業においては「国家関連株」（政府ならびに国有企業保有株）が六〇％以上であり、個人ならびに非国有企業の保有する「非国家関連株」は三五％である。要するに、株式制を導入しても所有制の変更はこれを認めないという方針が堅持されている。

しかし、これでは株式制を導入しても、直接金融を拡大し、国有企業の負債比率を引き下げ、自己資本比率を上昇させるという目的は容易に達成されない。今日の中国においては株式市場を通じての資金調達額は銀行融資額に比べてなお圧倒的に少ない。国家関連株が過半、しかもその売買が禁じられ、株式市場が発展しないのであれば、豊富な家計貯蓄も株式市場には流入しにくい。現在の中国では家計貯蓄の八〇％以上が銀行預金であり、証券市場に向けられているのは一〇％である。また、年金制度などが未整備であるために、家計貯蓄が機関投資家を通じて株式市場に流入することもない。

このような制約のゆえに、株式制の導入が、国有企業のコーポレートガバナンスの向上に寄与することも少ない。株式市場が十分に機能していないために、株価の変動という市場の圧力を通じて国有企業のガバナンスを改善させたり、効率的な企業により多くの資金配分がなされるというメカニズムも働かない。

株式制の導入は、一度これを渡れば社会主義の「帰らざる橋」となってしまいかねないという意味で、国有企業改革の「最後のカード」である。しかし、現在の制約条件が解かれない限り、株式制は国有企業の資金調達の補完的手段以上のものとはなるまい。株式制の導入が国有企業の自律的なコーポレートガバナンスを促すインパクトとなることも期待できない。

国家関連株が市場に放出されれば、流通株式量は一気に拡大し、株式市場成熟への幕が切って落とされることになろう。いずれそのような決定がなされることになろうが、これが社会主義公有制原則と直にぶつかるテーマであるだけに、いつ、いかなる形で断が下されるのか、判断は難しい。

国有企業改革と並ぶ切迫した課題が財政・金融改革である。しかし財政・金融改革が国有企業の改革と不可分に結びついているところに、課題解決の難しさがある。

中国の財政収入は中央財政にせよ地方財政にせよ、国有企業の法人税がその中枢を占めてきた。この基本構造はなお変わっていない。とくに地方財政収入の国有企業法人税への依存率が高い。さらに地方では、例えば道路建設負担金などの名目で国有企業から徴収される付加金、いわゆる「予算外収入」が加わる。

しかし、国有企業の経営赤字体質が払拭《ふっしょく》されておらず、また国有企業改革のためには企業内留保を増やさざるを得ないという事情が加わって、中国の財政収入の対GDP比は一貫して減少し、現在、一割前後となっている。財政支出は財政収入に見合って収縮せざるを得ない。減少率の最も大きい項目は基本建設費と国有企業欠損補助である。後者の財政支出に占める比率は、今日数%にまで縮小している。

国有企業である以上、その存続に最終的な責任を負うのは国家である。赤字企業の破綻が失業者を増大させ、これが社会不安、政治不安につながることを指導部は惧《おそ》れている。国家による欠損補助はいずれにせよ回避できない。

そうであれば国有企業への財政補助は、結局のところ金融機関融資へと変わらざるを得ない。「財政の金融化」である。これには財政主導の資源配分から金融仲介を通じての資源配分へ、というポジティブな一面がある。しかし、財政不足を銀行融資が「肩代わり」するというネガティブな他面がここでの問題である。国有企業の破綻を回避したい政府、とくに地方政府の意向が銀行融資への隠然たる圧力としてのしかかっている。また、銀行側には融資対象である国有企業の財務状況や経営リスクを管理する能力は薄い。

銀行に巨額の不良債権が累積している。中国の金融資産の八割以上を握る四大商業銀行（中国農民銀行、中国建設銀行、中国工商銀行、中国銀行）が抱える不良債権の規模は正確には捕捉できないが、融資総額の三〇%を越えるというのが大方の推測である。この不良債権をいかに解消するか。

一九九九年に入り、財政部の全額出資により四大商業銀行を対象に資産管理公司が設立された。資産管理公司が国有企業の不良債権を商業銀行から簿価で買い取り、買い取った不良債権を株式化し、資産管理公司が株主となって国有企業を再建する。再建後、資産管理公司が国有企業を売却して自己資金の回収を図るというメカニズムが想定されている。

しかし、先にも指摘したように財政は萎縮しており、財政赤字を現在以上に増加させることには逡巡《しゅんじゅん》がある。結局は国債発行によって不良債権買い取りの資金をつくるよりほかない。とはいえ、財政逼迫の一方で、景気対策、社会保障制度整備、西部開発などをめざして大量の国債がすでに増発されてきた。資本市場の未発達な開発途上国にしては、しかも国債発行を開始して間もない開発途上国にしては、財政の債務依存度はあまりにも高い。国家財政が国有商業銀行・国有企業の不良債権・債務に乗り出しているものの、力には限界がある。

金融の重要な役割は、効率的な資金需要者に対する貯蓄の配分機能である。市場競争の敗者に資金を傾斜的に配分することは、金融機関に不良債権を累積させるのみならず、一国経済のポテンシャルを殺《そ》いでしまう。投資額の七割を占めながら、生産額においては三割を切るまでに後退を続ける国有企業に対して傾斜融資を継続すれば、経済全体の生産性低下は避けられない。

問題の起点は国有企業改革の後《おく》れである。国有企業改革が進展しないがゆえに、中央・地方財政が萎縮し、またそれがゆえに銀行は国有企業融資を増やさざるをえず、そうして不良債権の累増を招いたのである。この「袋小路」から脱出して初めて経済大国化が議論の対象となろうが、脱出は容易ではない。

WTO加盟により、中国は経済の全分野にわたり強い国際的な競争圧力にさらされる。この圧力により、いずれは国有企業などの非効率的分野は淘汰され、そうして中国はいずれ経済大国として登場することになろう。しかし、そこにいたるまでの道は平坦ではない。三大改革に齟齬が発生すれば、経済大国化へのプログラムは相当ずれ込むと考えねばならない。

原本あとがき

ここしばらくさまざまな雑誌に発表してきたエッセイを、第1章で展開した筋書きに沿うように再編成したものが本書である。この二年ばかり私はアジア経済あるいはそれと日本との関係について、いつになくよくものを書いた。これまであれやこれやと考えてきたことが、少しはっきりとした「像」を結んだ時期であったように思う。現代アジア経済論のささやかな試みではあるが、私にとってこの著作はいろいろと思いが深い。

一書にまとめるに際し、少々思いきった加筆修正を施したので、原形を留めなくなった論文もあるが、覚書きとして初出についてしたためておきたい。

序章は、『地域研究』（筑波大学地域研究研究科紀要）第二巻一九八四年四月号に「知のアジアを求めて」として掲載されたものの一部である。第1章は、『経済評論』一九八四年八月号に「現代アジアの発展論的構造――私のエイシアン・ドラマ」として発表された。第2章は、『アジア・クォータリー』（毎日新聞社）一九八四年九月号に同名の論文として掲載されたものであるが、章末二つの節は本書のために新たにつけ加えた。

第3章は、『中央公論』一九八三年五月号に同名論文として発表されたものをもとに、T. Watanabe and H. Kajiwara, "Pacific Manufactured Trade and Japan's Options", *The Developing Economies*, Vol. XXI, No. 4, Dec. 1983 の成果を踏まえて書き変えた。また日本の対応を述べた部分は、『エコノミスト』一九八四年八月二七日号に「海外投資立国日本の課題――アジア水平分業圏の形成」として発表したものを使っている。なお、右の『中央公論』所収論文は、後に駐韓日本大使館の好意によって韓国語に、またジャパン・エコー社の手を通じて英語と仏語に翻訳されるという僥倖を得た（『イルボンウィメアリ』駐韓日本大使館広報官室、第五号、一九八三年七月。*Japan Echo*, Vol. X, No. 3, Autumn 1983: *Cahiers du Japon*, 5e année, N°18, hiver 1983)。

第4章は、『経済評論』一九八四年一一月号に「韓国経済発展の教訓と課題」として発表された。第5章は、『世界』一九八四年五月号掲載の「成長のアジア　停滞のアジア――開発の二〇年は何をもたらしたか」、『中央公論』一九八二年一一月号掲載の「高成長アジア神話の裏の貧困」の二つの論文をもとに再編集したものである。第6章は、『エコノミスト』一九八四年五月一・八日号所収の「最貧開発途上国の課題は何か――バングラデシュにみる絶対的貧困化の構図」をもとに、さらにデータを加えて書き改めたものである。

編集に際しては、できるだけ叙述の重複を避けるように試みたが、これも過ぎると各章を独立に参照される読者には不親切になりかねない。本書を通してみて下さる読者には多少くどいと思われる個所もあろうが、御寛容いただきたい。

執筆掲載の機会を最初に与えて下さった各誌編集者に感謝したい。また本書がかくなったのは、東洋経済新報社の畏友熊野成一氏の励ましのおかげである。氏の期待に応える作品たりえたかどうか、これが一番の気掛りである。

一九八五年　春寒　　　　渡辺利夫

学術文庫版あとがき

自然科学であれ社会科学であれ、分析には適度の「深度」が必要である。分析は深ければ深いほどいいというわけではない。多層の地中からある鉱物を取り出すためには、その鉱物が存在する鉱脈を探り当てねばならない。特定の鉱脈より深くボーリングしてしまったのでは鉱物は抽出できない。海面下五メートル辺りを回遊する魚群を捕獲するのに、二〇メートルも下の方を掬う網を使ったのでは魚は一匹も捕れない。

こんなこと当たり前の話なのに、こと社会現象となると分析は深ければ深いほどいいと思い込む癖を多くの研究者は拭えない。この癖は、ある事態が発生すればこれを大変に深刻なものだと捉える思考の在り方と誠に相性がいい。事実を深く分析すれば悲観的な結論に到達するのが当然であるかのように考えてしまうのである。楽観的なことをいえば、あれは事実がよくわかっていないからそういっているのだ。深く分析すれば事態は深刻でないはずはない、といった思考の癖から私どもはどうにも自由になりにくい。

悲観論、深刻論の方が「リスク」が少ないという功利性もある。医者が患者を診断して、いやあなたの病気はたいしたことはないといったのでは、万一これが大病であった場合、医者の責任が問われかねない。多少なりとも深刻な診断をしておけば、あの医者はいい技量をもっているといわれ、誤診の責任も免れようというものである。

私どもの青春時代、マルクス主義の全盛期には、「万年恐慌論」とでもいうべき極端に悲観的な日本経済論が世を覆っていた。景気循環の下降局面には恐慌をいいたて、上昇局面にいたればその後により大きな恐慌が待っ

Book review

DECEMBER 2024

10月の新刊

勁草書房
〒112－0005 東京都文京区水道 2－1－1
営業部 03－3814－6861 FAX 03－3814－6854
ホームページでも情報発信中。ぜひご覧ください。
https://www.keisoshobo.co.jp

〈つながり〉のリベラリズム

規範的関係の理論

野崎亜紀子

「個人に閉じた自由」は「自由な社会」を構築しない。生と死に直面し〈向き合ってしまった関係〉から構想する関係性の法理論へ。

A5 判上製 272 頁　定価 5500 円
ISBN978－4－326－10343－0

ムーミンの哲学　新装版

瀬戸一夫

刊行から20年超、好評を博してきた入門書を新装刊行。『ムーミン』の8つのエピソードが織りなす西洋哲学の旅。メルヘンの深層へ。

四六判上製 272 頁　定価 3080 円
ISBN978－4－326－15490－6

〈沖縄学〉の認識論的条件

人間科学の系譜と帝国・植民地主義

「台湾有事」は抑止できるか

日本がとるべき戦略とは

松田康博・福田 円・

ISBN978-4-326-15489-0　2 版 2 刷　ISBN978-4-326-29904-1　1 版 5 刷　ISBN978-4-326-29930-0　1 版 2 刷

ISBN978-4-326-20067-2

ISBN978-4-326-35193-0

重点解説　不正競争防止法の実務

岸 慶憲・小林正和・小松香織・相良由里子・佐竹勝一・外村玲子・西村英和・山本飛翔 著

これ1冊で、不競法の“使いどころ”がよくわかる。適用可能な場面ごとに、基礎から実務の重要ポイントまでコンパクトに解説。

A5 判並製 280 頁　定価 3850 円
ISBN978-4-326-40439-1

経済発展の曼荼羅

浅沼信爾・小浜裕久 著

開発経済学の中心をなす重要な概念である経済発展の展開、成功、挫折等々に果たす経済成長の要因や問題点を総合的に考察する。

A5 判上製 304 頁　定価 4400 円
ISBN978-4-326-50504-3

公教育における運営と統制の実証分析

「可視化」「分権化」「準市場化」の意義と課題

田中宏樹

日本の公教育における運営と統制の改善に資する政策選択は何か。本書はこの政策課題を議論・判断する論拠を提示する。

A5 判上製 192 頁　定価 4400 円
ISBN978-4-326-50505-0

日本の分断はどこにあるのか

スマートニュース・メディア価値観全国調査から検証する

池田謙一・前田幸男・山脇岳志 編著

分断の激化が叫ばれるアメリカ。では、日本はどうか。変化するメディア接触との関連は？　調査データから日本の「分断」が見えてくる！

A5 判並製 296 頁　定価 4290 円
ISBN978-4-326-60375-6

ているといった類の恒常的な悲観論であった。日本経済が循環的波動を貫いて大きな「趨勢加速期」にあるという事実を観測することが、まるでできなかったのである。高度経済成長時代の真っ只中にあって「万年恐慌論」がなぜ一世を風靡したのか不思議に思われようが、事態を深刻に論じるのは分析が深いからだとみる、人間の拭い難い心理を考えてみれば不思議なことでもあるまい。

アジア論などは悲観論の葬列のごときものであった。アジアを語る場合の常套句は「停滞」と「専制」であった。専制君主が群小の共同体の上に君臨して形づくられた自己永続的な停滞せる水利社会、これが欧米知識人のイメージしたアジアであった。このイメージを理論化したウィットフォーゲル（K. A. Wittfogel）の『東洋的専制』（論争社）の原書初版が上梓されて洛陽の紙価を高めたのは、つい四五年前（一九五七年）のことであった。欧米の知識人にとってアジアはつねに「反世界」であり、教化と慈善、支配と搾取の対象でしかなかったのである。

世のアジア論に強い影響力を与えた議論は、その後も延々とつづいた。エンブリーの「構造の緩やかな社会論」（J. Embree, "Thailand: A Loosely Structured Social Systems", *American Anthropologist*, Vol. 52, No. 2, 1950）、ギアツの「農業インヴォリューション論」（C. Geertz, *Agricultural Involution: The Process of Ecological Change in Indonesia*, University of California Press, 1963）、ミュルダール（G. Myrdal）の「ソフトステート論」（『アジアのドラマ』東洋経済新報社、一九七四年）、矢野暢の「小型家産制国家論」（『国家感覚』中央公論社、一九八六年）、等々である。

これら諸説の危うさは、当のアジアがみせたその後の高い成長パフォーマンスによって「立証」されてしまったと私は思うのだが、それでも悲観論の根は絶えることがなかった。韓国や台湾などのＮＩＥＳ（新興工業経済群）の発展が誰の目にも明らかとなった時点でも、論者の多くはＮＩＥＳの成功は彼らを取り巻く有利な国際市場環境の「僥倖」によるものであって、僥倖に恵まれないＡＳＥＡＮ諸国が発展することは至難であろうといっていた。「従属的発展論」（フランク）が強い影響力を学界やジャーナリズムに与えていた。中国の高成長を予想した研究者は、当時、渺《びょう》たるものであった。ＮＩＥＳ、ＡＳＥＡＮ諸国、中国の高成長は、その時々に提起された悲観論のすべてを裏切って実現されたものなのである。

アジアの高成長が過去十数年にわたって持続し、そうしてこの地域が世界の成長を牽引する最有力の経済単位となったことはまぎれない。事実、ジャーナリズムも一九九七年のアジア危機以前は「二一世紀はアジアの時代」だと論じていたのではなかったか。しかし、この楽観論は所詮は「付け焼き刃」であった。

アジア経済危機が発生して以来のアジア悲観論、あれはいったい何だったのか。欧米や日本の知識人の中に長く燻《くすぶ》りつづけたアジア悲観論の「焼き直し」だったのであろう。アジアで経済危機が発生すれば、これを合理的な政策選択を読みれば、いずれ修復可能な経済的事件とみるより前に、ただちに現状を構造的矛盾のあらわれであるとか政治的病弊であるとか、はたまた成長力の涸渇であるとかいった悲観論的な結論と結びつけてしまう癖を、知識人はなお払えないでいる。

アジアの危機とはアジアの構造的な矛盾や病弊を露《あらわ》にした現象であり、「クローニー・キャピタリズム（縁者びいきの資本主義）」や「開発独裁」の蹉跌《さてつ》に危機の原因を求める極度の悲観論が一般的であった。アジア危機は「構造危機論」の用語法をもってしか語られなかった。要するにわれわれはアジア悲観論が好きなのであろう。

人間の欲望が解き放たれた市場経済であれば、しかも変動ままならぬ国際市場の中でこれを営まねばならないのであれば、同類の危機はいつどこで起こっても不思議なものではない。多くの研究者やジャーナリストは、地中深く掘り込んでいって「クローニー・キャピタリズム」や「開発独裁」といった鉱脈にまでいたったつもりであろうが、それではアジア危機の真相がみえない。アジア危機は危機それ自体に即して解釈することがなぜできないのか。

危機を危機それ自体に即してみれば、これは既存のそう難しくもない経済学の基礎的な知識で十分に解明できるものである。経常収支赤字は資本収支黒字、つまり外資導入によって補塡されねばならず、かつて長期資本によって賄われてきた外資が一九九〇年代に入って短期資本にとってかわられ、この短資に依存した開発のリスキーなありようを模型的に示したものがアジア危機にほかならない。これだけでアジア危機のほとんどが説明されている。

構造的な矛盾でもなければ重篤の病気でもない。矛盾でも病気でもない何よりの証拠に、現にアジア経済は危機からのV字型の修復をみせたのである。アジアが他の地域に比較して豊富な潜在力を擁しているという構図は、アジア危機によっても損なわれてはいない。生産コスト、需要潜在力のいずれからみてもアジアの優位性は明らかだと私は考える。

一国の高い経済成長の背後には、技術を革新し、生産性の向上を図り、市場の拡大に腐心し、産業構造の高度化を追い求める着実な国内的努力が必ずや潜んでいる。そして熟練労働者を蓄積し、企業家を育成し、官僚を錬磨する営々たる努力の積み上げがあって初めて発展は軌道に乗る。アジア経済発展のありようをそのような視角によって捉え、アジア経済論の新しいシナリオを創り出そうと努力した私の若い時代の研究成果が本書だと自負している。

本書が伝統ある講談社学術文庫の一冊として収められることになって幸せである。本書がかくなるについての出版部の渡部佳延さんのご懇篤、目配りをきかせた砂田多恵子さんの編集に深く感謝している。本書原著の版元は東洋経済新報社であるが、同社の大貫英範さんは本書が学術文庫に収められると聞いて「この本、ひょっとして渡辺さんより長生きするかもね」といって私を喜ばせてくれた。

渡辺利夫

二〇〇二年　遅春

本書は一九八五年五月東洋経済新報社刊行の『成長のアジア　停滞のアジア』を底本とし、新たに補章を加えました。

II　私のなかのアジア

私はいまは夕映の中に立つて
あたらしい希望だけを持つて
おまへのまはりをめぐつてゐる
不思議な　とほい人生よ　おまへの……

立原道造「夕映えの中に」より

第一章　春の闇

壊滅

私の右の手首のところには、ぐるりを取り巻く七～八センチの火傷《やけど》の痕がある。もう五十数年も体の一部にこびりついてきたものだから、いまでは別に気にならないけれども、少年の頃の細い手には大きな痕跡であった。他人の目が気になっていつも右手に手拭いを巻いていた。

昭和二〇年七月六日の深更、灯火管制下の甲府盆地に一三九機のＢ29が飛来した。敵機襲来と同時に空襲警報のサイレンが市中に鳴り響き、ほどなくして盆地北部の小高い愛宕山に照明弾が落下、照らし出された市街に九七〇トンの焼夷弾《しょういだん》が降り注いだ。

Ｂ29は数編隊に分かれ低空旋回して爆撃をつづけた。空襲警報の音は炸裂する爆発音にかき消された。駐屯する甲府連隊の反撃はなかった。敵機は逃げまどう人々の頭上に無数の焼夷弾を投下して容赦なかった。空襲が開始された一一時五四分から半時間の間に市街地は破壊し尽くされた。

死者が集中したのは湯田地区であった。全市の死者一一二七名のうち四二七名がこの地域住民であったと記録される。母、長兄、長姉、私、妹の五人の家族が住まっていたのが湯田地区の青沼町であった。父は商売で満州に出かけており、長兄も勤労動員で不在であった。

空襲時の避難や消火は、町内会の指示により町民が共同行動で対処することになっていた。青沼町の住民は空襲警報のサイレンに促され、南西方向の太田町公園に向けて集団避難を開始した。避難する住民が公園に蝟集《いしゅう》した直後、数発の焼夷弾がここに投下された。公園に隣接する一蓮寺《いちれんじ》とその周辺の家屋に猛烈な火災が起き、風速三〇メートルを超える火事嵐が公園を襲った。

繁る夏の樹木が薙倒《なぎたお》され一本を残すこともなかった。一蓮寺の鐘楼が火事嵐に煽《あお》られ十数メートル離れた公園の池に吹き飛び、寺を逃れてこの池の辺りに潜んでいた住職が鐘楼の直撃を受けて死んだ。避難した湯田地区の住民は猛火の中で焼け死んだ。水を求めて公園の池に飛び込み、沸騰する池の中で息絶えた人もいた。

親族の安否を気遣って朝靄《あさもや》の中を公園に集まってきた人々の目の前に広がっていたのは、静寂の中の無間《むげん》地獄であった。炭化して性別のわからない大人、手を虚空に泳がせ絶命した子供、ただれた皮膚を剝き出しにして池に浮かぶ幼児。生きて焼かれた身内の屍《しかばね》に虚ろな目を向ける人々の群れ。

四方を山に囲まれた甲府盆地の夏はむしむしと暑い。腐乱は刻々進む。死体は一蓮寺の庭に並べられた。焦げた人肉の異臭に反吐《へど》をこぼしながら身内を探す。腐乱がひどく身元確認を待てずに火葬を始めたが、燃料不足のために直ちに埋葬に切り替えられた。埋葬には四日が費やされた。一蓮寺での仮埋葬は三三六体であった。「いしずえ地蔵」と命名される戦災死没者供養の地蔵像が、一蓮寺境内の一隅にいまもある。

私の家族は全員が助かった。当時、わが家には甲府連隊（東部第六三部隊）に属する二人の将校が下宿していた。池田さんと椿さんという名前を、私はいまでも覚えている。

甲府連隊は山梨県と神奈川県の初年兵、応召兵の歩兵部隊として、甲府の北部、現在、山梨大学が立地している辺りに、三〇〇〇人を超える規模で駐屯していた。昭和一一年の二・二六事件の鎮圧にあたり、後に北部満州の守備に出動し、敗戦と同時にフィリピンのセブ島で武装解除された部隊であった。

敵機が来襲したのは七月六日が初めてではなかった。山梨県は、富士山を目標に侵入し日本上空を偵察するためのB29の空路の下に位置していた。飛来は頻繁であった。五月には峡西地区、峡南地区の山中に、六月には甲府郊外の国母《こくぼ》地区の民家に爆弾が投下された。敵機来襲のたびに鋭く響く警戒警報に、六歳の私は怯《おび》え切っていた。サイレンが鳴り始めるや、押入に飛び込んで布団を被り震えていた。

連隊から帰ってきた将校に、

「坊やねぇ、爆弾はそんなに簡単にあたるもんじゃないよ」

と諭《さと》されてふうと息をついた。

七月六日、寝入っていたわが家族は、空襲警報のサイレンの音で目を覚まされた。地響きのように鳴る無数のB29の来襲に、今夜が尋常ならざることを直感した。綿入れの防空頭巾をかぶり、かねて準備してあった貴重品を詰めたリュックサックを背負い、長姉に手を引かれて玄関を出た。妹は母の背中にくくりつけられた。二階で寝ていた将校がサーベルをガチャガチャ鳴らしながら階段を走り下り、玄関を飛び出してきた。

「渡辺さん、太田町公園は危ない。身延線の方向へまっすぐ逃げなさい」

将校が大声で叫ぶ。母は一瞬戸惑ったようにみえたが、

「よし、みんな身延線だよ」

という。

町内会の見知った人たちが、ザッザッと足音をたてて公園に向かう。群れをかき分けながら、町内会の人々が逃げるのとは逆の方向に四人はひた走った。しばらく走り、家並みが途切れたところで、北方の愛宕山が鮮やかな炎で輝いているのがみえた。

「あぁ」

という母の声に促されて母が目をやる後方をみつめると、たったいま飛び出してきたわが家の辺りに真紅の炎が沸き上がっている。わなわなと震える唇で、

「なんみょうほうれんげきょう、なんみょうほうれんげきょう」

と母は手を合わせて低く呻《うめ》いていた。

この辺りで私の記憶は途切れる。燃える町並みを逃げ惑う最中に、焼け落ちてきた電線に右手が接触し、そこで私は「即死」したのだという。気を失ったのだが、動転する母は即死と思い込み、さりとて死んだわが子をその場に残していくわけにもいかず、長姉の背中に私を結びつけて避難をつづけた。

気絶が解けたのは、身延線を超えてさらに西南、避難先の母の里に向かう途上の沼沢《しょうたく》の中であった。朝が薄白く明け始めた。沼の淵にたたずみ私は寒さで歯をガチガチ鳴らしていた。みかねた長姉が、暖を少しでも与えることができればと、なんと私の背中に放尿してくれた。

それからまたどのくらい歩いただろうか。青々と繁る七月の田圃《たんぼ》の中を母、長姉、私、妹はへたり込むようにして進んだ。ようやくにして母の里、四軒の農家が点在する在所にたどり着いた。私どもの到来を待ちかねてい

た祖母に母が抱きついて、ひたぶるに嗚咽《おえつ》していた。先にここに疎開していた次姉は惚《ほう》けたように母と祖母をみつめていた。次姉は赤く染まった甲府の空を仰いで、夜通し狂おしく叫びつづけていたのだという。

当時、長兄は勤労動員で働いていた甲府郊外の明電社で被災し、翌日の夜遅く母の里にやってくるまで生死は不明であった。長兄の姿を確認するや、母は裸足で庭に飛び出し平手で兄の顔を打った。どうしてもっとはやく連絡しなかったのか、心配で胸が張り裂けそうだったという気持ちを、疲労の極に達していた母はそのようにしか表せなかったのだろう。

母の里

六畳一間を借りての母の里での疎開生活、四軒しかない所在での不慣れな毎日は、母はもとより兄や姉にとっても随分と息苦しいものであった。六歳の私にはその辛さは意識できなかったが、何やら切ないものが胸の底にいつも巣喰っていた。父の不在が私どもの肩身を一層狭くしていた。猛暑の中、田圃でひとり田の草取りをする母の姿を畦道《あぜみち》に座って眺め、いたたまれない気分に幼い私の心は湿り切っていた。

八月一五日、今日の正午に玉音放送があるといって、母の里の人たちは朝から落ち着かなかった。祖母、母の妹夫婦、その子供たち、私どもの家族五人、作男たちを含めて十数人が農家の広い庭に敷かれた筵《むしろ》に座し、放送の開始を待っていた。「ぎょくおんほうそう」が何を意味するのか私には分からなかったが、天皇陛下が肉声で国民に向けて直《じか》に何かを話されることがいかに重大事であるかは、人々の気ぜわしい雰囲気から伝わってきた。

「朕、深ク世界ノ大勢ト帝国ノ現状トニ鑑ミ、非常ノ措置ヲ以テ時局ヲ収拾セムト欲シ、茲《ここ》ニ忠良ナル爾《なんじ》臣民に告ク。

朕は帝国政府ヲシテ、米英支蘇四国ニ対シ、其ノ共同宣言ヲ受諾スル旨通告セシメタリ。

抑〻帝国臣民ノ康寧ヲ図り、万邦共栄ノ楽ヲ偕《とも》ニスルハ、皇祖皇宗ノ遺範ニシテ、朕ノ拳々措カサル所……」

この漢語的表現をシーシーと録音盤特有の雑音の混じるラジオで聞いていたわが親族に、その意味するところがどの程度伝わったか。しかし敗戦の屈辱を陛下が御自《おんみずか》ら述べられる痛々しさだけは感得したのであろう、筵に両手をつき全員が唸《うな》るように泣いていた。母の肩に手をやり、わけも分からず私も涙を流した。

年が改まった昭和二一年の四月からは隣村の国民学校（初等科）に通うことになった。入学式の校庭に整列した生徒には、垢だらけの和服に裸足の男の子、赤ん坊を背負った子守姿の女の子が混じっていた。

山梨県の片田舎に「教育民主化」の占領政策が届くのには時間がかかったのであろう。敗戦から一年近くも経ったのに、校門を入って左手には、下賜《かし》された教育勅語の謄本と御真影を奉る奉安殿があった。入学後しばらくは朝礼に先だって生徒がグループごとに奉安殿に拝礼し、朝礼に際しては皇居の方向に向かって遥拝《ようはい》した。記録によれば、甲府で奉安殿が取り壊されたのは昭和二一年七月のことだったというが、私の通っていた小学校ではもっと遅くまで存在していたように思う。教科書も戦前期のものが用いられていて、「ヘイタイサン　ススメ　ススメ」といった軍国調を墨で塗り潰すよう命じられた。

私は同級生に比べれば綴り方も算数もよくできた。狭い村のコミュニティーに都会からやってきた異分子を、級友たちは快く思っていなかった。何かにつけ餓鬼大将に因縁をつけられ、下駄で張り倒されたことも一再ならずだった。泣いて自宅に帰ってことの次第を兄に告げるや兄は烈火のごとくに怒り、勇気のない私をなじる。これで殴り返してこいと二メートルほどの孟宗《もうそう》の竹筒《たけづつ》を私に渡した。

兄の庇護《ひご》なくして孤独の学校生活を送ることのできない私は、意を決し竹筒を抱え学校に取って返し、餓鬼大将に挑んで彼を滅多打ちにした。大将の母親がわが家に怒鳴り込んできて私の母は平身低頭であったが、私をいじめる同級生はそれ以後いなくなった。

渡部昇一の『読中独語』（文藝春秋）の中に「東京という名の〈新エルサレム〉」というエッセイがあって、都会と田舎に住まうことの意味が得心の文章で語られている。幼少期に農村での疎開生活を強いられた私には、渡部の指摘が心に響く。

「東京砂漠」を悪しざまにいい田園生活を礼賛する人が少なくないが、これは観念論だと渡部はいう。戦時中、富士山麓地方での疎開生活を強いられ、村人との人間生活に辛酸《しんさん》を嘗《な》めた本多顕彰《あきら》が、東京という「あたたかい胸の中へ」再び帰っていく時の感動を伝える文章を引きながら、渡部は都会と田舎に住まうとはどういうことなのかを説いている。

私は田舎の都市で育ったが、私の両親は共に本当の田舎の出身である。父は田舎の村の生活がいやで、もよりの都会に出て来たのであり、母は健康上、水田に入ることができずに、もよりの都市に出てきたのである。小さな都市であるにせよ、そこは田舎にくらべるとはるかに自由であり、病弱者も生きうる場所だったのであった。本当の田舎の人たちは、自由ということにそれほど敏感でなく、しかも頑健でないといけなかった。これは兵士の美徳である。対人関係に鋭敏だったり、自己流の生き方をやりたがったり、あるいは蒲柳《ほりゅう》の質《たち》の人は都会でないと生きることが難しい。そういう人が強制的に田舎に住むことを余儀なくされた後では、東京に帰ることが暖かい胸の中にかけこむような気がしたであろう。

父の帰還

父が満州から帰ってきた。父の商売は印鑑（はんこ）の製造販売であった。甲府駅と富士駅をつなぐ身延線が甲府盆地を抜けて山間部に入ってしばらくのところに、甲斐岩間という駅がある。この駅を取り囲む町、現在では六郷町と呼ばれる地域が、かつて印鑑製造を全国最大の地場産業としていたところである。父はこの地の山間部の傾斜地を耕す零細農の次男であった。次男であるがゆえに希少な農地をすら相続できなかった父は、尋常小学校を卒業するや、甲斐岩間の同業の親戚を頼って印鑑業に携わった。

実直な努力を重ねて、この町で多くの下請け業者を擁する有力な印鑑業者の一人となった。妻を娶《めと》って甲府に居を構え、商売も順調に進んだ。当時の山梨県はまだ水晶の原石を産出していた。原石から水晶の印鑑を製造し、これを全国に販売するというのが父の商売であった。

印鑑の製造は、印材の面に字体を逆さまに書き込み（「字入れ」といっていた）、書かれた字の通りに篆刻《てんこく》していくという作業である。水晶の場合には、印鑑の面に薄いラテックスを貼り、その上に字入れをし、字の周辺部に先端の鋭利な小刀を入れ、不要なラテックス部分を剝《は》ぎ取る。この作業を終えた印面にコンプレッサーで砂鉄を吹きつけ、ラテックスの貼ってない部分を彫り込んで字体を浮かび上がらせるという作業であった。

父の字入れは甲斐岩間でも名人級だといわれ、渡辺蘭堂《らんどう》という職人名をもっていた。同業の人たちは父のことを「蘭堂さん」と呼んでいた。電気スタンドで手元を明るくし、眼鏡を鼻にかけ印面に楷書、草書、篆書《てんしょ》の字入れをする父の姿を思い起こす。字入れをした印鑑を下請けの業者に出し、篆刻した印鑑を全国に発送する。通信販売カタログをもとにした注文生産であった。

当時の意気盛んな中小零細業者の多くがそうだったように、父もまた新天地満州での商売を志した。父が満州、現在の遼寧省鞍山《あんざん》に向かったのは昭和一八年であった。甲斐岩間の同業の何人かとの共同出資で「富士寶石商会」という会社を同地に設立、渡満した日本人の需要に応じてハルビン、奉天（瀋陽《しんよう》）、新京（長春）、大連などで手広く商売をやっていた。

商売が軌道に乗り、父は母と子供たちを鞍山に呼び寄せようとしたのだが、その矢先に敗戦となった。敗戦がもう少し後れていれば、攻め入ってきたソ連軍の暴虐により私どもの運命も酷薄《こくはく》のものとなっていたのだろうか。父は敗戦から二年後の秋に私どもの疎開先に帰ってきた。身延線の小井川という無人駅を降り、稲穂の一面に広がる農道に黒い影が現れ、それがだんだん大きくなって父だと判別できた時の胸の騒ぎを忘れていない。

父が満州でどのように敗戦を迎え、いかにして朝鮮半島をわたり釜山《プサン》にたどり着き、日本に立ちいたったのか、そのあたりのところを私が父から聞いたことはない。幼少の私だけではない。母も兄も姉も聞かされていなかったようである。父の寡黙の中に満州撤退時の悲劇が凝集《ぎょうしゅう》していたのかも知れない。後ろを振り返る暇《いとま》は父にはなかったのでもあろう。満州から無一物で帰ってきた父が、敗戦後の極貧の中で七人の家族を養う苦労は並大抵ではなかった。

満州での日本人の悲劇は、戦後の奇妙なほどに浅薄な左翼主流の思潮の中で固く封印されてきた。ロシア人の日本人に対する酷い仕打ちも、日本の侵略によってみずからが蒙って然るべき厄事ででもあったかのように受け取られていた。封印をこじ開けて真実をみつめる勇気がなかったということか。悲劇の直中《ただなか》にいた人間を父としてもちながら、封印の中にあるものを知ろうとしなかった自分が情けない。

一九四五年八月九日の未明、ソ連軍は日ソ中立条約を破棄、満州に軍を進めた。関東軍は南方戦線に兵力を転出させており、侵攻するソ連軍にほとんど無抵抗であった。対ソ戦準備のために義勇軍開拓団などの多くの在留邦人が召集されたが、武器弾薬は底を突いて抵抗のすべはなかった。狼藉《ろうぜき》の限りを尽くすソ連軍を前に、邦人社会の中に身をおいていた父はどうやってここを脱出したのだろうか。

満州での悲劇を静かに語って、しかし激しく胸を衝くパラグラフが木崎さと子の『蘇りの森』（文藝春秋）の中にある。主人公の藍子が少女時代を過ごした満州での体験である。

新京の家の勝手口に、赤子を背負って現れた女のひと。カボチャを一個、両手に捧げもつようにして、これを煮てください、と言った。あれは、いつの季節だったのだろうか。カボチャは保存がきくから、季節の特定はできないけれど、夏に戦争が終わって、秋だったのだろう。母がカボチャを煮ている間、女は赤ん坊に乳を含ませていたと思うのが自然だろうが、藍子の目に残っているのは、三和土《たたき》の上にくずおれるようにしゃがんでいるモンペ姿だった。（中略）原爆が投下され日本の降伏が確実になってから参戦したソ連の軍隊が、ソ満国境を越えて進攻して来た八月九日以来、ひたすら大都市をめざして逃避行を続ける開拓団の人々が、零下三十度にも下がる冬は越せない、と死を覚悟し、地面が凍ってしまう前に、あらかじめ墓穴を掘った、という話は、大人になってから藍子も本で読んだが、その穴に自ら入って死を待つというのは、子供たちの想像が生んだ光景だろう。しかし藍子は、その光景をありありと見たような気がする。三和土にくずおれていた女のひとも、氷の下のお墓に横たわったのだろうか。

最近出版された同書のこの一文に出会った時、それでは父はどうだったのかという思いに駆られたのだが、とうに死んでしまっていて確かめようがない。

貧しき友

甲府に新しく造られた家に引っ越し、母の里での疎開生活は私が小学校四年の時に終わった。六畳一間に七人の生活から解放され、子供心にはいかにも堂と構えた二階建ての家に住まうことになった。転校したのは湯田小学校、甲府空襲の惨劇の場所、太田町公園や一蓮寺のすぐ近くであった。

昭和二四年、甲府は焼け跡だらけだった。焼けトタンを屋根にし、四方を不揃いの板切れで囲ったバラックがあちこちにあった。トントン葺きといわれた、薄い短冊状の柿板《こけらいた》を敷きつめた屋根の六坪ほどの木造平屋が、市営の戦災応急住宅として小中学校や高等学校などの校庭、甲府連隊跡地、太田町公園などに造られた。

湯田小学校の同じクラスにクミコという気の強い美少女がいて、私はこの子とウマが合い誘われて太田町公園の池端にあった市営の彼女の家にいったことがある。寒い日であった。クミコの父親は満州に駐屯し、その後シベリアに抑留されたらしいが生死は不明ということであった。

母親がにこやかに振る舞ってくれて訪れた私はほっとした。しかしその貧しさといったらなかった。黒光りのする蓙《ござ》の上におかれた赤錆びた石油缶の火鉢を囲んで、痩せこけた四、五人の兄弟が震えている。土間には土で固めた竈《かまど》、水瓶、鍋釜、部屋の隅に林檎箱の机、これがクミコの家の家財道具のすべてだった。

二、三年後、降り積もった雪でこのバラックが倒壊して母親が大怪我を負ったという話が、クミコとは別の中学校に通っていた私の耳に伝わってきたが、事実を確かめるのも気が引けてこのことを私は記憶の彼方に追いやっていた。

有り金全部をはたいて家を建ててしまったわが家の家計は苦しかった。それでも、周辺には食うや食わずの子供たちがいっぱい。私などは恵まれた存在だった。

口をきいたことはなかったが、みんながユキと呼んでいた大柄で浅黒い女の子が同じクラスにいた。無口な子だった。彼女は給食時になると半分を食べ、残りを持参した弁当箱に入れ、いつの間にやらいなくなり、午後の授業にはまた出てきた。家人に食べさせるためだったろうが、級友の誰もそのことを口には出さなかった。

小学校六年の頃、ユキはいつとはなしに学校にこなくなっていた。空襲で焼け残り、修復されて偉容を誇っていた甲府商工会議所のビルの隣に職工が三、四人の印刷屋があり、ここでユキは働いていた。芳林堂という名前のこの印刷屋で、私の父は商売の通信カタログを削ってもらっていた。

真冬のある日、注文していたカタログを自転車で受け取りにいかされたことがあった。ユキと顔が合わなければいいがなぁと思いながら来訪を告げると、出てきたのはユキであった。ユキはバツが悪そうに「こんにちは」と細く応え、主人を呼びに奥に入っていった。ユキの黒く染めた薄い夏のスカートが色褪《いろあ》せていた。

甲府駅から身延線に乗って二つめが、大正時代の建築物としていまに残る南甲府駅である。その前に甲府市立南中学校があり、私が入学したのがここであった。わが家から南にまっすぐ三〇〇メートルほどであった。学校までの道路に面して製材工場が四つほどあった。復興期のこの頃にはどこの町にも製材所がいくつもあった。いずれも丸太を積み上げた材木置き場を隣接させていた。丸太の山は、そこに腰かけて級友と学校帰りの道草を食う格好の場所だった。

ある日、丸太の山の上に座って鋸《のこぎり》の音が唸る方向に目をやると、小学校の時に同級であった佐伯が、回転する円形の電動鋸《のこぎり》に向けて、丸材を隆々の筋肉の腕で力いっぱい押しつけ木屑を浴びていた。佐伯の姿はもういっぱしの労働者であった。

小学校を卒業後、私が佐伯をみたのはこの時が初めてだった。確か甲府市立東中学校に入ったはずであった。

「頑張るなぁ、佐伯」

声をかけたが、はにかんだような顔をほんの少し私の方に向けて無言であった。声をかけてくれるな、といった表情が眼に浮かんでいた。一緒に道草を食っていた友がいうのには、佐伯は東中学校に入学したものの学校にはまったくいかず、働きづめの毎日なのだという。

復興

昭和二〇年代も後半に入る頃から、周辺に少しずつ活気が漂い始めた。わが家にも印鑑の注文が郵便で次第に多く届けられるようになり、父や母の顔から剣呑《けんのん》の表情が消えていった。

昭和二五年の六月に勃発した朝鮮戦争は、ドッジ・ラインによってデフレに悩まされていた日本経済を活況に向かわせる契機となった。朝鮮戦争は戦略物資の需要を高め、国際商品相場を上昇させて世界的な景気浮揚をもたらした。参戦した国連軍の主力は在日米軍であり、日本は軍用物資の供給基地となった。綿布、毛布、毛糸、麻袋、木工品、鋼材、鉄線、トラック等の軍用品の需要が高まり価格も高騰した。戦争特需の発生である。

戦争によって灰燼《かいじん》に帰した日本の供給力は、特需によりにわかに強化された。在日米軍の軍用品買い付けがドルでなされたために、稼得したドルによる原材料や資本財の輸入が可能となって、日本の供給力はさらに昂揚した。戦争特需の恩恵は甲府にも及んで製糸、織物、木工品などの伝統産業が潤った。

製糸、織物の町であった富士吉田市の中小業者の旦那の大盤振舞のことが、人々の口の端《は》に上るようになった。芸者屋でどんちゃん騒ぎをしている最中に停電──当時は停電はしょっちゅうだった──が発生、千円札に火をつけ灯りを取って遊びをつづけたという、嘘にはちがいないが、たいそうな景気のよさを伝える話を人々は好んで語っていた。

親から小遣いをもらった記憶はない。それでも小津安二郎の「晩春」、今井正の「青い山脈」、黒澤明の「野良犬」などを甲府の封切り館で観た。中学生の私に映画のチケットを買うくらいのお金を親はくれていたのであろう。邦画ばかりではない。ジャン・ギャバン主演の「大いなる幻影」、ロベルト・ロッセリーニ監督の「戦火のかなた」も観ている。「戦火のかなた」については、そのストーリーの細部を中学校の教室で友に語り、戦争というものの悲惨を得々と論じて飽《あ》くことがなかった。こましゃくれた少年時代の自分を思い起こしてぞっとする。

中学校で三年間ずっと担任であった篠原田鶴子が「おまん（お前）、そんなに映画が好きならこんどの日曜日に『禁じられた遊び』をみせてやる」といって、本当に映画館に連れていってくれた。学校の教師にもそんな余裕が生まれていたのであろう。

テレビが甲府に入ったのは中学生の頃であった。甲府には戦前期から「岡島」と「松林軒」という二つのデパートがあり、いずれも戦災を受けたものの修復されて最高層の建築物であった。「岡島」の正面左側にちょっとした広場がある。この広場に向けてデパートの一角に据え付けられたテレビが、甲府唯一のテレビ観戦の場であった。栃錦、若乃花の全盛時代だった。

中学校の授業が終わるや、「かぶりつき」の場所にいちはやく到着しようと友の自転車に三人乗りして全速力で市街地を突っ走った。しかしいい場所は、たいていが大人たちによって占領されていた。友とかわるがわる自転車の荷台に乗っかって取り組みをみつめた。力道山と木村政彦が組んで、悪役面のシャープ兄弟を空手チョップで薙倒す姿に歓声をどよめかせたのも、ここだった。

不思議な光景を思い出す。出力の弱かった当時のテレビは、部屋の電気を消し画面を明るくして観ていた。一蓮寺の山門のすぐ脇のまったく見知らぬ人の家に上がり込み、暗い部屋の畳に座って白井義男と外国選手のボクシングの試合を観戦したのである。観戦に加わった人は三〇人くらい、八畳ほどの部屋はぎっしりであった。帰りぎわには茶菓もふるまわれた。お互い知らぬ人たちだった。近在の人間であれば誰彼いわず入り込んでも別に怪訝《けげん》に思わない、そういう共同体的な雰囲気が当時の甲府にはまだあったのだろうか。

白井義男がダド・マリノを破って日本人初のフライ級世界チャンピオンになったのが、昭和二七年の夏。その後、テリー・アレンなどにも勝ってタイトル防衛をつづけたものの、パスカル・ペルスにより昭和二九年の暮れに敗れ、翌年の夏のリターンマッチでノックアウトされて引退した。見知らぬ家の座敷に上がり込んでみたのは、そのノックアウトのシーンだった。白井義男が倒されカウントダウンが始まるや人々は、

「たて！　たて！」

と和して叫んでいた。

高等学校の入学試験が近づいてきた。勉強らしい勉強もせず、あまりできのよくない私には戸惑いがあった。しかし父は、いずれ私を大学にいかせたいと考えていたらしく、当時の山梨の唯一の進学校であった甲府第一高等学校を受けろという。

わが家は、父も母も尋常小学校しかでていない。それでも父は知識への欲求の強い男であった。新聞は「朝日」でなければ駄目だといって、そこから仕入れた知識で家族によく社会のことを聞かせていた。

病気がちであった母は、晩年、縁側で眼鏡をかけて新聞に目を落としていたから字は読めたのであろうが、満足な字を書くことはできなかった。母の書いた字を一度だけみたことがある。母は私の妻を随分と可愛がってくれた。妻が最初の子供を流産してしまい、このことを嘆いた母が送ってくれた見舞いの品の中に一枚の便箋が入っていた。芯の丸くなった鉛筆で一字一字書き込んだ子供のような字であった。

「がっかりしました／弘子さんがあんまりかわいそうです／つよくしていてください」

とあった。この便箋を妻はいまでもしまっている。

サマセット・モーム

兄は甲府商業高校、二人の姉はカナダ・メソジスト系のミッションスクール山梨英和女学院に入学した。父はまだ帰還していなかった。疎開先で冷遇されていた母は、その頃、お嬢さん学校だといわれ授業料も安くはなかった英和女学院に女手一つで二人の子供を入学させ、村人を見返してやりたいと考えたらしい。

お金を貯め、勉強に怠りないよういつも姉たちを諭していた。英和女学院につながる有力者に、配給で手に入れた日本酒やら煙草やらを届けたりもした。私は長姉に付き添わされて、甲府駅に近い有力者の立派な門構えの家にいった記憶が残っている。いつもは悲しげなのに、長姉の合格の報が届いた日の晴れやかな母の顔をみて、こんな幸せがあるものかと母思いの私も嬉しくてしょうがなかった。

父方であれ母方であれ、親族の中に大学に進学した人間は当時誰もいなかった。高等教育を受けるものなど「文弱」だといいたげな気分が甲州商人にはあった。貧困なこの地の人々の負け惜しみだったのかも知れない。しかし商売も軌道に乗り金銭に多少のゆとりを得た父は、家族のうち一人くらいは名のある大学に進学させようと考えたらしい。そのための費用は自分の財産の相続だという考えを、父から聞かされたことがある。私には荷の重いことであったが、父の意向に添わないわけにはいかない。大学に進むのにはまずは実績のある高校に入らねばならない。

甲府第一高等学校への受験を控えて、中学三年時の教科書にひたすら線を引っ張り、覚えるだけのことを覚えて試験にのぞみ、どうにか合格できた。その頃、父は「利夫、英語だけはよく勉強しておけよ」といっていた。無学の父ではあったが、時代の新しい風は感じ取っていたのであろう。

高等学校の英語の授業は三つ四つの能力別に編成されていた。クラス編成のための試験で私は一番上のクラスに入ってしまった。偶然でそうなってしまった私には、このクラスの授業についていけない。

しかし教師が気に入った。東大の文学部をでたという、糊のきいたワイシャツに毎日ちがったネクタイを締めていた教師の猪俣は、田舎にはめずらしく知的な雰囲気を漂わせていた。この教師が私どものクラス三〇名ほどに、正規の授業以外に毎週二度、サマセット・モームの作品の講読をやってくれた。

当時、英和女学院に通っていた次姉が英語を得意としていた。彼女の英語教師であるミセス・グリンバンク——姉から敬意をこめて何度も聞かされたその名前をいまでも覚えている——が次姉の属した英語クラブでモームの *Of Human Bondage* をテキストに使っていた。次姉の机の上には藁半紙《わらばんし》にタイプ打ちされた部厚なこの作品がいつも載っていた。次姉は卒業後この藁半紙綴じを私にくれた。

英和辞典を片手に、こいつを読み上げてやろうと臍《ほぞ》を固めた。辞書が黒ずんでくるほどに頻繁に引きつづけて読み進むのだが、内容が伝わってこない。しかし数カ月の悪戦苦闘の末に、本当に突如として文章が有機的な意味連関として頭の中にすうと入り込んでくるではないか。勉強とはこういうことなのかと目を開かされた最初の経験であった。

丸善という東京の書店に注文すれば、少々時間はかかるが英語の本を買うことができると猪俣に教えられて、*Up at the Villa*（瀧口直太郎訳『女ごころ』所収）、*The Trembling of a Leaf*（中野好夫訳『雨・赤毛』所収）などを手に入れた。

繰り返し音読した『雨』の書き出しなどは、いまでも口からでてくるような気がする。それまで小説など読んだことのなかった私が初めて触れた文学世界であった。そうか、こういう世界が存在するのか。

絶え間なく降りつづける南洋の雨の中で繰り広げられる、登場人物の絡み合い。牧師ディヴィッドソンたちの乗った船に、目的地で悪病が発生したという情報が入り、南洋のある島の港で一週間ほど繋留《けいりゅう》を余儀なくされた。船客はひなびたホテルに詰め込まれる。娼婦サディ・トムソンも一緒であった。灰色の雨のベールを背景に、この娼婦だけが鮮やかな光彩を放つ。やがてトムソンは船員を四六時中自分の部屋に連れ込んで〝商売〟にはげみ、蓄音機をかけてどんちゃん騒ぎを繰り返す。

残忍なまでに信仰心の強いディヴィッドソンはこの娼婦を更生させようと決意、娼婦に執拗な説教をつづける。娼婦の放蕩《ほうとう》と牧師の狂信的信条を描くモームの筆力。説教はついに功を奏し娼婦は涙を流して牧師に膝まずく。「私いけない女でした。悔い改めたいと思いますの」と健気《けなげ》にもいう。その姿に亡びない魂をみてとったディヴィッドソンは歓喜に胸をふるわせる。その後、三日間、牧師は娼婦の部屋でともに聖書を読み神に祈る。熱い情念から静謐《せいひつ》への反転。

四日目の朝、ディヴィッドソンは海岸に死体となって横たわっていた。剃刀で喉を掻き切っての自殺。娼婦が遠くで「男、男がなんだ。豚だ！ 汚らわしい豚！ みんな同じ穴の貉《むじな》だよ。お前さん達は、豚！ 豚！」と唾を吐いて叫ぶ。

この小説を英語で読んで以来、高校時代の三年間、私はいっぱしの文学青年に育っていった。よし、こういう小説を俺も書いてやろう。あれやこれやに題材を求めて習作を三つ四つ書いた。そのうちの一つはなんと英語で書き上げた。こんなもの、いまに残っていれば恥ずかしい代物《しろもの》にちがいないが、幸い、とうに消えている。

母よ

文学への憧れはやまず高校の文芸部に所属した。一橋大学の学生だった石原慎太郎が『太陽の季節』で芥川賞を受賞した。文芸部員は文学への思いを駆り立てられた。

己れに忠実に生き旧道徳に挑戦する若者の闊達《かったつ》の精神を描いた青春の書だといった評価、授賞と同時に降ってわいた識者のコメント、これらの焼き直しを文芸部の友たちは得意気に語り合った。しかし主人公の無軌道に共感するほど「進歩的」にはなれない私は、そうした評価には与《くみ》しなかった。

私の胸を踊らせたのは、この小説の即物的な描写であった。ボクシングに熱中し、ヨットを繰る主人公の肉体の輝き、湘南の風景、銀座のナイトクラブやキャバレーの風俗を鏤《ちりば》めて立ち昇る都会の香気。山奥の小都市ではおよそ味わえない情動に目が眩《くら》んだ。東京で文学を志したい。私は痛切にそう考えた。

文芸部に属する〝小説教〟信者たちは、石原慎太郎を高校の講演会に招こうと衆議一決した。全員が親を説得して講演料を捻出しようというところまで話が煮詰まった。スーパースターを名も知れぬ高校に招待しようというのだから、いかにも無謀な企図である。先輩の文芸部の役員たちは伝《つて》をたどっていろいろと手をまわした。

どういう経緯でそうなったのかは覚えていないが、招かれたのは石原慎太郎ではなく安岡章太郎だった。結局、安岡の石原論を聴くことになった。安岡の若くして飄々たる風貌は覚えている。安岡はその二年前の昭和二八年に『陰気な愉しみ』『悪い仲間』で芥川賞を受賞した中堅の作家だったが、安岡についての知識は私にはまるでなく、小説も読んでいなかった。文学を志すにしては心許ない。

そんな経緯もあって、昭和三四年、私が大学に入学した年に出版された安岡の『海辺の光景』は発売と同時に買い求めた。忘れ難き小説としていまも胸の中にある。後年、昭和四二年に江藤淳が『成熟と喪失』でこの小説を取り上げ、日本人の母子関係のありようを切なくも鋭利に映し出した作品として高く評価したのだが、このことも『海辺の光景』を私に刻みつけた理由であった。

『海辺の光景』に描かれる主人公信太郎と母親との、自分の延長が母親のような、母親の延長が自分のような、境界線の曖昧な心理的関係。自分が母親を拘束し母親もまた自分を徹底的に束縛する濃密な母子関係の哀切が、私にはたまらないものとして迫った。狂った母の臨終に九日間付き添い、末期《まつご》の水を取る信太郎に安岡はこう語らせていた。

――九日間、そのあひだ一体、自分は何をしてゐたのだらう。あの甘酸つぱい臭ひのする部屋に一体、何のつもりで閉ぢこもつてゐたのだらう。たとひ九日間でも、そのあひだ母親と同じ場所に住んでみることで、せめてもの償ひにするつもりだつたのだらうか？　償ひといふにはあまりにお手軽だとしても、しかしそれなら一体、何のための償ひなのだらう、何を償はうとしてゐたのだらう？　そもそも母親のために償ひをつけるといふ考へは馬鹿げたことではないか、息子はその母親の子供であるといふだけですでに充分償つてゐるのではないだらうか？　母親はその息子を持つたことで償ひ、息子はその母親の子であることで償ふ。彼等の間で何が行はれようと、どんなことを起さうと、彼等の間だけですべてのことは片が附いてしまふ。外側のものからはとやかく云はれることは何もないではないか？

私の母は、搗《つ》き屋といわれていた精米所を兼業する農家の長女として生まれ育った。母の里は少なくとも母が嫁ぐ頃までは裕福だった。村の精米所というのは、大抵が豊かな農家が余剰資金をもって営む商売であった。母の父、つまり私の祖父は日露戦役に従軍し傷を負って帰り、ほどなくして破傷風で死んだ。近在の村の発句の同好者の間では秀句をひねる世話役として知られ、菩提寺の山門の脇には祖父の句碑がいまも建っている。貧しい農村にあって句人として鳴らしたというのも、母の里のゆとりを感じさせる。

母がどういう経緯で父に娶られることになったのかはわからない。昔の親はそんなことを子供に語らなかったものだ。当時の村には男女の縁結びに励む世話好きな人がいたから、私の両親もそういう人の仲立ちで夫婦になったのだろうか。

嫁いだ母を待ち受けていたのは、多忙な印鑑の製造販売の仕事であった。父は休養とか趣味とかに縁のない働きづめの男であった。ひたぶるの勤労が父の一生であった。この一生を支える頑強な体に父は恵まれていた。最期《さいご》の床に臥すまで父は病気というものを知らなかった。母は病気もちではなかったが、どこか弱々しげであった。

弱い体で働きつづける母をみる私の目には哀しいものがいつも宿っていた。子供の私にそんなことできはしないのに、母を助けることはないものかと考えてばかりいた。

長兄、長姉、次姉はいずれも早くから家業の仕事を手伝わされていた。この三人から離れて私、すぐ後に妹がいた。母は、私が自分の唯一の安らぎの対象であったと後年話してくれたことがあったが、当時の母が私に慈愛を注ぐ時間をもてたとは思えない。自分の手から子供をもぎ取られてしまったような不全感を母はつねに抱えていたのではないか。私の方にもいとおしい母から存分の愛を受けられなかったという感覚が残っていた。

母の晩年、病気で臥せった頃、私はようやく母に心からの孝養を尽くすことができた。その孝養に、母は私の子供はお前だけだといいたげな眼で応えてくれた。晩年の母と私の間には甘やかな感情が流れ、思い起こせばその感情がいまも私の胸中を浸す。

江藤淳が安岡章太郎の『海辺の光景』のことに言及して、主人公の信太郎と母親との関係をほとんど「肉感的」だと評したのであるが、そらいわれれば母と私との関係もそのようなものであったような気がする。

　うどん供へて、母よ、わたくしもいただきまする

都都《どど》逸《いつ》を思い起こさせるようなこの句に文学的価値があるとは思えないが、死せる母を生涯いとおしく思いつづけた自由律句の俳人、種田山頭火の句である。母子の間に流れる哀しい感情を直截に表していて胸を衝く。

私は数年前、幼名を正一と称された山頭火をモデルにして小説風の評伝を書いたことがある（『種田山頭火の死生』文藝春秋）。正一が六歳の時に母は自宅の古井戸に身を投げた。強迫観念のように山頭火の生涯をつきまとっ

た母への執着、この執着からの解放の過程を山頭火の人生の中に書き込んだものがこの作品であった。そのような山頭火像がどの程度現実の山頭火を正確に映し出しているのかはわからないが、私はそう解釈せざるをえなかった。

学校から帰って母の姿がみえなければみつけだすまで、正一の心は休まらなかった。母の不在はそれが瞬時のものでも正一には耐え難かった。夜には母といちばん近いところで寝た。このまま寝入ってしまって母がいなくなってしまったらどうしようという不安な想像にいたたまれず、母の寝巻きの袖をつかんで寝た夜のことが思い出される。

昭和五一年、私が三七歳の時に母は死んだ。当時すでに結婚し二人の子供をもっていた男にしては少々幼な過ぎるかも知れないが、母の死が私にもたらしたものは大きかった。母の死は私の胸中の洞《ほら》の大きさをどうしようもないほどに意識させた。

深い悲しみをたたえた母の顔が眼に浮かぶ。この無限の孤独と寂寥《せきりょう》はやはり母の喪失に由来しているのか、喜びも悲しみも、そのすべてをふくよかに受け入れてくれる寛容の母に育まれ、そうして人は自分の人生を歩むに値する世界とみなして歩を踏みだすのであろう。わがままの限りを尽くしても壊れることのない母のしなやかな愛、温かいものを子供に放射しつづける母の無償の愛、母への絶対的な信頼を手にして人はこの世の中にみずからを寄託するのであろう。

母の死が自分にもたらしたものを山頭火の心に移し変えて拡大描写したものが、私のこの文章であった。

母が死んだ頃、私は大学院を出て、原覺天を師とし横浜の関東学院大学に奉職していた。効くして父に捨てられ生母に死なれて苦節を経てきたわが師は、母を失って嘆き涙を流す私に、

「母親を亡くして悲しむ君が私には羨ましい」

と漏らしたことがあった。母を死なせて悲しむことが、師にとっては自分も経験してみたい贅沢だとは。市ヶ谷駅近くの坂を上って数十メートルいったあたり、小太りの女将がかいがいしく働く小料理屋のカウンターで師と二人酒を酌んでいたその時の情景を、私はくっきりと思い出すことができる。

第二章　夏木立

「反」の思想

敗戦から一〇年と少し、私の青春時代にはまだ貧困が街にあふれていた。私が入学した慶應義塾大学などは比較的豊かな家の子弟が入るところだと聞かされていたが、厳寒の日でもオーバーコートを羽織っている学生はいなかった。学生服の上にジャンパーを引っかけるのがせいぜいであった。

しかし、この時代の貧困はうらぶれてはいなかった。努力すれば貧困から脱出できるという光明が灯されていた。甲府のわが家は家族全員、毎日が農繁期のようなあわただしさだった。自分だけが大学生という遊業をやっていていいものかと、後ろめたい感覚を私はいつも引きずっていた。

わが家の生活もその頃から目にみえて変化していった。夏休みなどに帰省すると電気洗濯機が、次にはテレビが、その次には電気冷蔵庫が据えつけられていた。竈の煤《すす》で黒光りするお勝手に真っ白い冷蔵庫がでんと構え、いかにも不釣り合いなたたずまいがなつかしい。暮らし向きは昨日より今日、今日より明日へと着実に向上していった。

高度経済成長という表現が臨場感をもっていた。世の中が前方に向かって確実に進歩していくという感覚を国民が共有していた。私のささやかな人生においても、昭和三〇年代のあの社会的臨場感に類するものは他になかったように思う。大学を卒業する昭和三八年には友のほとんどがオーバーコートを着て、卒業式は背広姿だった。私が入ったのは経済学部であった。文学への思いは強く文学部にいきたかったが、自分の希望を父に伝えることはできなかった。経済学部とか経営学部とか商学部といった、将来の立身につながりそうな学部でなければならないというのが、貧しい中で息子を大学に通わせる父にとっては自明であった。私とて時代の子である。激しく動く社会のことに関心らしきものをもつようになっていた。経済学を勉強しながら好きな小説を読みつづければいいではないか。

私は大学二年の時に安保闘争を経験した。いわゆる安保世代である。安保闘争が終わり、首相が岸信介から池田勇人に代わって「国民所得倍増を目標とする長期経済計画」、昭和三六年以降の一〇年間で一人当たりの実質国民総生産額を二倍にするという所得倍増計画が打ち上げられた。

そんなことありうるかとジャーナリズムは訝《いぶか》しがったが、目標は計画発足後七年にして実現されてしまった。目標成長率八・八パーセントに対して実績は一〇・四パーセントであった。当時の日本経済の成長力には、顧みれば目をみはらせるほどに強いものがあった。高度経済成長は、昭和三九年と四〇年の束の間の不況をはさんで、昭和四四年まで持続した。大型高炉を擁した一貫総合製鉄所、パイプラインがループを描く石油化学コンビナート、いかにも合理的にしつらえられた自動車組立工場、それらを報じる新聞を誇らしげに眺めていた。

未曾有の経済的昂揚の直中《ただなか》にあって、日本の知的状況はといえば、不思議なほどまでに強く「反日」であった。第二次世界大戦は正義と人道の戦いであり、これに敗北したのが日本であるかのごとくに論じられていた。東京裁判史観が、この頃には解き難く日本人の心を縛り付けてしまっていた。過去を自虐の眼をもって眺め、現在の成長を必死に追求するという日本の姿に私は何か居心地の悪さを感じていた。

戦争とは単なる軍事的勝敗ではない。みずからの勝利の道義的正統性《レジティマシー》を主張するには、敗者を非道なる侵略国家に仕立て、非を敗者に徹底的に認めさせねばならない。戦争は勝者にも小さくはない心的外傷を遺《のこ》す。この外傷を癒すには、相手が余りにも非道であり、彼を打ちのめす以外に道はなかったのだといい聞かせ、己れの心を鎮めるより他ない。

原子爆弾であれほど多くの民間人を殺傷した米国人の心的外傷を癒すには、日本は邪悪で不正義な存在でなければならない。日本軍が残虐の限りを尽くしたと主張しなければ、抗日戦争勝利をみずからの支配の正統性の証《あかし》とする中国共産党の根拠はなくなってしまう。またそうでなければ、南北分断の悲劇をかこつ韓国や北朝鮮は憤《ふん》懣《まん》のもっていきどころがない。反日の背後にそういう深層心理や政治的現実があると私が解釈するようになったのは、ずっと後のことであるが。

それにしてもである。敗戦国日本の知識人やジャーナリストがあれほどまでに強く反日であったのはなぜだったのか。当時の日本の知識人たちは、戦いに敗れた日本を見下すことに専念し、これを快感としているかのごとくであった。

マルクス主義の全盛期だった。私が経済学部に入って最初に履修した必修科目の経済原論もマルクス経済学であった。当時の日本の大学では、経済原論とはマルクス経済学の別名であった。近代経済学を多少なりとも勉強したのは、専門課程に進んでからのことである。

論壇で気を吐いていた有名な知識人はそのほとんどが左翼か、左翼に共感を寄せる人々だった。反日的なセンチメントは同時に親社会主義的なセンチメントであり、したがって反米的センチメントでもあった。この三つのセンチメントが織り込まれて、「反」の思想が昂揚していた。「反」の思想が経済の超高成長と奇妙にも共存していたのである。

大学に入学して間もない頃に、学生のクラブ活動の一つである「資本論研究会」に入った。同じクラスに五歳ほど年上のY君がいた。社会党選出の福岡県議で同地の農民運動の闘士の息子だった。Y君は高校卒業後も大学入学を潔しとせず、福岡市内の貧民の住まう地域での社会事業活動――当時、セツルメントといわれていた――をつづけたという。

無知の私からすれば、この年でどうしてこうまで社会のことを深く理解し、森羅万象に通じているのかと思えるほどの秀才だった。畏敬する最初の友であった。彼の社会理解の背後にあるものはどうやら資本論らしい。脳味噌がまったく空洞の私は、Y君の勧めに迷うことなく資本論研究会に入会した。

長谷部文雄訳の難解な数巻を、難解である分そこには解読すべき真理が豊富に潜んでいるはずだと思い、繰り返し読んだ。重要と思われる行の右に赤鉛筆で線を引き、次に読む時には青鉛筆で線を引いて、この線が全巻連なってしまった。そんなら線など引かないで読めよ、とY君にからかわれた。三度、四度と読み返すうちに、私は社会現象を理解する有力な枠組みを手にできたような気になった。週に一回の研究会で友と語ることがいいようのないほどに楽しかった。友も同じ思いらしく、週一回の研究会が二回となり三回となった。

安保闘争

研究会の議論が、いつの間にか資本論ではなく安保闘争の方へと重心を移していった。政治運動などに私はそれまで関心をもったことはなかった。しかしＹ君の影響によって、私も安保闘争のことを熱っぽく語る左翼学生の一人となっていった。共産党や社会党、総評や原水協などの主催する集会やデモに度々参加して、大学の講義には欠席の日がふえた。

昭和三五年五月一九日、安保条約改訂（新安保条約）の衆議院での通過阻止を目論む社会党員が、衆議院議長室前に座り込んで議長の登壇を妨害。岸信介首相は警官を導入して社会党員を排除、自民党単独で国会会期延長と新安保条約を可決した。国会会期延長は参議院の議決を経ずに新安保条約を自然成立させるための措置であった。

衆議院での採決には野党のみならず、石橋湛山や河野一郎など自民党内反主流派も欠席した。強引な議会運営を目のあたりにして、戦後民主主義の危機を憂い叫ぶ声が朝野にこだました。何より、そうまでして強行されねばならない新安保条約とは何ものかという疑念がわき起こり、安保闘争として知られる戦後最大規模の大衆運動を誘発した。安保闘争の熱気の中に私も漂っていた。

とはいえ漂っていたのは体の方だけで、頭の芯のところは妙に醒めていた。醒めていたのなら闘争になど参加しなければよかったではないかと思われるかも知れないが、それは大衆運動の衝動というものを経験したことのない世代の感覚である。

安保闘争は不思議な政治運動だった。昭和二七年に発効した旧安保条約は敗戦国日本としては他に方途のない選択であった。しかし屈辱的なまでに日本の主権を制約した不平等条約でもあった。米軍の駐留が恒常化され、日本国内の内乱や騒擾《そうじょう》にも駐留米軍の出動が可能であり、基地を米軍以外に貸与することはできず、さらには米軍の日本防衛義務と条約期限のいずれもが明文化されないという、片務性をもってその特徴としていた。

新安保条約は片務性の双務性への改訂である。事実、新条約の成立により、内乱時の出動条項と米軍のみへの基地貸与の二つの条項は削除され、また米軍の日本防衛義務ならびに条約期限一〇年以内が明文化された。

憲法第九条が存在し、しかも憲法改正がかなわぬ政治状況におかれていた当時、米軍の日本防衛義務に対応する、日本軍による米国防衛義務を明文化することはまったく不可能であった。それゆえ新安保条約は、日米が相互に平等な地位と責任を分かち合う完全な双務性からはほど遠いが、少なくともそれに近づく第一歩であったことはまちがいない。

それでは新安保条約に反対する安保闘争とは何だったのか。ただの自立拒否だったのか。そんなこともあるまい。安保闘争とは何を守るための運動だったのか。守ろうとしたのが戦後民主主義だというのであれば、理論武装はいかにも軽い。多数の横暴による強行採決といったところで、普通選挙にもとづく議会制度とは元来が多数を競い合うものである。国会への警官導入も少々手荒ではあったが、議員が座り込みによって議長の登壇を阻止したのも暴力である。暴力が別の暴力を難じても正当性はない。

反米ナショナリズムの方位

安保闘争が隠しもっていたものはナショナリズムである。太平洋とアジアで敗走を繰り返し、原爆投下により無数の国民を殺傷されたものの、日本は本土決戦に敗北して国力のすべてを失ったわけではない。無条件降伏ではあったが、米軍に対する敵愾心《てきがいしん》や対抗の構えまでを摩滅されてしまったのではない。

戦後復興は予想を超える速度で進み、昭和三〇年代の中頃には未曾有の高度経済成長期を迎えた。政治的屈辱と経済的自信とがないまぜになって、この頃には戦後鳴りをひそめていた大衆的ナショナリズムが昂揚し始めたのである。ならば、ナショナリズムが安保改訂を潔《いさぎよ》しとせず、逆に反安保改訂へと傾斜していったのはなぜか。

ナショナリズムとは、他者に投影して自己を確認し、他者に対抗して自己を主張する民族心理である。自己を投影し対抗する他者が存在しなければ、そもそもナショナリズムは成立しない。

日本という自己にとっての他者とは米国であった。他者が強大であり、しかもこれがかつて自己を圧した存在であってみれば、自己の存在を訴える対象としては申し分ない。人間の成長過程を心的深層から捉える発達心理学の示唆する通りなのであろう。戦後日本のナショナリズムは米国に自国をぶつけて存在を主張する、つまりは反米ナショナリズムたらざるをえなかったのである。

新安保条約は、旧安保条約に比して日本の自立を強化するための条約である。それゆえ新安保条約の成立は、日本のナショナリズムの願望を充足させてこれを鎮静化させるはずのものであったが、現実は反米的な心理と行動をますます強化する方向へと動いていった。

日米同盟による軍事基地の後ろに人びとは占領の間接的な継続を感じとり、ナショナル・アイデンティティの拘束された遺恨を、旧敵国と手を結んだ〝岸信介〟という象徴に投影し、それを葬ることによって人びとは何ものかを蘇生させる祭儀をおこなったのではないだろうか。

磯田光一は昭和五八年に上梓された『戦後史の空間』（新潮文庫）の中で、安保反対の心理をそう記述している。反米ナショナリズムにとって安保「改訂」はさしたる意味をもっていなかったのである。日本を敗北に導いた官僚政治家が強大な旧敵国と手を結んだという事実、つまり安保条約の存在それ自体がナショナリズムの標的であった。

サンフランシスコ講和条約が成立したのは昭和二六年であり、旧安保条約が調印されたのも同年であった。連合国軍による日本占領は終わったものの、国力を衰微させた日本が国際社会で生存するためには、いかに不平等ではあれ日米安保条約を発効させる以外に道はなかった。近代日本の存立を脅かしつづけたロシア（ソ連）が第二次大戦に勝利していよいよの軍事的力量を顕示し、中国で共産党独裁政権が成立、北朝鮮が中ソの支援を受けて韓国に侵攻するというこの時期の周辺情勢を顧慮すれば、日米安保は不可避の選択であった。

サンフランシスコ講和条約調印の当時においても、安保反対の議論がなかったわけではない。しかし、反対は全面講和を主張する左翼知識人と社共イデオローグの空論であり、大衆的ナショナリズムに火をつける力はなかった。全面講和とは、極東委員会構成国の三分の二以上の賛成をもって講和条約を成立させるという主張である。この主張に反対するソ連の賛成が得られなくとも講和条約を成立させようというのが、多数講和論であった。

全面講和論者の論理は、日米が軍事同盟を結ぶならば、一つには、米軍への基地貸与が日本を意図せざる戦争に巻き込むというものであり、二つには、何より日本が基地貸与の義務を負う一方で、米軍による日本防衛義務が明文化されていないというものであった。

そうであれば安保反対論者は、日本の防衛力を強化して条約の双務性を確保するための努力が必要だと主張しなければ平仄《ひょうそく》が合わない。安保反対論は安保改訂論へと進化していくのが自然の論理であった。しかし彼らは安保改訂反対であった。対立を先鋭化させつつあった東西両陣営の中にあってなお「純粋な」安保反対であった。

実は、安保反対論には、ソ連や中国などの東側を「平和勢力」とし、米英などの西側を「戦争勢力」とみなす二元論的な考えが潜んでいたのである。東側が平和勢力だというのは、いまから考えればなんとも幼児的な観念論であったが、しかし当時にあってはすこぶる真面目にそう考えられていた。憲法前文の「平和を愛する諸国民の公正と信義に信頼して、われらの安全と生存を保持しよう」という決意を純真にも誓う人々が、共産圏諸国を平和勢力と見立てたのである。

しかしこの安保反対も所詮はジャーナリズムの世界にとどまり、国民運動にまで高まることはなかった。実際、日々の飯の確保に腐心していた戦後復興期の日本人にとって安保反対論は贅沢に過ぎた。日米の不平等性に多少の鬱屈をもっていた人々も、占領期を終えたばかりの当時の状況下では詮方《せんかた》無いことだと受け取っていた。

昭和三五年の安保闘争においては安保改訂の如何《いかん》が問題なのではなかった。日本人の大衆的ナショナリズムが、みずからの存在を投影すべき対象を強大な米国に求め、みずからと米国を結ぶ安保条約を廃棄する運動の中に自己存在の証を見出そうとしたのであった。

当時の私がこんなすれっからしの解釈をしていたわけではない。しかし安保反対論者の理論武装のいい加減さには気がついていた。資本論研究会でも、安保反対の理論的根拠の薄さについてはこれを懸念する意見がしばしば出された。ならば私どもが安保反対闘争から離れていったかといえば、そうではなかった。むしろますます強く関与していった。大衆的ナショナリズムの情念が胸を騒がせ、その火に導かれて非論理的な安保反対の声を上げていたのである。

安保条約の強行採決を経て自然承認にいたる一カ月の間、安保改訂阻止、岸内閣打倒をスローガンとした、大規模な大衆運動が展開された。自然承認の直後にアイゼンハワー大統領の訪日を仰いで日米同盟のありようを内外に宣揚しようとする岸内閣の政治的プログラムに対して、国民的反感が強まった。

大統領訪日の事前調整のために羽田空港に降り立ったハガティー大統領報道担当官が、同空港に動員された全学連のデモ隊に包囲され、米軍ヘリコプターによって辛くもここを脱出するという事件が起こった。安保反対のラディカリズムを代表したのが全学連であった。

戦後の学生運動を指導してきた日本共産党が「六全協」(第六回全国協議会)で、それまでの極左冒険主義を転換して民主統一路線へと移行し、これに反発して結成された、当時、ブントと呼ばれた共産主義者同盟が全学連の主流であった。参議院での自然承認を数日後に控えた六月一五日の夜七時過ぎ、全学連主流派が国会に突入した。国会南通用門扉を突破、これを阻止する警官隊と衝突、攻防のさなかに起こった将棋倒しによって東大生の樺美智子が死んだ。

同学のY君は、私どもには公言しなかったが、全学連のアクチブの一人だった。Y君は国会突入に加わり、足を捻挫したらしいのだが、本人はそのことをひた隠しにしていた。全学連のメンバーであることを彼がなぜ私にいわなかったのかはわからない。日本共産党の青年組織である民青(民主青年同盟)の学生が同君を狙っているらしい、という話を聞いたことはあった。

政府首脳は自衛隊に治安出動命令を出す寸前にまでいたり、事実、小銃や戦車を準備して出動態勢を整えていたという。岸内閣の認識としては安保闘争はすでに内乱のレベルに達していたのであろう。同月一八日には三〇万人を超える空前のデモ隊が国会を取り巻いた。新安保条約が自然承認されたのは翌一九日の午前零時であった。何万人もの人々が国会周辺にとどまっていた。その中に私もいた。

この時刻、国会周辺は宴の後の虚しい静けさが漂っていた。その場から立ち去りたかったが、もう鉄道もバスもない。無言で座り込んでいるより他なかった。見知った友が何人かまわりにいたのだが、ずっと押し黙っていた。闘争の敗北感といったものではなかった。かすかに安堵の気分さえ含まれていた。

改訂安保条約が承認されると同時に、安保闘争のエネルギーはいちどきに萎《しな》びてしまった。戦後民主主義の危機を知識人がいくら叫んでも、その声に耳を傾けるものなど、もはや少数となった。大学も静けさを取り戻した。真面目に勉強しなければ、という思いが私にも強まっていた。

昭和「坂の上の雲」

安保が改訂され日本の自立性が強化されたかといえば、ここに奇妙な捻《ねじ》れが生じた。この捻れにその後の日本は苛《さいな》まれてきたのである。

岸信介は正真正銘のナショナリストであった。戦後最大規模に達したあの大衆運動に抗し、自衛隊の治安出動までを覚悟して安保改訂にのぞんだのはそのゆえなのであろう。彼は戦後日本のナショナリズムに生命を賭したのであろう。岸のナショナリズムの向こうには、当然のように自主憲法制定が見据えられていた。国家像の中心軸に自主憲法があり、この軸からの距離の取り方によってさまざまな保守が形成された。

しかし改訂安保が成立し、これが厳然たる既成事実となって、反米ナショナリズムの牙は抜き取られた。米軍への基地貸与と米軍による日本防衛義務とがバランスすることにより、東西冷戦下の日本の安全保障が担保された。そうして反米ナショナリズムが鎮静化し、同時に第九条改正をめざす自主憲法制定へのエネルギーまでが萎縮してしまった。安保改訂の成功が憲法改正を阻んだというのが深層の真実なのであろう。政治的ナショナリズムが、体制と反体制の双方からふうと消滅してしまったのである。

再び磯田光一は『戦後史の空間』の中で次のような逆説を展開した。安保闘争が、左右いずれにとっても米国という楯《たて》に向からナショナリズムであったことを皮肉な挿話をもって語っている。ここで指摘される竹内好とは、当時、ナショナリズムの観点から、つまりは対米従属からの民族的自立を求めて安保に反対した知識人の代表的論客である。

私は当時の自民党の国会議員が、安保反対運動の指導的立場にあった人に向って、「もっと激しいデモをやってくれ、そのほうがわれわれは今後アメリカにたいして強腰に出られるから」と伝えたというエピソードを知っている。このエピソードを意外と考える読者は、ここでつぎのような事態を考えていただきたい。数年前にタイで反日暴動が起ったが、しかしあの反日暴動を、タイが日本にたいして強腰に出られる条件として、もっとも歓迎していたのはタイ政府そのものだったはずではないか。こう考えてみるとき、竹内好の言論の過激化をひそかに待望していたのは、岸信介首相であったといってもさしつかえあるまい。

戦後日本のナショナリズムは安保闘争の時代に頂点を迎えた。その後の日本においては、自主憲法制定と対米自立は保守派からさえ真剣に語られることはなくなってしまった。戦後日本の「坂の上の雲」は安保闘争の時代だったのではないか。

確かにそうなのであろう。話は少々先に飛ぶが「七〇年安保」のことである。

昭和三五年の日米安保条約改訂によって一〇年後の昭和四五年には、日米の一方が望むのであれば一年前の事前通告によりこの条約の自動的な廃棄が可能となった。あれほどまでに激しい議論を呼んだ条約である。昭和四五年を前にして安保廃棄に向けた広範な大衆運動、つまり「七〇年安保」が起こっても少しもおかしくはなかった。いや、昭和四五年に向けて安保廃棄の社会運動が昂揚しなければ、安保闘争の論理は貫徹しないはずだった。しかし現実には何ごともなかった。ジャーナリズムも沈黙のままであった。この頃には「坂の上の雲」ははるかに遠いものとなっていたのであろう。

熱狂は去った。大学の授業にも毎日出席するようになった。授業が終われば図書館に入り閉館まで読書をつづけた。安保闘争の疲れも癒える頃、資本論研究会の仲間たちは、古典学派に始まる経済学の代表的文献を次々と読んでいこうということになった。岩波文庫に収められていたスミス、リカード、リスト、マーシャルなどの著作がテキストだった。これらを輪読する研究会には、理論経済学研究会という恥ずかしいほど立派な名前がつけられた。

横浜日吉の教養課程から港区三田の専門課程に移り、ここでわれわれ研究会の一〇名ほどが、遊部久蔵のゼミナールに丸ごと入れてもらった。古典派経済学に通じ価値論の大家として高名な、穏やかで端正な風貌の先生であった。しかし入ゼミから間もない頃、先生はロンドンに出立、帰国までの一年ほどは日吉時代と同じように仲間で文献の輪読をつづけた。

そうこうしているうちに卒業の時期も迫り、就職先を決めねばならない。私が大学を卒業した昭和三〇年代の後半は、戦後日本経済の最高の昂揚期であった。高度成長の時代は企業の時代であった。企業は新規分野に次々と参入しながらその事業規模を拡大していった。学卒者に対する需要も大きく伸びた。

私の学業成績は芳しくはなかった。当時、弘田三枝子という一〇歳を少し超えたばかりの歌手が人気を呼び、テレビやラジオによく出ていた。ティーンエイジとはサーティーン以上の一〇代を指すわけで、弘田三枝子はしょうがなくミルクティーンだといわれた。私の大学三年終了時の優（A）の数は一一か一二であり、同学の友から私はミルクティーンだと笑われた。それでも就職は、一流企業というわけにはいかなかったけれども、東証一部上場の大企業にさしたる苦労もなく決まった。

父が業とする印鑑に対する需要も高まり、甲府のわが家にも次々と注文が舞い込んで商売は有掛《うけ》に入っていた。下請けの手彫り師を何人も抱えて両親、長兄、長姉、次姉は寝る間もない忙しさであった。

もともと丈夫ではなかった母が、この忙しさの中で肝臓を病み、入退院を繰り返すようになった。しかし家族は商売に忙殺され、女子高校に通っていた妹以外に母を看病する手がない。妹が不憫《ふびん》だった。

大学の卒業に必要な単位は取れそうだし、就職先も決まった。会社勤めになれば母の看病も難しかろうと考えて、大学四年の夏休み以降は、東京目黒の下宿を引き払って甲府に帰り、母の病院に寝泊まりした。母と過ごした日々は幸せであった。

母の病いは日本住血吸虫が肝臓に寄生し、長年にわたり浸潤《しんじゅん》を繰り返して発症したものだった。日本住血吸虫とは山梨県などいくつかの県に固有な地方病である。私はいまも水泳ができない。プールなどなかった当時、内陸の山梨で子供が泳ぐところは川しかない。こっそり川で水を浴びこれが両親に知られでもしたら、ほとんど勘当もののごとくに怒られた。両親は、子供の頃に地方病で死んだ子供を沢山知っていたからだった。

田植えをする男も女も、むしむしとする暑さの中で手甲《てっこう》と脚絆《きゃはん》を厚く巻いて、まるで戦士のような姿だった。それでも侵入を狙う日本住血吸虫を防除することは難しかった。母は若い頃からどこか弱々しさを漂わせていたが、日本住血吸虫に寄生されて弱った肝臓を抱えていたからなのだろう。母の父、つまり私の祖父が日露戦役に従軍し、傷を負って帰り破傷風で死んだことは先に書いた。しかし母によると、祖父が死んだ時、その腹は水膨れで山のように大きかったという。

「地方病で死ぬ時にゃあ、みんなああなるんだよねぇ。おじいちゃんが死んだのは破傷風だといってるけんど、ほんとは地方病じゃなかったかねぇ」

母はそういいながら、まだ膨れていない自分の腹をさすっていた。

企業の時代

新安保条約の成立は反米ナショナリズムを鎮静化させはしたが、ナショナリズムそれ自体を鎮静化させたわけではなかった。ナショナリズムの向かう方途が政治から経済へと変わったのである。ナショナリズムのこの反転は劇的であった。

安保闘争の直中にあっては、岸信介を首相として仰ぐ自民党は左翼の憎悪の対象であり、悪の権化のごとくであった。しかし新安保条約の成立と同時に岸内閣が倒れ、新たに池田勇人を総裁としてのぞんだ同年暮れの総選挙で、自民党は安定多数を確保した。安保改訂に徹底抗戦した野党は三分の一の議席を守ることもできなかった。

安保闘争で荒れた政治を「忍耐と寛容」によって正常化し、国民の豊かさへの欲求に所得倍増計画をもって応じる自民党の姿勢が、高い支持を受けたのである。呆気にとられるほどの国民的気分の反転であった。

私が就職したのは、所得倍増計画が開始されて間もない昭和三八年であった。所得倍増計画といっても、当時の日本が計画経済であったわけではない。一〇年間にわたる日本のマクロ経済を展望し、その展望の結論として一人当たりGNP倍増の可能性を高唱したのである。日本企業の潜在力へのきわだって高い評価がこの展望計画の基礎にあった。

私が入社したのは化学薬品会社であった。戦後日本の買収王として知られた巨魁《きょかい》を創業者とし、北海道から九州まで二〇に及ぶ工場を配下に収めていた。入社後、半年の研修が広島県福山市にある同社の染料工場で行われた。福山での研修の合間をぬって、県境に近い鷲羽山《わしゅうざん》に同期生と一緒に登ったことがある。

瀬戸内海のはるかな海の中に水島がぽつんと浮かんでいるのがみえた。海岸から水島までの空間を埋め立て、臨海工業地帯を造成する事業が間もなく開始されると聞かされた。まさかと思わせるような広大さであった。それから数年を経て「水島臨海工業地域」という、名だたる重化学工業基地の造成が完了したことを新聞で知った。日本経済があきれるばかりの活力を漲《みなぎ》らせていた時代であった。

研修を終え新たに勤務することになったのは、東京赤羽の荒川沿いに立地する医薬品製造工場であった。資材倉庫課に配属された。工場への資機材の搬出入の事務を執り、フォークリフトで化学薬品のドラム缶を必要部署に運び込むといったことも私の仕事であった。フォークリフトの運転免許や危険物取扱いのライセンスの取得にも励んだ。

工場がコミュニティーを形成し、人々が相互に強く結びついて一つの小宇宙を形成しているという事実が私を驚かせた。この頃の私には左翼的なものの見方は失せていたが、それでも労働者は経営者と対立関係にあるものだと思い込んでいた。安保闘争の前年、昭和三四年には、三井三池闘争という階級闘争を絵に描いたような労使紛争が起こり、これが労働運動の原型として私どもの頭の中に刷り込まれていた。

しかし、福山や赤羽の工場で観察した人間関係は、家族主義的としかいいようのない、暗黙の合意を前提にした、まことに協調的なものであった。工場長はいつも菜っぱ色の作業服を着て、ネクタイなどつけていなかった。彼は会社の取締役であったから経営者の一人でもあった。三〇〇人ほどの従業員に誰彼となく声をかけ、新入社員の私の名前もすぐに覚えてくれた。武田という苗字のその工場長は従業員からタケちゃんと呼ばれ、飲み会にでもなれば、真っ赤な顔で畳に膝をこすりつけながら従業員に酌をしてまわった。

終身雇用を疑うものはおらず、少しずつではあれ給料が上昇していくことを楽しみとしていた。労働組合は確かに存在した。工場組合員の集会が月に一度くらい開かれ、私も毎回これに参加した。委員長が経営側との交渉の経過を説明し、次いで当時はやりの左翼用語でやや反体制的なことを演説した。これに従業員が和して拍手するのだが、緊迫感はまるでなかった。労働組合が経営側と何かを争うという雰囲気を感じたことはない。労働組合の方に、そもそも「経営側」などという認識があったかどうか。

赤羽の工場に勤務してここを退職するまでの二年半、私はずっと社内のQC運動の渦中にいた。QC（クオリティー・コントロール）とは、元来、米国の企業内の専門家集団の中で発達した品質や工程の管理手法である。この手法が高度成長期の日本企業に導入され、ここで花開いた。日本企業のQCは現場従業員の末端までを巻き込む全社的な、いわゆるTQC（トータル・クオリティー・コントロール）運動として展開された。

職場ごとにQCグループが構成され、私の属していた資材倉庫課でも工場全体にわたる資機材の搬出入の動きをチェックシート、ヒストグラム、パレート図などを用いて示し、少しでも無駄なところがあれば、職場の全員が参加する会議で改善策が練られた。改善策が提案され、これが現場で採用されて改善がさらに重ねられるというサイクルを恒常化させていた。

ＱＣ運動といえば統計的品質管理といった響きがあるが、実際には目標達成をめざす従業員全体の熱気があって初めて成り立つ集団主義的な運動だ、というのが私の実感である。ＱＣ運動の成果が社外の著名な審査員によって評価され、これがデミング賞として与えられることになっていた。製造企業の名誉と信用力を世に示す格好の賞であった。

赤羽の工場にデミング賞の受賞決定の報が入った。従業員は「やった、やった」と昼間から茶碗酒で気勢を上げた。資材倉庫課の十数名が集まっておめでとうをいい合った。挨拶を一言、ということで席を立ち上がった資材倉庫課長が涙を拭った。課長のおごりで当夜は赤羽駅前の飲み屋の二階の座敷で腰が抜けるほど酒を飲み、私は気を失った。経営家族主義という表現に、私はいまでも違和感はない。

企業の時代であり経済の季節であった。経済成長はそれに見合う国際的ステイタスを日本に与え、敗戦後の日本人の鬱屈を解放した。経済大国へ！　という屈折のない、疲れを知らぬ感覚を日本人は共有していた。国民的共有感を知る戦後日本の最後の人間が、この時代に青春時代を送った人々なのであろう。

昭和三九年には東京・大阪間に新幹線が完工し、神宮外苑の国立競技場で東京オリンピックが開催された。その前年にはＧＡＴＴ（関税と貿易に関する一般協定）理事会で日本の一一条国移行が決定され、貿易収支赤字を理由に輸入数量制限などの非関税貿易制限を発動できるという「不名誉」なステイタスを脱した。

ＩＭＦ（国際通貨基金）八条国への移行も同時に成った。日本は為替取り引き制限禁止国へと変じ、円が国際的な交換可能通貨となった。昭和三九年には資本取り引きの自由化の義務を負ってＯＥＣＤ（経済協力開発機構）への加盟がなり、名実ともに先進国へと浮上した。当時、日米のイコール・パートナーシップという言葉がよく使われた。敗戦下の貧困と混乱の中で育った私などには、よくぞここまでという嬉しさがあった。経済的ナショナリズムの到達点とはこういう感覚かという昂揚の気分を、日本人は味わっていた。

大学院

福山、赤羽と三年に近い工場勤務はそれなりに充実していた。多くの人間を知ることができた。ＱＣ運動を通じて企業というものの存在を肌で覚えた。しかし私がやっていた仕事はといえば、資機材の搬出入というかにも無機的なものであった。

自分の人生がこうしてずっとつづいていくのかという不安が、時々胸を騒がすようになった。年功とともに別の部署に配属され、ローテーションを繰り返しながら、少しずつポストと給料が上がっていくであろうことに疑問はなかった。しかし、それだけの自分の人生に満足できるかと何度も問い返した。

あれほどたっぷりとした時間を与えられながら、大学時代に自分は何も勉強していなかったのではないか。悔《かい》悛《しゅん》が次第に強く自分を苛んだ。母校の大学院に入ろうか。世の中は激しく動いているではないか。この現実を動かしているものを学問の眼で理解する機会は、この年齢を外しては再び手にできないかも知れない。

名のある大学を出し会社に就職させたことを自負する両親や長兄の顔が目に浮かんで、決心が鈍る。大学院に進んで無収入の私が食っていけるか。自分に研究者としての能力があるか。

大学時代の師、遊部久蔵のところに相談にいくと、

「そんなに思いを巡らせてばかりでは結論は出ないものですよ。いまは景気もいいし、とにかく修士課程に入って、二年後に改めて身の振り方を考えてみればいいじゃないですか」

と安穏なことをいう。

しかし、その後で、

「迷った時には歩を前に進めるというのが、僕の生き方ですよ」

ともいった。この一言で私の決意は定まった。

受験に臨み、どうにか合格となった。嬉しいという気分はなかった。不安定な将来を再びしょい込んでしまったかという感慨の方が強かった。

大学院に入って山本登の門をたたいた。この国際経済学会の重鎮は、見知らぬ私を温かく迎えてくれた。山本登とその弟子である矢内原勝のところには、当時の日本経済の著しい国際化を反映してのことであろう、国際経済学を学ぶ秀才がかなりの数集まっていた。日本の国際経済学会のリーダーとなる大山道広などもそこにいた。

関心は圧倒的に理論であった。経済学に数学的手法が導入された時期であり、テキストの多くは数学の本ではないかと思われるほどであった。学部紀要の最初から最後のページまで数式が延々とつづいていた。矢内原勝の授業などは黒板の全スペースが左上から右下まで数式で埋められ、これらの数式の展開の仕方をめぐって、一〇人ほどの大学院生が議論を沸かせていた。

私はそのやり取りを遠目に眺めているより他なかった。内容がまったく理解できないのである。輪読するテキストの一部の内容紹介と問題提起が私にも割り当てられた。何度読み返しても私の理解を完全に超えている。音を上げ、報告の前日、明日の報告は不可能であることを告げに矢内原勝の研究室にいったのだが、先生の冷ややかな視線が痛かった。

自分のやりたいことはこんなわけのわからない理論などではない。現実そのものだと臍《ほぞ》を固め直した。その頃アジア経済分析に関する著作をいくつも書いていた、アジア経済研究所の原覺天の指導を得たいと考えるようになった。

幸いなことに、山本登と原覺天はアジア経済研究所の創設に奔走した盟友であった。私の論文指導は、応諾さえしてくれれば原覺天で結構だというのが山本登の判断であった。山本登の紹介状を懐に、当時四谷にあったアジア経済研究所の原覺天の研究室を訪れた。振り返ればこれが私の研究者としての出発の日であった。

ベトナム反戦

安保闘争が終焉して日本のナショナリズムは政治から経済へと転じたとはいえ、反米的ナショナリズムの根が絶やされたわけではなかった。ジャーナリストや知識人の頭に巣食って払拭できない反米的センチメントは、ベトナム反戦運動となって受け継がれた。

この反戦運動、多少の盛り上がりはあったものの、日本はベトナム戦争の当事国ではない。所詮は遠い東南アジアの一国での戦争であった。「民族解放」を抑圧する米国への、言説による糾弾以上のものではなかった。反戦運動が日本の内政や外交に影響力をもつこともなかった。

日本の安全保障は日米同盟によって完全に米国に委ねられていた。米国が死力を尽くしてベトナムで戦っているのに、日本人は基地貸与以外に米国との協力を深めようとは誰も考えない。同盟関係にある一方が戦争状態に入り、他方が戦争とは無縁の安穏の中にいるというこの構図は、いかにも不思議なものであった。しかし当の日本人は、この不思議を不思議と感じる誠実さを失っていた。日米安保条約の片務性については先に述べた。しかしベトナム戦争の頃になると、条約の片務性どころか、国民意識までもが片務的なものへと変質していたのである。

戦争の惨禍が自国に及ぶことなどありえないという無意識の前提があってのベトナム反戦であった。安保闘争時のような切迫した感覚は国民にはなかった。フォークソング入りの市民集会が連日のように新宿や渋谷で開かれていたのだが、安保闘争に倦《う》んでいた私には、何を太平楽な、といった気分でしかなかった。

ベトナム反戦運動が高まりをみせたのは、「北爆」が開始された昭和四〇年二月以降であった。同年の四月に小田実を代表とする「ベトナムに平和を！　市民・文化団体連合」、「べ平連」と通称される反戦組織が結成され、ホテル・ニューオータニから道一つ隔てた清水谷公園で初の集会が開かれた。べ平連の反戦運動の無論理には私は反感さえ抱くようになっていた。

いつから身についたものか、私には論理的に表現できないことについては発言も執筆もしてはならないという、実に傲慢な想念が宿った。流動して錯雑たる人間社会の現象を論理的につきつめることなどできないとわかってはいても、論理的な思考努力は知識人としての自分の生きて在ることの証だと考えるようになった。

何に淵源をもつのだろうか、人間には自分でも解し難い、論理では解明できない情念や衝動が内在している。そうした人間を無数に紡ぎ織り合わせたものが人間社会であってみれば、社会も個人と同様である。この情念や衝動をどう見据えるかに人生と社会を生きる意味があるのだと考えるようになったのは、ずっと後年のことである。この考えは『神経症の時代』（ＴＢＳブリタニカ）に文章化された。いずれ後に記すが、この考えは論理性を貫こうという努力の果てに得た私の人生観である。

話をもとにもどせば、ベトナム反戦のために用意された日本のジャーナリストや知識人の論理は、実に不鮮明で不誠実だと私は感じていた。少なくとも安保闘争の時には、危殆《きたい》に際して自国をいかに守るかという論理の構えが、左右のいずれにも存在した。安保闘争が反米をベースにもちながらも、ナショナリズムに根ざしたものであったことは疑いない。

しかしベトナム反戦運動の論理は、南ベトナム民族解放戦線を正とし米軍を邪とする正邪二元論であり、思想的な意味において薄いものでしかなかった。反米ナショナリズムではなく、ただの反米であった。反米とか親米とかはそれだけでは人々を心の底から揺り動かす観念にはならない。

司馬遼太郎は『坂の上の雲』(第二巻、文藝春秋)の中で、ナショナリズムについて、少々飄逸だが得心のいく「定義」を示している。

民族には、ごく土俗の感情としてナショナリズムというものがある。ときによってこの言葉は、国家主義という意味につかわれたり、国民主義あるいは民族主義の意味でつかわれたりするが、要するに民族がもっている決して高級ではないがごく自然な感情——たとえば自分の村を愛して隣村をののしったり、郷土を愛してその悪口をいわれると腹をたてたり、といったふうの土くさい感情——のことであろう。

ベトナム反戦運動が欠いていたのは司馬のいう「自然の感情」だったのであろう。

米国の支援するサイゴン政権の政治的腐敗と人権蹂躙《じゅうりん》、これに抗する広範な国民階層からなる民族解放戦線という定型的な図柄をジャーナリズムは繰り返すだけだった。後者を心情的に支持する「茶の間の正義」（山本夏彦）にはなっても、国の安危にかかわる切迫感を浮かび上がらせることはできなかった。つまりはナショナリズムの欠如である。

民族解放戦線の背後に共産勢力による武力解放の目論見があることを、鋭敏に見抜いていた古森義久や近藤紘一のようなジャーナリストが当時もいたことは明記しておかねばならないが、反米的センチメントが覆う時代の空気の中でその影響力は薄かった。

一九七四年（昭和四九年）、ベトナム労働党（後にベトナム共産党）は南部への総攻撃を開始、米軍、南ベトナム軍は北ベトナム軍との激しい戦闘の末に無条件降伏を余儀なくされた。サイゴンが陥落し南北が統一されたのは一九七六年であった。しかし体制の決定的に異なる南北の統一はまったく悲惨であった。

南北統一は南部の「社会主義改造」を帰結した。南部農民は、北部の集団農業システムの中に組み込まれた。集団農業に対する南部農民の抵抗は根強く、低価格による国家買い上げを忌避し、食糧を華僑に売る農民が跡を絶たなかった。これに対抗して政府は、華僑がその支配権を握る南部の流通機構を締め上げた。同時に私営商業を全面的に禁止した。

この措置により、アジアにおける米の取り引き市場の中心、住民の七割を華僑が占めるサイゴン・ショロン地区の火は消え、これが悲劇の華僑ボートピープル急増の原因となった。農業集団化と流通機構再編は、農民から生産意欲をもぎ取ってしまった。農業生産の実績は惨憺《さんたん》たるものであった。

北部においては、農業部門のみならず工業部門の社会主義改造が完成し、国営企業が主力となった。この北部の工業システムが統一後に南部にも採用された。国営企業が生産すべき商品の種類と量についての指令が国家から出され、生産に必要な資材は国家から供給された。生産物はそのすべてを低い固定価格で国家が引き取り、労働者に対する分配もまた国家の指令通りに均分主義的にこれを行うという、ソ連型の指令制システムが南部でも強行された。

南北統一の苦境下において、ベトナムはカンボジアで新たに成立したポル・ポト政権と激しく対立した。一九七八年にはここに侵攻、翌年にはカンボジアを背後から支えてきた中国との戦争に引き込まれた。中越戦争の勃発である。この戦争がベトナムを徹底的に衰弱させた。中越戦争は中国の援助を停止させ、カンボジア侵攻は西側諸国による経済封鎖を招来した。ソ連の援助のみが唯一の頼みの綱であったが、このソ連も崩壊してしまった。ベトナムは完全に身のおきどころを失ったのである。

南ベトナムやカンボジアの悲劇を目の当たりにしても、ベトナム反戦運動で名をなしたジャーナリストや知識人は、その後、完全に「頬被り」であった。運動論理の不鮮明性は、その論理と明らかに矛盾する現実が露《あら》わになっても、まさに論理の不鮮明性のゆえに何をどう「反省」していいのかさえもわからないのである。知的不鮮明は知的不誠実と一体であった。

このあたりで私の左派知識人——私の青春時代には知識人といえばほとんどが左派であった——に対する不信は決定的となった。田中美知太郎ならば、当時でも必ずやその不信を記述しているはずだと書庫を漁ってみれば、同氏の『戦後四十年の発言』(筑摩書房)が出てきた。果たせるかな不信の山である。昭和三五年、安保闘争の年に田中は次のようにいっていた。

ひとつの国家社会における知識分子の役割は、人類の長い歴史を通じてきわめて大切なものであるが、現在のわが国では、それが分裂したまま、むしろマイナスのはたらきをしているのではないかと疑われる。いうまでもなく、知識分子というのは、いわゆる知識人のことではない。わが国の産業や政治を直接に動かしている技術者、経営者、官僚、政治家などの主力がそれなのであって、いわゆる知識人は、それの取りのこされた否定的分子に過ぎない。

権威を笠に着るようだが、「否定的分子」という表現は、ベトナム反戦運動を煽《あお》る知識人に対しての私の気分と完全に重なっている。日本の知識人に対する田中の感情は、安保闘争の時点ですでに侮蔑に近いものとなっていた。

日本人は、歴史が語られるようになって以来、共通の社会的記憶の中に生きてきた。人種的、言語的な共棲感に裏づけられた一体感覚を、これほどまでに強くもった民族が他にあるだろうか。それゆえなのであろうか、皮肉なことに、日本人は民族というものを改めて自覚的に意識する努力を必要としなかった。民族は国家であり国家は民族であった。

国家主義と訳されて然るべきナショナリズムが民族主義と訳されて、これに異をはさむものはいない。民族主義は日本人にとっては現実というより観念であった。民族統一戦線や民族解放戦線といえば、これを共産主義者の支配やプロパガンダだとみるよりも前に、民族の統一と解放を妨害する他国（米国）への観念的な反感となって表れてしまう。観念的な感覚を無論理で言説化したものが当時の知識人であった。

ベトナム反戦運動には、もう一つ、当時の日本人の少々屈折した深層心理が投影されていたのではないかとも思う。日本のナショナリズムは安保闘争を経て、経済発展の方に舵《かじ》を取ってひた走っていた。人々は豊かさを求めて働きづめに働き、経済が成長し所得は着実に上昇していった。

しかし日本人は、みずからの安全保障を戦勝国の米国に完全に頼り切り、その一方で経済的な富のみを追求する己の姿に、どこか後ろめたさを感じていたのではなかったか。みずからの狡賢《ずるがしこ》さにやり切れない気分を潜在させていたのではなかったか。この鬱屈を解こうと向かっていったその吐け口がベトナム反戦運動だったのではないか。あの庇護者（米国）は無慈悲なやつだと見立てなければ、心の平衡が保てないということだったのではなかったか。

第三章　韓国研究

背理のアジア観

ある人間がある外国に関心をもち、その国のことを自分の研究対象にしてやろうと考えるのはどんな動機によるのか。これを説明するのは存外難しい。なぜあの女に惚れたのか。惚れたことはまぎれもないのだが、さてどうしてなのかと問うてみても理由は心許ない。韓国研究は私のアジア研究と開発経済学研究の原型であり、最も重要な対象であった。しかしどうして韓国研究を志したかといわれても、答に窮する。

甲府という山深い町で生まれ育った私は、外国とは無縁であった。いまの若者にいっても信じてはくれまいが、本物の外国人を私が初めてみたのは大学に入ってからであった。欧米人や中国人はもとより、在日の韓国人や朝鮮人さえ知らなかった。

大学時代、資本論研究会のリーダーにK君がいて、彼は朝鮮総連系の在日朝鮮人であった。引き締まった顔をもち、若くしてすでに風格を漂わせていた。安保闘争時の左翼のアクチブでもあった。仲間が激しい議論をしていても彼が言葉を発すると、全体がそれとなく収まってしまうふうなところがあった。

安保闘争が高まりをみせる頃、在日朝鮮人の北朝鮮帰還運動が次第に熱を帯びるようになった。当時、北朝鮮といえば、貧しいけれども秩序正しく清潔で、高い志操の国だというイメージであった。その後、まるで嘘であったことが露呈される「地上の楽園」像をジャーナリズムは振り撒いていた。当時の日本のジャーナリズムには、ソ連、中国、ベトナム、北朝鮮など東側の国々のことになると、革命、社会主義、民族主義に対するナイーブな思い入れを美辞麗句でくるみ上げ自己陶酔にふける不可思議な癖があった。北朝鮮報道などはその痛ましい例であった。

K君の薦めにより、北朝鮮ユートピア論を盛んに論じていた寺尾五郎の『三八度線の北』（新日本出版社）を読み、「有楽町そごう」の最上階にあった読売会館で記録映画「千里馬」を観て胸を熱くしたりした。少しでも冷静になれば明け透けなプロパガンダであることは見抜けたはずだが、時代の風潮というものは恐ろしい。ばかばかしいとはねつける余裕はなかった。

北朝鮮への帰還第一船が新潟港を出港したのは昭和三〇年代の中頃であった。出港に先立って催される祝賀会への入場券をくれた友がいて、一緒に新潟に出かけないかと誘われた。心は動いたが、新潟までの汽車賃や宿泊代のことを考えて思いとどまった。

K君は帰還運動が昂揚する中でみるみる生気を失っていった。あれほど理路整然としゃべっていた口が滞って無口になり、研究会にも顔を出さなくなった。北朝鮮への帰還者の数が最初の一年を過ぎたあたりでピークになり、その後激減したという話が耳に入ってきた。帰還前に刷り込まれていた北朝鮮像と現実との落差は、決定的に大きいものだったらしい。日用品や医薬品の送付を懇願する手紙が在日の親族に届くようになったという話も聞こえてきた。帰還運動にかかわってきたK君の絶望はいかばかりであったか。彼のことを話題にするのがはばかられるような雰囲気が私どもの研究会には生まれていた。

私は帰還運動にかかわったことはないが、K君を畏敬していたこともあってこの運動には共感があった。しかしこの共感は何ものであったか。当時、日本共産党の新潟地域細胞にいて朝鮮人問題に深く関与していた佐藤勝巳は、帰還運動から一〇年ばかりを経た昭和五三年に『わが体験的朝鮮問題』(東洋経済新報社)を上梓し、日本の進歩派の思想と行動の欺瞞性を糾弾した。

そこで佐藤は、「在日朝鮮人の共和国への帰国が『人道と人権』であるとして支持した日本人がいたことは確かであるが、同時に、在日朝鮮人が日本からいなくなることを望んでいる日本人がより多くいたことも、まぎれもない事実であった」と述べた。それゆえにこそ「岸内閣は、日韓会談を一時中断させてまでも、在日朝鮮人の共和国への帰国を、つまり、日本からの追い出しを決断したとみるべきであろう。この事実は、日本人として充分記憶にとどめておかなければならないことだと思う。そしてわたしは、このことを契機に、『朝鮮人帰れ!』という日本人の民族差別の根強さをみせつけられ、朝鮮問題のむずかしさを思い知らされることになった」と忿《ふん》怒《ぬ》した。

人道と人権の背後に、実は民族差別がべったりと張り付いていたというのである。佐藤の解釈には、日本人のアジア観の背理を衝《つ》いて胸迫るものがある。K君の憔悴《しょうすい》は北朝鮮社会の酷薄の現実を彼が知ってしまったからであろうが、同時に日本人の心に巣食うこの背理を鋭敏に感じ取ったからなのかも知れない。K君との交友はお互い六〇歳を過ぎた現在もつづいているが、同君はいまもそんなことは口にしない。彼の寡黙の中に真実が潜んでいるのだろうか。

ソウルショック

一九六〇年を前後する頃、韓国もまた経済的低迷と政治的混乱を恒常化させていた。この低迷と混乱は李承晩《イスンマン》政権の政治腐敗と人権抑圧に由来するものだとされ、李政権に対峙する学生の反体制運動への熱い思いが日本の知識人にほぼ共通した感覚であった。

朝鮮半島は三六年にわたる日本統治の後に南北に分断され、朝鮮戦争により資産を破壊された。李承晩政権の末期から朴正熙《パクチョンヒ》政権の登場、さらには朴正熙が大統領選に勝利して経済成長の新軌道を設定するまでの期間、韓国は生みの苦しみの中をもがいていた。朴政権の政治統治の苦闘を「軍部独裁」、経済運営のありようを「財閥支配」「対米従属」というネガティブな用語で固く塗り固めていたのが、当時の日本の韓国論であった。

韓国は、日本の支配下におかれてみずからの統治のメカニズムをもつことを許されなかったのである。自前の発展の軌道を見出すまでは耐え難い痛みに呻吟《しんぎん》するにちがいない。強権的な植民地支配から独立したアジアの新興国の苦悩に共感するのではなく、逆に糾弾の眼をもってこれを語るがごとき日本の韓国論は、民族差別ではないか。この思いを胸の奥にしまい、事実を見据えていけば、世に一般的な韓国論の向こうに独自の世界が開かれるにちがいない。いまになって振り返ってのことであるが、私の韓国研究の動機は、イデオロギーでしかものを語らない日本の韓国論への反感にあったのだと思う。当時の私は若かった。韓国論の世界に新地平を拓いてやろうという野心が生まれた。

韓国を訪れてみたい、痛切にそう思った。しかし海外旅行のためのお金などあるはずもない。後に妻になる女から彼女の貯金通帳の全額を拝借し、二週間ほどの韓国旅行に出かけた。学生時代の友にコンサルタント会社日本工営に勤務する一人がいた。当時の韓国には日本の借款によってダムや発電所、道路や地下鉄などの建設が相次いでおり、これらの建設のための技術指導などに当たっていた日本人技術者が滞在していた。日本工営は多数の技術者集団を抱え、彼らの寄宿舎がソウル南山《ナムサン》の麓にあった。友は私がそこに無料で泊まれるよう計らってくれた。

二週間の滞在で私の胸を打ったのは、貧困にありながらも豊かさを求めて働く人々の沸きたつ活気であった。ソウルの南大門《ナムデムン》市場の唸りを上げる活力に圧倒された。この国が何ものかにならないはずはない。日本が達成した成果であれば、いずれこの国もそれを掌中にするにちがいない、そう感じた。

韓国経済のことを研究してやろうと本気で考えるようになったのは、この旅行を通じてであった。随分と直感的な話であるが、その後の自分のアジア研究を思い起こしても、テーマの選択はいずれもかなり直感的なものであったような気がする。

敗戦の直後に少年時代を過ごした私には、貧困からの脱却を求めて執念をたぎらせていた闇市時代の感覚が残っている。あの執念があって日本が戦後復興を成し遂げたことを肌身で知っている。韓国を訪れて得た直感は私を韓国研究に誘《いざな》ったのみならず、私の韓国論のスタイルをも決定してしまったようだった。なぜ韓国研究かといまになって問われればそれなりの因果的説明は可能だが、それはあくまで事後の説明であって、研究開始のきっかけはやはり直感だったといわざるをえない。

当時の日本のジャーナリストや知識人は、軍部独裁といえばまるで汚物でもみせられたかのような嫌悪の情を露わにしていた。陸軍参謀本部や関東軍作戦課の愚かな判断によって戦争に巻き込まれ、屈辱的な敗北を余儀なくされたのが日本人である。軍部に対する嫌悪感もわからぬではない。しかし他国が選択した政治の方位に異を立ててこれに嫌悪の情を示すなどというのは、どう考えてもやってはならないことである。少なくとも知識人である以上、みずからのこの情には抑制的であって然るべきだろう。

しかし韓国に対してだけは、日本の多くの知識人はそうすることがまるで正義でもあるかのように、朴正煕とその政権に糾弾の言葉を吐きつづけた。再びいえばこれは民族差別ではないか。

植民地支配から脱してそう長い時間を経過していないアジアの国々が、軍部による権力的統治のシステムを選択することは大いにありうる。倫理や道徳の問題ではない。政治の現実がそうなのである。軍部支配の可能性を分析的な眼をもって眺めるという多少なりとも学問的な視角がなければ、現代アジアの政治経済論は成立しない。一九七〇年代末までの日本の韓国研究者の中にはそういう視角は育っていなかった。

一九六一年、軍事クーデターが起こった頃の韓国においては、近代化を牽引するパワーグループは軍部以外には存在しなかった。ウェストポイント（米陸軍士官学校）に範をとって改編された韓国陸軍士官学校は、政治学、経済学、国土開発、国防、世界戦略の新知識を授ける、当時の韓国における組織的エリートの唯一の供給源であった。朝鮮戦争は、創設されて間もない幼弱な韓国軍を集権的な機能集団へと変貌させる試練となった。グレゴリー・ヘンダーソンは「文官の団体や組織の中で、明確かつ比較的公正に管理された職務を遂行するという点において、軍隊に近い水準にまで達した例は他になかった」（『朝鮮の政治社会』鈴木沙雄・大塚喬重訳、サイマル出版会）と述べたが、私の評価も同様であった。

李朝以来の長期にわたる韓国の儒教的伝統においては、武人が政治支配権を握るという事実自体が稀有であった。儒教的政治の原則は「徳治主義」であった。民衆を儒教倫理で教化し、民衆の徳を高めることによって形成される社会的秩序が理想と考えられた。政治統治の中枢を占めたのは、儒教思想を徹底的に習得して「科挙」に合格した文治官僚であった。

文治官僚の関心は、原典『四書五経』の習得と実践にあった。その思考様式は守旧的、観念論的であり、行動様式は事大主義的、形式主義的であった。現状の改革を求めて新たに目標を設定し、目標の実現に向けて効率的に対処しようという「進取の精神」とはおよそ対極であった。儒教倫理において「賤商思想」は根深く、私欲は蔑視の対象であり利潤の追求は蔑《さげす》まれていた。一九六一年の軍事クーデターは、儒教的風土の中で厚く培《つちか》われてきた文治官僚制とそれを支える思想と倫理を打ち破る画期的な政治変革であった。

いつの頃からか「開発独裁」といわれ、後に私が「権威主義開発体制」と名づけてこれにポジティブな意味を付与した概念は、当時の学界にはまだ存在していなかった。存在していたのは感情移入の軍部独裁批判のみであった。

朴正熙

韓国における権威主義開発体制の頂点にいたのは朴正熙であった。私は朴の思想を韓国の発展の将来を指し示す光明だと感じていた。朴の発する政治的ステートメントを私はつねに注視した。北朝鮮との対決状態にある韓国を強国たらしめることに失敗するならば国の将来はない、という強い危機意識が朴を衝き動かしていた。朴はすべてのエネルギーを工業化に集中させるという厳格なまでに強い意志をもってことにあたった。朴正熙の考え方を要約すれば次のようなものであった。

極度の貧困状態にあり、高い失業率と非識字率を恒常化させ、旧守的な文化的伝統を引き継いでいる韓国が、いまの時点で欧米流の民主主義制度を採用しても混乱と腐敗を招くだけだ。韓国に真の民主主義を実現するには、経済的基盤の強化によって貧困から脱却することが不可欠である。これは国民大衆の同意を得てなされるのが最善であるとはいえ、親北勢力を国内に抱え、国民的同意を得ることの難しい現下の韓国においては、指導者の強固なリーダーシップによりこれを推進するより他ない。北朝鮮という固いイデオロギー国家が南進への意図を露わにしている以上、韓国はこれに抗すべく、重化学工業化を中心に経済力のいち早い増強に向けて国の総力を傾注すべきである。朴はそう考えていた。

対外的危機意識、エリート主義、何よりも強い開発志向において、朴は権威主義開発体制下のアジアにおいて典型的な軍人政治家であった。権威主義体制の下で韓国が手にした経済開発の成功は、誰の眼にも明らかであった。一九六〇年代の後半期以降の韓国は、工業化と輸出の顕著な実績によって「漢江《ハンガン》の奇跡」と称される国際的評価を掌中にした。

工業成長の過程で社会階層が多様化した。労働者の権利要求が強まり、市民的自由を求める声も次第にボルテージを高めた。しかし朴はこれを受け入れることを潔《いさぎよ》しとしなかった。一九七二年には「維新体制」を固め、権威主義体制の強化に乗り出した。

韓国の権威主義体制は米国からの脅威によっても促された。一九七七年一月のカーター政権登場と同時に発表された在韓米地上軍の撤退計画は、朝鮮戦争後の韓国に与えられた最大の政治的脅威であった。一九七〇年代に入って加速した朝鮮半島における米国の軍事的コミットメントの希薄化は、韓国民に経済・軍事両面における自立化の緊急性を意識させた。これが権威主義開発体制強化の求心力となって、重化学工業化への強い国民的支持が醸成された。

朴正熙は一九七九年一〇月二六日の「宮廷クーデター」によって暗殺された。後を襲ったのは全斗煥《チョンドファン》であったが、この政権下で権威主義開発体制は揺らぎ始め、盧泰愚《ノテウ》政権を経て金泳三《キムヨンサム》政権にいたり韓国の民主化が花開き、金大中《キムデジュン》政権に受け継がれた。盧武鉉《ノムヒョン》という「市民派」が大統領戦に辛勝して今日にいたっている。

権威主義開発体制論

韓国の権威主義開発体制についての私の評価は、その後の私のアジア研究の基調ともなった。大学院に入った頃、数理的な経済理論がよくわからず、その分だけ社会経済的な分析への関心が強まり、ホゼリッツ、ヘーゲン、ガーシェンクロンなどの文献を買い求めこれらを読み込んだ。強い影響を与えたのがガーシェンクロンであった。次のような記述に私は胸踊るものを感じた。

後発国において停滞を打破し、国民の想像力に火をつけ、国民のエネルギーを経済開発へと向かわしめるには、資源をより適正に配分するとか、パンをより安く手に入れるようにするとか、そういった類の約束ごとではなく、それよりもはるかに強力な薬剤が必要であった。停滞を克服するには、事業家にとってさえ、古典的な意味での勇敢で革新的な企業家にとってさえ、単なる高利潤動機というよりも一段と強力な動因が不可欠であった。些末な日常と先入見を排除するのに用意さるべきは何よりも信念であり、サン・シモンの言葉でいえば、黄金の時代は人々の過去にあるのではなく、未来にあるのだという信念に他ならない。後発国の工業化はある種の宗教的な情熱によって支えられ、この情熱を体現した工業化イデオロギーに「扇動」されつつ推進されるのだという主張である。

一国が経済的に後進的だということは、工業化に要する資源動員能力ならびに産業組織が自生的には発達していないという事実を意味する。したがって工業化を開始するには、資源を動員し誘導し組織化する主体が「上から」形成されねばならない。フランスにおける世界最初の投資銀行クレディ・モビリエ、長期工業融資を重要な業務としたドイツ型銀行は、英国に比べて後発の大陸ヨーロッパ諸国における工業化の組織者であった。金融制度自体が未発達なより後発のロシアでは、国家みずからが財政政策を武器に工業化の指導的役割を演じた。明治期日本の重要な工業化の主体もまた国家であった。こうして後発国では「金融資本主義」や「国家資本主義」が一般化したのだというのが、ガーシェンクロンの見立てであった。

この見立ては、東アジアの開発経緯を眺める場合にも重要な視角を提供すると私は考えた。帝国主義勢力の「西力東漸《とうぜん》」（福沢諭吉）に対抗して進められた明治期日本のナショナリスティックな工業化を支えたイデオロギーが、「富国強兵」「殖産興業」であった。同様に韓国における「滅共統一」は、急速な国力増強によって興亡の危機から自国を守ろうとする工業化イデオロギーである、私はそう解釈した。

日本の統治下で「抑工政策」を敷かれてきた韓国において、工業化のための基盤は日本に比べて幼弱であった。その韓国が、北朝鮮との軍事的緊張下で経済近代化を進め、かつ競合国ひしめく国際市場競争において「輸出志向型工業化」を成し遂げようというのである。資本主義的発展をめざしながらも、日本よりも強い「上から」の開発戦略を選択したとしても驚くにあたらない。「上から」の開発戦略を立案し、施行するための政治システムが権威主義開発体制である。朴正熙＝全斗煥の時代の韓国、蔣介石《しょうかいせき》＝蔣経国《けいこく》時代の台湾、リー・クアンユー時代のシンガポールもそうであった。政治支配権を掌握した軍・政治エリートが開発を至上の目標として設定し、それを達成すべく、彼らが育成した官僚テクノクラート群に政策の立案・施行にあたらせ、開発の成功をもってみずからの統治の正統性の根拠とするシステムが権威主義開発体制である。意思決定への国民の参加は限定的であった。

開発の手段として採用されたのは資本主義的方式であるが、経済への国家介入は強力であった。開発こそが最優先の課題であり、開発を速やかに掌中にするための組織、制度、政策を追求することが権威主義開発体制の特徴である。この体制のイデオロギーが「開発主義」である。開発主義とは、村上泰亮の命名である。村上は遺作『反古典の政治経済学』（中央公論社）の中で以下のように述べた。

> 自由主義的経済学は、イギリスという最も純粋な先発国に近かった国の文脈で作られたものであり、殆どの国にそのままは当てはまらない。大部分の国にとって現実に意味をもつのは、先発国に追いつく《キャッチアップ》ことを目標とするいわば「開発主義（developmentalism）」の政治経済学である。
>
> 純粋資本主義の経済学の視点からみるかぎり、開発主義は資本主義の基本形からの逸脱であり、あるいは過渡的にのみ許される例外でしかない。しかし産業化の経済学の視点からみれば、開発主義は——古典的な経済自由主義と並んで——産業化のありうべき一形態となるだろう。（中略）

開発主義とは、私有財産制と市場経済（すなわち資本主義）を基本枠組とするが、産業化の達成（すなわち一人当り生産の持続的成長）を目標とし、それに役立つかぎり、市場に対して長期的視点から政府が介入することも容認するような経済システムである。開発主義は、明らかに国家（あるいは類似の政治的統合体）を単位として設定される政治経済システムである。その場合、議会制民主主義に対して何らかの制約（王制・一党独裁制・軍部独裁制など）が加えられていることが多い。

私のいう権威主義開発体制とは、村上の「開発主義」を体現した政治システムのことである。村上のような慧《けい》眼《がん》の研究者から同様の見解が得られて私は自負を強めた。

工業化の基礎的諸条件において未熟な後発国が、強い外圧とわずかに与えられた時間的余裕の中で急速な発展を遂げようというのであれば、国家主導型の開発戦略の採用はこれを避けることが難しい。国家主導型の開発戦略とは、政治統治のシステムの観点からいえば多かれ少なかれ権威主義的な開発体制である。多種多様な要求をもつ国民大衆の広範な政治参加の下で政策決定をなす民主主義的政治システムではなく、官僚テクノクラートを中核とした少数のエリートが政策目標を設定し、目標に向けて大衆を動員する政治システムである。「寡頭支配」（オリガーキー）と称され「開発独裁」と呼ばれる権威主義開発体制が開発途上諸国において一般的であったのには、それだけの合理的な理由があったのだと考えねばならない。権威主義開発体制を民衆排除型の政治システムとして「道義」を含ませてこれを論難するのは、開発途上国の「初期条件」に思いをいたさない短絡ではないか。韓国研究を通じて私は開発体制論に一石を投じた気分であった。

読み返してみると生硬で不寛容な叙述で恥ずかしいが、朴正煕時代の韓国経済について論じた頃の私の文章には力がこもっていた。

独裁を正当化する気か、といった類の批判も聞こえてきたが、意気軒高の私には「馬耳東風」だった。しかし、一九八〇年代の末年にいたり私の権威主義開発体制論も転換期を迎えた。韓国の政治体制自体が急転回したからであった。

体制溶解

権威主義体制の下での開発戦略が成功裡に進められるならば、その帰結として、権威主義体制それ自体が「溶解」するという新しい論理を構成しなければならなくなった。一九八九年以降、韓国で演じられた政治的民主化の動きは画期的であった。この民主化により韓国は後発国経済開発の有力なモデルであると同時に、権威主義体制の「溶解モデル」をも提供することになったと私はみなした。

一九八七年、盧泰愚によって提起された八項目民主化提案（「六・二九民主化宣言」）は、韓国の政治が軍部を背後においた権威主義体制から、国民の政治的要求を体現する民主主義体制へと転換したことを示す象徴的な出来事であった。

一九六一年軍事クーデター以来、韓国における組織化された政治勢力は軍部のみであり、軍の頂点をきわめたのが朴正熙であった。朴の指導力により強力な経済官僚テクノクラートが権力と威信を身につけた。彼らの擁したイデオロギーが「開発主義」であった。

権威主義体制下での経済開発の成功は、韓国民の所得水準の上昇と社会階層の多様化を帰結した。所得水準の上昇、社会階層の多様化にともない、権威主義体制は国家統治のイデオロギーとしてもはや有効に機能しなくなった。いずれは解消されねばならない「経済発展」と「政治発展」とのギャップを劇的な形で埋めたのが、六・二九民主化宣言であった。この民主化宣言を契機として全土に澎湃《ほうはい》として起こった民主化運動は、朴政権の正統的後継である全斗煥政権を葬り去ってしまった。

韓国の権威主義体制が南北対決の産物であるならば、その体制の崩壊は北朝鮮ならびにその背後を支える旧ソ連、中国との対決の図式をも変更せずにはおかなかった。旧ソ連、中国との国交樹立は、冷戦構造崩壊の直後、あっけないほど短い間に実現されてしまった。

北朝鮮との関係も朴正熙＝全斗煥時代からすればはるかに「ソフト」になった。六・二九民主化宣言から一年を経て、翌一九八八年七月七日に表明された「民族自尊と統一政策のための特別宣言」がその証であった。この「七・七宣言」は「六・二九宣言」と確かに一対のものであった。北朝鮮は対決すべき敵ではなく、ともに繁栄すべき「民族共同体の同伴者」であるという、権威主義体制下では出てくるはずもない新しい精神を謳《うた》ったものが七・七宣言であった。「太陽政策」として知られる金大中、ならびにこれを継承した盧武鉉の北朝鮮政策はいかにも危ういが、しかし、これが権威主義体制の溶解にともなって新たに生まれたものであることだけは理解しておかねばならない。

韓国の政治的民主化の意味を考えながら、台湾の民主化に思いを馳《は》せた一時期があった。韓国の民主化をもう少し一般的な文脈の中で考えてみたい、というのがその動機であった。ついでのようだが、韓国と軌を一にして権威主義開発体制の転換期を迎えた台湾についても、少しだけ述べておきたい。

台湾の政治体制は、一九四九年に共産党との内戦に敗れこの地に移った国民党によって、「反共抗戦基地」の創出をめざして形成された。国共内戦を前提に作り上げられたものであるがゆえに、権威主義的色彩の著しく濃い政治体制であった。一九四九年には戒厳令が布告された。総統の権限が一段と強化され、三権分立制度は骨ぬきとなった。戒厳令は台湾海峡の危機が去った後も解除されることなく継続され、台湾の権威主義体制を守る砦として機能した。

しかしこの戒厳令は一九八七年にいたり、国民党自身の手で解除された。同年に開催された台湾の三中総すなわち第一二期第三回中央委員会総会は一連の大胆な政治革新を打ち出し、次いで台湾民主化の二大障害であった「党禁」と戒厳令のいずれをも解除するという転換をみせた。党禁とは、国共内戦を理由に施行された新党結成禁止令のことである。

同年一二月には台湾史上初の複数政党選挙が行われ、新たに認められた野党、民主進歩党が躍進した。一九八七年に入り「報禁」すなわち新規新聞発行禁止令もまた解除された。一九九〇年一二月の憲法記念の式典において総統の李登輝《りとうき》は、中国共産党を平定すべき「反乱勢力」と規定してきた現憲法の臨時条項を一九九一年五月をもって廃止することを表明し、事態はその通りに進展した。この条項は立法院の議決なしに緊急措置を発令できる強大な権限を総統に与えたものであり、台湾の対中強硬姿勢を示す象徴的な法律であった。

長期にわたってつづいた権威主義開発体制が国民党自身の手で自由化に向かったのは、韓国の与党民正党の盧泰愚による六・二九民主化宣言に類似した「体制内改革」である。そうした改革の背後には、これを要求する国民の意識があった。国民の政治的自由化要求を昂揚させ、国民党の大きな譲歩を引き出したのは、高度経済成長下で増加した中産階級の動向に他ならない。都市化の進行、教育の普及に裏づけられた中産層の発言力の高まりを顧慮せずして、台湾政治の民主化を語ることはできない。

一九八九年は、韓国と台湾という東アジアの代表的な発展地域で、この地域の歴史に例をみない政治的民主化が生成した年として記憶されねばならない。韓国研究を通じて私は、一社会の発展動態というべき政治社会現象に眼を開かされた。しかし、私の韓国研究の中心は経済発展についてである。学術研究としての韓国研究に多少の貢献ができたとすれば、この分野以外にはない。私が開発途上国としての韓国の経済発展をどのようにみたのかを、できるだけ平易に語ってみようと思う。

従属を通じての自立

一九七〇年代の韓国は、虚心に眺めれば、その成功は疑いのないはずのものであった。しかしこの時期の韓国論は、韓国の現状を暗黒に塗りつぶして滅々たるものであった。韓国は一九九六年秋にＯＥＣＤ（経済協力開発機構）に加盟して名実ともに先進国としての地位を掌中にしたのだが、この韓国の先進国化を予想させるようなまっとうな議論は当時、何一つ用意されていなかった。

韓国のことを少しでも実証的に分析してみれば、到底そんな結論になるはずもないような臆面もない議論ばかりであった。発展が誰の目にも明らかとなった時点でも、多くの研究者は韓国の成功は韓国を取り巻く有利な国際環境の僥倖《ぎょうこう》によるものであり、その条件が失せれば崩落するであろうといった議論が一般的であった。暗の部分に拡大鏡をあて、そうして得られた像の上に軍部独裁や財閥支配のイメージをだぶらせて、「矛盾」をことさらに強調するというのが日本と韓国における韓国論の「正統」であった。

私の立論は逆だった。朝鮮戦争を経て無一物から出発し、ここまでにいたった韓国は開発途上国のモデルなのだと考えた。「対外従属」「軍部独裁」「財閥支配」に対しては、これらは発展の過程で通り抜けねばならない過渡的相克であり、相克を超えて韓国は必ずや安定的な経済を手にするであろうという思いが私の韓国論を支えた。そうして私の韓国経済発展論――「従属を通じての自立」論――が生まれた。

当時の私は韓国の経済発展をより普遍的な文脈の中で描写し、そうすることによって既存の展望のない韓国論とは縁を切りたいと考えていた。韓国の経済発展は、自然資源において乏しく、過剰な人口と労働力を擁した一国が、しかも外国の統治により近代経済成長の基礎的諸条件をもぎ取られてきた一国が、それにもかかわらず経済運営によろしきを得るならば一体何をなしうるかを示した、現代開発途上国におけるシンボリックな経験だと主張したかったのである。

実際、多くの開発途上国は「韓国型資本主義」に熱い眼差しを向けていた。中国とて例外ではなかった。上海国際問題研究所から乞われて現代韓国論を一カ月間講義したことがあった。鄧小平が全権を掌握して「改革・開放」を始めたものの、これにシナリオが用意されていたわけではない。当時の中国は、開発のシナリオを開発途上国の成功的事例の中に手探りしていた。中国が韓国の発展に注目したのはそのゆえであった。上海国際問題研究所のスタッフは私の韓国経済発展論のレクチャーを食い入るように聴いてくれた。こんな真摯な姿勢があの頃の中国にはあったのかと思い起こす。

韓国はそもそもどのような経路を通して発展してきたのだろうか。

韓国の顕著な特徴は、この国が先進国に強く依存しながら発展してきたことであった。先進国から資本と技術を積極的に導入し、輸出と輸入の両面における先進国への依存度は一貫して高かった。韓国経済のありようを「従属的発展」だとみなす一群の研究者のイメージも、この極端に高い対外依存的な体質に由来していた。

しかし、工業化のための資本において希少であり、技術において幼弱であり、かつ国内市場において狭小な韓国が発展のための諸条件を先進国に求め、その意味で先進国の「従属的」存在として発展するという経路を選択したのは致し方ない。そのような選択は韓国経済の「初期条件」からして不可避であった。不可避であったというよりは、この経路をむしろ積極的に選ぶことによって韓国はみずからの活路を開いたのだと私はみなした。開発の初期からこのような選択をなした開発途上国は、実はごくわずかであった。保護主義的な政策を用い、内に籠《こ》もることによって「自立経済」を固持しようとする開発途上国が一般的であった。中国がそうでありインドもそうだった。しかしそれらの開発途上国は、自立経済を守ろうとして自立のための経済力の確立に失敗し、その失敗の経験に踏まえ改めて「改革・開放」を選択するにいたったのである。中国もインドもいずれもそうである。

韓国は従属的な発展経路に沿いながら、しかしその過程で従属的な体質それ自体を払拭する別のベクトルを生み出すという「弁証法的」な発展をみせた。韓国はみずからを従属的な地位におき、そうしなければ手にすることのできなかった利益をもって自立的な国民経済を達成した、一つの注目すべき経験を提供したのである。「従属を通じての自立」が韓国の経済発展を特徴づける私の中心的用語法となった。

「従属を通じての自立」といえば、少々レトリックが過ぎると受け取られるかも知れない。しかし考えてもみれば、先発国に囲まれた後発国が自生的に発展するなどということはそもそもありえない。

後発国の発展は先発国に発するインダストリアリズムの波及を受けて開始される、というのが歴史的な一般則である。一九世紀における中心国英国の工業成長の性格を「自生的」とするならば、それにつづく周辺諸国の工業化は、中心国のインダストリアリズムの影響下におかれ、多かれ少なかれ「他律的」な性格を有した。ガーシェンクロンの用語法をもってすれば、周辺国は中心国の発展によって生まれた「後発性利益」を享受して初めて工業化を開始しえたのである。

後発国は先発国の主導するグローバルな発展体系の中にみずからを位置づけ、その体系の従属的地位に自身をおくことによってしか発展しえない。当時NICS（新興工業国家群）と呼ばれ、後にNIES（新興工業経済群）と称された韓国、台湾、香港、シンガポールなどの発展経路がそうであった。先進世界の最後尾に位置して、先進世界に発する後発性利益を有効に「内部化」した一群の国々がNICSでありNIESであった。「従属を通じての自立」として論理化される韓国の経済発展過程の分析は、開発途上国の開発の方途を考える上できわめて重要だと私は主張したのである。

輸出と成長

韓国の強い対外依存的な経済体質は、この国が開発の開始以来「加工貿易型」発展を余儀なくされたという事実に由来する。

朝鮮戦争によって「南農北工」の半島は分断された。日本統治時代に蓄積された鉱工業資産はほとんどが北朝鮮に帰属した。南の韓国に残されたのは繊維産業と食品加工業、若干の軽機械産業のみであったが、これらも朝鮮戦争によってあらかたが灰燼に帰した。重化学工業部門は完全に欠落していた。

それにもかかわらず韓国は輸出志向戦略、すなわち工業製品の積極的な輸出を通じての高成長戦略を採用した。開発のためには資本財（機械・設備）を先進国から輸入しなければならない。輸入のためには消費財輸出が必要であった。国民の所得水準が低いために国内市場は狭隘であり、この面からも輸出は不可避であった。輸出は経済発展の「生命線」であり、この事実の基本はいまなお変わっていない。

韓国の経済発展の方式はもう一度いえば加工貿易型であった。加工貿易とは輸入した原材料を、同じく輸入した資本財を用いて組立・加工し、そうしてできた消費財を輸出するという方式である。輸出の拡大は同時に輸入の拡大を誘発せざるをえない。

韓国の資本財の輸入需要を満たしてきたのが日本であり、消費財の輸出先は米国であった。それゆえ韓国の対米貿易収支はかなり早くから黒字となったが、対日収支は恒常的に赤字だった。韓国が加工貿易を戦略とする以上、避けられない帰結であった。

対日収支の大幅赤字は韓国の「対日従属」の証であるかのような議論が韓国において一般的であり、日本の韓国研究者の中にもそのようなことを主張するものが少なくなかった。米国で博士号を取ったソウル大学の著名な教授までもが、対日収支の赤字は日本の韓国からの「搾取」分だと主張し、そんな理屈に合わない話はないという私の反論に声を荒らげた、ある日韓学術会議のことが思い起こされる。

韓国研究を始めて一〇年余り、四〇歳を前後するあたりから、私もこの分野では少しは存在を知られるようになったらしい。関連する国際会議に誘いを受けることも多くなった。日韓会議は頻繁であった。現在にいたるも韓国人研究者との交流が最も深い。いまでもそういう雰囲気が残されているが、話が日本のことに及ぶと、ほとんど反射的にネガティブに反応するという癖が彼らには拭い難い。「歴史認識」などの間遠《まどお》な話のことではない。目の前にある日韓経済関係についてもそうであり、手を焼かされた。

もっとも、研究者ともなれば私の報告内容に学術的な反論が無理であることは分かっていたのだろうが、公的な場で「親日的」な態度をとるわけにはいかないようでもあった。「昼間は反日、夜は親日」と聞いたことがある。実際、公的な場を離れて個人的な付き合いとなると、彼らは徹底的に「親日的」であった。

私が強調したのは、「対日従属」の過程で韓国は自立化に向かうもう一つの別の強い力を自生させたという事実であった。このメカニズムを私は、輸出と投資との間に働く「拡大循環メカニズム」として提起した。このメカニズムの存在こそが韓国工業化過程の傑出した特徴であり、後に東南アジアの国々が新たな開発の方途として注目したところでもあった。

資本財の自給能力において薄い韓国の投資は、先進国（日本）からこれを輸入して進めるより他ない。投資拡大は輸入資本財に「体化《エンボディ》」された先進技術を通じて生産性上昇をもたらす。生産性上昇は輸入工業製品の国産化（輸入代替）を可能にし、次の段階で輸出競争力を強化する。この事実が、より大きな規模の資本財輸入と投資を可能にする。韓国はこのメカニズムを齟齬《そご》なく展開させることによって投資規模を拡大し、新技術を先進国から次々と導入した開発途上国の一典型となった。

貿易収支の赤字に対して政府が採用したのは、輸入削減による経済の縮小均衡ではなかった。外国資本の積極的な導入だった。外国資本の導入によって貿易収支の「天井」が成長の制約要因となることを回避したのである。そうした意味での「拡張主義的」政策を政府は一貫させた。外国資本への韓国のごとく高い依存度は、過去の先進国の歴史に例をみない。しかし注目されたのは、むしろ外資依存度の減少傾向であった。

韓国は外資を積極的に導入して拡張主義的な政策を維持し、そうすることによって達成した高度成長の下で、投資資源を国内に次第に豊富に蓄積するようになった。一九七〇年代の国内貯蓄の増加はめざましかった。投資資源の自立化傾向は、投資の外資依存度が下がったという事実の中に観察されるばかりではない。流入外資の構成もまた、経済の自立化を反映する形で変化した。一九六〇年代の中頃まで韓国は典型的な開発途上国であり、条件の緩やかな公的借款の供与対象国であった。しかし同年代の後半期には韓国の経済力が国際的な注目を浴び、商業借款が急増した。一九七〇年代に入ると直接投資がこれに加わった。

もっとも韓国は、経営支配権をもった外国企業の導入（直接投資）には慎重であった。外資の中心はあくまで借款であった。かつての日本と同じく「外資黒船」論が世論であり、世論が政策を支えた。外資総額に占める直接投資の比率は、近年にいたるまで他の開発途上国に比して恒常的に低かった。工業化の主力部門はあくまで財閥系企業を中心とした民族企業であり、外国資本はこれを補完する地位におかれるべきだという考え方が政策の基礎に潜んでいた。

直接投資がみるべきシェアをもつようになったのは、アジア経済危機が韓国に及んで「ＩＭＦ危機」と称され、この事態を克服して以降の、つまりは最近のことなのである。

圧縮された発展

韓国経済の自立化傾向をより直截に表現したものが重化学工業化であった。基礎的な資本財については、国内でこれを生産する体制を確立しなければ真に自立的な経済とはいえない。一国経済が加工貿易に依存しつづける限り、成長の波及力が国内部門に及ぶ度合いは小さく、その多くは海外に「漏出」する。したがって繁栄する輸出部門が他の国内部門の成長を誘発する力とはなりにくい。

さらに、加工貿易型の発展では輸出の増大が輸入を誘発し、貿易収支の好転を期待することも難しい。加えて一国経済が大きく窓を開くために、海外の市場条件の変動に応じて国内経済の全体が揺れ動くという対外的に脆弱な体質となりがちである。自立した国民経済を形成するためには資本財の生産基盤の構築、つまりは重化学工業化が必要であった。

韓国の重化学工業化の速度には刮目《かつもく》すべきものがあった。スピードが速かったというにとどまらない。実は、韓国の重化学工業化は消費財の輸出拡大によって誘発されたものであり、そうして消費財生産部門と重化学工業部門との間に有機的な連関が成立したという事実が重要であった。資本財を輸入し消費財を輸出するという加工貿易型の底の浅い工業構造が重化学工業化を誘発したのであり、ここでも「従属を通じての自立」という論理が貫かれた。

重化学工業化の速度をみる指標にホフマン比率がある。ホフマン比率とは重化学工業部門付加価値に対する軽工業部門付加価値の比率である。ホフマン自身によれば、主要先進国のこの比率が五・〇~三・五の工業化第一段階から三・五~一・五の第二段階へ移行するには二〇年から三〇年を要したとされる。しかし韓国のこの比率が四・〇から二・〇へと下がったのは、一九六〇年代初めのわずか数年間においてであった。韓国は一九七〇年頃から比率一・五~〇・五の工業化第三段階に入った。第二段階から第三段階への移行を、韓国はやはり数年を要しただけで実現した。先発国の経験に比して格段の速度であった。

鉄鋼業の発展速度が特にめざましかった。一八八〇年頃に粗鋼生産一〇〇万トン規模でスタートした英国、ドイツが、一五〇〇万トンを達成するのに要した期間はそれぞれ六〇年、五四年であった。より急速な生産拡大をみせた米国、日本ですらそれぞれ二四年、三四年という期間が必要であった。韓国はわずか一〇年を少し超える期間にこの巨大規模を実現したのである。

工業化の速度は、特定の工業部門を取り上げた場合には、この部門の輸入期から国産化（輸入代替）期を経て輸出期へと向かう産業発展の段階移行速度として、これを捉えることができる。繊維、電気・電子、造船、石油化学、鉄鋼などの諸産業にみられる輸入依存度の減少速度と輸出依存度の上昇速度は、日本の歴史的経験より一段と速いという事実を私は分析し、これに「圧縮された発展」という名称を与えた。

春窮から豊饒へ

厳しい飢えを忍ばなければ春麦までの端境期《はざかいき》を生き延びることのできない「春窮《チュングン》」は、一九六〇年代の初めまでの韓国の農村の貧しさを表す象徴的な言葉であった。絶糧化した農民は、金貸から借りた高利債や富農から借入した年利五割を超える「長利穀」で端境期を食いつなぎ、それもかなわぬ時には「草根木皮」を漁《あさ》った。「春嶺越え難き」飢えの中で農民は勤労の意欲を失い、農閑期には酒と賭博に憂さを晴らすのみであった。一九六〇年代の前半期、農家の八割方が借金生活を余儀なくされていた。

この貧困を韓国は独立後一五年ほどの間にほぼ完全に解消したのだが、これは農業部門が工業部門との強い連携の下で発展したからであった。農業発展が工業発展によって誘発されていくメカニズムを私は次のように説いた。

過剰な人口を擁する開発途上国においては、工業化が農業に併行して進展しない以上、後者の順調な発展は期し難い。一つには、農業発展のためには肥料、農薬、農機具などの工業財（農業投入財）が供給されねばならないからである。また二つには、農業発展を誘発するインパクトは農村の余剰労働力の消滅を通じて与えられるが、農村余剰労働力の消滅は工業化が作り出す労働需要によらずしては不可能だからである。
敷衍《ふえん》すると次のようになる。農業部門は工業部門の労働需要に応じて余剰労働力を継続的に引き出され、ついにはこれが失われて農業賃金は上昇に転じる。他方、農業部門は工業部門の拡大によってみずからが利用する農薬投入財を、豊富かつ安価に購入できるようになる。労働力を集約的に用いる低生産性農業から、農業投入財を集約的に利用する高生産性農業へと転換していく条件がここに与えられる。韓国の農業発展は、このメカニズムを短期間に、かつスムースに展開させた開発途上国だと私は解釈した。

韓国の工業化の雇用吸収力は強く、そのために農業人口の流出が開始され、一九六〇年代の後半期以降、農家人口の減少傾向が顕著となった。そうして生まれた農村労働市場の逼迫《ひっぱく》化に応じて農村の失業率ならびに不完全就業率の減少、農民の平均労働時間の延長がみられ、農業賃金が一九七〇年代の中頃から上昇を始めた。工業部門の雇用吸収力が強力であったのは、韓国の輸出志向工業化の成功のゆえであった。

加えて工業化と都市化が地価高騰を招来し、他方、工業化の進展は農業投入財の安価な供給を可能にした。その結果、高価となった土地を有効に使うために、安価となった肥料を集約的に投入して、単収すなわち単位面積当たりの収量（土地生産性）を引き上げることができた。さらに高価となった労働力を節約するために、安価となった農業機械をより多く利用して、農民一人当たり収量（労働生産性）を引き上げることにも成功した。

しかし肥料投入増加の結果、単位面積当たりの施肥《せひ》量がピークに達し、肥料投入を通じての産出効果は薄いものとなった。新品種の開発が不可欠となったのである。韓国において改良品種の研究開発が国家的事業として開始されたのは一九六〇年代の中頃のことであった。フィリピンのＩＲＲＩ（国際稲研究所）に依頼して開発された日本米、台湾米、ＩＲ系三種の交配雑種を「統一《トンイル》」米と命名し、これを全国一万カ所の農事試験場で播種した。

以降、統一米の一般農家への普及努力が開始された。食糧不足の緩和、輸入節約の両面における成果は絶大であった。統一米に加えて「維新《ユシン》」「密陽《ミリヤン》」「水原《スウォン》」「魯豊《ノプン》」などの新品種の開発と普及が図られ、土地生産性がさらに上昇した。一九八〇年、韓国の土地生産性は日本を抜いて世界最高水準となった。

農業発展の制約要因は、まずは土地、次いで労働力に移る。この経緯は日本でみられ、つづいて韓国で観察された。一般に労働過剰状態においては、不足する土地の生産性を改善させるために肥料投入の増加が図られる。しかし労働不足局面にいたると、肥料投入に加え農業機械の導入を通じて労働生産性を増加させることがもう一つの要請となる。韓国の農業投入財の主役もまた肥料から機械に移った。これが労働生産性の高い増加率となって表れた。農家厚生水準の顕著な上昇がその帰結であった。「春窮」はあっけないほど短い間に解消されたのである。

郷愁のような

私は戦後期日本の「坂の上の雲」は、六〇年安保の頃ではなかったかと前章で述べた。体制派も反体制派も、身中を騒がすナショナリズムの情念に衝き動かされて国家と一体となって生きた時代が六〇年安保の頃であった。

その後の日本は、体制派が対米自立や自主憲法を語らず、反体制派はベトナム反戦運動にみられるごとき情緒的で非力な論理しかもてなくなった。坂道を体制派と反体制派が一緒になってころげ落ちていったかにみえる。

日本が経済大国となるのは、もちろん六〇年安保の後のことである。一九六〇年を過ぎる頃には日本企業が力をつけ、日本経済は成長が成長を呼ぶ自律的発展過程に入っていた。安保闘争後に高唱されたのが池田内閣による所得倍増計画であったが、これも要するに日本経済の自律的成長過程をあたかも政府の「計画」であるかのように偽したものに過ぎなかった。

それまでの日本は個人も企業も政府も貧しく、貧困からの脱却を求めて必死に働いた。働いても働いても食えない人がいっぱいいて、だからこそ人々は懸命に働いた。働きづめであった。勤労なくして日本人の生存はなかった。この事実が日本人の精神にある構えを作り出していた。

しかしIMF八条国移行、OECD加盟、東京オリンピック開催を経て自立的国家としての国際的認知を受けたその頃から、日本はあのひたぶるの勤労の時代を終え、あれやこれやと思い惑う国へと変身した。国家意識を希薄化させ、勤労に重きをおかない若者が生まれ、そうした傾向をよしとする奇妙なるジャーナリズムの思潮も加わり、日本人は戦後二〇年間の方向感覚を失った。

右に書いたようなことを振り返りながら、そういえばと想起することがある。自分が若い頃に情熱を注いだ韓国研究は、坂道を転げるように退嬰《たいえい》をつづける日本と日本人へのアンチテーゼなのではなかったかという感覚である。隣の韓国をみれば、耐え難い飢えの時代から豊かな社会への道程をわきめもふらず駆け抜けているではないか。日本の退嬰へのアンチテーゼを勤労の韓国に求めて、韓国への思い入れを深めていったあの頃の感覚が蘇《よみがえ》ってくる。

私は昭和五三年に韓国経済を中心にアジア経済についてまとめた『開発経済学研究』(東洋経済新報社〔『本著作集』第2巻所収〕)を、昭和五七年に『現代韓国経済分析』(勁草書房〔『本著作集』第3巻所収〕)を上梓した。この著作を書き上げたあたりから、私の韓国研究熱は次第に冷めていった。なぜ冷めたのかは、なぜ研究を始めたのかを表現するのと同じように難しいが、やはり直感だったような気がする。

韓国人自身が、一九七〇年代の経済的成功を経て日本人と同じような安逸と退嬰へと変化していったように感じられた。一九八〇年を前後する時期、ソウルや釜山の街のそこここに「福徳房」と称する不動産屋が群生、主婦投機家「福夫人」の派手な振る舞いが社会現象化し、投機は書画、骨董にまで及んだ。「なんだ、俺の惚れた韓国はこの程度だったのか」という気分であった。

私は韓国研究の傍ら、後でも述べるがアジアの比較研究に手を染めていた。韓国研究に少々倦んでいたことも加わってか、韓国をいくら一所懸命に論じても韓国のことは所詮韓国のことだと感じるようになっていた。韓国を他の開発途上国と比較して初めて韓国の何たるかが本当に理解できるのではないか、アジア研究の本流は比較研究ではないか、という考えに傾いていった。韓国研究の熱は冷めても、比較研究の重要性を感得できたことは収穫であった。

北朝鮮の風景

韓国のことを勉強していれば、おのずと北朝鮮にも関心が向かわざるをえない。しかし経済分析に耐えられるような統計や情報が極端に限られていて、どうにも手のつけようがなかった。

北朝鮮のことに思いを馳せる時、必ずといっていいほど頭に浮かんでくる一つの光景がある。もう一〇年以上も前のことだが、一度だけ北朝鮮を訪れたことがある。当時、注目されていた豆満江《トウマンガン》流域の開発に関する平壌《ピョンヤン》での国際会議に出席し、あわせて羅津《ラジン》、先鋒《ソンボン》、清津《チョンジン》という中朝ロ三国が国境を接する咸鏡北道《ハンギョンプクド》の港町を視察する一週間の旅であった。

北朝鮮のことである。みたいところを自由にみてまわれるはずもない。旅行者は案内人の監視下におかれ行動の自由はないと聞かされている。それでも滅多にはやってこない機会なのだから、少しでもこの国のことを知りたいではないか。敬愛する北朝鮮ウオッチャーである玉城素《たまきもとい》に何か妙案はないかと問うてみた。

「平壌を出て咸鏡北道に向かう列車はエネルギー不足もあって速度がなんとも鈍い。車窓に広がる田圃や畑をじっとみていればいろんなことに気がつきますよ。農地には大小の石がごろごろころがっていて、手入れの行き届いた日本の田畑をみなれた君の目には信じられないくらいの荒れ地です。北朝鮮では耕地が不足しているので、田畑のまわりに玉蜀黍《とうもろこし》が必ず植えられています。君がいくのは四月だから、前年の玉蜀黍の切り株がいっぱいみられます。それをよく観察してごらん。切り株の太さは大人の親指ほどだと思いますよ。これでは人間が食えるような玉蜀黍にはならない。玉蜀黍というのは土地をものすごく荒らすので、肥料がないと連作は無理です。北朝鮮の肥料不足がいかに厳しいかがわかりますよ」

清津に向かって平壌を発ったのは夕刻であったが、間もなく平壌の郊外に出たところで車窓に田畑がみえ始めた。砕かれた岩石の小片が夕暮れの太陽に照らされ春の田圃の中で無数に光っていた。車窓のすぐ下にみえる玉蜀黍の切り株は、玉城のいう通りこれが玉蜀黍かと思えるほどの貧弱さであった。

視察の途上どこかで畑の中に入ってみたいと思ったが、通訳と称する監視人が密着していてそんなことはできそうにない。清津の港を遠望する丘でバスを降りて昼の弁当を食う機会があった。車中でビールを飲み過ぎて下痢が止まらず、どうにも我慢ができないのでどこかで排便をさせてくれと通訳に頼み込み、近くの畑の中に入るという「芸当」を演じてこれが成功した。

そこでみたものは信じられないほどに荒れた土地であった。私の目には畑というより砕かれた岩石の小片が敷き詰められた平面のようであった。石と石の間を縫って小麦の茎がひょろひょろと伸びている。集団農業というものはかくも無惨なものか、石を取り除いて種子を蒔《ま》くという最も基本的な作業の意欲を農民から奪ってしまうほどに酷いものか、そう思わせられる荒寥であった。

この旅行は、機会に恵まれたので一度は覗いておこうという程度の気分で出かけたものであったが、そんな体験から関心を誘い出され、帰国後、北朝鮮の食糧事情を調べてみた。友人の専門家に問いながら資料を検索したのだが、統計らしきものがまったくないことにすぐ気づかされた。北朝鮮政府は、建国以来、穀物生産量を公表していなかったのである。

統計の空白が少しでも埋められるようになったのは、一九七四年からであった。以来、暦年の穀物生産量は七〇〇万トン、七七〇〇万トン、八五〇〇万トン、九〇〇〇万トン、九五〇〇万トンとある。しかし一九八〇年代に入ると、一九八二年に九五〇〇万トン、一九八四年に一〇〇〇〇万トンという数値が掲げられて以来、まったく実績不明の時期がつづいた。ようやく一九八八年になって一〇〇〇〇万トンという数字が発表されたにとどまる。

まことに大雑把な数値であり、これが目標値なのか実績値なのかさえ実は定かではなかった。北朝鮮の発表する穀物は芋類などをも含むいわゆる粗穀で、食糧の品目構成は不明である。その後、再び統計の空白期となった。しかし、一九九五年と一九九六年の夏季に未曾有の洪水に見舞われ、国際支援を仰がねばならなくなって、北朝鮮政府は穀物生産量の公表を余儀なくされた。

発表によれば、洪水発生前の予想収穫高は五六七万トンであった。同発表では同時期の年間需要量は年間七六四万トンだという。この発表数値が正しいとすると、洪水発生前にすでに一九七万トンの不足があったことになる。洪水によって失われた穀物量は一九〇万トンだという。したがって洪水後の不足量は三八七万トンであった。

洪水の被害は確かに深刻であったが、洪水がなかったとしても、北朝鮮の食糧不足が厳しいものであったという事実は政府によって公認されていたことになる。

北朝鮮では経済が苦境に陥った場合、これをシステムの欠陥の表れとみてその改善を図るということはない。首領による「唯一領導制」を国是とする北朝鮮では、システムを欠陥とみなすこと自体がタブーだからである。システムの欠陥が下部党員によって認識されても、これが首領にまで届くことはない。逆に経済的低迷はシステム運営の不徹底に由来するものだとされ、システムのもつ欠陥は隠蔽《いんぺい》されてしまう。

システムの欠陥を正すメカニズムをもたない唯一領導制の北朝鮮においては、欠陥への対応が首領の現地指導によってなされることが多い。しかしシステムの全体を見据えた判断ではないから、思いつきの域を出ない。現地指導によってなされる耕地不足への対応は、ほとんどが決まって耕地の開墾という「安易」な方式であった。現地指導による開墾方式として有名なものが全国津々浦々の丘陵地に造成された段々畑である。未熟な土木技術で造られた段々畑は、大量降雨期には崩壊し、流出した土砂により下方の田畑を壊滅させるというたびたび繰り返された悲劇の原因となった。

農地、肥料、エネルギーの不足は、北朝鮮の食糧危機の副次的要因である。問題は極端に非効率的な集団農業システムにある。このシステムを変革して家族農業を復元させせない以上、国際食糧支援は北朝鮮の非効率的農業を温存させ延命させせてしまいかねない。

私の北朝鮮旅行の中で強く記憶に残っているもう一つの光景がある。旅程のすべてを終えて帰国する前夜のことだった。大金を払って訪問してくれたわれわれ――実際、六日の旅程のために支払った代金は確か六〇万円ほどだった――のためにであろう、豪華なディナーパーティーが副総理の主催で開かれた。

宿舎の高麗《コウリョウ》ホテルを出発し、これが首都の夜なのかと訝《いぶか》るほどの黒々とした闇の中を数台のバスで会場に向かった。暗闇を半時間ばかり走ったであろうか、高い塀で囲まれた監獄のような建物の門を入った。そこはわが目を疑うようなきらびやかさであった。玄関からパーティー会場までの廊下には大理石が敷きつめられ、高い天井には巨大なシャンデリアが吊り下がり華やかな光彩を放っていた。

会場は六角形、六つの壁には北朝鮮の花鳥風月を織り込んだ重厚な緞帳《どんちょう》が下がっていた。夕食は贅を尽くしたものであった。アルコールも高級品であった。首都の平壌でさえ一日二食運動が公然と展開されているこの国でこんなものを供されていいものかと思いつつも、一週間の疲れが解けて私は酩酊に陥っていた。

その時であった。六つの緞帳のうちの一つがさっと上がり、何ごとかと思う間もなく耳をつんざくロック音楽が始まった。演者はヘビメタの革ジャン、テカテカの頭髪のいでたちである。この演奏が終わるや、今度はその隣の緞帳が上がり、ストリップまがいの美人のレビューが始まった。北朝鮮のイメージとはまるで無縁のあれやこれやのエンターテインメントがその後二時間ほど延々とつづけられた。こんなものをわれわれにみせる指導部の神経を疑ったが、伝えられる最高指導部の夜な夜な繰り返される歓楽の原型を垣間みせられたような気がして、帰りのバスの中では絶望感に似た感覚を抱かされていた。

第四章　大学紛争

師　覺天

韓国研究について少々深入りし過ぎてしまったようだ。

私のアジア研究の師は原覺天――深い哀惜の念をこめて以下、覺天と記す――であった。川野重任、山本登、板垣與一、藤崎信幸らとともにアジア経済研究所の創設に関わり、戦後期に沈滞していたアジア研究の再興の重要性を説いてやまない人物であった。当時、アジア経済のことに関心をもっていたものであれば、覺天の『アジア経済の構造と発展』（アジア経済研究所）、『現代アジア経済論』（勁草書房）などは読んだはずである。私が修士論文の指導を申し出たのも、これらの著作から広範な影響を受けたからであった。

指導を乞う旨の手紙を添えて修士論文の概要を郵送し、山本登の紹介状を持参して四谷のアジア経済研究所を訪れた。当時すでに六〇歳を超えていた覺天は、白髪の温顔で私を迎えてくれた。

「なかなか面白そうなことやっているんですね」

と切り出され面映ゆくもほうと息をついた。

修士論文の内容は、当時、議論が活発化していた南北問題論をベースに、米国や日本、西ドイツの低開発国援助——開発途上国とか発展途上国という表現はなく、後進国とか低開発国といわれていた——の実態を論じたものだった。韓国研究にめざめ韓国語の読解力を高める努力はつづけていたものの、韓国について何がしかのことを論じるにはまだ力不足であった。

昭和四〇年代の初め、アジア経済研究所は覺天を中心として援助研究に集中的に取り組んでおり、覺天編の『経済援助の研究』『経済援助と経済成長』（アジア経済研究所）といったタイトルの部厚な著作が次々と刊行されていた。これらの著作やそこに引用されている外国語文献、国際機関の統計資料をアジア経済研究所の図書資料室に通いつめて渉猟《しょうりょう》し、どうにか仕立てた。

「図書館で援助問題を熱心に勉強している慶応の大学院生がいることは、所内では結構有名ですよ」

というようなことを覺天は語ってくれた。

何度か覺天のところに出入りするうちに、当時の私には夢のような話だったが、師の主宰する所内の援助委員会に出席してもいいということになった。いつの間にやら私は委員会の正式メンバーとなって覺天編の『外国援助の経済効果』『援助の実態と経済政策』（アジア経済研究所）の執筆メンバーにも加わっていた。師が甘かったのか、私が無謀だったのか。

修士論文を改稿したものが『低開発国経済援助論』としてアジア経済研究所の「アジアを見る眼」シリーズの一冊となった。無名の若造の論文を出版してくれたのだから、出来映えもまあまあのものだと、研究所内のレフェリーもみなしたのであろう。私が世に出した最初の著作だった。以来、覺天は昭和六三年、八九歳で亡くなるまで私の師であり慈父のごとき存在であった。

覺天という人物の温顔の向こうには、私などには想像もできない乱調の人生が潜んでいた。後年、覺天の人生をなんらかの形で記録しておきたいと考えるようになり、当時、日本経済新聞社の出版局に勤務していた、大学時代の後輩坂田邦次と図って、私が質問し、覺天が答えてこれをテープレコーダーに記録するという作業をやったことがある。

出生からして、すでに覺天は闇の中にあったようだ。覺天が初老を迎える頃、出生の由来を知る旅に出てわかったことは、新潟県能生出身の母が娘の頃に信州上田の養蚕地帯に出稼ぎにいき、妻子を捨てて信州を放浪していた飛騨高山の男と知り合い、そうして生まれたのが覺天だという事実であった。

身ごもった母は越後の実家に連れ戻され、父との縁はそれきりになってしまったという。母は糸魚川に近い漁村の男に嫁いだものの、男には先妻の子供が二人、これに新たに乳飲み子を抱えての極貧の生活に耐えられず、五歳の覺天は同じ村の禅寺に出された。この寺から小学校に通い、一七歳で雲水修行に出るまでを同地で過ごした。幼名を金一といい、得度して覺天となったという。

雲水修行を経て熊本の大慈寺僧堂講師、澤木興道のところに身を寄せたが、峻厳をきわめる禅修行についていけず、同師の勘気《かんき》に触れ破門されて下山。曲折を経て奈良興福寺の佐伯良謙に拾われ、そこで因明論《いんみょう》、倶舎論《くしゅ》、成唯識論《じょうゆいしき》といった仏教哲学に開眼させられ、初めて平穏の生活を得た。しかし、平穏は束の間であった。二十数年の空白を経て、父の原徳太郎が伝《つて》をたどり興福寺本坊にいた覺天の前に姿を現したのだという。

私は長い廊下を先導して自分の室へ招じながら心にはずんだものは少しもなかった。幼い頃から思いつづけた父を迎えながら、むしろ〝しまった〟といった衝撃の方が大きかった。

父は茶がかかったセルの着物を着、ついの羽織をはおり、兵児帯《へこおび》をしめ草履をはいていた。背丈は私とおっつかっつで、五十キロに足らない太り具合であった。チョビひげをはやした顔は強い意志を示すものではなく、決して品のよい顔ではなかった。むしろ人間の弱さ、人生の裏小路を生きのびてきたといった、ある影を感じさせるものがあった。

私は座布団をすすめ、茶を出した。しかし、私の方からは何の感情を示す言葉も出なかった。というより出せなかったといった方がよいであろう。

父はしばらくして、父としてなすべきことは何もしていず、今日までほったらかしていたことについての言いわけをくどくどと述べ、私の現在と母の消息をきくにとどまった。

私と父との初めての邂逅《かいこう》は、決して父子としての愛情を生み出す絆となるものではなかった。座を対していても、話は途切れがちであり、やがて、父は「それでは」といって立ちあがった。私はさきの長廊下を玄関まで送り出すにとどまり、門外へ送ろうとする気はおきなかった。(『ある老学徒の遍歴』私家版)

「親を失って嘆き悲しむ君がうらやましい」という表現で、母との死別に涙する私を慰めてくれた覺天のことは先の章で記したが、右のような文章を読んでみると覺天の慰めが心からのものであったと思い起こされる。

父の来訪のショックからであろう、鬱にでもなったようなのだが、興福寺本坊の静謐の中で古代仏教哲学を鵜呑みにするだけで、世の中のことを対比的にみるための能力と知識を養うことのできない研究生活を不安の眼をもってみつめるようになり、焦慮をつのらせ結局は還俗にいたった。

その後の覺天の人生経緯は追い切れない。文部省維新史料編纂会、日本新聞社、春陽会洋画研究所、報知新聞社などでの勤務を経て、大陸の風雲に心動かされて頭山満《とうやまみつる》の紹介、松岡洋右の斡旋により満鉄調査部に入り、大連満鉄本社で四年間を過ごす。研究課題として与えられたのは「満州鉄道利権獲得史」であったが、この方はそっちのけで清朝史学史と食貨志《しょっかし》の研究に没入、「奉天史料攷」ならびに「清朝史学の性格」の二つの論文をまとめたところで病いに臥し、癒えて帰京、東南アジア調査研究のために満鉄東亜経済調査局に移籍して敗戦を迎えた。

戦後は稲葉秀三の創設になる国民経済研究協会に加わり、つづいて経済安定本部調査課に転じ、大来《おおきた》佐武郎の下でアジア経済調査に従事、その後の覺天の業績の中心をなすアジア研究をここで始めた。この間、日本ECAFE（国連アジア極東経済委員会）協会、アジア問題調査会の設立にもかかわった。

覺天はアジア研究のための研究所を国家的事業として設立するための運動に参加していた。川野、板垣、山本、藤崎の四人に覺天が加わって奔走し、箱根に休養中の岸信介を襲って説得にあたった。

われわれは岸総理を説得するつもりでいた。ところが、ひとたび岸総理がアジアの問題、さらに日本の対アジア政策、アジア研究の重要性について言い出すと、とめどもないものとなり、説得するつもりだったわれわれの方が逆にその高説を一方的にきかされるかたちになった。

おそらくはこの会談は二時間をはるかに超えるものとなったであろうが、岸総理のこのときの話の内容は「過去の経緯からみて、もうぼつぼつその時期に達したと思っていた。政府も応分の援助をするよう配慮しよう。来年度の予算で早速考慮する」というもので、それはきわめて明快なものであった。(『ある老学徒の遍歴』)

私はこの話を覺天から何度聞かされたことか。よほどの達成感だったのだろう。顧みて戦後のアジア研究が整備され信頼できる地域研究者が世に出始めたのは、アジア経済研究所の創建以来のことであった。覺天を通じて、私は何人もの優れたアジア研究者と付き合うことができるようになった。アジア経済研究所の図書資料室には、当時の私には十分過ぎるほどの文献が揃っていた。覺天から私は存分の恩恵に与《あずか》っていたのである。

そうこうしているうちに、覺天はアジア経済研究所を辞し、横浜市金沢八景の関東学院大学に転出することになった。その直後に、助手として同大学にこないかという誘いを私は覺天から受けた。博士課程に進んで研究をつづけたいと思う一方、何しろ私には稼ぎがまったくない。折角就職した会社を親の反対を押し切ってやめた私には、実家に学費を頼む勇気もなかった。

慶応の博士課程に在籍しながら関東学院の助手をやったらどうか、関東学院の就業規則からいえばまずいが「公然の秘密」でいい、というなんとも鷹揚《おうよう》な対応をしてくれた。新任の覺天にどうしてそんな力があったのかはわからない。給料をもらいながら博士課程で研究をつづけるという贅沢を味わえるとは想像もできなかった。

修士論文の提出も終わり安定的な職を得て、関東学院六浦《むつうら》校舎の研究室でアジア経済研究所から借り出した韓国の経済社会に関する文献を、あたうる限りといった感じで読みつづけた。週に二度は慶応の博士課程の山本登研究室の演習に出かけた。演習の日には山本研究室に縁のある大学院生が声を掛け合って自主ゼミをつくり、そこで経済発展論や低開発国開発論の英語文献の読書会を繰り返した。高梨和紘、平田章、小島真、高橋宏、首藤恵などがメンバーだった。

当時の主流であった二重経済発展論の文献はもとより、社会経済分析や発展史研究にまで手を伸ばし、二、三年の間に経済発展論や経済開発論の主要文献はあらかた読み尽くしてしまうという勢いであった。研究とは読書のことだといった考え方が当時の私どもには刷り込まれていた。

アジア経済の分析視角の面で私どもを強く惹きつけ知的興奮を与えてくれたのは、ビルマ（ミャンマー）出身の経済学者でロンドン大学に在籍していたラ・ミントの論文集であった。日本語で読める開発経済学の文献が渺《びょう》たる時期でもあり、よしこれを翻訳しようということになって高梨、小島、高橋と私とで『低開発国の経済理論』（東洋経済新報社）として出版した。

この翻訳出版によって、ミントの名前も日本の関係分野の人々にかなり馴染みのものとなり、できれば彼を日本に招待できないかと私どもは考えるようになった。私は学外の仕事の一つとして、ＯＥＣＦ（海外経済協力基金）総裁であった大来佐武郎が開発人材養成の場として創設したＩＤＣ（国際開発センター）の講師を務め、企業人に開発経済学を講じていた。ＩＤＣの海外講師の一人としてミントを呼ぼうと私が提案してこれが実現した。

その自由主義的主張のゆえに社会主義政権下のラングーン大学の学長職を逐《お》われ、ロンドン・スクール・オブ・エコノミクスのフルプロフェッサーとして招かれた人物といったプロフィールから予想されるような権威を、私どもはミントからはまるで感じなかった。ビルマの農夫を思い起こさせるような人物であった。日本酒が好きだというので、なけなしの金を訳者四人で叩《はた》いて新橋烏森の一杯飲み屋をはしごした。あの時の私に英語が流暢に話せたわけはないが、随分と気が合っていろんなことを話し合ったような気がする。どういうことなのだろうか。

横浜と三田を往復し、電車の中でも文献から眼を離すことがなかったような充実した時期は、実はそう長くはつづかなかった。大学紛争という忌わしき事態に否応なく巻き込まれてしまったのである。

大衆社会と大学紛争

社会の一部でありながらそこから独立した、大学という特異な存在がラディカリスト集団によって狼藉《ろうぜき》され、その権威をみる影もなく貶《おとし》めたのが大学紛争であった。

ラディカリスト集団は全共闘と通称された。昭和四三年あたりからさまざまな大学の中につくられた全学共闘会議の略である。タオルで覆面しヘルメットをかぶり、背丈の二倍ほどの角棒をもった集団が、ハンドマイクで叫ぶリーダーの声に和してシュプレヒコールをあげながら大学の構内を、次いで街頭を練り歩いた。

大学紛争がなぜこの時期に集中したのか、後からいえばいろいろとそれらしき解釈は可能である。しかし、私は当時からこのラディカリズムに思想的な背景などは存在していない、いつの時代、どこの社会にも多かれ少なかれ潜んでいる人間の黒々とした情念が、反権力という形をとって表出したものだとみなしていた。

戦後の反権力の政治思想は六〇年安保闘争をもって頂点とし、その後はベトナム反戦という情緒的で無論理の運動を経て、空虚な暴力主義へと変じていったのである。ベトナムに向かう米原子力航空母艦の佐世保寄港を阻止しようとした反エンタープライズ闘争、成田新空港建設阻止を目論む三里塚闘争など、ジャーナリズムを賑わせたいくつかの事件は、反権力の正義感を満足させる心理的効用を参加者に与えるだけの、闘争のための闘争であった。

大学紛争は暴力至上主義をほとんど戯画的に演じた運動であった。全共闘が「大学解体」を叫んだものの、解体後の大学、大学と社会の関係のありようを構想するメッセージはどこにもなかった。革命とは、天命に忠実ならざる王を倒し、命を革《あらた》め、新社会建設の夢を大衆に与えて初めて成るものである。解体それ自体を自己目的とするような運動は、一時は燃え盛ったにしても長つづきするはずはない。大学紛争がまさにそうだった。

少数のラディカリストに学生大衆が呼応したのだが、これは昭和四〇年代に入り大学がすっかりマンモス化し、大学がエリート教育の場から大衆社会と大衆心理の「写し絵」になったというだけのことである。

私的な怨みつらみを公憤であるかのように装ってみずからを偽り、公に生きることに価値を見出せないのが大衆である。別に大衆を蔑視してそういっているのではない。要するに平時において大衆とは、そもそもの本質においてそういう存在なのである。大衆社会においてわれわれは自分が生きて在ることを容易に証すことはできない。自分が対峙する空想の壁をつくり、これに自分の頭をぶつけてみなければ、自己存在を確認できない。戦争も貧困もない平穏な時代を若者が生き抜くことは簡単ではないのである。

この時期の大学紛争が、本来はエリート教育の最高峰であったはずの東大の、そのまた中枢の安田講堂で最も華やかに演じられたことは象徴的であった。他は推して知るべし、東大でさえごく普通のマンモス大学の一つとなっていたのである。機動隊との激しい「安田城攻防戦」によって欲求不満のガスが抜かれ、紛争が一挙に収束したというのも、東大紛争が大衆社会の「写し絵」であったことを示している。論理性をもった思想に裏打ちされた政治運動であれば、そんなに呆気なく収束してしまうはずもない。

しかし、大学紛争を顧みて砂を噛むような感覚が私に蘇ってくるのは、不思議にも学生の暴力についてのイメージではない。理不尽な要求を通そうとする暴力集団に対して、教授陣がなす術もなく後退していったあの無惨な姿を思い起こすといまでも苦々しい。

学生の暴力についていえば、自己の不満に反権力の衣《きもの》を着せて、目の前の小さな権力者を罵倒し平伏させ、権力者の地位から引きずり下ろすというのは譬えようもない快感だったにちがいない。そういう大衆心理のことに想像力をもてなければ、一九六〇年代の後半に中国を襲ったプロレタリア文化大革命（文革）という暴力的運動などおよそ理解できない。

無数の人間が文革の熱狂にみずからを投げ込んだのである。これに比べれば大学紛争など「コップの中の嵐」ほどのものでしかなかった。紅衛兵と呼ばれた年端もいかぬ少年たちが毛沢東語録を手にかざして熱狂し、残虐の限りを尽くした。彼らを狂気に駆り立てたものは何かといえば、自分たちの日常を事細かに管理・支配してきた末端の権力者を次々と葬《ほうむ》っていくことの、えもいわれぬ快感だったのであろう。『黄色い大地』によって世界の映画界に登場した鬼才、陳凱歌《ちんがいか》はみずからの紅衛兵時代の経験のいくつかを臍《ほぞ》を噛む思いで次のように語っている。

クラスの紅衛兵が行った最初の革命的行動は、張先生を教卓の上に立たせることだった。彼らを可愛がってくれた教師に「高い所から見下ろさせながら」、机をこぶしや皮ベルトでたたき、侮蔑的な質問をぶつけては答えさせた。憎悪に鍛えられた剣が、鞘《さや》を出るや、すぐさま自分に向けられたのだ。張先生は、そのことをどう思っただろう、最初のうちは落ち着いて応対していた彼女も、やがて眼鏡の奥に涙が光りはじめた。観客にすぎない私は、複雑な思いだった。事態の急変にびっくりする一方で、心の片隅には快感が芽生えていた。

すべては、夢のようだった。赤い腕章を巻いた者が、私の名を呼ぶ。私は、大勢に見つめられながら、前へ出た。自分が何を喋ったのか、覚えてはいない。だが、そのとき父は私のほうをチラリと見た。私は父の肩を手で突いた。どれくらい力をこめたか、はっきりしないが、それほど強くはなかったろう。しかし、とにかく私は父を突き飛ばした。肩に手を置いた瞬間の感触は、まだ覚えている。父は避けようとしたが、途中でやめ、腰をさらに深く曲げただけだった。私を周りから包んだのは、快感で熱く火照った視線だった。

私は暴力の快感を知った。それは、しばし恐怖と恥辱を忘れさせる。満たされずにいた虚栄心と気づかずにいた権力への幻想が、底の浅い盆に水をあけるように、あっという間にあふれ出た。六歳のとき、ブドウ棚の下にしゃがんで死んでいく小鳥を眺めたとき、私の心に植えられた種が、とうとう実を結んだのだ。

(『私の紅衛兵時代』刈間文俊訳、講談社現代新書)

そういえば東大正門の右の石柱には「東大解体」、左の石柱には「造反有理」とペンキで書かれていた。「造反有理」は権力に陰りのみえた毛沢東が、実権派の劉少奇、鄧小平からの奪権を計画し、彼らを追い落とすために扇動し動員した紅衛兵が叫んでいたスローガンだった。収束までに無数の死者を出した文革の惨劇に比べれば東大紛争ははるかにちっぽけな「闘争」ではあったが、それでも闘争を支えた心理は同様だったのであろう。

大学紛争の中できわだっていたのは、大学の、というよりは教授会の当事者能力の惨めなほどの欠如であった。当事者能力というより、教授たちが当事者意識をもっていたのかどうかさえ疑わしい。

「大学の、というよりは教授会の」と述べたのには、もちろん理由があってのことである。私は長年大学に奉職してきたが、大学という存在を、各学部や部局の相互がそれぞれの機能をもって結びついた有機的な構成体だと感じたことはない。大学において存在するのは学部のみである。大学の枢要な意思決定のすべては学部教授会でなされた。並列する学部の寄せ集めが大学である。学長の権限と裁量は可哀相なほどに弱い。これはいまでもさして変わっていない。

大学の自治といわれるが、そんなものは存在しない。存在しているのは学部の自治のみである。学部の意思決定の中枢に位置するのが教授会であるから、大学自治といえば学部教授会自治のことである。それでは学部長に権限があるかといえば、これも弱い。教授会での選挙によって選ばれる学部長は、学部自治と既得権益の忠実な執行者以上のものではない。

既存のイデオロギーに寄りかかって反体制的な言辞を振り撒いていれば、程度の低い講義でも教授会が自治をもって守ってくれた。研究はやらず教育に手を抜いても、この不道徳を咎《とが》め立てるメカニズムはなかった。大学自治といえば、大学外の人間にはなんとなく麗しき響きがあるのかも知れない。しかし大学の内側から自治を眺めれば、自浄作用や管理能力の欠落を覆い隠す美名でしかなかった。

大学は企業とは対極的な存在であった。自浄作用を促し管理能力を鍛える消費者の眼や効率性を促す市場の圧力は、ここには決定的に不足していた。堕落を始めればこれを制するものはない。大学の、つまりは学部の管理能力の欠如を白日の下に晒《さら》したものが大学紛争であった。全共闘のしかける闘争に大学はひたすら後退をつづけ、これ以上後退すれば存続自体が危いというぎりぎりの時点にいたって、みずから否定していた国家権力の象徴、警察力を導入し、ようやく「自治」が救済されたのである。奇妙なる「自治」である。

東大紛争

東大紛争は、無給のインターン研修生制度に対する医学部学生の不満に端を発し、安田講堂を占拠する全共闘を機動隊が排除して事態が収拾されるまでの一年間にわたってつづいた。この間の東大の当事者能力の欠如は哀れを催すほどのものであった。

国家医師試験の受験者資格を得るには、医学部卒業後、病院や医局での無給の研修を一定期間経なければならないというのがインターン制度である。この制度に対する学生の不満にはかねてより根強いものがあった。厚生省にも改正への意向が生まれていた。しかし東大医学部は権威を笠に制度改正への学生や研修医の要求を無視、これに反発する医学部学生が無期限ストに入った。昭和四三年末のことであった。

ストに突入して学生と教員とのトラブルが起こるや、責任者は学外に逃亡。激昂する学生が医局長に詰め寄って謝罪文を強要したという事件を捉えて、医学部教授会は一七名の学生と研修医を懲戒処分とした。処分された学生の一人が冤罪《えんざい》であることが判明したものの、教授会にはこの非を認める勇気がなかった。

学部教授会の対応には、学部自治の原則からして総長といえども容喙《ようかい》は不可能であった。学部と大学の逃避的対応に業《ごう》を煮やした学生は、学外のラディカリストをも糾合《きゅうごう》して安田講堂を占拠、困惑した大学は二日後に機動隊導入によりこれを排除した。

自治を振りかざして学外の権力から超然たるがごとき欺瞞の装いをあっさりと脱ぎ捨て、自治を無邪気にも信じていた学生の怒りを誘い出してしまったのである。構内への機動隊導入という開闢《かいびゃく》以来の荒療治である以上、固い決意でこれに臨んだのかと思いきや、大学自身がほどなくしてこれを自己批判するという仕儀であった。

機動隊導入から一〇日以上も経って、ようやく病身の大河内一男総長が、学生代表とではなく、なんと三〇〇〇人ほどの学生が集まる安田講堂での直接会見に姿を現したのである。実に浅薄な対応であった。会見はしたものの、学部自治を建て前とする以上、処分問題は医学部教授会独自の問題だという以上の発言はできないし、この発言を学生が受け入れるはずがない。

直接会見で紛争が鎮静化すると踏んだ総長の見識は、軽蔑すべきほどに浅慮である。大衆というものの心理などにおよそ関心をもったことのない人物だったのであろう。学生の前に総長が顔を出したのは、後にも先にもこれ切りだった。

無期限ストを契機に、医学部学生自治会は全共闘という闘争組織へと変し、機動隊導入に反発する学生大衆の支持を引き寄せて力を強めた。以降、大学は全共闘のなすがままであった。機動隊によって排除された学生は再び安田講堂にもどった。全共闘は七月、医学部処分撤回、機動隊導入への自己批判、警察への捜査協力拒否、一切の処分反対等を含む「七項目要求」を提出した。要求をこのように明文化して全共闘はみずからの退路を絶ってしまった。

占拠した安田講堂での全共闘学生の幸福は、私にも十分想像できる。正門の石柱に「造反有理」となぐり書きし、安田講堂を「解放講堂」と呼んでその「自主管理」に精出し、時に「大学解体」のシュプレヒコールを上げながら構内を練り歩き、夜は仲間と革命の夢を倦むことなく語り合う。友情がふんだんにあり、恋もいくつかあっただろう。ユートピアの中で生きて在ることの実感に酔い痴れることなど、滅多に味わうことのできない人生の快事であろう。

全共闘は「大衆団交」を繰り返し、ついに医学部長と病院長を辞任に追い込んだ。もっとも、両者の辞任というのは学部長と病院長の辞任ということであり、教授職を放擲《ほうてき》したわけではない。後に学生処分が撤回され紛争が最終的に収束した後になっても、両者の教授としての地位は守られつづけた。大学人の責任の取り方というものがいかに浮き世離れしたものであったか。

そういえば「大衆」団交である。東大生が大衆をみずから任じ、大衆社会の心理と行動の体現者となってしまった。全共闘はますます昂じて全学を巻き込み、一〇月に入ると全学部が無期限ストに突入。一一月には医学部学生処分の全面的取消を表明して大河内総長が辞任、総長代行となった加藤一郎との交渉には打ち切りを宣言。同時にキャンパスのすべてをバリケードで封鎖した。全共闘にはもう戻る場所はなくなり、彼らの常套句「自己否定」以外に選択の道は失せた。

大学の執行部は代わったものの、彼らには全共闘という反権力ラディカリズムが向かう方向を読み取ることができない。学生への譲歩の中に解決の方途があると、この時点になってもまだ信じていた。いや、信じていたというより、信じたいという無意識の願望でみずからを偽っていたのであろう。

一二月に入って大学執行部は、医学部処分撤回、機動隊導入自己批判、追加処分放棄などを全共闘に提示、要するに七項目要求を「丸呑み」した。しかし全共闘は、大学にとって許容可能なこの最大限の譲歩案を拒否、和解による紛争解決の道はここで完全に閉ざされた。暴力によって解体にまで突き進まなければやまない、突き進まなければ全共闘自体が存続の証を立てられないというラディカリズムの力学であったが、この力学が大学執行部には理解できない。

ラディカリズムにおいては、まさにその定義によって、ラディカルな主張が一段の正義であり、多少なりとも穏健な主張は日和見主義だの修正主義だののレッテルを貼られて摩滅を余儀なくされる。ラディカリズムはその本質において、ラディカリズム「純化」の自己運動をつづけざるをえない。中国の文革とこれも同様であろう。安田講堂「落城」までは一直線であった。

安田講堂落城の一部始終がテレビで放映され、全共闘学生がコンクリートの破片と火炎ビンを安田講堂の上から投げ下ろし、機動隊が放水と催涙弾でこれに応じる「模擬戦争」の画面を、世間の人々はプロレスでも楽しむかのように観ていた。ヘリコプターから撮影されたその画面は、暴力というものの虚しさをいっぱい漂わせながら、しかし迫力だけは満点であった。

第一子となるはずであったわが子の流産を告げられて悲嘆にくれる妻の看病のために、私は落城前後の二、三日を病院で寝泊まりした。昼飯を食おうと産院の近くのラーメン屋に入り、激しい攻防戦のテレビをみつめる人々の中に私も加わった。どんよりと薄暗く凍てつくような日であった。

産院にもどったが画面が気になって、夕刻同じラーメン屋に入りまたテレビに釘付けになった。安田講堂の屋上の赤旗が日の丸に代わっていた。放水でびしょ濡れになり、恐怖と疲労で惚けたような顔の学生が機動隊によって講堂から引きずり出されていた。餃子を肴にビールを飲みながら画面をみていた三、四人の仲間の客の一人が、この収束を待っていたかのように、

「戦争ゴッコもいい加減にしてくれよな」

と吐き出すように口にした。

東大紛争によって東大の何が変わったか。何も変わらなかった。しかし当事者能力の欠如をみせつけて、東大の権威の水位だけは確実に下がった。ダムの構造はまったく変わらず、ダムの中に入っている水嵩の位置だけが

下がり、醜い水底《みなそこ》の姿が露わにみえ始めたのである。

全共闘は要求を丸呑みさせて最大可能な譲歩を大学から引き出したものの、結局はこれを拒否した。彼らには大学の構造を変えることなどに端《はな》から関心はなかった。大学は大学で自己批判を繰り返しただけである。大学側の自己批判など、所詮は紛争解決のための擬態《ぎたい》に過ぎなかった。

東大紛争の直後、大学側の管理責任を厳しく問い、責任を果たさない大学には閉校・廃校を命じる権限を文部大臣に与えるという「大学運営臨時措置法」が、冷戦期イデオロギー集団の社会党などの反対はあったものの、さして難儀することもなく提出・採決されてしまった。世間は大学自治などというものを、ほんとうは信じていなかったのである。東大紛争に意味があったとすれば、欺瞞の皮が剝がされて実態が世間にはっきりとみえるようになった、というあたりであろう。

全共闘のラディカリズム純化の一途さは絵に描いたようであった。日航機よど号ハイジャック事件、テルアビブ空港乱射事件、連合赤軍の浅間山荘事件と集団リンチ事件。最後にはほとんど猟奇的な怪事を世に撒き散らして消えていった。

関東学院

職を関東学院大学に得たものの、紛争はここでも無縁ではなかった。無縁でないどころか、バプティスト神学校として建学された関東学院の象徴的存在であった神学部が、「学部解体」を叫ぶ全共闘学生と教員の手によって廃止されてしまった。

あれほど激しい紛争が全国の大学を席捲《せっけん》したものの、本当に解体された大学や学部は他になかった。関東学院の紛争の凄まじさが想像されよう。東大のような怪物的存在ではなく、それよりはるかに小さな大学である分、紛争の本質はよりみえやすいものであった。

ようやく入れてもらった大学を無法の学生に潰されてたまるか。給料で妻子を養う身としてやるべきことはやろうと私は考えた。しかし、腹を立て通しだったのは無法の学生に対してではなく、大学と大学人に対してだった。全共闘との大衆団交に引きずり出され、無理難題をふっかけられ罵倒されても、これをはねつける勇気はなく、ただ困った困ったと終日肩を寄せ合って結論の出ない教授会をひそひそとつづけていた。

初めはひそひそとやっていた教授会のメンバーの何人かが全共闘の肩をもつようになり、そのうちに全共闘と同じようなことを主張するものまで現れた。憔悴する大学指導部と勢いを増す全共闘との力のバランスを敏感に読み取って、自分のポジションを決めようという防衛本能のようなものだったのであろう。学内での教授会開催が不可能となり、近在のホテルの会議室などを借りたりしていたが、これも危ないと分かって小田原や熱海やらのホテルで教授会をやったこともあった。

関東学院の紛争については自分の経験であるだけに、少しは血の通った記録ができそうな気がする。そう思って関東学院の旧知の友人から資料を送ってもらい、自分の体験をこれに重ねて読み進んでいくうちに、記すことはさしてないことに気づかされた。要するに東大紛争のコピーなのである。

私が関東学院に奉職したのは昭和四二年四月である。翌年の五月、かねてより全共闘の「自主管理」下におかれていた学生寮三棟のうち二棟が原因不明の火災によって焼失した。被災学生収容のために新寮建設に着手しようとする大学に対して、全共闘は旧来の「寮管理運営規則」の白紙撤回ならびに「完全自治による寮運営権」を主張して譲らなかった。

全共闘の目的は寮の自主管理ではなく、学長選と大学運営への学生参加、情報公開などであることが次第に分かってきた。大衆団交を要求し、これに諾々と応じる大学側の弱腰を見据えてのことであろう、全共闘は攻勢を強め、昭和四四年が明けるや大学の中枢部本館に乱入してここを占拠、学生部の全書類を点検し大学の瑕疵《かし》を探り求めた。

書類の中から、米原子力潜水艦横須賀寄港反対闘争などに加わって逮捕された学生に関する警察への学生部長回答書が出てきた。全共闘はこれを学生弾圧の証拠書類として大衆団交の場で大学側を執拗に責め立てた。回答書は逮捕学生が関東学院の学生であることを証すためのごく簡単な文書であり、別段、学生弾圧のための証拠書類というほどのものではなかったが、全共闘は容赦なかった。

経済学部の助手としての私の仕事は、唯一、月に一回開かれる教授会の議事を記録するというだけのものだった。こんなことで満額の給料をもらっていいのかと思うほどに楽な仕事であった。しかし紛争が激しくなると、教授会も毎週、しばらくすると毎日のように開かれ、私の仕事もにわかに忙しくなった。

教授会の最中、タオルで覆面した赤ヘルメットの十数人の学生が会議室に喚《わめ》きながら乱れ入り、私が記録するノートを持ち去ろうとしたことがあった。唯一の仕事を奪われてなるものかと近づいた学生に頭突きを喰らわせたところ、彼はあっけないほどに脆《もろ》くどすんと尻餅をついた。これに気がついた学生が私を取り囲んで罵声を浴びせた。

会議室の一隅で私が学生の輪に取り囲まれているのを二〇名ほどの教授たちは黙ってみているだけ、誰も助けにこなかった。私は黙してノートを握り締めているより他なかったのだが、そのうち「まぁいいや」といった一人の学生の声に促されて学生は私から離れ、テーブルに無口で座る教授たちに向かって、センテンスの終わりをはね上げる例の全共闘口調で学生不当弾圧を難じていた。

久しく味わったことのない屈辱であった。私のいた学部の教授たちは腹を立てるということを知らない人物ばかりのようだった。やられたらやり返すと兄から教えられて幼少期を育った私などには、全共闘と本気でやり合っても多勢に無勢だが、さりとてやられっぱなしという気には到底なれなかった。

研究室の本棚に消火器の液を吹き付けて本を台無しにするという「反権威」が当時、全国の全共闘ではやっていた。私の研究室にも消火器を抱えた一人の学生が押し入ってきた。なけなしの金を叩《はた》いて買い集めた本を駄目にされてはならじと、この学生を頭突きで倒し逃げ帰らせたことがあった。全共闘が仕返しに押し掛けてくれば観念するしかなかったのだが、幸いそんなこともなかった。

兄の教えによると、人間の体の中で一番弱いのが顎《あご》の部分で一番強いのが頭蓋骨らしい。膝を屈して跳ね上がるように一挙に体を伸ばし自分の頭を相手の顎にぶつければ、大抵は一発でダウンだといって、兄は枕を自分の顎に当て、私の頭をそれにぶつけさせる訓練をやらせた、疎開していた頃、村の子供たちのいじめに遭っていた弟の私を守る術を、兄は兄なりに考えたらしい。

東大紛争の一部始終を眺めて全共闘の何たるかを知っていた私は、彼らと理論闘争などやる気はまったくなかった。論争を仕掛けられてもこれには返答しなかった。しかし、自分に加えられる暴力にはしかるべく抵抗する私を、全共闘が襲うことはその後はなかった。全共闘に対抗する体連系の学生が、最近関東学院に少々強面《こわもて》の助手が入ったらしい、こいつを守ってやらねばならないと考えたらしく、先生の自宅の送り迎えは自分たちがやるといってきたが、そんな必要はないと私は断った。

学内戒厳令

授業妨害、本館占拠、全学バリケードなど、東大と同じような狼藉が繰り返され、関東学院の教授陣は逃げ回っていた。そしてついに全共闘によって提出されたものが「八項目要求」であった。東大の「七項目要求」と似たり寄ったりであった。

㈠今回の事件の関係者三教員は謝罪文、自己批判書を提出し、退任すること。㈡事件に関し、学長、教授会は学生に対して、謝罪し自己批判書を提出すること。㈢一切の捜査協力を拒否すること。㈣学長、教授会は警視庁に対する抗議文を提出するとともに、拒否文を提出すること。㈤文部省に対する通達拒否文を提出すること。㈥学生弾圧の対策、調査の組織を作らないこと。㈦各警察に対する抗議文を提出すること。㈧各警察からの調査に応じた各個人に対し、謝罪文を提出すること、前学生部長、現学生部長の名において以上の事を一月三一日三時までに回答すること、ただし抗議文、拒否文、自己批判書、謝罪文を学内数ヶ所に掲示すること。

これを受けて学長が辞任、新しい学長代行の下でこの八項目要求についての議論が教授会で、日曜日をも含めて連日つづけられた。その頃には折原浩だの和田春樹だのといった、親全共闘の東大教授の書いたもののコピーのような発言をする教員が多くなった。組織としてそういった意見に賛同するわけにもいかず、さりとて全共闘の要求に対してはなんらかの答を出さなければならない。

ついには議論を打ち切り、多数決によって全学教授会の連名で「一二・七回答」なるものを決定した。新執行部の合意によって事前に準備されたものらしかった。こんなものとても呑めたものではないと私は考え、多くの教員もぶつぶついっていたが、世過ぎ身過ぎの世の中、なるようにしかならないといった白けた空気が漂っていた。

回答書を引用しておこう。現在の学生や若い教員には信じ難いだろうが、当時はこういう文書が大学当局からあたかも当然のように出されていたのである。

㈠警察による一連の捜査依頼が大学自治の侵害であり、これを防止しえなかったことを教授会は自己批判して謝罪し、学生部長の辞任表明および厚生補導委員会の自己批判と全委員の辞任、さらに同委員会の解体に同意する。㈡今回の捜査依頼に対する無自覚的協力は学生に対する思想の自由と自治活動の破壊、さらに将来の可能性をも否定する結果を生じさせるおそれがあるので、教授会は教育者として真に責任を感じ自己批判を通じて謝罪する。㈢警察力の介入については、政治思想問題その他一切の問題をふくめ、学内紛争解決の手段としては原則として拒否する。㈣警視庁および関係警察署に対しては、学生の基本的人権ならびに大学の自治を侵害するような捜査依頼をしてきたことに抗議し、今後そのような依頼を拒否する。㈤文部省の通達については、私学の自主権を認識しつつ、大学の自治を堅持して、大学構成員全員が相互に主体的に判断し、大衆団交において拒否すべきものは拒否する。㈥大学の自治ならびに基本的人権を侵害することになるような機構を作らない。具体的には現学生部を解体し、もっぱら学生の厚生・福祉のために機能するような機構へと改革して行きたい。㈦警視庁および関係各警察署に対しては「抗議文」を送付した。㈧各個人に対しては、教授会が謝罪する。

自己批判と謝罪をキーワードとする全共闘要求の「丸呑み」であり、東大紛争の経緯とまったく同一のパターンだった。全共闘がこの回答の受け入れを拒否したというのも東大と同様であった。紛争が泥沼化していくのは目にみえていた。全共闘は闘争を自己目的化させる一方、大学には譲歩するものがこれ以上は何もなく、ただ火勢が鎮まるのを待つしかないという情けなさであった。

しかし、そうこうしているうちに反転の契機が生まれた。「大学運営臨時措置法」が一般学生の危機意識に火をつけた。九ヶ月紛争をつづけた大学は閉校、一年以上を経たものは廃校、私学であれば教育研究費補助金の交付停止を文部大臣の職権によって行うというこの措置法が発表されるや、全共闘に乗っ取られていた学生自治会は執行部解任を決議し、体連系の学生が前面に立って本館封鎖を力によって解除するという挙に出た。

措置法が参議院での可決を経て成立したのが昭和四三年の八月、反全共闘学生による本館解除が同年九月であった。これを受けて一ヵ月後には学長代行のそのまた代行が生まれて、「非暴力宣言」すなわち「大学は今後内外を問わず、一切の暴力を行使しないことを宣言する。なお、これに反した者については教職員、学生を問わず相互の厳重な検証を経て対処する」という宣言を出した。

大学には珍しく迅速な反応であるかにみえたが、結局は「焼け石に水」だった。横浜国立大学、神奈川大学、横浜市立大学など近在の大学からラディカリストを糾合して全共闘は再び勢力を拡大、再開された授業も休講に次ぐ休講。集会、デモ、シュプレヒコールで学内はむしろ「非暴力宣言」が出されて以降、混迷を深めていった。

凶器準備集合罪の容疑で学内捜索にやってきた金沢署員の入構を全共闘が拒否、騒擾鎮圧のためにやってきた機動隊に全共闘がバリケード放火で対抗した。力で優位に立つ全共闘は鉄パイプと火炎ビンで機動隊を後退させ、近くの国道一六号線にバリケードを築いて交通麻痺を引き起こすという狂態であった。昭和四四年一〇月の「非暴力宣言」が発せられてから昭和四七年一月までの実に二年以上も混沌がつづいた。

この混沌に一般学生の不信はきわまり、再び彼らは全共闘と全面対決、関東学院紛争最大の緊急事態、一触即発の危機が迫った。全共闘と一般学生との対峙を、私は六浦校舎の六階の研究室から眺めていた。それぞれ百名ほどが睨《にら》み合い、両軍がハンドマイクで威嚇《いかく》を繰り返し、威嚇の声にみずからを奮い立たせてじりじりと近づいていった。関ヶ原の合戦のミニチュア版をみているようだった。

相互の力が均衡していて衝突は避けられた。この緊急事態を前に合同教授会が連日開かれたが、いつもながらの小田原評定であった。

辞任した学長の後を襲って名乗りを上げる者など誰もおらず、これで関東学院も終わりかと諦観のような空気が漂っていたある日の教授会で、小柄な文学部教授の一人が弱々しげに立ち上がって、誰も成り手がいないのならば私がやってもいい、といったようなことを発言した。彼が何ごとかをやってくれるともみえないが、学長に成り手がいないことには大学運営が暗礁に乗り上げてしまうのは確実だった。ともかくもやるというのだから彼にやらせてみようということになった。私は呆気に取られたのだが、事前にシナリオはちゃんとできていたらしい。もし私でよろしいというのであれば事前にいくつかお願いしたいことがあるといって、学部長の四名と別室で一時間ほど話し合い、教授会の会議室にもどってきた。

この期に及んで学長をやろうというのだからよほどの決意にちがいない。彼はプロレタリア作家藤森成吉の娘を妻に娶《めと》り、かつては日本共産党のエリートでその後は何かの事件で共産党を除名された人物だ、いまもマルキストだが柔軟な考えの持ち主のようだ、といったことを同僚たちは語っていた。彼がどんな経緯で関東学院の文学部の教授になったのか、当時は全然知らなかった。なんだか謎のような人物だった。直ちに投票となり過半数の支持を受けて彼が学長となった。確かその翌日の教授会においてであったが、「不法行為に対する当面の緊急処置要項」と称される「学内戒厳令」が彼によって提出された。

「大学の生命である研究、教育などの正常な運営を確保し、発展させるため学内における暴力行為を一切禁止し、これに違反した学生に対しては除籍処分をもって臨むものであり、学内の規範として学校教育法に則りつくられたものである」というのがその内容であった。

学長はみかけによらず筋金入りの人物だった。就任後直ちに機動隊導入を図り、一挙に全共闘を鎮圧、本館占拠を解いてなお抵抗する四名の学生を即刻除籍処分とした。

怒り狂う全共闘学生が教授会室に飛び込んできて、大学の裏切りを大粒の涙をこぼしながら難じた。全共闘の要求を丸呑みして自己批判と謝罪を重ねた大学が、その後は反転して学生の除籍処分というのだから、いかに無法の学生ではあれ、大学の欺瞞に怒り心頭となったのも無理はない。私はこの時ばかりは彼らに同情さえした。軽蔑さるべきは大学の変節である。変節を変節として深い自責の念に駆られることもないようだった。

学長はその小柄な体に剛胆な魂を宿しており、それ以前の執行部とは格がちがっていた。全共闘に取り囲まれても平静を忘れず、暴言を吐かれてこづき回されても能面のように表情を崩さなかった。無頼の暴力に恬《てん》たる姿はみごとだった。学長の対応に一般学生が励まされ、日に日に勢力を強め、逆に全共闘の動きは散発的となった。居残る数十名の全共闘学生を包囲した数百人の学生が、彼らを罵《ののし》るのではなく、全員で校歌を大合唱する情景を目にして私は胸をつまらせた。全共闘もこの時ばかりはうなだれるばかりであった。紛争もついにこれで終わりだなと私は感じた。

緊急処置要項による学生処分に反対して授業放棄した教員が、直ちに懲戒処分された。学生処分後、彼らから横浜地方裁判所に提出されていた「地位保全に関する仮処分」申請も、緊急処置要項の合憲が認められて却下された。後の立ち居振る舞いをみていると、学長はこのあたりまでをかなりの精度で予想してことに当たっていたらしい。このような人物は他の大学にもいたのだろうか。

神学部自滅

関東学院紛争の中で最も悲劇的な事態は、神学部の廃止であった。神学部を荒廃させたのは誰あろう、全共闘に共鳴した少数の神学部の教員だった。「闘キ同（闘うキリスト者学生同盟）」と称された神学部全共闘が神学館を占拠した。神学部教授会はこの占拠を解く努力をそっちのけにして、キリスト教主義大学の在り方についての議論を延々とつづけた。

私は神学部助教授のラディカリストの一人と郷里を同じうしていた。彼の考えは到底受け入れられなかったが、その開けっぴろげな人柄もあって私は彼を嫌いではなかった。彼も私の研究室をよく訪れて話し込んだ。

彼の主張は「大学は普遍的で公共的なものであり、大学を統合する理念は特定の信仰やイデオロギーにもとづくものであってはならない。それゆえキリスト教が大学の制度を統制する原理であってはならず、キリスト教大学は成立しない」というようなものであった。「それは何とも浅薄な宗教理解ではないか。人間が人間の限界を知り、超越的なるもの、絶対的なるもの、永遠なるものを求める以上、人間が宗教性から自由になることはできない。大学が特定の宗教を奉じて何がおかしい。君は普遍性なるものを信じるほど無邪気か」といったことを私はいい返した。

「特定の宗教を淵源にもつ大学が欧米にもアジアにもきわめて多いという事実を君は知らないのか」とまでいってやったが、すっかりラディカリズムに傾斜していた彼には「馬の耳に念仏」であった。

彼を含む三名の助教授が辞表を提出して大学を去ったのは、その後、間もなくであった。理不尽をいいつのって居残る全共闘や親全共闘教員に比べれば潔い進退であった。全共闘に共鳴する教授たちはなお少なくなく、神学部自治会による教授会否定の決議文に対する反撃は最後までなかった。ここにいたり大学理事会は次のような通達を出さざるをえなくなった。

神学部が開設いらいの存立の根拠としてきた点を自ら否定したこと、そして神学部教授会のその後の動向、および大学が現在直面している経営上の困難な状況等を考えるとき神学部を存続させることは不可能であります。これは理事会において慎重に審議した上での結論であります。依って神学部廃止に関する措置を大学全体の改組再建のなかで講ずることを命じます。

関東学院の精神的中枢、神学部はこうして自滅した。

第五章　新アジア論

関係構造論

関東学院紛争が最終的に終焉《しゅうえん》したのは昭和四八年末であった。紛争の姿を素描すれば前章のようになるが、私は最初はともかく、途中からはこんな紛争で研究生活を犠牲にされてはならない、馬鹿げた紛争に神経を磨り減らされて何のための研究者かという思いを強め、ある時期から押し黙って研究の時間を捻出するよう努めた。助手二年を経て専任講師への昇格の条件が生まれたが、研究時間確保のために昇格辞退を申し出た。奇妙な人もいるものだといわれた。

長男につづいて長女も生まれた。研究で飯を食っていく以上、ひとたび思い定めた研究で名をなしたいという思いが強かった。韓国研究の最終的な成果が出るのはもう少し先のことであったが、根幹となる論文は『アジア経済』（アジア経済研究所）などにいくつも発表していて、全体の構成が姿を表していた。

覺天は関東学院の紛争には超然としていたが、それでも荒廃をきわめる大学のことは知っており、「私が招いておいてそんなことというのもなんだが、もう少し静かな大学に移ったらどうか。韓国研究の見通しもついたようだし、別の大学で新しいテーマに取り組むのも、長い研究人生では必要なことかも知れませんよ」といったことを私に何度か語った。私にはいわなかったが、自身の人脈を伝《つて》にいくつかの大学に打診してくれていたようだった。

そのうちの一つが筑波大学の大学院に創設された地域研究研究科であった。創設の準備に携わっていた有力な教授が私に関心をもっているので会ってみてはどうかと、覺天からいわれた。何から何まで覺天は私の歩く道を指し示してくれた。韓国研究に深入りして他の世界に眼を向けない研究者に君をしたくなかったと後年聞かされた。目利きのをもったことの有り難さに思いが及ぶ。

筑波大学に移籍して間もなくの頃、当時の日本の国際経済学界で俊秀をうたわれ、高い権威をもっていた一橋大学教授の小島清から筑波大学の研究室に電話があった。一年後にソウルで開かれる第一一回のＰＡＦＴＡＤ（太平洋貿易開発会議）で、君が日本側代表の一人として日韓経済関係に関する報告をやるようにという依頼であった。新しいテーマを探して韓国研究から離れようとしていた私は戸惑ったが、碩学からの依頼を断るわけにはいかなかった。

応諾した以上、この機会を利用して従来の韓国研究とは異なった視角で、新しいアジア研究につながる方向を打ち出してみようという意欲を奮い立たせた。一年後の国際会議を見据えて分析の視角と手法を磨こうと考えたのである。当時の自分にはひたむきの若さがあった。

当時、アジア経済研究所では、アジア各国の産業連関表を連結して国際産業連関表を作成するという壮大な企画が進行していた。その準備作業として日本と韓国の二つを連結した日韓連関表がすでに相当程度でき上がっていた。この作業に当たっていた山下彰一が、

「君、これ使って何かやってみたら」

とまだ正式発表以前の表を私にくれた。いける、と私は直感した。産業連関表分析の手法を大急ぎで習得し、日韓連関表の構造を読み解く作業に入った。この作業の過程で私には「関係構造」という表現が頭をよぎった。

一国の貿易構造は産業構造の対外的な表れである。したがって二国間の貿易関係とは、二国の相互に異なる産業構造の交錯のありようを示すものに他ならない。韓国の対日貿易収支不均衡とは、対照的に異質な産業構造をもつ日本と韓国が貿易関係を取り結ぶことによって生まれた不可避の帰結である、と考える立場を私は採用した。国交回復以来、日韓定期閣僚会議など両国外交交渉の最大のテーマは、つねに貿易収支不均衡問題であった。韓国側は累積的に拡大する「貿易逆調」に対日不信をつのらせ、中曾根時代の「安保経協」四〇億ドルの対韓借款供与すら、貿易逆調の規模からすれば安いものだ、というのが韓国側の態度であった。

貿易不均衡は論難さるべきテーマではない。合理的な根拠をもつ事実だ。韓国が収支改善を求めて、例えば対日輸入規制を強めるというような選択に出るならば、経済成長率それ自体を低下させざるをえない。韓国は自国の産業構造における欠落部分を日本からの輸入によって満たし、そうして経済的拡大を可能にしてきたからであった。

貿易収支不均衡問題は、それ自体をいくら議論してみても答は出ない。考察さるべきは両国産業構造の異質性であり、異質な構造の関係性のありよう、つまりは「関係構造」なのだと私は考えた。問題はこの関係構造をいかに定量化するかだが、日韓連関表がそのための恰好の素材を提供してくれた。

日本と韓国の産業構造のちがいは何かといえば、前者が「フルセット型」、後者が「加工貿易型」であり、両者の構造は対照的であった。当時、日本の貿易収支は対韓収支はもとより、他のアジアや欧米との収支においても大幅な黒字であった。黒字は日本の保護主義に由来するというのがアジアや欧米の主張であったが、経済学的にみれば浅見だ——もちろん政治的主張としては意味があったであろうが——と私はみていた。

日本の市場は、少なくとも工業製品についていう限り、決して閉鎖的ではなくむしろ欧米に比較してより開放的であった。にもかかわらずアジアや欧米の対日輸出の拡大が難しいのはなぜか、というのが正確な問でなければならない。答は日本の工業構造の特異性の中にあった。「フルセット型」の工業構造である。

繊維製品や木材製品等の最終財はいうに及ばず、電気機械や輸送機械、産業機械に代表される資本財、さらには鉄鋼、非鉄金属、基礎化学品のような素材や中間製品にいたるまで、海外からの輸入に依存することの少ない、自給的な体制が作り上げられてきたことが日本の工業構造の特徴であった。

最終財に始まり素材、中間製品、資本財にいたる諸部門を国内にフルセット擁したために、いずれの産業でも生産拡大に当たっての誘発輸入は少ない。日本の貿易収支における「構造的黒字不均衡」はここに由来していた。

対照的に、韓国は加工貿易型の工業構造の下にあった。資本財などの効率的生産国である隣国日本への輸入依存を大きくする一方、韓国の輸出相手国としての日本は米国ほどに重要な位置を占めなかった。日本は全産業分野にわたる広範な「フルセット型」の自給体制をもち、韓国からの供給にまたねばならない製品は少ないからであった。この対照的な構造をもつ二国が緊密な貿易関係を取り結んだ場合、どのような帰結となるか。この「関係構造」を日韓連結産業連関表の中に観察したのである。

産業連関表について簡単に説明しておこう。一国において国内最終需要（消費と投資）向け生産、例えば自動車生産が一単位増加したとしよう。そうすると、この生産に必要な自動車部品の生産が国内の各産業において誘発される。誘発はこれにとどまらない。自動車部品の生産拡大は、部品産業と連関関係をもつさらに別の、例えば素材である鉄鋼の生産を間接的に誘発する。こうして一国の国内最終需要向け生産の一単位の増加は、関連産業の部品や素材の生産を誘発して、最終的には一単位以上の国内生産の増加をもたらす。

生産誘発は一国の自給率のちがいによってさまざまである。同額の国内最終需要向け生産が増加しても、自給率の高い国では生産誘発の多くが国内で発生して、より大きな国内生産拡大を可能ならしめる。他方、自給率の低い国の場合には輸入に依存するところが大きく、国内の生産誘発は小さい。輸入を通じて生産誘発が他国に「漏れ」ていくからである。

韓国の国内生産が一単位増加した時に、生産誘発がそれぞれの産業部門において自国にどの程度残り、日本にどの程度「漏れ」ていくのかが、日韓連結産業連関表を用いて分析可能となった。画期的なことであった。韓国の国内生産が一単位増加した場合の日本への「漏れ率」は、産業機城、金属製品、輸送機械、化学製品においてきわめて大きく、韓国が素材、中間製品、資本財の高い対日依存を通じて加工貿易型発展をたどってきたことは明らかであった。これに対して日本では、最終需要向け生産が拡大しても韓国への「漏れ」は小さい。日本の「フルセット型」構造のゆえである。日本の韓国への依存は小さく、逆に韓国の日本に対する依存度は著しく高かった。

日韓経済の「関係構造」を立証できたことに私は大いに満足した。この分析を論文“An Analysis of Structural Dependence between the Republic of Korea and Japan: Towards a More Optimal Division of Labor”(Wontack Hong and Lawrence B. Krause, eds., *Trade and Growth of the Advanced Developing Countries in the Pa-*

cific Basin, Korea Development Institute, Seoul, Korea, 1981）として作成し、ＰＡＦＴＡＤ会議にのぞんだ。ベラ・バラッサ、アン・クルーガー、ロナルド・フィンドレイなどの、当時の私には文献でしかお目にかかれない国際経済学の著名な研究者から賞賛を受けた。

会議の最後にローレンス・クラウスによってコミュニケがまとめられ、そこで私の報告が国際経済分析に新しい地平を拓いたワン・オブ・ザ・ベスト・ペーパーだと表現され、まさかと思うような幸福感を与えられた。私の分析が優れていたというよりは、国際産業連関分析という、いまではごく普通の手法だが、当時にあってはまことに新鮮な、アジア経済研究所の成果が世に認められたということなのであろう。それでも嬉しさは隠せなかった。

幸福を一人味わいたくて、ソウル中心街に近く飲み屋の集う武橋潤《ムギョドン》――現在では飲み屋はもうなくなって洒落たビル街になっている――の馴染みのバーで酩酊した。

このあたりで、私は自分の研究がなんだか急に軽やかになった気がした。重ったるい韓国研究から逃げられるという、解放にも似た感覚を抱くようになった。アジアを国際経済学の簡明な手法を用いて眺望し、アジアという地域に渦巻く動態をデッサンするという作業の面白さに心惹かれるようになった。ＰＡＦＴＡＤ報告に向けた分析努力が生んだ副産物であった。

アジアはそれ自体が究明さるべき一つの固有な地域空間だという認識を、その頃私は強くもったのである。当時、アジア研究は日本でも次第に盛んな分野になっていた。しかし各国研究ばかり、アジアを地域としてトータルに捉えるという関心は研究者には薄かった。個別の地域研究にはもちろん貴重な成果が多い。とはいえ個別の地域研究の集計がアジア研究だというわけにはいかない。それぞれの地域研究からは浮かんでこないアジアが存在しているはずだ、いやそこにこそ現代アジアを語るキーワードが潜んでいるのにちがいない、これを解明してみたいと私は考えるようになった。

私がこう考えるにいたったのは、当のアジアがその発展の帰結として相互依存関係を急速に強め、そうして歴史上初めて「地域」としての統合的実体をもつようになったという事実があってのことである。アジアを一つの固有な地域空間として設定し、その発展のメカニズムを描き出すという作業を本格化させねばならない。当時、地域研究は人類学や民俗学などが中心であり、経済学は地域研究の周辺分野のように考えられていた。しかし、地域空間としてのアジアを「像化」するのに最もふさわしい分析枠はやはり経済学なのではないか、よしやってみようと思いいたった。

この関心に衝き動かされて仕事に没入した数年ほど、研究の楽しさを味わった時期はなかった。著書の三つのそれぞれが吉野作造賞、大平正芳記念賞、アジア太平洋賞大賞という高い名誉の賞を授かったが、審査員にも私の仕事の楽しさが伝わったのではないかと勝手に想像した。私が提示した仮説のいくつかを記しておこう。

重層的追跡論

一つは、「重層的追跡論」であった。

韓国、台湾、香港、シンガポールの四つを私はアジア中進国といっていたが、後にOECD（経済協力開発機構）がこれらをNICS（新興工業国家群）と呼び、つづいてNIES（新興工業経済群）と称するようになった。日本をNIESが追跡し、NIESを東南アジアが追い、さらに東南アジアを中国沿海部が追い上げるという、アジア相互間の追跡の重層的なさまを、国際競争力分析を通じて描写したものがこの仮説であった。これは仮説というより現実そのものなのだが、一九八〇年代の初めにアジアをこのようにみる視角は存在しておらず、それだけに新鮮なものとして受け取られたのであろう。

韓国研究から出発したことの影響かも知れないが、私はアジアの経済発展について悲観的な議論をしたことはあまりない。私の韓国研究などは、率直のところ学界ではあまり評判のいいものではなかった。少々楽観的に過ぎるのではないかとみなされていた。

東南アジアに日系企業が林立し、韓国や台湾がＮＩＥＳといわれ、中国「世界の工場」論が華やかな現在からすれば信じられないかも知れないが、私どもの青春時代、アジア論の名著といわれるものはそのほとんどが、アジアの発展を否定するがごとき悲観論の葬列であった。

アジアを語る場合の常套句は長らく「専制」と「停滞」であった。専制君主が群小の共同体の上に君臨して形づくられた自己永続的な停滞せる水利社会、これが欧米知識人のイメージしたアジアであった。このアジアイメージを理論化したウィットフォーゲルの『東洋的専制主義』（論争社）の原書初版が上梓され洛陽の紙価を高めたのは、つい四十数年前（一九五七年）のことであった。欧米の知識人にとってアジアはつねに「反世界」であり、教化と慈善、支配と搾取の対象でしかなかった。

世のアジア論に強い影響力を与えた悲観論は、その後も延々とつづいた。エンブリーの「構造の緩やかな社会論」、ギアツの「農業インヴォリューション論」、ミュルダールの「ソフトステート論」（『アジアのドラマ』板垣與一監訳、東洋経済新報社）、矢野暢の「小型家産制国家論」（『国家感覚』中央公論社）等々であった。こうした著作は、どの分野から入るにせよ、アジアを研究するものにとっては必読文献であった。

これら諸説の危うさは、当のアジアがみせたその後の発展実績によって立証されてしまったと私は思うのだが、それでも悲観論の根は絶やされることはなかった。韓国や台湾などの発展が明らかとなった時点でも、論者の多くは、韓国や台湾の成功は彼らを取り巻く有利な国際市場環境のゆえであって、環境に恵まれない東南アジアが発展することは至難であろうとみていた。「従属的発展論」（フランク）が強い影響力を学界やジャーナリズムに与えていた。

中国の高成長を予想した研究者はいなかった。NIES、東南アジア、中国の高成長はその時々に提起された悲観論のすべてを裏切って実現されたものだといっていい。私はそれらの必読文献を深く読み込んだが、影響を受けることは少なかった。ミュルダールのアジア論に対する反論をもって、私は『成長のアジア　停滞のアジア』（東洋経済新報社〔『本著作集』本巻所収〕）を書き出したほどであった。

研究者というものの思考の癖は面白い。アジアが貧困で停滞的だとみれば、世の秀才たちはアジアがなぜ貧困で停滞的なのかについての要因を徹底的に追究して仮説を提示する。しかしアジアが成長を開始すると、今度はその成長要因は何かについてばかりを論じるようになる。バランスのとれた議論にはならないのである。後発国の発展を先発国の歴史の中に読み取ったり、先発図と後発国との関係文脈においてこれを理解するという視角がどうにも薄い。

先発国と後発国との地位交代、この交代を通じて発生する工業生産力の再配置は、長い資本主義の発展史においてはごくありふれた現象であった。先行する英国を大陸ヨーロッパと米国が、これをさらに後発の日本とロシアが追跡した一九世紀世界における「不均等発展」のダイナミズムは、久しく比較経済史の恰好のテーマであったはずだ。

この動態を「歴史力学」と称すべき独自の発展史観によって解明したのがガーシェンクロンであった。彼は工業化開始時点の一国の工業構造が後進的であればあるほど、ひとたび開始された工業化のスピードは一段と速く、したがって先発国への追跡も加速するという傾向を、一九世紀初頭から第二次世界大戦期までのヨーロッパにみられた一般的命題として定式化した。この命題の妥当性は現代アジアの文脈においてよりよく立証されるのではないかと私は考えた。

先発国から後発国へと向かうインダストリアリズムの波及過程が南北間でも発生するという可能性に、多くの人々は目をふさいできた。貧しい南、豊かな北という南北二分法の世界観は長らく人々を支配して牢固《ろうこ》たるものがあった。「NIESの挑戦」は南北二分法の虚構性を突き崩す画期だと私は直感した。

NIES登場の何よりの意味は、開発途上国で初めて本格的な工業成長が実現し、高い工業成長をもって先発国を追跡したという事実にあった。NIESの波及力を受け、NIESを追跡する主体として登場したのが東南アジアであり中国であった。もっとも、中国に私が関心をもち、アジア経済発展の文脈の中にこの国を入れて重層的追跡論を展開するようになったのは、もっと後のことであった。

日本、NIES、東南アジアの工業発展段階の間には、通常想定されているような超え難い溝はない。むしろアジアは先進から後進へと連続的に連なり合う経済空間として特徴づけられると私はみなした。その意味で、NIESという中間的な成長核が形成されたことの意味には深いものがある。重層的追跡は、そのような連続的な連なりをもった地域の内部において初めてこれが可能だからであった。

アジアの工業製品輸出の拡大は、彼らの国際競争力強化の帰結である。工業製品競争力における各国の位置関係が時間の経過とともにどのように変化したかをみることによって、重層的追跡の実態を観察してみようと考えた。

私が用いた指標は、先にも名前の出たバラッサの編み出した簡便な競争力指数である。例示的に説明すればこうである。例えば世界全体の輸出額に占める繊維輸出額の比率が四パーセントである一方、ある国の輸出額に占める繊維輸出額の比率が八パーセントだとすれば、この国は世界全体の平均に比較して二倍の競争力をもつと考える。逆に、その国の繊維輸出の比率が四パーセントに満たない時には競争力は世界平均より弱いとみなす。

この指標をＪＥＴＲＯ（日本貿易振興会）の計量分析チームの友人たちの協力を得て工業製品カテゴリー別に計量してもらい、打ち出された数値をひたすら読み込んだ。観察対象を貿易商品のすべてに広げて特有の傾向を観察するには、指標は簡単な方が優れているというのが私の勘であったが、この勘は当たっていた。

競争力指標を、一人当たり所得水準はもとより、他のさまざまな発展指標と縦横に組み合わせ、何か意味のある傾向性が見出せないものかと絞れるだけの知恵を絞った。ようやくにして重層的追跡を語るに足る結果にたどり着くことができた。これを紹介するのは煩瑣に過ぎる。工業製品を労働集約財と資本技術集約財の二つに分類して、計測された結果を例示するにとどめよう。

香港、シンガポールの労働集約財の競争力は一九八〇年代に入ってピークを超えて下降期に入り、また韓国、台湾のそれもピークにさしかかろうとしていた。一方、これらＮＩＥＳの資本技術集約財の競争力は低水準にありながらも明らかな上昇傾向をみせ、競争力の交代現象が観察された。そしてＮＩＥＳは労働集約財において東南アジアの追跡を受け、逆に資本技術集約財において日本への追跡を開始した。タイ、マレーシアは労働集約財における競争力の急上昇期にあり、資本技術集約財の競争力においてもこの二国はＮＩＥＳを追跡する形で競争力を上昇させ始めた。

EC、米国の競争力は労働集約財、資本技術集約財のいずれでも変化は少なく、競争力の固定化段階にあった。日本の競争力は労働集約財において下降中、資本技術集約財において上昇中という活発な変化をみせていた。EC、米国の競争力が成熟段階に達したのに対して、日本は成熟段階に向かう過程にあった。

毎日のようにJETRO計量分析チームを訪れてアジアの競争力のことについて語る私の立ち居振る舞いをみて、同会海外調査部のリーダーたち、井上朗、坂本冬樹、長坂寿久、小黒啓一などがアジアの輸出と工業化についての調査研究のための、各部局を横断する大型の研究チームを組成してくれた。

このチームの研究成果として、アジアの輸出成長と工業発展の動態についての、その後続出する出版物の嚆矢《こうし》となる『アジア工業化の新時代』(日本貿易振興会)が私の編著として上梓された。

ダイナミックな重層的追跡をその内に含む特有な経済空間としてアジアを初めて位置づけた著作であった。日本とアジアの分業関係が、従来の一次産品対工業製品という「垂直的関係」から工業製品相互の「水平的分業関係」に変化し始めたという分析も、この著作で初めて提起された。分析トゥールはEC分析でお馴染みのものであったが、私どもの分析が先駆的なものとなったのは、水平分業がアジアでも展開可能だとみなした眼のおきどころのゆえであった。

構造転換連鎖論

二つは、「構造転換連鎖論」である。

NIESの発展は実は日本の発展の波及を受けて生じたものであり、さらに東南アジアや中国沿海部の発展は日本とNIESの発展の波及によって誘発されたとみる、アジア発展の波動現象を定式化したものがこれであった。中心国の構造転換が周辺国の転換を誘発する要因となり、周辺国の転換がさらに後発の別の周辺国の転換を促す、そういう連鎖的継起の不断の持続の中に、私はアジアの発展動態をみつめた。アジア版「周辺革命」の描写である。

アジアは外的与件の変動に順応してみずからを調整し、より高い構造に転換していく能力において高い地域だ、というのが私の直感であった。それぞれがもつ高い転換能力のゆえに、アジアにおいては一国の構造転換が他国の構造転換を誘発するという「構造転換連鎖」が展開し、そうして地域全体の活力が発揚されたのだという主張であった。

構造転換連鎖の起点となったのは日本である。石油価格の高騰によってエネルギー多消費型の基礎素材産業が苦境に陥った日本は、省エネルギー技術の開発に精出してこれに成功し、さらにはエネルギー投入比率の低い機械生産へと成長資源をシフトした。高い技術進歩率と需要増加率に支えられ、機械はほどなくして日本の最有力の産業となった。石油価格高騰という外的与件の変動に応じてみずからを変質させていく高い転換能力を、日本は鮮やかにみせつけた。危機をはねのける強靱な経済体質を往時の日本はもっていた。

機械の競争力強化に石油価格の反転下落が加わって、日本の経常収支の黒字は膨大なものとなった。経常収支黒字は巨大化した日本経済を国際的に調和のとれた形で運営することを困難にし、再び構造転換を追った。転換を強いた要因はプラザ合意による顕著な円高であった。

円高に対しても、日本経済は石油危機時に劣らぬ転換能力を発揮した。内需主導型経済への転換がその帰結であった。円高による交易条件の有利化が日本の所得水準を高め、同時に株価・地価などの資産価格の急騰によるキャピタルゲイン効果をともなって内需を強く刺激した。

円高と内需拡大は、強い輸入誘発力をもって日本の輸入構造を劇的に変容させた。プラザ合意以降、日本の製品輸入は高率で推移した。世界のすべてからの輸入が増加したが、注目されたのはＮＩＥＳと東南アジアからの輸入増加であった。日本はアジアの「需要吸収者《アブソーバー》」としての機能を強化し、アジアの成長を需要面から牽引するという、かつてない役割を演じた。

円高により日本企業はアジアからの輸入を増加させると同時に、生産拠点自体をアジアにシフトして、ここから製品を輸入するという「海外調達型《アウトソーシング》」の海外進出を積極的に展開するようにもなった。みずからが購入したいものをみずからが作りに出かけるという行動様式の出現であった。

プラザ合意以前の日本の産業構造は、ほとんどすべての産業部門を国内にフルセット擁し、それゆえ日本の国内生産や輸出が拡大しても誘発輸入は少なく、貿易収支の黒字不均衡は不可避であった。しかし円高は、この構造を突き崩すインパクトとなって日本の産業構造を輸入誘発的なものへと変質させた。

日本の構造変動がＮＩＥＳや東南アジアの発展にとっての新しい与件となり、この与件変動に彼らが高い転換能力をもって対応したという事実に私は注目した。アジアを特徴づけるのは、日本に始まりＮＩＥＳ、東南アジアへとつづく構造変動の連鎖的継起であるが、この連鎖的展開を可能にしたものがアジアの転換能力であった。

韓国、台湾の通貨は長らくドルにリンクし、円高は同時にウォン安、元安であり、対日輸出の増加には著しいものがあった。円高下のＮＩＥＳ輸出の中で目立つのは、対日輸出とならんで対米輸出の増加であった。円高により日本の対米輸出競争力が弱まる一方、ＮＩＥＳの対米競争力が強化されたからであった。

米国はハイテク部門を中心とする対ＮＩＥＳ収支の赤字に耐えられなくなり、「日本バッシング」につづいて

「ＮＩＥＳバッシング」を始め、ＮＩＥＳ通貨の対ドル調整を迫った。プラザ合意による円高につづいてルーブル合意が成立し、これによりＮＩＥＳ通貨が引き上げられた。

ＮＩＥＳは同時に賃金の急速な上昇という、もう一つの問題と直面した。ＮＩＥＳは輸出主導型の高成長をつづけたものの、高成長は急速な賃金上昇をもたらした。シンガポール、香港はいうまでもない。韓国、台湾が「労働過剰経済」から「労働不足経済」に転じたのは、すでに一九七〇年代の前半のことであった。高成長が両者の労働力不足を決定的にした。

加えてこの時期、韓国、台湾は政治的民主化運動の直中《ただなか》にあり、これを背景に澎湃《ほうはい》として起こった労使紛争が賃金上昇率を一層高めた。ＮＩＥＳは円高の受益者として輸出を拡大し、輸出に牽引されて空前の昂揚をみせたのであるが、その結果、通貨調整と賃金上昇に直面して構造調整を余儀なくされたのである。

構造転換の帰結は内需主導型成長パターンであり、日本の転換のありようと基本的には同じであった。内需拡大に通貨切上げ、さらには米国の市場開放要求に応じて試みられた関税率引下げや輸入自由化の効果も加わって、ＮＩＥＳの輸入は増加した。他方、通貨切上げと賃金上昇はＮＩＥＳの輸出競争力を殺ぎ、そうして外需（縮出マイナス輸入）は減少した。

輸出志向工業化によって地歩を築いたＮＩＥＳにおいて、内需主導の成長パターンが生成したことは画期的であった。成長パターンシフトにともなって生じた注目すべき帰結は、日本と同じくここでも輸入の著増であった。ＮＩＥＳの、世界の総輸入に占める比率は一九八七年にはついに日本のそれを上回った。世界の需要を牽引する機能において、ＮＩＥＳの方が日本よりも一層強力な主体となったことに私は強く印象づけられた。ＮＩＥＳの東南アジア、中国からの輸入拡大は顕著であった。ＮＩＥＳはアジア後発国の需要吸収者としての地位を高め、アジアの相互依存関係を強化する要《かなめ》の地位を確立した。

通貨調整と賃金上昇に対するＮＩＥＳのもう一つの対応が、企業の海外進出であった。ＮＩＥＳの賃金上昇は、繊維製品など労働集約的な伝統的輸出品の競争力を弱め、賃金水準のより低い東南アジアへの生産拠点シフトを不可避とした。通貨切上げはＮＩＥＳの海外生産の有利性を高め、企業進出を促した。

ＮＩＥＳ企業の東南アジア進出は確かにめざましかった。東南アジアにおいてＮＩＥＳは日米を凌ぐ最大の投資者として浮上した。香港、台湾、シンガポールの華人ＮＩＥＳの投資増加がきわだっていた。東南アジアに広がる華人資本のネットワークの中で、彼らは比較優位の変化に応じて生産拠点を自由に移転しうるという好条件に恵まれていたのである。

ＮＩＥＳは、通貨調節と賃金上昇に対応してみずからの構造を転換する過程で、東南アジアや中国の成長を需要面から牽引すると同時に、企業進出を通じてこれら諸国の供給力を強化する機能をもった。日本と並んでＮＩＥＳが両機能を併せもつことにより、アジアには後発国の成長を誘発するまことに好都合な条件が生まれたのである。

一九九〇年代に入ってアジア成長の主役は東南アジアとなった。東南アジアの急成長は、アジアに渦巻くみずからに有利な貿易・投資環境に迅速に反応することによって実現された。

一つには、日本、つづいてＮＩＥＳの通貨が切上げられる一方、東南アジア通貨に対する調節圧力は少なく、それゆえ前二者に対して後者の輸出財の比較優位が顕在化した。二つには、そうした比較優位の変化に対応して、まずは円高によって日本企業が、次いで通貨切上げと賃金上昇に押し出されてＮＩＥＳ企業が東南アジアへの投資集中を試み、これが東南アジアの供給力強化に寄与した。

東南アジアは新しい貿易・投資環境を「千載一遇」として察知し、これを胎内に「内部化」するための諸政策を打ち出した。マレーシアのエコノミスト、ノルディン・ソピーは、円高を契機に東南アジアに集中する日本の直接投資を「歴史的日本機会」と表現した。そのひそみにならっていえば、東南アジアは同時に「歴史的NIES機会」にも恵まれ、両機会を掌中に収めるための政策対応を試みた。政策の中心は外資企業導入策の積極的な採用であった。

輸出拡大と外資導入の双方において成果を上げた東南アジアの典型国がタイであった。タイは従来から外国資本に幅広い門戸を開き、加えて工業化を支える社会間接資本部門を整備し、質の高い労働力を豊富に擁していた。また政治的安定性も高いなど、他の東南アジアに相対して好条件をもち、そうした事情がこの国に外資が蝟集《いしゅう》した原因となった。

しかし短期間における投資集中の結果、タイの中間管理者や技術者が涸渇し、港湾、道路などのインフラ部門のボトルネックが顕在化し、労働市場の逼迫化にともなう賃金上昇などが発生した。タイの受容能力を上回る外資は、マレーシア、インドネシア、フィリピンへとオーバーフローしながら東南アジア全域へと広がっていった。

この間になされた日本、NIESの東南アジア投資はいずれもアウトソーシング型であり、それゆえ東南アジアの輸出拡大に果たした日本・NIES企業の貢献には大きなものがあった。東南アジアは対日輸出と同時に対NIES輸出を急増させ、NIES・東南アジア間の貿易関係も緊密化した。

局地経済圏輪

三つは、「局地経済圏論」である。

構造転換連鎖の過程に中国が入るか否かに関心はもっていたものの、その可否を論じるほどに中国の動きは当時はまだ活発ではなかった。ただ中国もアジアに渦巻く重層的追跡や構造転換連鎖――もちろんそういう用語法で理解されていたわけではなかったが――に関心はもっていた。

総書記趙紫陽《ちょうしよう》によって提唱された「沿海地域発展戦略論」は、中国がアジアの貿易・投資環境に順応することによって、この地域の構造転換連鎖の最後のアクターたろうとする意思を表明したものだと私はみて、これに関心を寄せた。趙紫陽が語ったことは当時の中国においては画期的であった。

現在、わが国沿海地域の経済は有利な発展機会に恵まれている。労賃の条件変化にともない先進諸国・地域はたえず産業構造を調整し、労働集約的産業は労賃の低いところへこれを移動させつつある。この移動においてわが国の沿海地域は大きな吸収力をもっている。ここでは労賃は安く、資質は高く、交通は便利で基盤施設も整っており、科学技術の開発能力が高い。これはわれわれの優位性を示す。われわれが仕事をうまくやりさえすれば大量の外国投資を誘致できる。過去には何回か発展の好機を逸したが、今度こそこれを逃してはならない。切迫感をもって仕事に当たらねばならない。（『人民日報』一九八八年一月二三日付）

趙紫陽の認識は正鵠《せいこく》を射《い》たものであった。その後の中国の工業化と輸出、外資導入などは確かに彼の指摘通りに展開したのであり、その慧眼《けいがん》にはみるべきものがある。

社会主義国の新動向は、無論のこと冷戦終焉に関係があった。むしろアジアの冷戦は、経済の再生を求めて周辺アジアとのリンケージを深めようとする社会主義国の「衝動」を主因として終焉しつつあると私はみた。周辺アジアの側には、社会主義国の求める「利」に応じることによって、みずからのエネルギー発揚の場を社会主義国の中に開拓していこうという、これまた強い衝動があった。

韓ソ、韓中国交樹立に現われた韓国の北方外交戦略は、東西対立のフロントとして狭い朝鮮半島の中で南北対峙する冷戦構造を、韓国の拡大した経済力に見合うよう北方を舞台に再編していこうという衝動の表れであった。台湾の対中経済交流、タイのインドシナ政策もまた同類のものだと私は理解した。

香港化の道を急速に歩む広東省を中核とした「華南経済圏」、台湾と福建省を結ぶ「両岸経済圏」、タイがインドシナを巻き込む「バーツ経済圏」、中朝ソ国境の「豆満江経済圏」と、これを大きく取り囲む「環日本海経済圏」などを、私は「局地経済圏」として解説した。社会主義国と周辺アジアとの国境をまたがる地域に潜在していた経済的補完関係が、冷戦終焉とともにいちどきに顕在化したのである。

この新動態を説く私の言説に外務省経済局が関心を寄せ、分析を進めてはどうかと誘われて、委員会が発足した。委員会の最終報告書は『局地経済圏の時代』(サイマル出版会)として出版された。政策的提言は、要するにアジアのダイナミズムを社会主義国に「ビルトイン」させ、前者なくして後者の発展が立ち行かないという状態を作り出すことが西側の重要な戦略でなければならない。そうすることによって社会主義国の「改革・開放」を後退不能のものとし、もって彼らが閉鎖的で独善的な対外行動を取る道を閉ざすべきだというものであった。

中国の「改革・開放」がまだ模索をつづけ、これをめぐり保守派と改革派とが暗闘を繰り返しているさなかであった。中国に一旦緩急あらば旧来のシステムへと後退しかねないという時代的背景があって、このような提言が重要な意味をもったのである。

域内循環メカニズム論

四つは、「域内循環メカニズム論」である。

プラザ合意に始まる数年間、日本のアジアからの製造業品の輸入は激増し、日本はこの地域の成長を需要面から支える「需要吸収者」機能を発揮した。加えて円高によって海外生産の有利性が強まり、日本企業のアジアへの生産拠点シフトは空前の規模に達した。この海外直接投資によりアジアの供給力は強まった。一九八〇年代後半期の日本はアジアの成長を供給面から牽引する効果をもった。この時期にアジアが全域的な規模で昂揚期に入ったのは、要するにこの「日本効果」のゆえであった。

しかし一九九〇年代に入って久しくつづいた厳しい経済低迷の間に、日本はアジア成長の牽引車機能をすっかり減衰させてしまった。この間、日本のＮＩＥＳ、東南アジアからの製造業品輸入と同地域への海外直接投資は減少した。長期不況により海外直接投資のための資産的余裕が薄くなり、そのために企業進出は盛り上がりに欠けた。このように「日本効果」が弱まってきたのであれば、アジアの成長率は低下してしかるべきであった。しかし現実はさにあらず、アジアは依然として高成長をつづけた。

アジアの高成長パターンは輸出志向型である。輸出市場は米国や日本である。有力な輸出企業の多くは外国企業との合弁事業であった。アジアの高成長は「従属的発展」という用語法をもって語られるのが当時の学界のならわしであった。私は従属論者ではないが、アジアの経済的昂揚が日本効果によって実現され、この効果が希薄化した後には成長率の反転下落が避けられないと懸念した。しかしアジアの経済的興隆には、少なくとも一九九七年夏のアジア経済危機にいたるまでは陰りがなかったのである。

アジアの高成長を説明するキーワードは日本効果ではなく、他の何ものかに変更されなければならなくなった。それを私はアジアにおける「自己循環メカニズム」として定式化した。要するにアジアは、輸出財の需要先と投資資金の供給先を域内に求め、モノとカネを域内で自己循環させることにより、先進国への依存を低めながら、なお高成長を追い求め得る条件を手にしたのだと私は解釈した。

米国と日本という域外大国のアジアに対する影響力は次第に弱いものとなり、アジアという地域を舞台に、従属的ではなく自立的な、脆弱ではなく強靭なメカニズムが生成したのであり、「アジア化するアジア」がこの時点の私のキーワードとなった。

アジアの自己循環メカニズムにおける重要なアクターはＮＩＥＳであった。一九九〇年代のアジアの高成長は「日本効果」ではなく、「ＮＩＥＳ効果」の所産であった。まずは日本効果によってＮＩＥＳの強靭性が強化され、新たに生まれたＮＩＥＳ効果によってアジアは高成長をつづけたのである。

アジアにおける域内循環構造の中に中国が組み込まれるようになったという観察が、ここでのもう一つのポイントであった。中国に対する最大の投資者は香港、台湾、シンガポールなどの華人ＮＩＥＳであった。華人ＮＩＥＳの対中投資は、在外華人の出身省である華南沿海部に集中した。一九九〇年代に中国が受け入れた海外直接投資額のうち、広東省、福建省、海南省の華南三省の占める比率は四〇パーセントを超えた。

改革・開放期の中国において最高の成長率を実現したのが華南地域であり、現在もなおそうである。中国の成長に果たした在外華人資本の役割が改めて注目された。この事実は中国がアジアの域内循環メカニズムの中に組み込まれたことを意味する。中国の「アジア化」である。

中華人民共和国の成立にいたるまで、中国の資本主義的発展を担ってきたのは、浙江財閥に淵源をもつ上海企業であった。これら企業は共産党支配の上海を逃れて香港に移り、そこで企業家としての能力を開花させた。これに先立つ清朝時代の末期に広東省や福建省など華南の人々が、帝国主義列強による植民地支配下にあった東南アジアに出稼ぎ労働者として流出した。彼らは異郷の逆境の中で商業的才覚を錬磨し、能力を蓄積した。さらにそれに先行する明国期の終わりから清国期の初めにかけて、大量の華南住民が台湾に移り住み、彼らもまたこの地で商業的な才能を蓄えた。

そのような歴史的経緯の下で大陸から周辺のアジアに流出、そこに定住した中国人が在外華人である。在外華人は高い企業家としての能力をもって、アジアに経済発展をもたらす主役となったのである。この在外華人が中国の発展にとっても欠かすことのできない存在となった。この考え方が後の私の「海の中国論」の布石となった。

ある受賞

いまなおそうだが、私は若い頃から相当の酒飲みである。胆嚢炎を患って一ヵ月ほど筑波大学附属病院に入院したことがあった。因果関係はよくわからないが、酒が原因の一つにちがいない。飲みつづけると再入院の羽目になると警告を受け、半年ばかりはやめていた。しかしその後は元通りになってしまった。

酒のない日々は何だか虚しく生活に張りがない。アルコール依存症というほどのことではなかったが、鬱的な心理にはまっていたのかも知れない。前章で記したような仮説を作ることに追われ、それがまあ一段落というところで「荷下ろし症候群」のようなものに襲われたのであろうか。

私の青春時代には、酒飲みは豪傑の証であるかのような雰囲気がまだ残っていた。韓国研究に携わっている間に韓国との往来が頻度を増し、韓国人研究者との付き合いが深まった。酒の強い人が多く、飲み始めると探更まで徹底的に飲むというのが彼らのスタイルだった。まだまだ貧しかったあの時代に、あんなに奢ってもらってよかったのだろうかと、振り返って身の縮む思いがする。

若い頃のソウル大学教授の朴宇熙《パクウヒ》の酒はあきれるほどに強かった。彼との共編で『韓国の経済発展』（文眞堂）を作成していた頃、二人はソウルと東京を往復した。彼が東京にきた時には必ずつれていく新宿歌舞伎町の飲み屋で盃を重ね、彼の定宿のワシントンホテルのバーでウイスキーをあおり、常磐線の最終便で取手駅の近くのわが家に帰った。

「夕方、宮さんから電話があって、あなたの本が吉野作造賞に決まったそうよ」

と妻がいう。宮さんというのは中央公論新社の宮一穂で、その頃『中央公論』誌にものを書くよう度々誘ってくれていた編集者であった。あなたの本というのは『成長のアジア　停滞のアジア』である。酔眼の夫に妻が冗談をいうはずがない。嬉しかったが狐につままれたような気分でもあった。自分の著書が候補作となっていると も聞いていなかった。吉野作造賞などというのは著名人のもらうもので、私などには縁がないと思っていた。嬉しさを反芻する余裕もなく眠りこけていた。

受賞への謝辞を求められて書いたものが次の文章である。私がどんな気分でアジア研究をやっていたのか、いまの時点でこれを記せばいろいろと潤色しかねない。『中央公論』誌上に掲載された「受賞の言葉」をそのまま再録しておく。

この著作に寄せた私の思いの丈は、できるだけみえやすい分析枠を用いて現代アジアの経済発展の動態にみずからの解釈を与えてみたいというものであった。その試みが成功したのかどうかには確たる自信はないが、少なくとも姿勢は評価されたのではないかと密かに忖度《そんたく》している。もしそうであれば、このような姿勢でアジアを論じた研究者がほとんどいなかっただけになんとも嬉しい。矜持《きょうじ》をもってなお努めたい。

中国とインドを除けば、アジアについての研究の歴史は浅い。曲がりなりにも組織的な研究が開始されたのは、第二次大戦後もかなりを経てからのことであった。それにもかかわらずこの短い間に相当数の研究者が育ち、堆積された研究層も少ないとはいえない。文化人類学を中心とした地域研究は、すでにして興隆の時期にある。調査地域を狭く限定したフィールドスタディは、観察対象となったフィールドをアジアの地図の上にプロットしていけば、地図の色がすっかり変わってしまうほどの賑わいである。

文化人類学のアイデンティティは文化相対主義にある。各々の社会と文化は、それ自体が特有の価値をもつ存在として個別に観察されるべき対象だとみなされる。フィールドの中に体系的な分析枠では切り刻むことのできない個性的な地域空間を感得し、それぞれの地域に知的に「埋没」していくことが潔いとされているかにみえる。文化的価値において上下の関係を排除しようというその想念は私にも共感がある。西欧化が普遍主義的イデオロギーとして周辺地域に傲慢にも押しつけられ、アジアの文化的劣位性が制度化されてきたのがつい先だってまでの歴史であったことを顧みれば、文化人類学のこの態度が尊重されないでいいわけはない。

しかし、高貴なるその精神のゆえであろうか、フィールドを背後にもつ研究者の多くには比較論的な視角が薄い。毎月、世界の各国、日本の各地から大学の図書館に送られてくる関係学会誌を彩る若い秀才たちの論文の大半は、狭いフィールドの人間行動に関する精細をきわめた調査報告である。個別の研究が文化人類学の全体系とどう関係しているのか、他の地域研究との関連はいかようかと問えば、研究者のことである、説明らしい説明をしてはくれる。しかしどうにも私にはそれが本気のようには思えない。門外漢が勝手をいい過ぎるのかも知れないが、地域研究者にはお互い文化人類学という同じ船に乗っているという感覚すら希薄なのではないか。

中部ジャワ農村の研究に精力的に携わってきた研究者が、十数年勤めた研究所を退いてある大学の教員となった。彼から、研究所在職中はインドネシア以外の国を訪ねたことが一度もなかったと聞かされて、わが耳を疑ったことがある。その研究所では専門の国以外の調査には一円の予算も出なかったというのである。まさかと思うような話だが、研究体制を作り出しているのが当の研究者集団であってみれば、責められるべきは研究体制ではなく研究者の志向性そのものだといわねばなるまい。「イングランドのことしか知らない人間にイングランドのいかばかりがわかろうか」という箴言《しんげん》が英国にはあるそうだ。

私も克明な地域研究の必要性自体を否定しようというのではもちろんない。そうではなくて、個別の地域研究の成果も、これをなんらかの整合的な分析枠の中で解釈しなければ、その意味が不分明なままに終わらざるをえないという懸念について語っているのである。片々たる地域研究を積み上げていって、その後に整合的な体系が帰納されるという可能性を私は信じない。

専門化と細分化はそれ自体が自己目的化して、際限なくその道を歩んでいく危険性の方が大きい。求められているのは現実の秩序づけであり、そのための体系的な枠組の形成である。十分な素材を用意せぬままに整合的な秩序をもった分析枠を作ることは危険だ、といわれそうである。しかし、われわれがいくつもの分析枠を作る努力をつづけ、多様な分析枠相互の競争を促すことをやめないならば、現実の裏づけをもたない枠組はいずれ排除されていくであろう。そういう「市場メカニズム」の機能を私は期待する。

私は経済学に身をおく人間である。だからそう公言するのもはばかられるが、アジアを整合的に捉える枠組はまずは経済学によって与えられるであろうという思いが強い。経済学の強みは、それが体質的にもつ高度の抽象性である。経済行動という比較的抽象しやすい領域から一社会のありようを眺めるための分析枠が経済学であり、他の分野のそれに比較して多様な社会の人間行動の理解に汎用性の高いトゥールを提供している。そうした汎用性のゆえに、それぞれの社会が抱えている問題の所在を相互に比較しながら考察するという類型論的発想がここにはある。

加えて人間の経済行動は、労働の熟練にしろ企業家的能力にしろ、はたまた産業技術や経済的諸制度にしろ、これらを社会の中に蓄積していくことが可能であり、それゆえ経済学にはそれぞれの社会は前の時代を踏み台にして新しい時代に発展していくという段階論的発想がある。そうした経済学の類型論的ならびに段階論的な発想は、アジアの錯綜した現実に一つの整合的な分析枠組を供するのに、さしあたりは最も相応しいものだとみえる。

それにしても、経済学の抽象性は少々極端に過ぎはしないかという印象は拭い切れない。高度の数学の素養をもたない人には、現代経済学の最先端をフォローすることは不可能である。数学はもはや経済学における確固たる言語となってしまった。しかも厄介なことに、極度に抽象化された理論が今度は極度に専門化され、針の穴を通すような病的といってよいほどに細密な議論が繰り返されて、経済学アカデミズムの孤塁が守られている。経済のことにまるで無関心な研究者を経済学者と呼ぶのは面妖だが、残念ながらそうした人々を私は多く知っている。もう一つ厄介なことをつけ加えれば、経済学の世界においては理論家のプレステッジがやけに高く、理論家たらざれば経済学者にあらずといった驕慢に辟易《へきえき》させられることがある。高度の抽象性は現実からの遊離をもたらし、専門化の進行は全体像を見失わせる。現代の経済学はそうした陥穽《かんせい》に落ち込んで、しかも平然たるところがある。

それでもなお私は経済学に希望をもっている。経済学は今後、開発途上国の開発という世紀の課題にますます強くかかわらざるをえない。そのことが経済学を健全なものたらしめる大きな圧力として作用するであろう。中国は経済学的分析の巨大なフロンティアであり、現代経済学はみずからの身の証をそこで問いつめられるに相違ない。

開発経済学は字義通り開発途上国の開発に処方箋を提供するという、すぐれて実践的な課題を背負って出発している。開発経済学のこのような性格は経済学の規範性を示唆する。理論の抽象化にせよ専門化にせよ、それは社会科学の経験的実証性を深化し強化するという役割の範囲内においてのみ有効性をもちうる。その有効性の厳しい検証の場が開発経済学にある。

加えて経済現象の社会的文脈を理解しようという知的努力を抜きにして、開発経済学は成り立たない。開発途上国は経済成長のための物的基盤はもちろんのこと、制度的、組織的な基盤、さらには人的資源そのものの形成をめざしてこれに努力を注いでいる。宗教的、人種的な亀裂のためにそうした努力が実を結ばない国々も少なくない。ナショナリズム昂揚の時代を経て政治的単位としての国民国家が樹立され、その上に国民経済の形成がなされたという、多くの先進国に共通する歴史的先後関係をこれらの国はもっていない。

開発途上国の経済開発は、国家形成というより大きな文脈の中に位置づけられる歴史的事業である。こうした事業を見据え、開発経済学は狭義の経済の学たるを許されない。私は開発経済学の中に、少々大袈裟だが社会科学の総合性を感得している。経済学の強みである抽象性が開発経済学の中で繰り返し洗い直され、そうしてアジア理解のための整合的な分析体系が多様に生まれ出ずることを期待する。

第六章　中国茫々

論理蒙昧なる

揚子江とその平野との姿が我々に与える直接の印象は、実は大陸の名にふさわしい偉大さではなくして、ただ単調と空漠とである。茫々たる泥海は我々に「海」特有のあの生き生きとした生命感を与えない。また我々の海よりも広い泥水の大河は、大河に特有な「漫々として流れる」というあの流れの感じを与えない。同様に平べったい大陸は我々の感情にとって偉大な形象ではない。我々の思惟にとってこそ、揚子江から黄河にわたる平野はわが国の関東平野の数百倍にのぼる大平野であるが、その中に立つ者の視野に入るのはその平野のほんの一部分に過ぎず、その中をいかに遠く歩いて行ってもただ同じような小さい部分の繰り返しがあるだけである。従ってシナ大陸の大いさは、直接にはただ変化の乏しい、空漠たる、単調な気分としてのみ我々に現われる（和辻哲郎『風土』）。

茫々捉えどころのないといった感覚は、中国を研究するものの多くに共通しているように思われる。何かを理解しようと努めても、理解の域に達したという実感が容易に得られない。「改革・開放」がうたわれ、計画経済から市場経済への転換にともなって成長率が高まり所得水準が上昇するという、経済学者であれば得心のいく説明ができそうな事象であっても、なかなか得心の域に近づかない。和辻による揚子江流域の描写は、実は現代中国を観察するものの気分を描いているがごとくである。

私が研究者としての関心を中国に抱くようになったのは、平成に入ってからのことだった。ジャーナリストや研究者が改革・開放の明るいイメージで中国を語り始めた時期であった。韓国研究の時のように、未踏の分野を拓こうという意気をもって開始したわけではなかった。

自分のアジア研究の中に中国が入っていないのはなんとも不具合ではないか、現代に生きる経済学者として中国のことを論じなくていいのか、といった気分に促されて先達《せんだつ》の列に入った。筑波大学の同僚であった徳田教之が、若い頃に自分が使っていたという、もうどこかに失せてしまったが、大部の中国語訓読のテキストを私にくれ、これを何度も読み返すよう教えられた。徳田は中国共産党史を研究していた、私の出身大学の先輩であった。少々いかつい男であったが、私には親切だった。

初めて中国を訪れたのは昭和六〇年（一九八五年）の旧正月、春節の始まる頃、経済企画庁経済研究所の研究会の委員数名と一緒であった。香港を経由して九広鉄道を北上、広東省との境界の羅湖《らこ》駅で降り国境線を超えた。重い旅行鞄を引きずって赤土の切り通しを歩き、線路を三、四カ所跨《また》いで広東省側の深圳《しんせん》駅に停まっていた列車に乗り、広州に向かった。

広州駅に着いた頃は夜も更けていた。暗い駅の構内の通路を抜け、階段をいくつか上がったり下がったりして正面改札口に着いた。改札口に広州領事館員が迎えにきてくれていた。駅前の広場に蠢《うごめ》く人間の塊にぎょっとさせられた。春節を故郷で過ごすために、いつ買えるともわからない鉄道切符を求めて駅に群がる出稼ぎ労働者だという。二、三千の数だったろうか。

人々は一様に貧相な身なりで顔は垢でてかっていた。大群衆を掻き分けて進まなければ総領事館迎えのマイクロバスにまで行き着かない。荷物は一つにまとめ、それに注意を集中して自分の後をついてくるよう領事館員にいわれた。バスに辿り着くややれやれとシートに腰を落とし、肩から下ろしたバッグに目をやればファスナーが開けられていた。おやっと思って確かめるとカメラがない。群衆の中でみごとに抜き取られていた。

空き腹を抱えて東方賓館に着き、すぐに一階の食堂にいって一杯やりながら中華料理を食べた。料理を放り投げるようにおいていく女の服務員、食べ滓《かす》を口から卓の上にペッと吐き出す客、喧嘩でもしているかのような大声で話し合う人々。服務員のチャイナドレスのスリットは腿あたりにまで切れ上がっていた。

食後にホテルのまわりを歩いたのだが、街娼があちこちに立ち、近寄ってきては袖を引く。私の社会主義のイメージは一夜にして吹き飛んだ。社会主義といえば貧しいけれども清廉で秩序正しいものだと刷り込まれていたのだが、私が広州で初めて目にした中国はひたすら猥雑であった。

中国旅行から帰り、しばらくして「社会主義初級段階論」が提起された。一九八七年秋に開かれた第一三回共産党大会初日の冒頭演説で総書記趙紫陽が提起した議論であった。中国のイデオロギーの面妖に早くも戸惑わされた。

史的唯物論の論理からすれば、社会主義社会は生産力が高度に発展し、この生産力が資本主義的生産関係との矛盾を鋭くした高度資本主義国において誕生するはずであった。高度資本主義国の高度生産力に見合って成立したものが社会主義であってみれば、社会主義にはそもそも「初級」などという概念はありえない。

中国社会主義の「初期条件」は、史的唯物論が想定するような資本主義とは無縁であった。この初期条件は、公式文献では「半封建・半植民地」状態と呼ばれる。社会主義初級段階論はその論拠を、中国の社会主義がかかる初期条件を背負って出発したという事実に求めた。中国は資本主義段階、つまりは市場経済段階を「飛び超えて」社会主義に突き進んでしまったことに災いの淵源があるというのである。革命を成就したとはいえ、中国の社会主義が「初級」の段階にとどまっているのはそのためだ、というのが趙紫陽の主張であった。

それゆえ、初級段階にある中国社会主義の主要任務は、「飛び超えて」しまった市場経済段階にまでもどり、市場経済を本格的に展開させて生産力の発展を手にすることである。中国が高度の生産力を備えた真の社会主義に到達するには、計画経済はすなわち社会主義だという形而上学的なドグマを乗り超えねばならない、というのである。趙紫陽は次のように発言した。

社会主義初級段階論は、いかなる国が社会主義に入った時にも必ず通る最初の段階を一般的に指すのではなく、わが国が生産力の立ち後れ、商品経済の未発達という条件の下で社会主義を建設しようとする場合にどうしても通らなければならない特定の段階のことである。わが国は一九五〇年代に生産手段私有制の社会主義的改造を基本的に達成した。この時点から社会主義現代化を基本的に達成するまで、少なくとも一〇〇年の歳月を要するであろうが、この期間はすべて社会主義初級段階に属する。この段階は社会主義の経済的土台がまだ築かれていない過渡期とも異なるし、社会主義現代化が達成された段階とも異なる。われわれが現段階で直面している主要な矛盾は、人民の日増しに増大する物質的・文化的需要と立ち後れた社会的生産力との間の矛盾である。（中略）生産力の発展に有利であるかどうか、これがすべての問題を考慮する出発点、すべての活動を点検するわれわれの根本基準でなければならない。

今後一〇〇年にもわたって、その間の最も重要な任務が市場経済――趙紫陽演説では商品経済といっているが、間もなくこれは市場経済と言い替えられた――を通じての生産力の発展なのだという。なんと茫洋たる議論か。

改革・開放期における最高実力者はもちろん鄧小平《とうしょうへい》であった。趙紫陽の社会主義初級段階論も鄧小平の思想を反映していた。一九九二年の第一四回共産党大会――大会は五年に一度の開催である――では、社会主義初級段階論は社会主義市場経済論へと模様を替えて、これが中国の市場経済化を発揚するイデオロギーとして登場した。

私もこの頃になると頻繁に中国を訪問するようになり、社会科学院、発展研究中心、国際関係研究所などの研究者と次第に懇意となった。彼らを日本で開かれるシンポジウムなどに呼び寄せるよう努めたりもした。社会主義市場経済論のロジックについて私は中国人研究者の何人に尋ねたかわからない。信じられないような話だが、彼らの誰一人、私を満足させるような答をもっていなかった。

編集主幹が馬洪《ばこう》、副主幹が孫尚清《そんしょうせい》、劉国光《りゅうこっこう》、呉敬璉《ごけいれん》、佐牧《さぼく》といった改革・開放の錚々《そうそう》たるイデオローグが名を連ね、国務院発展研究中心、社会科学院という最高権威のシンクタンクから *What Market Economy is?*（『中国経済』小島麗逸・高橋満・叢小榕訳、総合法令）と題する文献が一九九三年に出版された。社会主義市場経済はこの文献の冒頭で次のように「定義」された。

われわれが確立しようとするのは社会主義市場経済であり、それはわれわれが市場経済を「社会主義に属する」と「資本主義に属する」とに分けることを意味せず、「社会主義のもとでの市場経済」の略語である。われわれは、社会主義のもとでの市場経済とは、あくまでも市場経済であって、これまでの計画経済ではないことを明確にすべきである。それは市場経済の共通性をもち、資本主義のもとでの市場経済と、運営の法則において相通じ、似かよったものであり、両者の間に大差はない。鄧小平同志が言ったように、「社会主義市場経済は方法の上で基本的には資本主義と似ている」。だから、われわれは今日の世界の市場経済国家のすべての有用な知識と経験を参考にすべきである。

理解不能な文章である。おそらくは執筆者自身もよく理解できず、要するに社会主義市場経済とは市場経済のことだと高《たか》を括《くく》って書いているかのような感じなのである。どう考えたらいいものか、茫たる中国を相手にする以上、このくらいのことは理解できねばと、あれやこれや思いをめぐらせた。

社会主義市場経済は、概念的にこれを検討するならば論理蒙昧である。中国経済の現実から眺めるならば社会主義はすでに空洞化の城にある。それにもかかわらず、いやそれゆえにこそなのだろう、中国の国是は社会主義市場経済なのではないか。

広大な国土、無数の人口、錯雑な社会構成、長大な歴史の中国が、毛沢東時代の集権的な統制経済から一転して市場経済の時代に入っていこうというのだ。分散的意思決定を特徴とする市場経済化をこの国で試みようというのであれば、これは国家の統合を損なうことになりはしまいか、流砂の中に巻き込まれてみずからの行き着く先を見失わないか、恐怖にも似た危機意識を鄧小平はつのらせたにちがいない。

統制経済を市場経済へと転化させようという中国の実験は、いまだ成功例のないリスキーな試行である。グラスノスチとペレストロイカを標榜して改革に乗り出したソ連のあの無惨な経済的失墜と国家分裂、果てはソ連共産党の悲劇的解体を目のあたりにしたばかりである。中国の実験は社会主義を死守しながら進めねばならないと、党指導部は決意したのであろう。

市場経済化なくして生産力の発展は叶わないという認識に到達した以上、それがもたらす政治的混乱と国家的分散はこれを力で抑え込み、市場経済化を可能な限り混乱なく展開したいというのが鄧小平の考え方だ、というのが正しい解釈であろう。そうであれば、社会主義市場経済の社会主義とは、すなわち政治である。社会主義市場経済とは政治制度としての社会主義を死守し、その下における市場経済化といった意味だと理解すれば平仄《ひょうそく》は合う。

政治制度としての社会主義とは何か。要するに共産党独裁体制のことである。共産党権力が国家の政治統治はもちろんのこと、軍事、文化、イデオロギーのすべてを支配するシステムである。ここでは党がすなわち国家である。司法・行政・立法という三権の方位、中央・地方関係のあり方、そのいずれもが共産党の一元的意思決定に委ねられる。

改革・開放が開始されたのは一九七八年末のことであった。その直後、鄧小平は「四つの基本原則を堅持しよう」と題する講話を発表した(『鄧小平文選――一九七五~八二年』東方書店)。社会主義の道、人民民主独裁、共産党の指導、マルクス=レーニン主義・毛沢東思想の堅持、が四つの基本原則である。ポイントは三つめの共産党の指導つまりは共産党独裁体制の堅持であった。

もしも強力な集中的指導と厳しい組織性、規律性がないなら、もしも社会の政治秩序安定の活動と教育を大々的に強めないなら、また、もしも党風の断固たる整頓をおこなわず、実事求是、大衆路線、刻苦奮闘といった党のすぐれた伝統をいっそう回復するのでないなら、もともと避けることのできた大小さまざまな騒動が起こって、われわれの現代化建設は第一歩で重大な障害に直面することとなろう。

思想と経済の多元化を求めながらも、これが超えてはならない政治的「閾値《いきち》」を明示したのである。改革・開放と四つの基本原則とは鄧小平にあっては不可分のものであった。「共産党の指導を離れて、果たして誰が社会主義の経済、政治、軍事、文化を推進していくのか。果たして誰が中国の四つの現代化を推進するのか。こんにちの中国では、党の指導を離れて大衆の自然発生性を賛美するようなことを絶対にしてはならない」と彼はいう。一元的政治と多元的経済、政治的集権化と経済的分散性、この二つを結びつける鄧小平の論理はいかにも「綱渡り」の危うさと怪しさに満ちているが、ソ連崩壊後の中国共産党に与えられた唯一の生き残り戦略はこれしかなかったのであろう。論理性や倫理性を犠牲にしても現実性を徹底的に追い求めようという中国人流の世俗的社会観の帰結でもあろう。

理論的整合性などと野暮なことはいわずに、ただ中国の現実を現実として眺めるという視角でしかこの国の真実は知りえないのだと、私も構えるようになっていった。

江藤淳

世が昭和から平成に変わった年、私は筑波大学から東京工業大学へ移籍した。アジア工業化の新時代の動態分析を仕上げ、中国に研究対象を移した頃であった。研究対象を変えるのと大学を変えるのが再び一致したような恰好になった。研究のために大学を変えるという性癖を私がもっているわけではないが、人生には惰性というものが拭い難い。これを断ち切るには一つの方法であるようにも思う。自己を取り囲んでいるキャンパスの彩りや研究者集団の変化が、それまでの自分の蓄積の幾分かを洗い流して、新しい問題意識を流し込むのに都合のいい空間を与えてくれるような気がする。

とはいっても、自分が熱心に意図して移籍したというわけではなかった。昭和六二年の秋、京都のホテルを会場にしてある日韓会議が開かれ、これに出席した香西泰と初日の夜のパーティーの後、ホテルのバーで一杯やった。その頃、香西は東京工業大学を辞し日本経済研究センターの理事長を務めていた。

筑波も十年以上勤務して学生も結構育てたし、最近は東京の仕事も少なくないので都心の大学に移りたいのだが、先生がお辞めになった東京工業大学にポストはないかなあ、といったことをアルコールも入って気楽に話したところ、香西の後任はまだ決まっていないという。東京工業大学の今野浩に電話しておくから、アポイントをとって相談にいってごらんとのことであった。翌朝、レストランで朝食を摂っているところに香西が現れ、今野と連絡が取れたので関連書類をもって東京工業大学にいけという。

江藤淳が東京工業大学人文社会群の主任をしており、江藤と今野の二人で私の人事を進めてくれたらしい。一カ月かそこいらの後、江藤の研究室に呼び出されて「正式決定はまだだが、決定のつもりで準備してくれ」という。ひょんなことから話が始まり、ほどなくしてこういう次第になって、人事というのは決まらないといつまでも決まらないが、動き出すと実に呆気ない。

東京工業大学に奉職し、裏木戸を開けて三分も歩けば研究室というキャンパス内の一隅の官舎に住まわせてもらった。私の年よりも古い老屋、庭にはひと抱えもある松、柿、梅、花梨の樹木が勢いよく伸びていて、私ども家族はたいそう気に入った。夕飯を食べに官舎に帰り、一風呂浴びてパジャマに着換え、パジャマ姿のまま研究室にもどって深更まで仕事をつづけるという贅沢をさせてもらった。キャンパスはわが家の庭のようなもの、休日の夜の散歩の道すがら、妻は「どうして私たちここにいるんでしょうね」と不思議そうな面もちであったが、私とて似たような気分であった。

東京工業大学の静かな研究室での日常の中に、江藤淳の自裁というやり切れない報せが飛び込んできた。江藤淳が東京工業大学に勤務していた時代の研究室を、彼の死後、私は定年で退職するまで使わせてもらった。自裁の後いくつかの新聞や雑誌に掲載された、この研究室で笑みを浮かべて語る江藤の遺影の背後には、据え付けの棚や壁のひび割れまでが写っていた。それらが当時そのままの姿形で私の研究室に残っていて、哀惜きわまりなかった。

大学で同僚になろうとは思いもよらなかったが、私は若い頃から江藤淳の文章には随分と馴れ親しんできた。「こんな表現、俺にもできないものか」と傍線を引いたり付箋をつけたりしながら読んだものだった。どんなに短いものであっても、いやむしろ短いものほど文体には凜たる風格があった。文学と政治がつねに明晰の論理と硬質の文体で語られていた。『漱石とその時代』（新潮社）の第一部、第二部などは、文学者の精神をこれほどまでに論理的に書きおおせるものかと賛嘆した。

いつの頃であったか、江藤淳の文章を敬遠したことがあった。おそらくは推敲を重ねに重ねて練り上げたその牢固たる文体に、軟弱な私の方がついていけなくなったのであろう。しかし『海は甦える』（文藝春秋）を書き上げた頃からであろうか、江藤の文章に何やら遊びのような要素が入り込んできて、豊潤とか暢達《ちょうたつ》といった風趣が漂い始めた。再び私は江藤の文章の読者にもどった。勝手な想像だが、江藤の初期の原稿のゲラは朱に染まっていたのであろうが、後年のそれには朱が入ることはほとんどなかったのではないか。

『荷風散策——紅茶のあとさき』（新潮社）などは、いつとはなしに読み始め、いつとはなしに読み終わり、それでいて荷風の本といえば三つ四つしか読んだことのない私を完全に「荷風世界」に浸らせてくれる、という名品であった。『つゆのあとさき』の、夫清岡進の遊蕩《ゆうとう》に悩む妻鶴子、鶴子と義父清岡熙の関係について言及した文章などに出会うと、「あぁ」とつぶやかされる。

ところで、荷風散人は、このような憂いを抱いた鶴子が訪れる老父熙の隠宅の空間を、さり気なく栗の花の「強い匂」で充たしている。男の性を暗示するこの栗の花の「強い匂」こそ、静謐な世田谷の自然と、淫靡な銀座のカフェの空間とに通底する、効果的なモチーフといわなければならない。

作者は単に季節をとらえ、その光のなかに息づく自然を描いているだけではない。さらにその自然のなかから、閨怨に悩む鶴子の心理と生理に訴える栗の花の匂いを取り出し、二つの対照的な空間を巧妙に連関させているのである。

自在の文章とはこういうのをいうのであろう。名文の極意など聞いたところでわかるはずもないが、そのようなことを私が江藤に尋ねた時に、「一年に二千枚、これを五年ほど書きつづければ、そのあたりから思いはそのまま文章になって出てくるものですよ」といわれたことがある。『海は甦える』を執筆していた頃の江藤の仕事には、確かにそのくらいのスピードがあった。

海の中国

中国研究をやっていることが知られるようになったらしく、私の指導を受けたいという大学院生が少しずつ東京工業大学の研究室に集まってきた。日本人はもとより中国人や韓国人の学生もいた。何人かは博士号を取り、いまでは日本の三、四の大学、中国や韓国の大学で教授職などに就いている。彼らと中国語の文献や統計に取り組み、修士論文や博士論文を次々と「製造」していった頃の研究室は充実していた。

研究費を捻出したり外部の研究機関から助成を受けたりして、研究室の学生と毎年のように中国を訪れた。上海の復旦大学で一カ月ばかり集中講義をしたことがあった。一九九二年の春であった。講義を終える頃を見計らって、研究室の学生が三三五五、上海に集まってきた。日本人二人、韓国人三人、中国人三人、私を入れて九人の「多国籍軍」であった。三月末、汽車で上海を後にして広東省広州市に向け三八時間の旅に出発した。

この年の三月、上海以南は一カ月間、雨ばかりだった。車窓の移ろいを楽しみたいという期待は裏切られた。しかし鉄道は広軌、われわれ三つのコンパートメントはゆったりしていた。いつもの研究室とは趣を異にした論文発表会を日中つづけ、暗くなるとアルコール漬けであった。

閉口したのは便所の不潔さであった。三八時間の旅である。何度も通わなければならない。便意を催すのが忌々《いまいま》しかった。コンパートメントのごみは備えつけのバケツに捨てる。一日に一度、女の車掌がこれを片付けにくるのだが、なんと窓を開けてバケツのごみを外に放り投げるではないか。ポリスチロールが列車のレールに沿い雪のように白く延々と連なっていた。

広東省を流れる珠江が南シナ海に注ぐ河口部の東岸が香港、西岸がマカオである。広州を頂点にして香港とマカオを結ぶ三角地帯が珠江デルタである。中国の改革開放の実験場であった。深圳や珠海などの経済特別区はもちろん、当時、珠江「四匹の虎」といわれていた順徳県、南海県、中山市、東莞《とうかん》市などを学生と一緒に歩いた。この地域は一九九〇年代の初期、すでにして香港企業の下請け加工基地と化していた。香港企業に雇用される広東省労働者は、当時、三〇〇万人を超え、これは同省の第二次産業従業者の二人に一人であった。広東省を流通する通貨の半分以上が香港ドルだといわれていたが、珠江デルタを歩いた私どもの感覚ではその比率はもっと高かった。

レストランや商店での価格はすべて香港ドル表示、奇妙といえば奇妙だった。国家主権の最高の表象であるはずの通貨がここでは外国の通貨であり、しかもそれは英国によって奪い取られた植民地の通貨であった。「植民地による植民地化」が進んでいるかのごとくであった。珠江デルタを覆う空気は「初期資本主義」的な混沌と活力であった。韓国人学生の一人が、これでは「中国的特色をもった社会主義」ではなく、「中国的特色をもった資本主義」ではないかといって一同大笑いになったのだが、なるほど社会主義は街角でたまにみかけるスローガンに宿るのみ、それ以外は東南アジアの街と変わるところがなかった。

私は広東省には終始関心をもちつづけ、その後、何度もここを訪れるようになった。東南アジアを旅行する機会などにも帰りには香港に立ち寄り、そこから広東省に入ったりした。タクシーを借り切って深圳を抜け広州を通り、順徳、中山、珠海を経てマカオにいたり、ここからフェリーで香港にもどってくるという旅程が最も多かった。

研究室の学生を連れて広州にいった時のこと、旧知の広州総領事館の総領事古森利貞が歓待してくれた。総領事は私の学生を気に入ってくれたらしい。広州の豪華なホテルのレストランでの宴が盛り上がった頃、この中で誰か総領事館で専門調査員をやる気のあるものはいないかと古森はいう。面食らったことに、大学院生の一人荒井崇が私にやらせてくれとその場で答える。帰国後、専門調査員の試験にパスした彼は、三年間広州で勤務することになった。広東省をしきりに訪れる私には有り難いことであった。

社会主義市場経済の論理蒙昧は中国社会の論理蒙昧であり、それがゆえの活力と成長なのだということを、私はこの広東省の経験から肌身で知った。広東省が中国の中で一貫して強い活力をみなぎらせてきたのは、別に改革・開放のための事前に用意された政策シナリオがあってのことではない。

そんな準備は中国にはまるでなかった。広東省は、香港を拠点に対中進出を図る東南アジアや台湾の「海の中国」の波及力をふんだんに受け、その波に巻き込まれ、気がついてみれば「市場経済による生産力の発展」を最も豊かに享受していたというのが真実であった。

広東省の香港化の内実は、香港企業の「委託加工生産」であった。委託加工生産とは、原材料、部品、中間製品、機械、設備、デザイン、サンプルなどを香港企業がもち込み、広東省の安価な土地と労働力を用いて組立加工された製品のすべてを香港企業が受け取り、加工賃と土地リース代を広東省側に支払うという方式のことである。当時の生産品目は、衣料、スポーツ用品、時計、カメラ、ラジオ、カラーテレビ、カセットテープレコーダー、冷蔵庫、扇風機、洗濯機などの労働集約的製品であった。

委託加工工場の生産管理、財務管理、人事管理はそのすべてが香港企業によってなされていた。香港と広東省は同一の言語・文化圏に属し、地理的にも近接しているために管理も迅速だった。香港企業による広東省での委託加工は、有利な生産立地を求める「国内投資」のごときものであって、香港企業はこれを「海外生産」といった感覚では受け止めていなかった。委託加工生産を通じて香港は、広東省という広大な後背地を擁することになったのである。「拡大香港《グレイターホンコン》」というのが私の造語であった。

当時の私は、「陸の中国」の成長は「海の中国」の成長波及を受けて実現されたものだという視角で中国を観察していた。「海の中国」の波及力なくして中国の改革・開放はそもそも開始自体が不可能であった。経済大国化が昨今のジャーナリズムの中国観であるが——この中国観に対する疑義はいずれ後で述べるが——、中国の力と思われるものの内実が実は「海の中国」であり、少なくとも「陸の中国」の成長が「海の中国」の波及によって促されたという側面を無視しては中国経済論は成り立たない。

香港と南洋華僑

改革・開放の開始時点において、「中国資本主義の精神」は「海の中国」に存在していたのである。「市場経済化を通じての生産力の発展」のためには「海の中国」の活力の「陸の中国」への導入が不可欠であった。「海の中国」はいかに形成されたのか。毛沢東の時代、国内企業家は国外に締め出された。全土の工業、商業、運輸業の中枢を掌握していた官僚資本系列企業が没収された。私営工商業者の営業にも強い制約が加えられ、彼らは統制経済の中に引き込まれた。私営工商業の「社会主義的改造」である。

官僚資本の没収や私営工商業者に対する規制強化は、彼らの社会的抵抗を生み、それがゆえに「社会主義的改造」は「三反」「五反」運動という大衆路線の中で展開された。この運動は中華人民共和国史を特徴づける残忍な暴力主義的大衆運動の原形となった。この過程で前途を断たれた実業家は、活路を求めて海外へ脱出した。その劇的な表れが上海資本の香港逃避であった。大陸が経済的低迷を恒常化させる一方で、香港がアジア有数の繁栄拠点となったのは、上海で蓄積された資本主義的諸要素が大挙してここに流入したからであった。

上海経済の心臓部は浙江財閥によって掌握されていた。浙江財閥の中枢が蔣介石《しょうかいせき》、宋子文《そうしぶん》、孔祥熙《こうしょうき》、陳果夫《ちんかふ》・陳立夫《ちんりっぷ》兄弟の四大《しだい》家族官僚資本であった。これら官僚資本や系列企業は欧米列強資本と手を結んで、上海をアジア最大の産業都市へと変貌させた。香港に流入したのはこの浙江財閥という中国資本主義のエッセンスであった。香港社会の住民基盤は、同じ時期に難民としてやってきた広東人によって形成され、彼らはこの自由放任の地で実利を徹底的に追求した。

政治というものにおよそ信をおかない華人の伝統的体質に加えて、動乱と混迷の中国を逃れてこの地に移った上海の実業家や広東人にとっては、自治や民主主義といった「贅沢品」よりも、生命と生活の安寧を保障してくれる英国支配のシステムの方がはるかに望ましいものであった。政治は政庁に任せ、みずからは初期資本主義的な自由放任《レッセフェール》政策の下でのびやかな経済活動に専心したのである。

経済的諸行動に対して干渉と規制を用いないことに積極的な価値を見出す政庁の「積極的不介入主義」は、香港住民の活力を引き出すのに適合的な原則であった。自治と民主主義を欠落させながらも、英国支配に対する住民の「信心」は揺らぐことはなく、彼らは現世的な欲望をこの地で貪欲にも満たしてきた。

中国人の企業家的能力が大陸中国の外で蓄積されたのには、もう一つの歴史的経緯がある。清末期に、広東・福建などの華南地域の住民が周辺東南アジアに「外流」し、彼らの商業主義の伝統が流出先の苛酷な生活条件下で錬磨され、そこで蓄積されたという経緯である。このいわゆる南洋華僑の企業家的能力はいずれ故郷に「内流」して、中国のものになるはずであった。しかし祖国中国が私有財産の一切を否定する共産党独裁の中華人民共和国として成立したために、彼らは帰るべき故郷を失い、かかる経緯を経て華僑の企業家的能力は東南アジアのものとなった。

裸一貫の華僑が異郷の南洋に居を定め、そこを生計の場にしえたのは、彼らに固有な互助共同の組織のゆえであった。この組織「幇《パン》」をもって、彼らは逆境の中でその才覚を磨くことができた。「幇」とは、何よりも祖先の墳墓の地を同じゅうする同郷集団によって構成された「郷幇」であった。福建幇、潮州幇、広東幇、海南幇、客家幇等であった。

国家権力の裏づけをもたない幇組織を支える唯一の力が、密度の濃い人間関係に由来する「信用」であり、信用こそが華僑商法のエッセンスであった。幇内部で信用を得たものは、幇のさまざまな組織を通じて無担保の金融を恵与され、商売上必要なマーケティング・チャネルやノウハウなどの便宜を供与された。社会的上昇に強い意欲をもち幇内部で高い信用を得たものは、「先苦後甘」「節倹貯蓄」「克勤耐労」といった現世的な人生訓に則って仕事に励んだ。

華僑の経済活動は「買弁」を旨とした。買弁とは、西欧列強と現地住民社会との中間にあって、前者の必要とする食糧や工業原材料などの一次産品を後者から集荷し、それと引き換えに繊維製品などの世界製品を後者に販売するという仲介者的機能のことであった。さらに華僑は現地住民社会に住みつき、料理店、雑貨店、理髪店、次いで貿易商、金融業などのサービス部門で、第二次大戦後の一九七〇年代に入る頃からは製造業でも力量を発揮した。

華南にあってかつて農民であった人々が異郷の南洋に移り住み、相互扶助的な幇組織に属して刻苦精励する過程で信用を蓄積し、その信用によって得られた原資をもとに、活況を呈する植民地社会において買弁者的機能を発揮した。古くから擁していた華南住民の商業主義の伝統が、逆境の中で中国人独自の自衛自助の組織に支えられながら錬磨され、これが東南アジアの企業者的能力として蓄えられていったのである。

台湾

もう一つが台湾であった。台湾住民の企業家的才能形成の歴史的経緯は、香港華人、南洋華僑のいずれとも異なる。とはいえ、漢族が外流し異郷で蓄財に励み、商業主義の伝統を磨いたという因果は同様であった。

一九世紀末葉に華南から外流した人々を受け入れた東南アジアは、欧米列強の支配する植民地であった。華南住民は、宗主国企業家の経営するプランテーションや鉱山の労働力の需要に応じてここに吸収されていった。つまり往時の南洋華僑は、すでに形成されていた植民地経営システムの中に組み込まれたのである。しかし、一七世紀に清国の版図《はんと》となった台湾に流入した華南農民を待っていたのは、統治のための行政や経営のシステムのない「化外《けがい》の地」であった。

清国政府は台湾の経済開発には関心をもっていなかった。清国政府がその経営に積極的な姿勢を示すようになったのは、台湾島南部の牡丹社に漂着した琉球宮古島の漁民が台湾住民によって殺害されるという事件に端を発した、日本の台湾出兵以降のことであった。日本の出兵後にはフランスが澎湖島を占領するという事件が起こった。

外的勢力に脅かされ、清国政府はようやくにして台湾の経営に乗り出したのである。清国政府は洋務運動の推進者李鴻章《りこうしょう》の配下劉銘伝《りゅうめいでん》を初代の台湾巡撫《じゅんぶ》として派遣し、この地の統治の任にあたらせた。劉銘伝は合理主義的な統治を求めて台湾を独立省とし、ここで台湾史上初の区画整理と人口調査の事業に精出した。

台湾出兵の二〇年後に日清戦争が勃発、これに日本が勝利し下関で日清講話条約が締結され、台湾の日本への割譲がなされた。劉銘伝によって開始され未完に終わっていた土地・人口調査事業を完遂したのが後藤新平であり、後藤はこの事業を通じて台湾の現状を調べ尽くした。

後藤の治世下、台湾経営の基礎は急速に整えられた。土地、林野、人口などの基礎調査事業と並行して、多様な社会間接資本が整備された。台湾銀行が設立され、台湾銀行券の発券が開始された。台湾の貨幣が統一され、社会間接資本の建設資金が同銀行の事業公債によって調達された。

台湾の社会間接資本は往時の他の植民地に類例をみない充実ぶりであったが、それらのほとんどが後藤の時代に着手された。「米糖経済《べいとう》」台湾の発展基盤も日本統治時代に形成された。ハワイから導入した砂糖黍に幾多の品種改良が加えられ、搾糖《さくとう》機械の技術革新が図られて製糖業の近代化が進んだ。水稲の品種改良努力も精力的に重ねられ、新品種「蓬莱米《ほうらいまい》」は品質と収量の両面で当時のアジアにおける最高の水稲種となった。水利灌漑施設の拡充、開田が相次ぎ、台湾の耕地面積が急拡大した。

こうした基盤の上に日本統治下の台湾は、米糖経済を超えて工業化の時代を迎えた。日中戦争から太平洋戦争へと戦線が拡大するとともに、台湾は日本の「南進基地」としての重要性をにわかに強めた。南進を効率的に展開すべく、台湾は日本軍の南方戦略の「兵站《へいたん》基地」となり重化学産業の建設が進められた。重化学工業を推進する母体会社として台湾拓殖株式会社が設立され、巨大な資本金をもつこの会社が投資主体となり傘下に多くの有力企業を擁した。

近代的な重化学産業が植民地で事業を展開したというのは、この台湾と同時期の日本統治下の朝鮮半島北部を別にすれば、他の列強支配下のアジアの植民地に例をみない。日本が太平洋戦争に参戦する直前において台湾の工業総生産額は農業のそれを上回り、この時点で台湾は米と糖のモノカルチュア経済をすでに脱していた。

日本統治下の台湾において刮目《かつもく》すべきは、教育制度の拡充であった。台湾住民は、一八世紀の末葉に商業主義の伝統をもつ福建省、広東省から台湾のこの地に入植して、徒手空拳で水稲耕作、砂糖黍栽培のための開墾に尽力し、勤労の精神と蓄財の才能を鍛えてきた人々であった。とはいえそれらは産業社会に適応する知識と技術に裏づけられたものではなかった。台湾住民が新しい知識と技術に接近できる初めての機会が、日本統治下の教育によって提供された。

台湾の今日にいたる経済発展の過程は、日本統治時代を経て外来政権国民党の支配下におかれたという経緯のゆえに、いささか錯綜したものであった。しかしその底を一貫して流れてきたのは、清末期にこの地に移住して勤労の精神と蓄財の才能を錬磨し、日本統治下の教育と近代化過程で、その精神と才能を産業社会に適合させた台湾本省人の努力であった。

話をまとめよう。私有財産の一切を否定した毛沢東時代の苛烈な弾圧により、企業家は潮が引くごとく中国から香港へと「外流」した。清末期に東南アジアに移り住んだ南洋華僑、それに先だって台湾に流れた華南住民ともども、長い歴史的時間をかけて香港、東南アジア、台湾の「海の中国」で磨かれ蓄えられた「中国資本主義の精神」の大陸回帰なくして、中国の市場経済化はありえなかった。

在外華人の大陸回帰戦略を過たず用いたのが鄧小平であった。その成功的帰結が在外華人の出身地域華南の高成長であり、この地域が改革・開放期中国の成長牽引車であった。

中国は人口と国土の規模からみれば、まぎれもない巨大国家である。この中国が統一的な国民経済を形成するのには、まだかなりの時間を要しよう。ウィリアム・スキナーによる清末期中国農村の研究によれば、一〇から二〇の自然村の住民によって構成される定期市圏が往時の中国の最も代表的な市場圏であり、彼はこれに「標準的市場圏」という名称を与えた。中国における財・サービスの交換範囲は二〇世紀初頭においてなおこの程度のものであった。スキナーの解釈によれば、中国の市場とは自己完結的にして分散的な小規模「標準的市場圏」の細胞《セル》の集合に過ぎなかったのである。

「標準的市場圏」を横断するもう一つ上位の市場圏は容易に形成されず、実際、全国統一的な度量衡制度はこの時代の中国には存在しなかった。国民的統一市場が形成されるには、農村社会の基層的市場単位の生産力が拡充して標準的市場圏を突き破る拡大衝動が生まれ、さらにその衝動を現実化する商業、交通インフラの整備が不可欠であった。しかし清末期以来の中国は辛亥革命とその挫折、群雄割拠、国共内戦と打ちつづく混迷期にあり、最終的に行き着いたのは共産党独裁の統制経済であった。標準的市場圏は人民公社という非市場的組織に置き換えられ、農村の生産力は時間の経過とともに衰微した。

中国が国民的統一市場形成への動きを開始したのは、ようやくにして鄧小平による改革・開放政策の採用以来のことであった。この時点から現在にいたる市場経済化を通じての生産力の発展には確かにみるべきものがある。私もそれを存分に評価してきた（例えば『社会主義市場経済の中国』講談社現代新書〔『本著作集』第4巻所収〕）。しかし中国は市場経済化を開始していまだ二十数年の歴史しかもっていないという事実を忘れてはならない。中国における各省間の、市場経済の長い歴史をもつ西側の国々からみれば信じられないほどに大きな所得格差の存在は、財と生産要素が国内を自由に移転するという条件を欠いていること、つまりは中国が国民的統一市場形成へのいまだ初歩的な段階にとどまっていることを証している。

日本やヨーロッパの経済史に強く影響されてきたわれわれは、貿易や投資などの「対外経済接触」は一国の国内市場が成熟して後に、その生産力が海外にあふれ出て開始されるという歴史的先後関係を想定しがちである。しかし、中国のような市場経済の未発達な巨大国の市場経済化は対外的インパクトによって開始されるであろうというのが私の見立てである。

古来、国民的統一市場を擁したことのない中国が、内部市場の成熟を求めてもこれは容易ではない。発展の潜在力において強い沿海の諸省が、NIESや東南アジアとの交流を図ることによって「局地経済圏」を成熟させ、次の段階でここから内陸部に扇状に広がる市場的ダイナミズムを作り出すことが重要である。中国をめぐる最も重要な局地経済圏が華南経済圏であった。局地経済圏のダイナミズムを内陸部に波及させることによって国民的統一市場の形成を狙うというのが中国経済近代化のシナリオであり、現実がそうだというのが私の主張であった。

中国は経済大国か

気がついてみれば昨今の日本は大変な中国ブームである。日本人の中国観はどうしてこうまで不安定なのかという思いが私にはある。中国をダメな国だとみるかと思えば、反転してスゴイ国だというふうに簡単に見方が変わってしまう。中国という国はとてつもなく大きい国だから、ダメな部分もスゴイ部分もあって、ダメ論もスゴイ論も部分的な真理を含んではいる。それにしてもここしばらくのジャーナリズムをみていると、中国の全体が唸りを上げて驀進《ばくしん》し、その風圧で日本や周辺諸国を薙倒《なぎたお》さんばかりの論調なのである。

二〇〇一年の末に成ったWTO（世界貿易機関）加盟が契機となり、経済大国論は経済脅威論へと変じてもいる。いまはスゴイ論の時期つまりはブーム期なのであろう。ブームとは、これが永遠につづくかのように振りまかれる幻想である。いずれは反転してダメ論が世を覆うことにならなければいいが。

中国経済のことを勉強しながら、私は大国論にも脅威論にもどうにも馴染めない。馴染めないというだけでは曖昧なので、多少なりとも論理的に私の考え方を述べておこう。

小国ほど「対外接触度」が大きく、大国となればこれが小さくなるという経験則がある。対外接触度とは、一国の他国との経済的接触の密度のことである。貿易依存度や外資依存度などがその代表的な指標である。人口規模が小さく国土面積も狭い小国は、国内需要や資本蓄積の規模にも限りがあろう。小国が発展するためには、市場と資本を海外に求めざるをえない。膨大な人口と広大な国土を擁する大国であれば、国内市場の規模は大きく、集積可能な国内資本も相当規模となる。市場は内需中心であり、外資依存度は低いのが通例である。広大な国土には自然資源も豊富に賦存《ふそん》しており、これを輸入に頼る度合いも小さいであろう。

人口であれ国土面積であれ、あるいは国内総生産であれ、一国の「規模」を表す指標を横軸にとり、貿易依存度や外資依存度を縦軸にとって両者の結合値をプロットすると、そこには有意の逆相関が観察される。小国ほど対外接触度が大きく、大国ほどこれが小さいという経験則はクズネッツ命題の一つとして経済発展論において名高い。中国はいうまでもなく大国である。しかし、現在の中国はクズネッツ命題の例外である。大国にあるまじき高い対外接触度をもつ国が中国なのである。

現在の中国の花形産業は情報通信機器（IT）産業である。二〇〇〇年におけるこの産業の総生産額に占める外資系企業生産額の比率は四七パーセント、固定資産投資額に占める比率は六一パーセント、輸出額に占める比率は実に七六パーセントである。次代のリーディングセクターとして期待される自動車産業の固定資産投資額に占める外資系企業投資額の比率は五一パーセントである。

建国以来、全精力を注いできた国有企業のシェアは年々減少し、他方、外資系企業のシェアの高まりは加速的である。製造業の固定資産投資額に占める外資系企業投資額の比率は二〇〇〇年には三割を超え、輸出の約五割が外資系企業に発している。中国は大国であるにもかかわらず強度に外資依存型の経済であり、韓国や台湾のような小国に比べてもその比率は一段と高い。中国を躍進させている原動力は外資系企業である。中国は東アジアや日欧米の企業、とりわけ前者を大規模に導入して急成長をつづけている。

東アジアの企業はなぜ対中投資を拡大させているのか。中国を国際分業の中に組み込むことが自社企業全体の収益極大化に資すると考え、そうして自社企業の経営資源を中国に傾斜的に配分しているからである。無数のミクロ企業のかかる合理的な意思決定の積み上げが、対中投資の累増的な拡大である。

そうであれば、中国の生産と貿易の拡大はアジア国際分業の懐《ふところ》を深くするはずであり、現にそうなっている。WTO加盟を通じて中国は外資系企業への依存を恒常化させていくであろう。中国の経済規模が大きくなればなるほど、これはアジアの分業体制の拡充につながるであろう。中国のプレゼンスの拡大は中国脅威論の材料ではない。

中国が外国企業の本格的な導入を始めたのは一九九二年のことである。以来、二〇〇〇年までの間に中国が受け入れた海外直接投資額を投資国別に分類すると、華人NIES——香港、台湾、シンガポール——が占める比率は七割前後である。このことは中国が東アジアの「域内循環メカニズム」の中に組み込まれたこと、つまりは中国の「アジア化」を意味する。

中国経済の巨大化をもたらした中心的な勢力が外資系企業である。とすれば、今日の中国が外資系企業を積極的に受け入れることのできる有利なポジションにいるのはどうしてなのか。外国企業の立場からいえば、なぜ中国を最適の投資地として選択し、ここに投資を集中させているのか。この問に対して論理的な答を用意する必要がある。

アジア分業体制の中の中国

答の論理は明瞭である。グランドセオリーともいうべきものがガーシェンクロンの「後発性利益論」であり、これに次ぐものが国際経営学のプロダクトサイクル論であり、最後に近年の多国籍企業のビジネスモデルであるヴァリューチェーン・マネージメント論だと私は考える。

「後発性利益論」とは、要するに、先発国はまさに定義によってみずからの成長のための技術と資本はみずから開発し蓄積しなければならないが、先発国につづくフォロワーは先発国からの技術導入と資本輸入の機会に恵まれ、第三のフォロワーは第一、第二の先発国双方からの技術や資本の利用可能性が開かれる、というものである。したがって後発国ほど、ひとたび開始された工業成長の速度は加速的な様相を示す。私の用語法をもってすれば後発国ほどその工業化過程は「圧縮」されるのである。

後発性利益の典型例としてガーシェンクロンがあげたのは、当時の新興産業、鉄鋼業であった。鉄鋼業の技術は生産設備の中に「体化《エンボディ》」され、それゆえ生産性と競争力は固定資本設備の平均年齢構成《ヴィンテッジ》によって左右される。その結果、後発国は新設備の導入に成功すれば、高い固定費用のために設備廃棄の困難な先発に対して、一挙に優位性を獲得することができる。

この論理はいまなお有効であろうが、われわれが注目するのは現在の中国の成長牽引車ＩＴ産業である。ここではその技術的特性のゆえに、鉄鋼業のような重化学産業とは異質の後発性利益が発生している。

例えば鉄鋼業においては工程間分業の範囲は狭く、その生産はフルセット国内で展開される可能性が強い。銑鉄、粗鋼、鋼板、鋼管などの総合一貫製鉄所が、いまなお鉄鋼企業の典型的な姿である。ＩＴ産業は対極である。この産業においては、工程間分業の細分化《フラグメンテーション》が著しい。パソコンを例にとっても中央制御装置、記憶、表示の三つのユニットに分かれ、その下にサブユニットがいくつも形成されている。

「ユニット相互の関係が構造的にあらかじめパターン化されており、自己完結的な機能を有するユニットを独立的に生産・開発することを可能ならしめた技術がモジュラー・アーキテクチャーである」（木村福成・丸屋豊二郎・石川幸一編著『東アジア国際分業と中国』ジェトロ）。

多国籍企業は、これら細分化されモジュラー化された生産工程の国際的配置を自在に編成し、生産拠点間に密度の濃い流通ネットワークを築き、そうして自社企業の生産費の極限にいたるまでの圧縮を図っている。付加価値の低いユニット生産は低費用国に委譲すればいいのであり、そのための新しい技術的工夫はさしたるものではない。低付加価値ユニットの生産が中国で殷賑《いんしん》をきわめているのは当然のことである。

実際、日本貿易振興会の右に引用した研究によれば、二〇〇一年の米国のコンピュータならびに周辺機器の輸入において、中国は数量ベースでみれば三六パーセントという格段に高いシェアを占める一方、平均単価では日本、ＮＩＥＳはもとよりマレーシア、フィリピン、タイよりも低く、要するにアジアでは最低レベルにある。

ＩＴという新興産業においては、先発国は後発国に生産を次々と移管し、逆にいえば後発国はまことに大きな後発性利益を享受できる立場にいる。高付加価値から低付加価値へと連なるアジアの工程間配置関係をみるならば、中国を脅威として眺める視角は意味をもたない。脅威は中国の潜在性――多分に情緒的に捉えられた――の中に存在するだけで、現実が脅威でないことは明らかである。

製造業の技術には、生成、成長、成熟、衰退というライフサイクルがある。技術が成熟（標準化）段階にいたると、その技術を後発国に移転させ、標準品についてはこれを輸入に依存し、みずからはより高度の技術商品の生成・成長を求めるようになる。こうした多国籍企業の行動様式をモデル化したものがプロダクトサイクル論である。

現代におけるプロダクトサイクルの特徴は「日進月歩」の技術進歩である。それゆえ技術が生成してから衰退にいたるまでのサイクルが、旧産業とは比較にならない速度で短縮化されている。技術進歩を促しているものは、多国籍企業相互間のグローバル・メガコンペティションである。多国籍企業は、細分化されユニット化された工程を世界各地で再編することにより、自社企業の収益極大化を激しく競い合っている。

多国籍企業のテーマは生産のための固定費用の圧縮であり、これにより自社企業の経営資源をいかにして高付加価値部門に振り向けるかである。製造部門の外部委託《アウトソーシング》は不可避である。外部委託の形態はＯＥＭ（相手先商標製品製造）、ＯＤＭ（自社固有の企画設計をも含むＯＥＭ）、ＥＭＳ（電子機器委託製造）などさまざまである。

プロダクトサイクルの圧縮化にともなうアウトソーシングが、中国を利しているのである。台湾がＩＴ産業において世界に大きな地歩を築いたことは広く知られているが、その内実は先発国企業によるＯＥＭである。台湾企業は、現在ではこのＯＥＭを珠江デルタと長江デルタの二地域で展開している。中国のＩＴ産業の生産額は、日米に次ぎ台湾を凌いで世界第三位になった。しかし、中国ＩＴ産業生産額の七割以上が台湾企業の生産によって占められる。後発性利益論にもう一度もどれば、中国は日欧米企業というトップランナーから直接的に、台湾というセカンドランナーによるＯＥＭを通じて間接的に、後発性利益を享受しているのである。

プロダクトサイクルの短縮化がいかにして中国を利しているのかといえば、その根因はやはり低賃金労働者の豊富な供給にある。技術進歩が急速であれば、資本設備や工場レイアウトの更新は恒常的である。しかし同時に、そのための固定費用は可能な限り圧縮されねばならない。単価一円、一セントを競うメガコンペティションの現代にあっては、急変する需要に見合わせて設備の拡張や縮小を柔軟迅速に行わなければ競争に勝利することはできないからである。

高賃金国であれば機械設備によって可能な組立や検査といった自動工程が、圧倒的な労働豊富国であり低賃金国である中国においては若年女子労働者の手を用いて可能である。彼女らの自由な雇用と解雇を通じて、資本設備や工場レイアウト変更のための費用を圧縮できるのである。「労働による資本の代替」である。

製造企業の活動には、研究開発・企画設計から、部品・中間製品の生産・調達ならびに組立加工を経て最終的にはマーケティングにいたる、すなわち川上部門から川中部門を経て川下部門にいたる付加価値連鎖《ヴァリューチェーン》過程が存在する。この過程において従業員一人当たり付加価値の最も高いのが川上部門と川下部門であり、川中部門においてこれが最も低い。技術進歩の速いＩＴ産業においてかかる傾向が顕著である。

部品・中間製品の生産・調達ならびに組立加工部門、すなわち付加価値連鎖過程の川中部門を低コスト国に集中させるという選択は、企業の合理的な意思決定の帰結である。川中部門の生産拠点を低費用国に移管し、みずからは川上部門と川下部門に特化することができれば、自社企業全体の付加価値を極大化することができる。モジュラー・アーキテクチャーが各生産ユニットの自己完結的生産を可能にしたことがその技術的背景にある。

部品生産や組立加工など製造部門の最も有利な生産拠点が、現在では中国沿海部である。安価で労を厭《いと》わない労働者や理工系大学出身者を容易に雇うことができ、インフラの整備も進み、何よりもＷＴＯ加盟により外資系企業の行動の自由の幅が拡大した。

日系企業はプラザ合意以降の円高期において東アジアに大量に進出し、現地生産の拡大と現地からの輸入（いわゆる逆輸入）を一般化させた。さらに通貨危機によって各国の通貨が暴落して以来、アジアの日系企業は日本からの部品・中間製品の調達が価格面で不利となり、その結果、進出国やその周辺国からの調達比率を増加させた。

当初は危機への対応策であった。しかし近年にいたると、アジアを自社企業のグローバル・ロジスティックスの中に包摂するための積極的な戦略へとこれを転じさせつつある。メガコンペティションの時代に入って、日系企業もついに各ヴァリューチェーンの機能ごとに分社化を図ったり、国内系列企業との下請関係を打ち切って、その生産と調達の拠点をアジアに切り替えるといった、従来の日本型経営では馴染みの薄かった行動をとり始めている。この海外生産と調達の最有力の拠点として浮上してきたのが、珠江デルタと長江デルタという中国の二つの産業集積地である。

川中部門の中国沿海部への集中は、今日のアジアの全体を眺望してなされた企業の意思決定の結果であり、ここに形成された産業集積を脅威とみなすことは論理的な矛盾である。再びいえばこれはアジアにおける国際分業の拡大と深化に他ならない。

中国のＩＴの産業集積は確かに大きい。しかしいかに大きいとはいえ、その内実は日欧米や東アジア企業のオフショア生産である。収益極大化を求める合理的な意思決定の下で中国を自社企業の国際分業の一分肢として位置づけようという行動の帰結が、中国脅威論だというのは奇妙な論理である。

一国の産業はいうまでもなくIT産業のみではない。輸送機械、一般機械をも含めた機械産業が重要性をもつ。部品数が万をゆうに超える輸送機械、不断の技能錬磨を要する一般機械の一国内でのフルセット生産は、相当の高コストを余儀なくしよう。中国脅威は想像の中に存在するだけであって、現実の中には存在していないのである。

負の遺産に耐えられるか

中国大国論も中国脅威論も、外からみた中国論である。しかし内から見据えれば、この国は深い苦悩を抱えて喘ぐ大国であることがわかる。社会主義の負の遺産を背負いながら市場経済への道を歩んでいくというのは、そんなに容易なことではないのである。「移行国」の中で中国だけが例外だというわけにはいかない。

外資系企業の導入によって活性化をつづけるIT産業の背後には、リストラを要する巨大な国有企業群が控えている。国有企業のプレゼンスと支配力は現在の中国においてなお決定的に大きい。中国が国有企業改革に後れをとった場合に発生するであろう社会不安や政治不安は、中国の経済大国化を「未完の夢」に終わらせてしまう可能性がある。中国の本当の脅威はこの社会不安、政治不安から発生するかも知れないのである。

WTO加盟は中国の経済発展に資するであろう。加盟により中国は日欧米企業やNIES企業との、製造業はもとより情報通信、金融、保険、流通、農業など全産業分野にわたるグローバルな競争圧力を受ける。非効率的な国有企業や農業が市場淘汰され、そこで用いられてきた労働力や資本や土地などの生産要素は、より効率的な部門へと向かって移転していくであろう。資源再配分である。資源再配分を通じて中国全体としての生産性は向上し、これが経済発展を促進しよう。

しかし経済発展とは長期を要する課題であり、資源再配分の過程でさまざまな問題が発生せざるをえない。その運営に失敗すれば、混乱に陥る危険性は少なくない。問題の一つは、WTO加盟により国有企業改革が加速し、これにともなって発生する失業者群である。もう一つは、関税率引き下げや保護政策の削減、撤廃が農業に与えるディスインパクトであり、これによる農業潜在失業者の顕在化である。

国有企業改革のキーワードは「抓大放小《ツァタファンシャオ》」である。電力、石油化学、鉄鋼、家電、ハイテク産業に属する戦略的大企業についてはこれを小数のグループに集約編成し（抓）、中小国有企業は見放し（放）、国有企業の全体を戦略的に再編しようというものである。改革困難な中小企業には破産、資産売却、吸収合併など「何でもあり」の改組が要求されるが、これが大量の失業者群を生み出すことは容易に想像される。

中国の国有企業就業者数は都市就業者数の三割を超える。二億四〇〇〇万人を数える都市就業者のうち三〇〇〇万人が余剰化している。WTO加盟により彼らの就業状態がさらに不安定化することは避けられない。失業保険、医療保険、国民年金などの社会的セイフティネットの整備が不十分な中国において社会・政治不安が発生する危険性は大きい。

中国の失業率は公式統計によれば三・九パーセントである。しかしこれは著しい過小評価である。ここでの失業者は都市戸籍をもつものに限られる。「下崗《シャガン》」と呼ばれる一時帰休者の再就職率は低いが、統計ではこれは失業者とはみなされない。農村から都市に流入する膨大な数の移住者ももちろん排除されている。これらを含めると都市失業率は一二パーセントを超えるというのがわれわれの推計である（渡辺利夫編、日本総合研究所調査部環太平洋研究センター著『ジレンマのなかの中国経済』東洋経済新報社)。

肥沃な耕地に恵まれず、過剰な労働力を抱えた小規模農業の生産性は容易に上昇しない。WTO加盟により中国は関税引き下げはもちろん、輸入割当や輸入許可制、農業補助金、輸出補助金の廃止など自由化・規制緩和措置を採用する。国際的なスタンダードからみて生産性の低い中国の農業がグローバルなメガコンペティションの波に洗われるのである。潜在的な余剰労働力の相当多くが顕在化しよう。中国国務院発展研究中心は、五億の農村労働力のうち一億六〇〇〇万人が潜在失業者だと推計している。雇用機会の喪失は農家所得を減少させ、都市家計との断絶的な格差をさらに拡大させよう。

所得格差の拡大は都市への農村労働力の供給圧力となる。二〇〇〇年の人口センサスは、戸籍地を六カ月以上離れて生活する人々を「流動人口」と名づけ、その数が一億二〇〇〇万人であることを伝えている。このうち他省への流動人口は四三〇〇万人である。流出省は四川、安徽、湖南、江西、河南、湖北などの中西部(内陸部)であり、流入省は広東、浙江、上海、江蘇、北京、福建などの東部(沿海部)である。

国有企業改革により生まれる都市の失業者や一時帰休者に、農村から移出する労働力が加わる。彼らに就業の機会を与えるだけの高成長を維持できるか。維持できるとして労働市場の調整が短期において可能か。中西部農村での農民暴動や東北部都市での住民騒擾の情報が、このところ私の研究室のインターネットにも頻繁に入るようになった。

中国の国務院発展研究中心は、二〇〇一年から二〇二〇年までの成長率を約七パーセントとする推計値を発表した。最初の一〇年間が七・二パーセント、残りの一〇年間が六・八パーセントだという。この長期推計の公表は、二〇〇二年一一月の第一六回共産党大会に向けての予備的キャンペーンであろうと私は想像していたが、果たせるかなその通りであった。大会初日、冒頭の党総書記による党活動報告において、江沢民は二〇二〇年の国内総生産額を二〇〇〇年の四倍にする（「翻両番《ファンリャンファン》」）と高唱して、これを「小康社会」全面建設の奮闘目標として提示した。「翻両番」に要する年平均成長率は七・二パーセントである。「小康社会」とはまずまずのゆとりをもった社会という意味である。

二〇年間にわたり、年率七パーセントを超える成長率を保持しようというのである。中国の指導部が暗雲漂うアジアにあって、ひとり超然と高成長を持続するという自信を世界に顕示したものだと受け取った人々が多いようである。事実、いくつものジャーナリズムがそう論評していた。しかし七・二パーセントという成長率は、現在の中国が抱える難問を解消するための、政治的に許容しうる最下限の「閾値」だというのが私の見立てである。

実際のところ、右に述べた日本総合研究所の推計によれば、二〇〇〇年における都市と農村の失業者合計は二億人を少し上回る。しかし「翻両番」を前提に計測された二〇二〇年の失業者は二億二〇〇〇万人であり、二〇〇〇年を凌駕《りょうが》してしまう。「翻両番」目標はこれを下ろすわけにはいかないのである。

第一六回共産党大会の党活動報告では、冒頭の第一章で次のようなネガティブな評価が早々に語られた。過去五年間の党活動の成果を堂々と謳って始まる党活動報告の通例からすれば、異例のことであった。

われわれの活動にはまだ少なからぬ困難と問題があることをはっきりと認識しなければならない。農民と都市の一部住民の所得の伸びはなお遅く、失業者が増え、一部大衆の生活は苦しい。所得の分配関係が正されていない。市場経済の秩序はこれを引きつづき整頓し、規範化する必要がある。一部の地方の治安はよくない。一部の党員指導部の形式主義、官僚主義的作風、虚偽を弄し派手に浪費する行為がひどく、腐敗は依然としてきわだっている。党の指導と政権担当の方法が新しい情勢や任務の要請に完全には即応しておらず、弱腰でばらばらな党組織もある。われわれは存在する問題を大いに重視し、今後とも強力な措置をとって解決しなければならない。

失業と分配不平等、党幹部の堕落のありようが実に率直に語られている。党の統治能力に陰りはないのか。党活動報告では党員の腐敗と汚職について次のような危機感を露わにした。

腐敗に断固反対し、腐敗を防止することは全党の重要な政治任務である。腐敗を断固処罰しなければ、党と人民大衆の血と肉の結びつきは著しく損なわれ、執権党の地位が失われる危険があり、党は自滅に向かう恐れがある。

ここしばらくの党中央文献には、党幹部の「拝金主義」「享楽主義」「個人主義」に警鐘を鳴らす内容のものが繁くみられるが、腐敗が党を「自滅」に導くといった穏やかでない表現に出会《でくわ》したのは初めてである。尋常ならざる実態を映し出してのことなのであろう。

「翻両番」は実現できるのか。国内潜在力のみから中国の成長率を予想することは現在では不可能である。中国の貿易依存度や外資依存度のきわだった高さは、一方ではその潜在力を発揚させる要因であるが、他方では海外の経済変動によってネガティブな影響を受けざるをえない要因を抱え込んだことをも意味する。米国や日本の景気低迷が長期化して世界同時不況が深刻の度を増した場合、中国が政治的に許容しうる下限成長率を守り切ることは難しい。社会・政治不安が外資の流出を加速し、経済成長を反転させる危険な可能性にもわれわれはもっと敏感でなければならない。

第七章　アジア危機

火龍の街

甲州商人の家で育ったからだろうか、私は気ぜわしく働いていた方が落ち着く。アジアとの付き合いは随分と長いが、観光地などにいったことはほとんどない。「風光明媚」や「山紫水明」とは無縁であった。むしろ私は街の雑踏の中で安堵と解放を感じる。

時間があれば雑踏の中に分け入り、買うものもないのに商品を物色し、喧噪のレストランでビールを飲みながら文庫本を読むといったことが無性に楽しい。旅行とは小説を読むことでもある。アルコールが入ると本が読めないという人が多いようだが、私は逆だ。喧噪とアルコールと読書は、旅に出る私には不可分の三者関係である。アジアの街はどこも好きだが、特に香港がいい。

香港は小さな巨人だ。一九九七年七月一日をもって香港は英国から中国に返還された。香港返還について論じる場合、北京が香港をいかようにも御《ぎょ》しうるといった前提で人はことを語り過ぎる。中国は巨大であり香港は芥《け》子粒《つぶ》のように小さいという感覚は誤りである。むしろ中国に大きな影響力をもつ存在が香港であると見定めることによって、事態の本質がよくみえると私はかねてより考えていた。

香港は何を活力の源泉として繁栄を築いたのか。アヘン戦争の勝利によって英国は香港島の割譲を受け、その後、九龍、新界をも掌中に収めた。英国が植民地香港に敷いた政治経済システムがポイントである。香港統治のための行政権、立法権、駐留軍総司令権のすべてを英国王の委任を受けた香港総督に集中するという、一元的支配のシステムである。

立法については総督に対する諮問機関が、行政については同じく諮問機関として行政評議会がおかれただけであり、政党を含む政治集団の一切が存立を許されなかった。司法権を除くあらゆる統治権が総督に委ねられ、住民はなんらの政治的権利をもたなかった。香港はまぎれもなく植民地だった。しかし経済的には典型的な自由放任政策が採用された。

香港が繁栄拠点となったのは、往時の商業都市上海で蓄積された「資本主義」が、中華人民共和国成立期に大挙して香港に流入したからである。旧中国の上海は、長江流域に沿う諸都市を後背地として擁する一大都市であった。上海は東シナ海と南シナ海に沿う諸都市を結ぶ沿海航路の拠点であり、中国侵略を狙う帝国主義列強にとっての拠点都市であった。南京条約による開港以来、上海はアジア最大の貿易・金融センター、綿業など製造業の中心地へと発展した。上海経済の心臓部を掌握したのが浙江財閥であり、四大家族官僚資本であった。

香港住民の圧倒的多数は、隣接する広東省から流入してきた人々であった。洪秀全《こうしゅうぜん》の指揮する農民大衆の反清運動、太平天国の乱が華南一帯を巻き込み、難を逃れて人々が香港にやってきた。二〇世紀に入ってからは辛亥革命、国共内戦、日中戦争の混乱から身を守ろうとする人々がこの地に流入した。

大陸から香港への人口流出は、中華人民共和国の成立後もやまなかった。毛沢東の大躍進政策や人民公社化運動の失敗によって飢餓に陥った華南住民が香港に流入した。「竹のカーテン」に遮られて実情のわからなかった中国の内部で何が起こっているのかを西側に知らしめたのが、この「難民潮」であった。もう一つの難民潮がプロレタリア文化大革命（文革）期に生じ、以降、大陸中国からの人口流入は止んだ。

香港政庁は産業保護育成のための政策を一切用いなかった、同時に、産業活動はこれを規制しないという自由経済原則の立場を一貫して守った。公共サービスの提供においてもチープガバメントとしての節度を守る。法人税を最低の水準にとどめる。輸出入には制約を設けない。外国為替は規制しない。内外の商工業者は平等に取り扱い、外資誘致にあたっても優遇や規制を行わない。これらの経済的自由の保障こそが、香港に蝟集した広東人と上海企業家たちの、政治に関心を寄せることなく、現世的利益の追求に人生を賭ける志向性を促した。

もっとも、香港の工業化がそれほど順調に進んだわけではない。大陸中国と西側世界との中継点に位置する都市の宿命として、東西冷戦の波と中国の激しい政治変動の波の二つに洗われながら、辛くも崩落の危機から逃れてきたのが香港だったといった方がいい。しかし香港の企業家は崩落の危機をその俊敏な行動によって何度も乗り切り、そうした経験の蓄積によって強靭な企業家的能力を鍛えてきたのである。

香港を揺るがす危機は、冷戦開始と同時に国連が共産中国への戦略物資禁輸措置をとり、香港の生命線、中継貿易を苦境におとしめたことによって始まった。しかし香港はこの苦境を一時的なものに終わらせ、むしろ対中禁輸措置を発展の契機とさえした。禁輸をものともせぬ密輸活動を活発に展開した。密輸は密輸であるがゆえに収益は大きく、その収益を価格が低下した土地、建物に投下して巨万の資産家となった人々が生まれた。何よりも対中禁輸措置は、中継貿易を脱して低賃金労働力に依拠した加工貿易へと香港の新しい活路を開かせる契機となった。

もう一つの危機の大波は大陸におけるプロレタリア文化大革命（文革）とともに始まった。劉少奇《りゅうしょうき》、鄧小平らの「実権派」に対する執拗な政治的攻撃が開始されたのが一九六六年、その後一〇年にわたって中国を狂気と凄絶の淵に投げ込んだものが文革であった。香港とマカオの左派勢力が大陸の大衆運動に呼応、これに介入する軍・警察との間に紛争が起き、紛争は反英・反政庁闘争へと発展した。香港暴動である。

香港暴動は北京、上海、広州の反英・反政庁闘争を誘発、両者の相乗効果によってデモ、ストライキ、テロが頻発、この時期の香港は革命前夜の様相を呈した。株価と土地の値下がりが激しく、中産層や企業家はこれで香港も終わりかという強い危機感に襲われ、第三国に向けて出立《しゅったつ》する人々はいつにない数に上った。

その一方で、危機にあってこそ新しく生まれる商機に機敏に反応して富を築く、一群のしたたかな人々が存在した。香港暴動下で急落した不動産や株を買い占めた人々が、その後の香港を代表する有力な資産家となった。危機を貪欲に飲み込んでしぶとく生きつづける「火龍の街」が香港である。香港に流入した上海人の中国への回帰の希望を最終的に打ち砕いたのが、文革であった。彼らは以前にもまして香港に強く根を張り、香港で財をなしていくより他に生きる道はない、と決意したのである。

最後にして最大の危機が香港の中国返還であった。返還を前にして中間層の海外流出は深刻であった。しかし香港住民の多くは、中国共産党への不信とみずからの将来に対する不安に苛《さいな》まされながらも、中国への返還を新たな商機と見立てて、ここに自分を賭けていこうという忍耐と進取の精神を発揮した。

香港住民に豊かなビジネスチャンスの恵与を保障しているのは、他ならぬ香港である。しかもこのチャンスは、香港の対中経済交流を通じていよいよ大きい。いつ変わるとも知れない中国の香港政策にいい知れぬ危機意識を抱いて海外移住を選択した人々にとっても、ビジネスチャンスは香港のこの地にあるのだという認識は強い。カナダなどで市民権を確保した後に、香港に舞い戻ってここで「フリーハンド」で商機をうかがう人々も多かったのである。

怪しき構造危機論

NHK教育テレビ「人間大学講座」から、アジア経済について一二回の収録をやらないかという誘いを受けた。その一〇年前、当時「市民大学講座」と呼ばれていたレクチャーシリーズがあってこれに出演したことがある。それから今日まで一〇年間のアジアの変化のありようを伝えてほしいということであった。誘いに応諾した。

収録の場所は香港が中心であったが、広東省、シンガポール、インドネシアにまで出かけ、二〇日ほどかけずりまわった。収録のハイライトが七月一日の返還の日の夜であった。ビクトリア湾で華やかに打ち上げられる花火を後景に、返還のことを熱っぽく話したことがなつかしい。

未収録分が二、三回は残ってはいたが、肝心の香港返還についての録画が終わって気分が急に楽になった。七月一日の返還当日には、日本の全国ネットのテレビ局はすべてが香港にクルーを派遣していた。NHKの特別番組のためにやってきていた旧知の小島朋之から夜遅くホテルに電話がかかり、今夜の香港は不夜城らしい、われわれも明け方まで飲み明かそうじゃないかということになった。

花火の打ち上げはもう終わっていたが、ビクトリア湾の両岸に集まった群衆は深更になっても引きも切らない。

人々は湾仔《ワンチャイ》あたりの高速道路上を群れをなして歩いており、その中に小島と私もまぎれ込んだ。高速道路を降りたところで、小島は日本客向けのカラオケバーがあるからと誘う。客が溢れているかと思ったが、われわれ二人だけ。ウイスキーをあおりながら知っている演歌を唄いまくった。未明にホテルにもどった。疲労しているはずなのに、なんだか物悲しく、眠気が少しも襲ってくれない。宴の後とはこんなものか。

翌七月二日、長らく事実上のドルペッグ制を採用してきたタイの通貨バーツが管理フロート制に移行し、同時にバーツが暴落したというニュースが飛び込んできた。通貨暴落がマレーシア・リンギット、インドネシア・ルピアの下落を誘い始めたという不穏な情報が、香港滞在中に次々と伝えられ、いったい何が起こり始めたのか不安でならなかった。未明の不眠は不気味な予感だったのか。

この通貨危機により、アジア論の彩りは楽観論から悲観論へと反転してしまった。悲観論を得意げに解説したのは、自由な市場メカニズムと国際資本移動をもってよしとする国際金融論の専門家たちだった。アジアのことを一番よく知っているはずの地域研究者たちは、何が生起しているのかわからず押し黙っていた。

国際金融論の専門家たちは、危機が発生してほんの間もない頃から、自由な市場メカニズムの作動を許さない「アジア的なるもの」を探って、これに危機の真因を求め積極的な議論を展開し始めた。世界銀行やＩＭＦ（国際通貨基金）のエコノミストが論陣を張り、日本のジャーナリズムやエコノミストがこれに追随した。彼らは和してアジアの政策担当者を論難した。

アジア危機とは、アジアの構造的な矛盾や病弊を露わにした現象であり、「クローニー・キャピタリズム（縁者びいきの資本主義）」や「開発独裁」の蹉跌《さてつ》に危機の原因を求める、極度の悲観論が一般的となった。

アジアは確かに未曾有の危機だった。しかし、構造危機論に私は初めからほとんど生理的な嫌悪感を抱いていた。簡単な話、「クローニー・キャピタリズム」や「開発独裁」が危機の真因であるというのならば、それまで十数年にもわたってつづいた成長はなぜ可能だったのか。ジャーナリズムも危機以前は「二一世紀はアジアの時代」だと論じていたのではなかったか。逆になぜ一九九七年の夏に多くのアジアの国々が同時に混乱に陥ってしまったのか。

危機の真因を「クローニー・キャピタリズム」や「開発独裁」などという大きな概念と結びつけて論じるには、長年にわたる因果的分析を重ねることが必要なはずだが、危機が起こった直後に早くもこういう議論に熱を上げる国際金融論者の神経に私は苛立った。

危機が発生して以来のアジア悲観論、あれはいったい何だったか。欧米や日本の知識人の中に長く燻《くすぶ》りつづけたアジア悲観論の「焼き直し」なのであろう。欧米のアジア論が悲観論の葬列のごときものであったことはすでに述べた。アジアで危機が発生すれば、これを合理的な政策選択により修復可能な経済的事件とみるより前に、ただちに現状を構造的矛盾の表れであるとか、政治的病弊であるとか、はたまた成長力の涸渇であるとか、といった悲観論的な結論と結びつけてしまう癖を知識人は拭えないでいる。

アジア危機は構造的な矛盾でもなければ重篤の病いでもない。矛盾でも病いでもない何よりの証拠に、アジア経済はその後しばらくして危機からのV字型の修復をみせたのだが、「クローニー・キャピタリズム」論者や「開発独裁」論者は、この事実に一言もない。分析者が分析をまちがえることはよくある。それをいちいち咎《とが》め立てしていれば分析が滞ってしまうことはわかるが、それにしてもこれほど短期間に分析の誤りが露わになったのであれば、一言あって然るべきだという気分を私はいまでも隠すことができない。

人間の欲望が解き放たれた市場経済であれば、しかも変動ままならぬグローバル経済の中でこれを営まねばならないのであれば、同類の危機はいつどこで起こってもおかしくない。多くの研究者やジャーナリストは、地中深く掘り込んでいって「クローニー・キャピタリズム」や「開発独裁」の鉱脈にまでいたったつもりだったろうが、議論は稚拙であった。

自然科学であれ社会科学であれ、分析には適度の「深度」が必要である。分析は深ければ深いほどいいというわけではない。多層の地中からある鉱物を取り出すには、その鉱物が存在する鉱脈を探り当てねばならない。特定の鉱脈より深くボーリングしてしまったのでは鉱物は抽出できない。海面下五メートル辺りを回遊する魚群を捕獲するのに、二〇メートルも下の方を掬《すく》う網を使ったのでは魚は一匹も捕れない。

当たり前の話なのに、こと社会現象となると分析は深ければ深いほどいいと思い込む癖が研究者にはある。この癖は、ある事態が発生すればこれを大変に深刻なものだと捉える思考の在り方と相性がいい。事実を深く分析すれば悲観的な結論に到達するのが当然であるかのように考えてしまう。楽観的なことをいうと、あれは事実がよくわかっていないからそういうのだ、深く分析すれば事態は深刻でないはずはない、といった思考の癖から私どもはどうも自由になりにくい。

悲観論、深刻論の方が「リスク」が少ないという功利性もある。医者が患者を診断して、いやあなたの病気はたいしたことないといったのでは、万一これが大病であった場合、医者の責任が問われかねない。多少なりとも深刻な診断をしておけば、あの医者はいい技量をもっているといわれ、誤診の責任も免れようというものである。

私どもの青春時代、マルクス主義の全盛期には「万年恐慌論」とでもいう極端に悲観的な日本経済論が世を覆っていた。景気循環の下降局面には恐慌をいい立て、上昇局面となればその後により大きな恐慌が待っているといった類の恒常的な悲観論であった。日本経済が循環的波動を貫いてダイナミックな「趨勢加速期」にあるという事実を観測することがまるでできなかったのである。高度経済成長時代の真っ只中にあって「万年恐慌論」がなぜ一世を風靡したのか奇妙に思われようが、事態を深刻に論じるのは分析が深いからだとみる人間の拭い難い心理を考えてみれば、不思議なことでもあるまい。

私は当初からアジア危機は危機自体に即して解釈すべきであり、そう解釈すれば、既存のそう難しくもない経済学の基礎的な知識で十分に解明できるものだと主張した。したがって、この解明の上に立って然るべき政策を用いれば修復は十分に可能だと説いた。いま振り返れば当たり前の論理であるが、当時はそのようにはみなされてはいなかった。あの楽観主義者が、といった顔つきで私はみられていたようだ。多少面倒になることを承知の上で、しかしできるだけ噛み砕いて、アジア危機を私がどのように論じていたのかを記しておきたい。

流入資本の多様化

アジアは開発途上国である。開発途上国の貿易収支は通常は赤字である。開発途上国が工業化を推進するためには機械、設備、部品などの投入財や生産技術が必要である。しかし開発途上国であるがゆえに、これを国内で賄うことは難しく、輸入に依存せざるをえない。

開発途上国は、輸入したこれら投入財や技術を用いて工業化を展開するのだが、この工業化が輸出生産力を生み出すまでにはタイムラグが存在する。このタイムラグの間の貿易収支は赤字である。貿易収支にサービス収支、所得収支などを加えたものが経常収支である。その中心が貿易収支であるために、開発途上国の経常収支は赤字がつねである。

経常収支の赤字は資本収支の黒字、つまりは海外からの資本導入によってこれを補塡しなければならない。高成長アジアへの期待は大きく、一九九〇年代に入る頃から先進諸国は多彩な投資をアジアで展開した。アジアへの投資形態はかつては長期資本が中心であったが、証券投資、銀行融資が主流となっていった。投資形態の多様化の背後要因には、アジアへの巨額の資金の出し手である米国と日本の変化があった。

世界各国の資金は国債保有や株式取得の形態で米国に集中し、米国は世界最大の債務国となった。米国はこの資金を用いて情報通信産業を中心に経済の再構築を図り、高成長過程を歩んだ。高成長過程で富裕化した金融資産がさらに「価値増殖」を求めて、成長期待の大きなアジアに投資された。国民年金基金やミューチュアルファンドと呼ばれる投資信託基金などが、米国のアジア投資の原資であった。

日本では一九九〇年代の初めにバブル崩壊が起き、以来、経済は長らく低迷をつづけた。日本の資金は国内で有利な投資機会をみつけることが難しく、米国の国債保有や株式取得に向かう一方、成長期待の高いアジアへの投資に向かった。

アジアはドルペッグ制という、外国投資者にとってリスクの少ない通貨システムを維持してきた。ドルペッグ制とは、自国通貨価値をドル価値に「釘付け《ペッグ》」する制度のことである。ドルと現地通貨との価値関係がいつ変わるかもわからない不安定な状態にあれば、投資者のリスクは大きく、外国投資はなされにくい。自国通貨価値をドル価値に連動させるドルペッグ制は、アジアへの外資導入に多大の力をもった。

アジアに流入したドルは現地通貨に変換されて国内市場を流通する。ドル流入は現地通貨の流通量を増加させ、インフレ要因となる。インフレ抑制のために採用されるのは、どこの国でもまずは公定歩合の引き上げである。公定歩合の引き上げは市中銀行の貸出金利を引き上げる。金利引き上げは、もともとが資金不足のゆえに金利の高いアジアの金利水準をさらに高め、内外金利差が拡大する。内外金利差の拡大は、これを利用して有利な資金運用を図る短期性の外国資金（短資）を呼び込む。

資本取引の自由化、ドルペッグ制、内外金利差といった要因に力を得て、短資がアジアに大量に流入したのである。アジアの経常収支の赤字は短資の滔々たる流入によって賄われた。アジア経済危機とは、大量に流入した外国資本があるきっかけから反転逃避し、そうして外国資本に依存して開発を進めてきた経済が崩れたという現象であった。

バブル崩壊

きっかけはバブルの崩壊である。短資は短資であるがゆえに短期的収益の極大化を狙う。短期的収益の極大化は資産市場、つまり不動産や建物などの売買において最も容易であり、そのために短資はここに集中流入する。高い期待収益に応じて活発に流入した短資が現実に高収益をもたらし、一層の資金流入が生じる。そうして資産価格の高騰と高収益とのスパイラル、つまりは資産ブームが現出する。バブルの発生である。バブルの渦中で投資家の気分は昂揚し、高収益が永続するかのような幻想が風靡《ふうび》する。

表面張力の限界にまで伸びきったバブルは、何かのきっかけではじける。異常な資産ブームの将来を懸念する政府が資産市場への資金流入規制措置をとってバブルがはじける、というのが典型例である。そうしてブームを支えていたメカニズムが反転する。資産価格が暴落し、ここに融資をつづけてきたノンバンクや銀行などの金融機関に不良債権が累積して、金融機関が立ちゆかなくなる。収益低下に直面し、将来を危惧して外資が海外に逃避する。アジアに集中流入していた外資が反転逃避を開始するのである。有力な外国投資家が逃避すれば、群小の投資家はこれにならっていっせいに逃避する。「群集心理」である。

外国資本の逃避は現地通貨の強い低下圧力となる。現地通貨の流通する市場に集中流入していたドルが反転逃避すれば、ドルが希少化し現地通貨の対ドルレートに下落圧力がかかる。レートを防衛するためには、海外逃避した分だけのドルをみずから供給しなければならない。中央銀行が外貨準備を取り崩してドルを外国為替市場に放出すればそれが可能となる。しかし開発途上国の外貨準備は潤沢ではなく、ほどなくして払底する。

さらに困ったことが起こる。外貨準備の減少は外国投資者の不安を増長し、この不安が資本逃避を加速させる。外貨準備が底を突き、アジアはついにドルペッグ制の放棄を余儀なくされ、為替レートを市場の決定にまかせる変動為替レート制へと移行せざるをえない。変動レート制への移行と同時に、それまでドルペッグ制によって守られてきた為替レートが暴落する。

ドルを導入する金融機関や企業は、ドルを現地通貨に変換して国内事業を運営する。したがって現地通貨の対ドルレートの低下は、その分だけ現地通貨で換算された返済額を膨張させ、ここに為替差損が発生する。苦境に陥った金融機関は、みずからの再生のためにすでに融資していた資金の回収（「貸し剝がし」）に走る一方、新規融資の栓をしめて「貸し渋り」を一般化させる。世の中の「金回り」が悪くなり、工業部門やサービス部門でも資金繰りに窮して、操業や営業が立ちいかなくなる企業が続出する。失業者が生まれ、賃金・給与水準が下降して消費を低迷させる。通貨危機によって生じた金融危機はこうして一国の経済危機へと広がっていく。

資産ブームにおいて上昇に向かっていたあらゆるベクトルが、ブームの崩落によっていちどきに下降へと反転してしまうのである。表現はすべて一般形で記したが、この一連の因果関係は現実にタイ、マレーシア、インドネシア、フィリピン、韓国などで起こった事実を略述したものである。改めてこう記してみれば、アジア危機とはいうものの、アジアの特殊性など実はどこにもないことがわかろう。先にもそう記したが、人間の欲望が解き放たれた市場経済であれば、どこで起こっても不思議ではない現象である。バブル崩壊の日本経済とみごとなまでに近似しているではないか。

ファンダメンタルズ

危機を引き起こしたものは経常収支の赤字であり、この赤字を補塡した大量の外資であり、つまりはアジアの債務負担の増大であった。過大な債務負担に対する投資国側の不安が資本逃避を誘い、この逃避がアジアの屋台骨を揺るがせた。これが危機のストーリーであった。それではアジアの債務負担が許容量を超えていたのか。実はそうではなかった。

対外債務の返済つまり元本利子返済は、輸出によって稼得される外貨によってなされる。それゆえ対外債務返済負担の重さは、元本利子返済額を輸出額で除した比率で測られる。この対外債務返済比率でみた危険水域は三〇パーセントだというのが国際的な経験則である。しかし、危機直前一九九六年の同比率はインドネシアの三七パーセントが例外的に高いが、他はフィリピン一四パーセント、タイ一二パーセント、マレーシア八パーセント、韓国五パーセントであった。さらには、流入外資の増加率が債務返済額の増加率より高ければ、返済負担は重圧とはならない。アジアの現実がそうだった。

それにもかかわらず、なぜ危機に陥ってしまったのか。アジアが抱えている対外債務の内容がかつてとは異なり、民間債務の比率が一段と高まっていたことに問題があった。国際金融界を彩る投資資金のめざましい多様化の反映であった。

海外直接投資とは、海外子会社の設立や海外企業への経営参加を求めて移動する資金である。進出企業はアジアの国々で労働者を雇用して生産関係を作り、アジアの企業と合弁して事業を展開する。海外直接投資は、現地への定着率の高い安定的な長期資本である。海外直接投資は生産力の増強や労働者の雇用に対する貢献において大きく、アジアの開発にとって重要な資金源である。

しかし危機直前において、海外直接投資はアジアに流入する外国資金のうちさしたる比重をもたなくなっていた。危機直前の一九九六年におけるアジア五カ国（タイ、マレーシア、インドネシア、フィリピン、韓国）への海外直接投資は、外資の流入総額七二六億ドルのうち一二〇億ドルだけであった。

対照的に、証券投資がきわめて大きかった。証券投資とは、債券や株式などの証券の取得や貸付のことである。証券投資の多くには返済期限がない。返済期限が明記されていないという意味では、これは長期資本である。しかし、証券投資は海外企業への経営参加を目的とした資金ではなく、市況の動向に機敏に反応して移動する不安定な資金である。この証券投資の流入額が二〇三億ドルと海外直接投資をはるかに凌いでいた。

最大の規模で流入したのは「その他投資」である。一九九六年には実に四〇三億ドルが流入した。「その他投資」とは、銀行やノンバンクなどに対する融資であり、その相当部分が返済期限一年未満の短資であった。

一九九七年には前年七二六億ドルであったアジアへの外資流入額は、一挙にマイナス一〇九億ドルとなった。マイナスとは流入額より流出額の方が大きかったことを意味する。一年間に八三五億ドル（七二六億ドルと一〇九億ドルの合計）の流入減であった。最大の落ち込みをみせたものが「その他投資」であり、証券投資がこれに次いだ。一九九八年にはこの傾向がさらに強まり、同年のアジアへの外資流入額はマイナス三五四億ドルとなった。一旦緩急あればその流出が加速せざるをえないという、不安定な外資流入構造をアジアは抱えていたのである。

変動相場制へ

アジアの高成長が経常収支を赤字化させた。しかし経常収支の赤字は、工業化が輸出生産力を生み出し輸出額が輸入額を超えるまでの一時的なものでなければならない。それゆえ外資は比較優位産業に集中させる必要があった。

事実、アジアに流入した外資の中心はかつては直接投資であり、これが繊維や電気・電子機器などの輸出産業に向けられた。アジアが「輸出志向工業化」の成功例として高い評価を得てきたのはそのためであった。しかし流入外資は次第に短資が中心となり、これが短期的収益を求めて不動産などの資産市場に向けられるようになった。不動産はもちろん輸出産業ではない。外資が資産市場に向けられ、経常収支赤字が基調化してしまった。

アジアには「身の丈」をこえる過剰な資本が流入したのである。しかもアジア各国の政府は、この過剰を過剰だと認識して対処することがなかった。政府の判断には甘さがあったといわねばならない。外資が大量に流入する過程で、ドルペッグ制への過信が生まれていたのであろう。レートを切り下げれば、ドルを調達して事業を運営する銀行や企業に現地通貨換算の債務を肥大させる。政府がドルペッグ制を容易に転換できなかったのはそのためでもあろう。ドルペッグ制の放擲《ほうてき》を余儀なくされた後の通貨下落率は大きかったが、これはドルペッグ制の呪縛《じゅばく》によって切り下げの時期が遅れ、その間に下落エネルギーが蓄積されていたからだと読むことができる。

危機後ほとんどのアジアの国々は、事実上の変動為替レート制へ移行した。変動制は外国投資者みずからに為替リスクを負わせる制度である。それゆえ野放図な外資流入はおのずと制約される。外資流入にともなう過剰流動性を吸収するために採用される高金利政策が内外金利差を招き、これが短資の一層の流入を促したというのが、先に指摘したドルペッグ制下で生じた因果関係であった。しかし変動レート制への移行によりこの因果関係は消滅し、短資の流入は減速した。

通貨危機が金融危機を誘発してしまったことが、アジア危機を深刻化させた要因であった。金融市場が未成熟でありながら、海外との資本取引の自由化に踏み込んだことは早計であった。自国の金融市場を世界のそれと統合すれば多大の利便を享受できると踏んで試みた安易な自由化政策が、危機を増幅した。中国に危機が波及しなかったのは、海外資本取引に厳しい規制を課し、導入外資を海外直接投資に限定していたからであった。中国の金融メカニズムの脆弱性を考えればまっとうな対応であった。

海外資本取引を自由化し、自国の金融市場を海外に晒《さら》すというのであれば、その風波に耐えられる条件を整備しておかなければならない。金融機関監督・規制システムの整備、金融機関自体のリスク管理能力・規律の向上などである。そうした「先行条件」の整備努力がおざなりであった。豊富な外資流入とバブル経済の昂揚の中で、アジアは「自画像」を狂わせていたのであろう。

金融機関の脆弱性はバブルの渦中にあって隠蔽され、政府も金融機関もこれを見逃してしまった。金融機関は高収益をみずからの実力のゆえであるかのように思い込み、政府もそう錯覚して手をこまねいていた。バブルの崩落は金融機関の脆弱性を世界に証してしまったのである。

修復のメカニズム

しかし、アジアはこの危機から着実に修復した。潜在力を擁する経済が危機を脱していくのは当然であった。アジアは開発途上国であり、それゆえ経常収支は赤字であった。しかし長らく赤字をつづけてきた経常収支は、一九九八年にはすべての国で黒字化した。為替レートのあれほどの低下があったのであれば、輸出が増加し輸入が激減して貿易収支、次いで経常収支が改善するのは当然であった。経常収支が黒字となって、外国為替市場介入のために放出され底を突いていた中央銀行の外貨準備は次第に豊富化し、外貨準備が潤沢となって対ドルレートは下落を停止し安定化した。

その結果、為替レートの下落を食いとめるために採用されてきた緊縮財政、金融引き締め（高金利政策）の緩和が可能となった。財政支出の増加、金利引き下げにより「金回り」がよくなって金利が低下した。金利低下は金利負担を減少させ、新規投資意欲を引き出し投資を回復させた。投資増加に支えられて工業生産が復調し、危機時に低下した賃金や給与が増加に向かい、失業率も低下した。このことが消費の拡大に結びつき、民間消費支出がV字型の増加をみせた。

アジアは危機を脱したのである。危機は厳しいものであったが、危機のメカニズムも危機からの修復のメカニズムも、経済学の簡単な理屈で十分に理解できる類の現象であった。「構造危機」ではまったくなかった。ましてや危機を説明するのに、「クローニー・キャピタリズム」や「開発独裁」をもち出すのは無用であった。

アジアは豊富な経済的潜在力をもつ国々から成る。一国の潜在力を示す最も重要な指標が国内貯蓄率である。

国民は社会から所得を稼得し消費し、その残りが貯蓄となる。すなわち所得（Y）は消費（C）と貯蓄（S）の合計であり、$Y=C+S$である。両辺をYで割れば、$1=C/Y+S/Y$となる。S/Yが貯蓄率である。

一国も同様である。国内貯蓄とは総所得（ＧＮＰ）のうち消費されなかった部分である。国内貯蓄は金融機関の仲介（金融仲介メカニズム）を通じて最も効率的、したがって最も収益性の高い企業に融資される。企業はこの融資を受けて投資を行う。すなわち国内貯蓄は投資の原資である。一国は投資を通じて拡大再生産過程を歩み、将来の所得と消費を最大化する。国内貯蓄とは「現在消費」を最小化し、「将来所得」と「将来消費」を最大化する、そうしたダイナミックな人間行動に他ならない。

現在の享楽のために消費を最大化するのではなく、自分や家族、コミュニティーや自国の将来のために「現在消費」を犠牲にする人々の紡ぐ社会の国内貯蓄率は高い。

危機に陥ったアジアの国内貯蓄率は、フィリピンを除いて三十数パーセントであり、世界でも有数の高貯蓄国群であった。アジアは外資に依存することなく、みずからの豊富な国内貯蓄に依存するだけで、世界で最高位の投資率、したがって経済成長率を実現できる力をもっていたのである。

投資率（I）を経済成長率（G）で除した値（I/G）が、限界資本係数（ＩＣＯＲ）である。これは追加的一単位の成長に何単位の追加投資が必要かを示す。ＩＣＯＲの逆数（1／ＩＣＯＲ）は、追加的一単位の投資によってどの位の成長が可能かを表す。それゆえこれに国内貯蓄率を乗じた値は、国内貯蓄のみを原資として実現可能な成長率――その意味での潜在成長率――である。一九九〇年代前半期のアジアのこの値は概ね七パーセントであった。

問題は、アジアの国々が世界的にみて高い国内貯蓄率をさらに上回る投資率を持続してきたこと、すなわち国内貯蓄率と投資率との差（貯蓄・投資ギャップ）を外国の貯蓄、つまり外資の導入によって賄い、そうして超高成長過程を歩んできたことにあった。

アジアは国内貯蓄率によって実現される成長率ではなお不満であり、外資の導入により一段と高い成長率を求めたのである。この野心的な成長戦略のきわどさを露呈したものがアジア危機であった。超高成長戦略の夢から醒め、「身の丈」に応じた成長戦略へと移行すること、危機がアジアに与えた教訓がこれであった。

アジア危機には、われわれの合理的解釈を寄せつけないものは何もない。アジア危機論の中に「クローニー・キャピタリズム」や「開発独裁」といった「アジア的なるもの」を織り込んだことに対しては、単にその不明を論難するだけではすまない。東アジアの発展段階からして、そうした用語法で語られる開発の方式はなお有用だと私は考える。

「クローニー・キャピタリズム」といった、いかにもダーティー・イメージでアジアを語ることは正当ではない。企業家階層の薄い開発途上のアジアが資本主義的発展を求める以上、職能に秀でた少数者が人間の最も原初的な集団である家族・同族を中心に企業組織を編成したとして、これは不自然なことではない。欧米や日本の企業発展史を顧みて、少なくとも出発点は確かにそのようなものであったと理解するのが正当ではないか。

「開発独裁」ということになれば、私にはもっといいたいことがある。この点は第三章で記したが、もう一度次のことは主張しておこう。「開発独裁」とは、㈠軍・政治エリートが急速な開発をめざして官僚テクノクラートに権力と威信を与え、㈡彼らを開発政策の立案と施行の任にあたらせ、㈢開発の効率的推進をもってみずからの統治の正統性の根拠とする、そういう三つの条件を備えたシステムのことである。開発のためには物的・人的資源の動員が必要であるが、これは中央集権的な行政制度の裁量によって行われ、開発意思決定への国民の広範な参加はさしあたりは排除される。

長期にわたる植民地支配の時代にあって、発展の基礎的諸条件を剝奪《はくだつ》されてきたアジアが物的な豊かさを追求する以上、組織運営能力を身につけた軍・政治エリートが開発の主導権を握り、彼らが育成したテクノクラートと「協働」して近代化を運営したのは、考えてもみれば他に選択肢のない方法であった。このことを正視して議論しなければ、そもそも現代アジア論は成立しない。それゆえ私は「開発独裁」という用語法を実は好まない。私が世にいわれる「開発独裁」を「権威主義開発体制」と表現して議論しているのは、そのためである。

第八章　秋　思

鬱

　大来佐武郎を団長、私を副団長とするある財界団体の調査団で一週間ほどベトナムを駆けまわり、この間に得体の知れない病原菌に取り憑かれて下痢、発熱、悪寒を繰り返し、「もう東京の空はみられないかも知れない」と思うほどひどく体をやられたことがあった。平成四年の夏のことである。憔悴のまま帰国、通院してことなきを得、研究室での生活を再開したものの、体のことにどうしても気が向いてしまい、まるで仕事に熱が入らない。鉛の塊を飲み込んだようにどんより重い痛みが胃腹部に居座り、口の中がいつも乾いて苦い。食わなければ弱っていく一方だからと食事は摂ろうとするのだが、食欲がない。味がない。妻が差し出す食事を飲み込んで凌いだ。六五キロあった体重が一カ月の間に一〇キロも減ってしまった。体重計に乗るのが怖くなり、妻に隠れて捨てた。最も充実して忙しいはずの五〇代中頃の一年間、ほとんど仕事らしい仕事はできなかった。

この間、人が心を病むということの意味を私は徹底的に考えさせられた。人が己れの精神の内界をのぞきみるのは、病いという運命に強いられてのことなのであろう。外界に向かっていた自分が精神の内界に棲まっているもう一人の自分と向き合って、この二つが対話を始める、そういう契機を与えるものが病いなのであろう。とはいえこの対話が何がしかの答にいき着くことはない。むしろ対話を進めれば進めるほど苦悩は深まり、煩悶に陥って身動きできなくなるというのが私の一年間の経験であった。

しかし身動きもできない抑鬱の中を漂っているその間に、偶然のように訪れる精神の晴れ間がある。その晴れ間に、これは経験したものでなければ絶対にわからないことだと思うのだが、人生の真実がみえる。文学と病いとの深遠な関係はそこにあるのだろう。

例えば倉田百三の文学がそうである。倉田の文学をそうした病いを抜きに語ることはできない。倉田は昭和元年、三六歳の時に手酷《てひど》い強迫観念に陥り、以来三年余、この世のものとも思われない苦しみに襲われつづけた。強迫観念とは観念の錯誤によって生じる心の葛藤である。

求道的な芸術家を志す倉田は、自然を虚心にみつめ自然と融合することをめざした。融合に法悦し、法悦の感情をみずからの芸術の源泉にしようとひたすらの努力を重ねた。倉田が「観照の美学」と称したものがそれであった。そして観照を妨げるありとあらゆる想念を排除しようという勝ち目のない闘いを闘って、これに無惨にも敗れ、強迫観念の無間地獄に落ちていった。不眠症、耳鳴り、回転恐怖、いろは恐怖、計算恐怖、観照障害などの間断なき強迫観念の来襲であった。

倉田はこの強迫観念から逃れる道のすべてを閉ざされ、極限の苦悩と対面して生きるより他ないと思いを定めることによって強迫観念の一つ一つを克服していった。一つの強迫観念から次の強迫観念に移るその短い精神の晴れ間で書いたものに、少ないながらも秀逸な作品がある。その一つが『冬鶯』である。思索的な一青年の孤独と無聊《ぶりょう》を淡い文体で綴った倉田最高の作品だと私は思う。

百三と妹の艶子は、西田天香の創始した社会奉仕組織「一灯園《いっとうえん》」での求道生活のために、京都でつましい下宿生活をしていたことがある。『冬鶯』はこの経験をもとにした小説らしい。主人公の頼介が百三であり、ゆき子が艶子であろう。もう一人、百三と親交のあった青年湯川が登場して、人生の不安についての三人の語りが静かにつづく。求道を志し終生独身を守ることを兄に誓ったゆき子であったが、湯川との恋におち、頼介から次第に遠ざかってゆく。頼介の寂寥《せきりょう》感と、しかしそれはそれでいいのだとみずからにいい聞かせて揺れる心を、冬鶯の声を間奏のモチーフにしながら清らかに描写している。

亀井勝一郎のエッセイに「病気論」と題する、いかにも亀井らしい馥郁《ふくいく》たる文章がある。亀井が敬愛していた倉田の病気と文学についての一文である。亀井は次のようにいう。

倉田氏の全著作を通して、私のいつも興味ふかく思ふ点は、病気のときに傑作をかき、健康なときには却て創作力と思索力が衰へたといふ一事である。こゝで謂ふ健康とは肉体的な意味であるが、それは氏にとって、求道心の内面化を、或は芸術的表現における繊細な感覚を、無意識裡に妨げる危険な徴候であつたらしい。古典人ならば、むろんこれを正常でないと言ふであらう。

しかし、病気といふ強ひられた運命を逆用して、病気なるが故に「健康」であつたといふ逆説を生きたところに、特異性があつたやうに思はれる。（中略）精神を、精神として形成し存続せしむるもの、それは自主的な内面の苦悩であるにちがひない。漠々たる不安の情、知性の発する際限のない疑惑、人は何かを求むることによつてみづから苦悩におちいり、苦悩によつて精神の中枢神経ともいふべき意志を形成する。

倉田は長い強迫神経症を克服して以来、それ以前とは打って変わり常人にも勝る健康な身体になった。青春時代の倉田からすれば奇跡のごとくであった。しかし、皮肉にもこれ以降の倉田は、昭和一八年に五一歳で没するまで気力充実の壮年期を中にはさみながら、それ以前に類する秀作を何一つ残すことはなかった。「理想主義的ではあるが拙劣な政治家」「善良ではあるが通俗的な宗教作家」（亀井）が倉田の後半生であった。

森田正馬

私は神経症的な因子を無意識の領域に抱え込んできたのかも知れない。青春時代のある頃から森田正馬の死生観に共鳴を覚え、気がついてみれば森田の思想や療法についての文献が本棚一列ほどになっていた。

鬱的気分が完全に晴れた平成六年の夏休み、研究室の外にほとんど出ずに、二冊の新書を書き上げるという「離れ技」をやったことがある。確かにそれは離れ技みたいなもので、後にも先にも合計五百枚の原稿を二カ月で仕上げたことはない。一つが『社会主義市場経済の中国』〔『本著作集』第4巻所収〕であり、もう一つが『新世紀アジアの構想』（ちくま新書）だった。二カ月の緊張から解き放たれて、妻と新潟県湯沢の山奥の湖に遊び、ほとりで「わぁー」とほんとうに叫び声を上げた。一仕事なし終えたなあという、滅多なことでは浮かんではこない、まったき思いが私の胸を浸していた。もうしばらくは専門の研究のことは忘れてもいいかなとさえ感じた。

この機会にわが心の師、森田正馬の死生観を本気で論じようと考えたのである。

森田は、大正年期、日本の精神医学の草創期に、後に森田療法として知られる日本独自の精神療法を開拓した在野の臨床医である。森田の死生観に鼓舞されて生かされてきた私にとって、平成六年の私を襲ってくれた「まったき思い」は僥倖であった。資料を精読し構想を練り執筆にいそしむ八ヵ月の作業であった。でき上がった原稿の表題を『神経症の時代――わが内なる森田正馬』(TBSブリタニカ〔『本著作集』第7巻所収〕)とした。これが創設以来正賞のなかった開高健賞を授かった。

森田の思想は時間の経過とともにかなり変化しており、内容が豊富に過ぎ相互に矛盾するところも少なくない。これを体系的に把握すること自体がすでに難物であった。それゆえ私が森田思想をどのように捉えたかを記すことにはそれなりの意味があろう。もっとも療法については誤解があってはいけないので省略する。

身体の内でわれわれの自由になるのは、随意筋につらなる末梢の器官のみであって、内臓を司る不随意筋の運動は文字通り不随意である。人間の精神もこれと同じで不随意である。精神は心身同一の自然生命体の中にあって、自然の摂理から離れて自己運動することはできない。

自然生命体である身体があって、これに外界からの刺激が加わった時に初めて生じる受動的な反応のありようが精神現象である。精神の内界が外界から孤立して存在することはない。外界の著しく多様な刺激に応じて内界は絶えることなく流動し、この流動変化しているものが精神であると森田はいう。これが森田思想の基礎である。ある種の宿命論的な人生観をそこに感じるかも知れないが、そうではない。自然生命体である人間存在の実際に素直に身を委ねた時に、人間に与えられた心身機能が最も豊かに発揮され、その機能発揮に人生の喜びがあると森田は主張しているのである。

森田の人間理解が宿命論でないゆえんは、彼が人間のもつ生得的な「生の欲望」を説いてやまないことに表れる。人間が心身一如の自然生命体である以上、人間もまたこの世に生を享《う》けたすべてのものに最も根元的な欲望をもつ存在に他ならない。根元的な欲望が生をまっとうするための自己保存欲である。

しかし生の欲望が強いということは、生のまっとうを妨げるものを忌み嫌い、それから自己を防衛しようという心理においてもまた同様に強いことを意味する。われわれが最も恐怖するものが死であるのは、人間が生の欲望においてそれだけ強いことの反映である。生の欲望と死の恐怖とは同一事実の両面であって、生の欲望の強いものほど死の恐怖は強い。

死を恐怖し病気を不安に思い不快を気にすることは、人間に共通する心情である。神経症者とは恐怖、不安、不快を誰にもある当然の心理とはみなさず、これを異物視し排除しようとはからい、そのためにますます強く恐怖、不安、不快の念に囚われた人々である。神経症は異常ではなく、生の欲望において強い人間が、ある機制によって陥った一つの心理状態であると森田はみる。

生の欲望は人間活動への営々の努力のエネルギーを引き出す一方、死の恐怖は生の欲望を妨げるものへの拒否エネルギーともなる。この二つのエネルギーのせめぎあう両刃の剣の上に身をおくのが人間のつねなる姿である。しかし神経症者にあっては、死の恐怖が生の欲望を上回り、人間活動の負のエネルギーが正のエネルギーを圧倒し、恐怖、不安、不快の念を固着させてしまう。

人間感情の本然を認めるならば、死の恐怖はそのまま恐怖である。恐怖に身を任せていれば、変転きわまりない外界の変化に応じてとどまるところを知らず流転する精神活動の中で恐怖はいつの間にか薄れ、神経症に発展することはない。理知で自分を支配するのではなく、生命の自然発動にしたがって生きよと森田はわれわれを諭《さと》す。

精神交互作用

　ある人が神経症に陥り、他の人がそうはならないのはなぜだろうか。森田は、おそらくは先天的なものに由来するのであろうが、人間には神経質的な素質をより強くもつものとそうでないものがいると考える。神経質素質とはその性格において内省的であり、自己の身体的ならびに精神的な病覚に鋭敏にこだわる心の偏りである。これを森田は「ヒポコンドリー性傾向」と呼ぶ。ヒポコンドリーとは「みぞおち」である。恐怖、不安、不快の時にわれわれは自分の身体のこのあたりに、いつもとはちがった鈍い痛みのような異様な感覚を味わう。

　神経質素質とはヒポコンドリー性傾向の強い性格類型のことであり、神経症とはこういう性格類型の人が起こす一つの心理的反応である。ヒポコンドリー性傾向は恐怖、不安、不快を作り出す外界の異常事態から自己を守るために、自然生命体としての人間に生得的に与えられた心理機制なのである。神経症者と健常者との差はあくまで程度の差である。それゆえ森田は神経症者を異常者とはみなさない。

　神経質的な人が自己を内省的、批判的にみつめるのは、彼の向上発展欲が強いからである。向上発展を強く求めるがゆえにそれを妨げる身体的、精神的な病覚に強い関心をもち、実際には異常ではないにもかかわらず病覚に囚われ、この囚われが心に膠着《こうちゃく》してしまうのである。

　ヒポコンドリー性傾向をもつものが神経症へと発展していくに際して、重要性をもつ心理機制を森田は「精神交互作用」に求める。精神交互作用とは「ある感覚に対して注意を集中すれば、その感覚は鋭敏となり、この感覚鋭敏はさらにますます吾人の注意をその方に固着させ、感覚と注意とがあいまって交互に作用し、その感覚をいよいよ強大にする精神過程」のことである。

神経症の典型が強迫神経症である。日常、われわれには何かにつけて、ある感じまたは考えがさまざまな形で起こる。この想念は時に不快であったり、自分に不都合であったりする。そのような場合、この不快で不都合な想念を感じまい考えまいと、はからう。しかしそうすると、なおさら不快で不都合な想念の方に注意が集中してその想念が自分にしつこくつきまとい、ついにはこれを払いのけることができなくなる。かく感じまい考えまいとする反抗心のゆえに、遠ざけたいと思う想念がいよいよ強迫的に自分を苦しめるという心の葛藤が強迫観念である。

動物や幼児にとっては苦痛はそのまま苦痛であり、欲望はそのまま欲望であって強迫観念はない。強迫観念とは、ままならぬ人生の過程で身につけた「思想の迷妄」のゆえに、自然生命体としての人間に与えられた、起こるべき時と境遇に応じて起こる当然の不快な想念を否定しようとし、そうしてこれがかなわぬことに気づかず行き場を失った状態である。人間感情は理知によっては動かすことのできない事実であり自然である。われわれはこの事実と自然に服従するより他ない。森田は次のようにいう。

吾人の感情は主観的事実であり、理知は客観的事実の批判である。たとえば死の恐怖は、夏暑く冬寒いと同じく、ともにこれを否定することのできない感情の事実である。同様に吾人の欲望を達することができない不満も、これをあきらめんとすることも、死を恐れないようにすることと同じく不可能である。不可能をそのままに不可能と覚悟するときに、初めて吾人は外界環境における客観的事実に絶対服従し、煩悩を離脱することができる。

煩悶とか苦悩というものは、理知によってはこれから解放されることはない。煩悶、苦悩、苦痛の、その「あるがまま」になり切ることである。苦痛になり切れば苦痛はすでに苦痛ではないと森田はみる。「苦悩のあるがままになり切る」という心的態度の陶冶の重要性は、苦悩をやりくりすることなくそのままで耐え忍んでいれば、人の心は時の経過とともに一点にとどまっていることはできず、どこか別のところに向かって流転していくはずだとみなす、森田のもう一つの人間観に由来する。

吾人の身体機能、精神現象は、時々刻々の絶えざる変化流動である。川の水が流れ流れてとまらないようなものである。吾人の欲望や苦痛恐怖も、決してこれを三次元の空間のように、実体的なものとして固定的に考えてはならない。ただ吾人はこれを想像し、思想することはできるけれども、実際の事実としては存在しない。すなわち欲望も苦痛も、時間の第四次元により絶えず変化、消長、出没するものであって、決してこれに拘泥することも、これを保留することもできない。快楽、苦痛も、ただ快楽を快楽とし、苦痛を苦痛としてそのままでよい。ことさらに快楽を大きくし、苦痛を軽くしようとしても、追っついた話ではない。それは不可能のことである。ただときの経過にまかせるよりほかない。

「即我」から「即物」へ

森田の人間観の中で重要性をもつのは、彼の仕事観であろう。現実とのかかわりの中で生まれ、現実とのかかわりに応じて自在に変化流動するものを精神として捉える森田は、精神それ自体を治癒の対象としては考えない。神経症者の精神と現実との接点に注目し、現実がその精神のありようを規定する方位を見定める。そして精神を規定する現実を、仕事に求めたところに森田の創見があった。

人間の心身機能の発揚は子供にあっては遊びであり、長じては仕事に移る。人間はこの世に生を受けて以来、厳しい現実の中で営々と生を紡いできた。それを可能ならしめたものは仕事である。仕事によって環境を自己の生存維持のために変革し、変革を求めて人間社会を組成してきた。人間の生の欲望を充足させるものは仕事であり、心身機能の発揚がこの仕事の中でなされると森田は考えた。

仕事とは字義通り事に仕えることであり、人間が自然に働きかけ自然と合一することができる唯一のものである。活動こそが自然であり無為は自然に反する。人間の器官はそれを存分に機能させることによってますます強化され、機能を用いなければ劣化するというわれわれのよく知っている心身の現実を眺めるにつけても、活動は人間の自然であり無為は反自然である。活動の中核が仕事である。

療法的にいえば、予期恐怖に囚われて行動を忌み嫌う神経症者に、ともかく一つでも仕事を成し遂げさせ、そうして抑鬱的な気分の中にあっても何ごとかをなしえたという体験的な自信を与え、心身機能を発動できたことの爽快を感じさせる。この反復により己れの精神の内界をみつめて煩悶の人生を過ごしてきた症者の「即我的」態度は、仕事という具体的な対象に向かい仕事に投入するという「即物的」態度へ、内向から外向へと変化する。

症者が仕事にわれを忘れるようになった時、症状は嘘のように消滅していることを森田は何度も観察し、仕事を通じてなされる心身機能の発揚が神経症の克服にとっていかに大きな意味をもつかを強く悟ったのである。

西洋と東洋

特定の病覚に主観的に囚われた心の状態が神経症であってみれば、その囚われから放たれ精神が自然に流露していくとともに神経症は消滅する。神経症の治癒とは、症状に対する囚われからの解放であって、症状それ自体が消滅することではない。心悸亢進発作を一再ならず経験し、これを恐怖した人から恐怖を拭い去ることはできない。対人恐怖の症者が他人の視線が気になるという気分から完全に自由になるわけにはいかない。

神経症とは過度の意識性が特定の一点のみに局限され、その一点以外への意識性が希薄化した心の状態である。したがって人間感情のすべてに意識が万遍なくいきわたり、特定の一点への意識集中が相対的に「水位」を下げることが神経症の治癒である。症状が消えるのではない。症状は穿鑿《せんさく》すればまごうことなく存在するのだが、それへの意識の執着がなくなることが治癒である。つまり森田にとっての神経症の治癒とは帰するところ「意識の無意識化」である。

「意識の無意識化」が森田療法における治療の意味だと表現したのは、森田療法が確立した時代に日本の精神医学に大きな影響を与えたフロイトの精神分析学とを対照させるためである。精神分析学における神経症治癒の真髄は、森田のそれとはまったく逆に「無意識の意識化」であった。

人間の心の中には当人も気づいていない無意識の領域が存在し、これが神経症発症の素地となるとフロイトはみなした。フロイトの無意識領域には、症者の過去の心的外傷経験があり、この心的外傷が意識したくない不快な衝動の記憶であるがゆえに、無意識の領域へと抑圧されるのだという。症者がもっている人間生活上の欲望とくに性衝動と、これを意識すまいとする抑圧との葛藤が神経症の原因だとフロイトは考えた。フロイトの精神分析学には無意識領域が存在しなければならず、この無意識領域が意識化されればその症状は消失する。

無意識を意識化するためには症者の心の抑圧機制を解除し、そうすることによって症状形成の要因である心的葛藤から症者を解放させることが可能となる。療法的にいえば、症者の記憶を症者と医師との対話によって探り、抑圧によって無意識化されていた領域にたどり着き、症者の抑圧が成立した因果関係に医師が解釈を与える。「無意識の意識化」を図って心理的葛藤を消滅に導くのである。

フロイトの精神分析学を批判して実存分析の先駆者となったのは、ナチスの強制収容所での体験を『夜と霧』(霜山徳爾訳、みすず書房)として著したフランクルであった。フランクルはフロイトの衝動的無意識に対して精神的無意識の存在に着目し、精神的無意識の重要な構成要素の一つに「良心」を見出した。良心は人間にとって本質的で直観的な機能であり、無意識の中にその根源をもつとフランクルはいう。

フランクルは良心を人間の外にある超越者からの「声」だといい、人間の無意識の中に宗教性をみている。フランクルの実存分析にもとづく精神療法は、人間の内部に意識されることなく潜在している宗教性の意識化を目的とし、その意識化された良心をもって症者の日常生活の中に新たな価値を発見させようという試みである。フランクルは強制収容所の囚人たちの行動を心理学的に考察し、収容所という極限世界にあってなお精神の崩壊を食いとめたもののみが、身体的にも生き延びたという事実を『夜と霧』の中で感動的に描写している。

フロイトとフランクルの無意識の解釈は異なる。しかし神経症者を健常者に回帰させる療法上の手続きを「無意識の意識化」に求めたという点では変わりがない。フロイトにおいては、不快な衝動の記憶のゆえに抑圧されて無意識領域の中に潜在するものを、その抑圧機制に抗して意識的世界に引き出し、意識化された精神の常態からの歪みを正すことが療法の核心であった。フランクルにおいても、精神的無意識の中に眠っている宗教性を意識化させ、意識化された良心をもって新たな価値の重要性を症者に自覚させるというのが療法の基本であった。

精神分析や実存分析にみられる人間観と対比させた時、森田のそれははるかに現実肯定的であり包容的である。森田にとっての人間精神とは、自然生命体である人間の身体に外界からなんらかの刺激が加わり、初めて生じる受動的反応に他ならない。人間精神は自然世界においては受動的であり、精神それ自体が自律的に存在するとは考えない。意志も理性も自我も、自然生命体の摂理から離れて固有の価値をもつものではありえない。逆に、意志や理性や自我はしばしば「思想の矛盾」を作り、これが人間を神経症的な苦悩と煩悶におとしめるのだと考える。

人間が自然生命体であることに思いが及ばず、自然生命体として必然的に生じる感情を「あるがまま」に受け取らずに、感情を批判し克服しようと理知的、意志的に内界をやりくりするところに人間の不幸がある、というのが森田の人間観であり症者観であった。西欧と日本の人間観と自然観、人間と自然に対する彼我《ひが》の理解のありようのちがいが、精神医学の中に対照的に反映されているとみることができよう。

イワン・デニーソヴィチの一日

森田思想における仕事の意味について考えさせられていた時、私はふと以前読んだことのあるソルジェニーツィンの小説『イワン・デニーソヴィチの一日』（木村浩訳、新潮文庫）のことが頭をよぎり、改めてこれを読み返し深い感動に誘われたことがあった。

この小説は強制収容所《ラーゲリ》での囚人たちの酷薄の日常を描いて、スターリン時代の政治的凄絶を暴いた小説だと受け取られている。しかしそれだけではない。過酷な強制労働を渾身の力をもってまっとうし、肉体と精神の崩落をくいとめたロシアの民衆《ナロード》の強靭性への賛歌が、ソルジェニーツィンのこの小説ではなかったか。

ロシアのたくましくも人のよい百姓《ムジーク》である主人公、イワン・デニーソヴィッチ・シューホフは、かつてドイツ軍の捕虜であったという咎《とが》でラーゲリでの生活を余儀なくされて八年目に入っている。彼はドイツ軍の捕虜ではあったが、敵の眼をかすめて逃亡したという英雄的な経歴の持ち主である。しかしこの事実は当局によっては認めてもらえず、あまつさえ捕虜であったことを証す書類への署名を拒めば処刑されると脅かされて、あえてラーゲリ送りに甘んじた。理不尽きわまりない理由で極限状況に追い込まれたシューホフではあるが、強制労働には実に屈託なく立ち向かっていく。

シューホフの属する班の仕事は工場の外壁づくりである。モルタルを使いながらレンガを積み上げていくという単純で激しい肉体労働である。しかしひとたび仕事に取りかかるや、シューホフにはもう自分の担当している外壁づくり以外には何も眼に入らない。みごとな手さばきでモルタルの上にブロックをおき、コテの柄でブロックをたたいていずまいを正し、その上にモルタルをおき、もう一段のブロックを積み上げていって、縦はまったく垂直、横はきれいに水平な外壁を築いていく。

五段目のブロックを積んでいる最中に、護送兵がレール片をたたく音が響く。作業終了の合図である。集合、点呼に遅れれば護送兵に銃床で殴られる。しかしシューホフは仕事をやめない。彼は「たとえいま護送兵に犬をけしかけられても、ちょっとうしろへさがって、仕事の出来ばえを一目眺めずにはいられなかった。うむ、悪くない。今度は壁に近づいて、右から左からと、壁の線をたしかめる。さあ、この片目が水準器だ！　ぴったりだ！　まだこの腕も老いぼれちゃいないな」。そうつぶやくや、シューホフは全速力で集合する囚人たちの隊列の中に飛び込んで間一髪で間に合う。万事ことなく運んで彼は浮きうきした気分で収容所への帰路に着く。

シューホフの労働は通常の意味での労働ではない。みずからの意思に反してぶち込まれることになった不条理の極限世界での無償にして苛烈な肉体労働である。この労働をいかにものびやかな筆致をもって描写したソルジェニーツィンの意図は何だったのか。極限世界でのこの労働は剝き出しで一切の粉飾がない。シューホフの労働はそれ自体が侵すべからざる存在であって、外から反省的にその意味を問うべき対象ではない。人間にとっての労働の根元的な意味を私はこの小説の中に読み取った。

あとがき

ここまで書き進んで気づかされたのだが、本書の前半では戦後日本の思潮の中を自分がどう漂ってきたのかをひどく生真面目に論じた。しかし後半になると、そのことをほとんど論じなくなってしまった。自分のアジア研究について語るのに忙しかったからだが、そればかりでもない。

私どもの青春時代には、自主憲法制定、対米自立、反米ナショナリズムを中軸に保守と革新――いまではなつかしい表現になってしまったが――が対峙し、これが少なくとも知識人の胸を騒がせ、その思想と人生に深い陰影を与えていた。しかしそれも「六〇年安保」まででであった。その後はベトナム反戦という情緒的な、大学紛争という虚しい反権力的な運動に止めを刺されて、日本から思想というものの影は消えてしまった。

日本の自立を強化するはずの「七〇年安保」に関心を寄せる知識人は、ごくわずかであった。日米安保により東西冷戦下の日本の安全保障が担保され、保守の原点であった自主憲法制定への意欲までもが萎縮してしまった。六〇年安保の頃の日本を私が昭和「坂の上の雲」だといったのはその意味においてである。

しかし魚が蒸留水の中では棲めないように、人間も無思想の中では生きていけない。ベトナム反戦と大学紛争という思想的退嬰の後、昭和五〇年代に入ってにわかに頭をもたげてきたのが歴史教科書、従軍慰安婦、南京事件、首相靖国参拝などの「歴史認識」問題であった。これを思想というのも気がひけるが、日本人の情念の一部を拡大描写しているという意味では人間の観念形態の一つ、つまりは思想だといえなくもない。

冷戦崩壊後、平成の時代に入って日本人の情念は政府の手をも固く縛り、中国や朝鮮半島への対応を自虐的なまでに貶《おとし》めた。人間の中には自分でも解し難い、時に嗜虐《しぎゃく》的で時に自虐的な情念が存在している。人間の集合体である国民の中にもそれが存在しないはずはない。情念の噴出がこれまで避けられてきたのは、他でもない、米ソという超大国ががっぷり組み合い、イデオロギーもそれに対応して左右に明瞭に分けられていたからである。国内の左右対立も要するに国際的冷戦構造の「写し絵」であった。

人間社会にとってこれはいかにも安定的な図柄であって、いずれかに自分を帰属させ他を論難してさえいればいい。敵は判然としており、人間社会の黒々とした情念はこの画然たる二分法の世界にあってはそのいずれかに抑え込まれ外に噴出することは避けられた。しかし冷戦終焉にともない、国の内外で敵が消滅しイデオロギーもまた衰弱した。情念を情念のままに露呈する場が生まれたのである。

厄介な世の中になったものだとつくづく思う。情念の露呈が「札つき」の一群の人々に限られるのであれば、そう構えればいいだけのことである。しかし、情念の噴出はついに国家の指導者さえも巻き込んでしまったという恐ろしい感覚が私にはある。中国や韓国が声高に叫ぶ日本人の歴史認識問題への政府の対応は慚愧《ざんき》に耐えないが、冷戦崩壊後に露わとなった日本人の自虐的な情念を反映してのことなのであろう。

共産主義の思想的影響力が衰微し冷戦が実質的に終焉したのは、ソ連崩壊より一〇年早い一九八〇年代初めのことだったというのが、岡崎久彦の解釈である。冷戦崩壊によって親左翼的な日本のマスコミが、その挫折感と怨念を歴史認識問題という自虐の情念にこめたのであり、政治家も知識人もマスコミへの迎合の中に生きる道を求めたということらしい。「過去の清算の問題」に対して岡崎は次のようにいう。

通常、戦争の記憶というものは戦後一世代を経ると、恩讐を離れて歴史の問題となる。戦後一世代あまりを経た一九八〇年という年をみても、その一年間、日本、外国のあらゆるメディア、論説、公式、非公式の言明のなかに、この問題を取り上げたものを一つでも見出すことは不可能である。それはもう済んだ問題だった。

現在論じられているこの問題はすべて、一九八二年の教科書問題を発端として、日本人の側から外国に問題を持ち込んで外国の否定的な反応を引き出し、それを日本の国内問題とさせ、さらにそれを改めて国際問題としてエスカレートさせたものである。(『吉田茂とその時代』PHP研究所)

歴史を反省することの意味はいったい何なのだろう。過去を批判的に顧みることによって己を糾《ただ》し、よりよい未来に向けてみずからを開いていく志向性を欠いた歴史の反省は、ただのマゾヒズムである。中国、朝鮮、東南アジアの戦時支配はわれわれの十字架である。贖罪は一片の政治声明によってよしとさるべきものではない。歴史的な反省に立って日本がアジアの将来に向けてどう立ち居振る舞うべきか、その規範を追究することでなければならない。しかしこの肝腎の追究がまともになされたようにはみえない。あるのは自虐のみである。

歴史的反省がマゾヒズムに堕《だ》し、これが多くの日本人の心の中に一国平和主義と相性よくちょこんと座り込んで、そこから出てくる勇気がない。マゾヒズムとは好んでみずからに苦痛を与えてある種の快楽を得ようという心理的な傾きである。倒錯した心理ではあれ、これが個人のいわゆる自虐趣味にとどまっているうちは特に非難すべきものでもあるまい。しかし自虐が国民心理となり、一国の政治外交のありようを決定する力をもつともなれば、ことは忌々《ゆゆ》しい。

日本人の自虐心理はもはや病的症状なのであろう。民族の歴史は栄光と汚辱をともどもに紡ぎながら引き継がれていくものである。美しい誇らしいばかりの過去に支えられて現代があるというわけにはいかない。栄光の歴史は引き受けるが、汚辱の過去はこれを抹消したいという煩悩が日本を覆っている。

みずからの内なる醜悪をありありと認め、その不快にもちこたえてなすべきをなしていくというのが成熟した人間の態度であろう。醜悪を認めることができずそれを抹殺したいという心理は神経症につながる。森田正馬のいう神経症とは、恐怖、不安、不快の心理を異物視し、排除しようとはからい、そのためにますます強く恐怖、不安、不快の念に囚われた心の状態であることは、先にも述べた。

本書のどこかでそう記したが、私は自分の韓国研究を退嬰日本へのアンチテーゼのつもりで始めた。いま振り返れば、ナショナリズムを貶める日本への反感情が、愛国主義中国の研究に向かわしめたような気がしないでもない。異文化研究とはつまるところ自国研究である。自国を映し出す鏡を異文化に求める営為が外国研究であってみれば、さらに突っ込んで追究すべきは日本研究だと筆を擱《お》くこの段になって強く思う。

私は日記などつけていないし、手帳をもつようになったのもこの一〇年くらいのことである。記憶をたどって書き上げた本書には、特に私的なことを語った部分には思いちがいも随分とあろう。しかし考え方や感じ方の変化は正直に語ったつもりである。名前を思いちがいで挙げ、迷惑をかけてしまった人がいはしまいかと惧れる。

東京工業大学を辞する時の最終講義で、私は自分の研究史を私的なエピソードを交えて話した。雑誌『Ｖｏｉｃｅ』（ＰＨＰ研究所）がこの話を掲載してくれた。中央公論新社の平林孝さんの目にこれがとまり、一書にまとめてみてはどうかとお誘いを受けたのが一昨年の正月明けだった。脱稿の前に平林さんが逝去され、無念きわまりない。吉田大作さんに励まされ、宇和川準一さんの手で本書が世に出ることになった。心から御礼申し上げる。

平成一五年　朝寒

渡辺利夫

著者略歴
昭和14（1939）年、山梨県甲府市生まれ。慶應義塾大学経済学部卒業。同大学院経済学研究科修了。経済学博士。筑波大学教授、東京工業大学教授を経て拓殖大学に奉職。拓殖大学元総長、元学長。専門は開発経済学・現代アジア経済論。（公財）オイスカ会長。日本李登輝友の会会長。平成23（2011）年、第27回正論大賞受賞。
著書に『成長のアジア 停滞のアジア』（講談社学術文庫、吉野作造賞）、『開発経済学』（日本評論社、大平正芳記念賞）、『西太平洋の時代』（文藝春秋、アジア・太平洋賞大賞）、『神経症の時代　わが内なる森田正馬』（文春学藝ライブラリー、開高健賞正賞）、『アジアを救った近代日本史講義—戦前のグローバリズムと拓殖大学』（PHP新書）、『放哉と山頭火』（ちくま文庫）、『新脱亜論』（文春新書）、『士魂—福澤諭吉の真実』（海竜社）、『死生観の時代』（海竜社）、『台湾を築いた明治の日本人』（単行本：産経新聞出版／文庫本：潮書房光人新社）、『後藤新平の台湾』（中公選書）など。

渡辺利夫精選著作集第1巻
私のなかのアジア

2024年11月20日　第1版第1刷発行

著　者　渡《わた》　辺《なべ》　利《とし》　夫《お》

発行者　井　村　寿　人

発行所　株式会社　勁《けい》　草《そう》　書　房

112-0005　東京都文京区水道2-1-1　振替 00150-2-175253
（編集）電話 03-3815-5277／FAX 03-3814-6968
（営業）電話 03-3814-6861／FAX 03-3814-6854
理想社・牧製本

ISBN978-4-326-54613-8　Printed in Japan

＊落丁本・乱丁本はお取替いたします。
ご感想・お問い合わせは小社ホームページから
お願いいたします。

https://www.keisoshobo.co.jp

渡辺利夫精選著作集

全 7 巻

第 1 巻　私のなかのアジア　ISBN978-4-326-54613-8

Ⅰ　成長のアジア　停滞のアジア

Ⅱ　私のなかのアジア

第 2 巻　開発経済学研究　ISBN978-4-326-54614-5

Ⅰ　開発経済学入門［第 3 版］

Ⅱ　開発経済学研究―輸出と国民経済形成

第 3 巻　韓国経済研究　ISBN978-4-326-54615-2

Ⅰ　現代韓国経済分析―開発経済学と現代アジア

Ⅱ　韓国経済入門

第 4 巻　中国経済研究　ISBN978-4-326-54616-9

Ⅰ　中国経済は成功するか

Ⅱ　社会主義市場経済の中国

Ⅲ　毛沢東、鄧小平そして江沢民

Ⅳ　海の中国

第 5 巻　アジアのダイナミズム　ISBN978-4-326-54617-6

Ⅰ　西太平洋の時代―アジア新産業国家の政治経済学

Ⅱ　アジア新潮流―西太平洋のダイナミズムと社会主義

Ⅲ　アジア経済の構図を読む―華人ネットワークの時代

第 6 巻　福澤諭吉と後藤新平　ISBN978-4-326-54618-3

Ⅰ　決定版・脱亜論―今こそ明治維新のリアリズムに学べ

Ⅱ　後藤新平の台湾―人類もまた生物の一つなり

第 7 巻　さまよえる魂　ISBN978-4-326-54619-0

Ⅰ　神経症の時代―わが内なる森田正馬

Ⅱ　放哉と山頭火―死を生きる